기초를 세우는
교육학개론

임상훈, 박선희, 윤소희, 이상무, 이전이, 이혜정, 권양이, 최태진

교육과학사

머리말

다양한 담론이 사회를 흔들고 변화를 이끌어가는 시대다. 과거 '21세기'라고만 불리던 미래사회는 4차 산업혁명을 필두로 한 인공지능, 초연결, 초지능, 융복합 등의 키워드로 분화 및 확산되는 소위 혁신 담론의 홍수 속에 살아가고 있다.

이러한 흐름은 교육학에도 큰 영향을 미친다. 전통적으로 교육학은 교육의 대상이 되는 인간을 태어난 그대로의 모습으로는 생존과 생활이 불가능한 결핍의 존재로 여기고, 교육을 통해 살아가는 데 필요한 지식, 기술, 그리고 문화 등을 습득해야 한다고 본다. 따라서 결핍의 정도가 심할수록 교육을 통해 이 결핍을 메워나가며 능력을 향상시켜야 하는 것이다. 그런데 일련의 급격한 사회 변화는 인간의 결핍을 심화시킬 수밖에 없으며, 교육학 역시 이러한 현상을 빠르게 따라가야 한다는 부담을 안게 된다. 이러한 상황 속에 교육학 그리고 교육의 현장은 새로운 문제에 직면해 있다. 교육을 통해 결핍은 해결되었으나 '인간됨'을 갖추지 못하는 경우가 늘어난다던가, 포스트휴머니즘처럼 기술의 진보와 함께 필연적으로 다가온 비인간과 인간의 차이에 대한 고민에서 출발하는 새로운 '인간됨'의 문제가 부각되고 있는 것이다. 이러한 상황은 교육학을 공부하는 이들에게도 중대한 도전이 될 수밖에 없다.

본 교재는 기본적으로 교사를 꿈꾸는 예비교사 학생들이 훗날 좋은 교사가 될 수 있기를 바라는 집필진의 마음을 모아 구성되었다. 교육이란 무엇인지 교육의 본질에 대한 물음을 시작으로 학제적 구성과 실천적 영역까지 교육학에서 다루는 다양한 영역을 아우르는 과정이었다. 이러한 내용 구성의 과정에서 가장 중요하게 부각되었던 단어를 하나 고르라면 그것은 '기초'였다. 혁신 담론의 홍수 속에서 교육학 역시 변화와 확장을 거듭하고 있지만, 그럼에도 변할 수 없는 교육학의 '기초'와 '정수'를 충분히 담아내고자 노력했다. 변화에 부응하는 것도 중요하지만 그 가운데 본질을 놓치면 안되는 것처럼, 혁신과 향상의 모습을 담아내는 교육학이지만 그 안에 본질인 인간을 인간답게 하는 교육학의 기초는 반드시 붙들고자 했다.

본 교재는 총 3부로 구성되었다. 1부에서는 교육의 본질에 대해 탐구한다. 교육의 개념과 철학의 기초를 다진다. 2부에서는 교육에 대한 학제적 접근을 시도한다. 첫 번째는 교육의 심리적 기초다. 인지발달이론, 성격발달이론, 지능이론 등 주요 이론을 학습한 후 창의성 교육에 대해 탐구해본다. 두 번째는 교육의 사회적 기초다. 사회현상으로서 교육과 교육사회학의 주요 이론, 평등의 개념, 그리고 미래사회 학교교육에 대한 교육사회학적 접근을 시도한다. 세 번째는 교육과정의 기초다. 교육과정의 발달, 유형, 교육목표의 선정에 대해 다루게 되며 미래교육에서의 교육과정 개선을 향한 방향을 제시한다. 3부에서는 교육의 실천적 영역을 아우른다. 첫 번째로 교육방법이다. 교육방법의 토대로서 객관주의와 구성주의에 대해 살펴보고 각각의 접근에 근거한 교육방법의 특징에 대해 살펴본다. 두 번째로 교육공학이다. 교육과 공학의 만남을 시작으로 교육공학의 개념 변천과 주요 연구 영역을 살펴본다. 이후 교육공학의 기초라고 할 수 있는 교수설계모형과 교수매체의 활용에 대해 정리한다. 세 번째로 평생교육이다. 평생교육의 영역과 법적 기반에 대해 이해하고, 평생교육을 구성하는 주요 내용, 제도, 정책 등을 알아본다. 이를 토대로 평생교육의 발전 방향을 조망한다. 네 번째로 교육평가다. 교육평가의 개념과 목적을 알아보고 교육평가의 유형을 살핀다. 이후 평가의 핵심이 될 수 있는 좋은 평가도구란 어떤 조건이 필요한지 제시한다. 다섯 번째로 생활지도와 학교상담이다. 교사의 역할에서 빠질 수 없는 생활지도와 학교상담을 어떻게 해야 할 것인지 정리한다. 여섯 번째로 교육행정이다. 사회체제의 관점에서 학교를 조망하고 학교를 바라보는 다양한 관점에 대해 알아본다. 일곱 번째로 교사론이다. 교사의 역량을 넘어 교사란 무엇이며, 교사의 전문성과 영향력에 대해 함께 고민해본다.

본 교재를 통해 학습하는 학생들의 넓고 깊은 이해를 돕기 위해 각 장은 학습목표와 주요 용어를 제시하는 것으로 시작한다. 각 장의 저자가 학생들에게 기대하는 변화의 모습을 담았다고 하겠다. 각 장의 주제에 해당하는 구체적 내용이 폭넓게 제시된 후에는 참고문헌과 연습문제를 제시했다. 이를 통해 배운 내용을 스스로 익히고, 심화된 학습까지 나갈 수 있도록 구성하였다. 집필진들은 본 교재를 활용하는 학생들이 교사가 되는 꿈을 넘어 실제로 교단에 서고, 더 나아가 좋은 교사가 되는데 도움이 되기를 기대한다.

교정과 삽화 등 본 교재가 나오기까지 고생해주신 모든 분들께 감사드리며, 특별히 출판에 도움을 주신 안예슬, 임종원, 그리고 교육과학사 편집부 선생님들께 감사 인사를 드린다.

저자 일동

2022. 1.

목 차

제 1 장

교육의 개념적 기초

학습목표

1. 교육이라는 단어가 다양한 맥락에서 사용되고, 여러 가지 방식으로 비유되고 있음을 이해하며, 그 용례와 비유에 어떠한 것들이 있는지 설명할 수 있다.
2. 교육다운 교육의 요소가 어떠한 것들이 있는지 말할 수 있으며, 이러한 요소들이 교육을 정의하는 데 있어서 왜 필요한지 설명할 수 있다.
3. 교육의 개념을 정의하는 주요 방식을 이해하고, 이러한 정의 방식이 지니는 장·단점을 설명할 수 있다.
4. 스스로 교육이란 무엇인지 정의를 내려보고 이에 대한 반성적인 성찰, 동료와의 피드백을 통해 자신만의 교육 개념을 만들어 갈 수 있다.

주요용어

- 교육의 개념
- 교육다운 교육의 요소
- 주형의 비유, 성장의 비유, 예술의 비유, 만남의 비유
- 공학적 개념, 성년식 개념, 사회화 개념

1. 교육의 개념

1.1. '교육'이라는 말의 다양한 용례

누군가 '교육이 뭐지'라고 묻는다면, 우리는 먼저 '교육'이라는 단어의 뜻을 확인할 가능성이 크다. 이 때 가장 쉬운 방법은 사전에 나와 있는 정의를 확인하는 것이다. 그렇지만 조금만 생각해보면 우리가 교육이라는 단어를 사전에 나와 있는 대로만 사용하지 않는다는 것을 알 수 있다. 이 책을 읽는 독자라면 평소에 교육에 더 많은 관심을 가졌을 것이며, 교육에 관심 없는 사람들에 비해 교육에 대해 더 많이 생각하고, 교육이라는 단어를 더 빈번하게 사용했을 것이다. 그런 여러분 자신을 돌이켜보면 '교육'이라는 단어는 맥락에 따라 다양하게 쓰이고, 그 의미도 달라진다는 것을 알 수 있다.

단어의 용례를 분석하고 그 단어가 갖는 일반적인 의미를 분석하는 작업을 개념 분석 작업이라 한다. 사실 개념 분석 방법을 통해 '교육'의 개념을 분석하는 것은 결코 쉬운 일이 아니다. 왜냐하면 '교육'이라는 말이 사용되는 용례는 매우 다양하고 복잡하기 때문이다(조화태, 2016). 여기에서는 그러한 용례 중에 몇 가지 사례를 여기에서 살펴보도록 한다.

① 교육은 국가의 백년대계이므로 교육정책은 신중해야 한다.
② 학교교육은 교육의 대표적인 형태이다.
③ 세상만사 교육이 아닌 것이 없다.

①과 ②에서는 교육이 조직적이고 의도적인 활동이라는 점을 나타내고 있지만, ③의 경우 교육이 비조적적이고 비의도적이 활동까지 포함하는 의미로 사용되고 있다. 이를 통해 같은 '교육'이라는 단어를 사용하고 있어도 때로는 의도적인 활동만, 때로는 의도적이지 않은 활동까지 포괄한다는 것을 알 수 있다. 또 다른 예를 확인해보자.

④ 그 선생님의 학생에 대한 자세야 말로 정말 교육적이시지.
⑤ 충분히 교육받은 사람이 어떻게 그런 행동을 할 수 있어?
⑥ 도둑의 입장에서는 물건을 잘 훔치는 것을 가르치는 게 교육일 수 있지.

④와 ⑤에서는 '교육'이라는 단어가 바람직한 어떤 것을 의미한다고 한다면, ⑥에서는 바람직함 여부와 관계없이 가치중립적인 의미에 보다 가깝다는 것을 알 수 있다.

⑦ 교육은 인간다운 인간을 길러내는 것이다.
⑧ 저 개는 교육을 잘 받았네.

⑦에서 '교육'이라는 단어는 인간을 대상으로 하고 있지만, ⑧에서는 '교육'이라는 단어가 동물에게도 사용되는 예시를 보여준다. 일반적으로 교육은 인간을 대상으로 하는 활동으로 쓰일 때가 많지만, 때에 따라서는 인간이 아닌 것을 대상으로 하는 활동을 가리키기도 한다.

이처럼 같은 교육이라는 단어는 발화자의 의도와 맥락에 따라 다양한 의미를 갖게 된다. '교육'이라고 표기하지만, 그것이 담고 있는 의미는 사용하는 사람에 따라 전혀 다른 의미로 사용되기도 한다. 이 때문에 교육의 개념은 굉장히 모호하다고 할 수 있지만, 다른 한편으로는 교육이라는 개념은 그만큼 열린 개념이라고도 볼 수 있다. 지금도 많은 학자들이 교육의 개념을 정의하기 위해 노력하였고, 지금도 노력하고 있지만, 아직까지 어느 누구도 명확하게 교육의 개념을 정의하고 있지는 못하고 있다. 따라서 이 장에서는 '교육은 무엇이다.'라고 정확하게 정의를 내리기보다는 교육이라는 단어가 어떠한 특성을 담고 있는지를 설명하는 데에 초점을 맞추고자 한다.

1.2. 어원적 의미에서의 교육

단어의 어원을 통해 교육을 설명하는 것은 현재 우리가 사용하는 교육의 대체적인 의미를 확인하는 데에는 유용하다. 어원이 등장하던 당시와 지금의 시대적 조건이 다르기 때문에 어원 그대로만 따지고 들어간다면, 오늘날 사용하는 교육의 의미에서 벗어나는 경우도 발생할 수 있다. 그래도 어원분석을 통해 오늘날 교육이라는 단어가 역사적으로 어떻게 형성되어 왔는지 그 맥락을 유추해 볼 수 있다.

동양에서 '교육(敎育)'이라는 말은 사서(四書) 중에 하나인 『맹자(孟子)』의 「진심장(盡心章)」 상편(上篇)에 등장한다. 맹자는 '군자에게는 즐거움이 세 가지가 있는데, 첫째는 부모가 다 생존해 계시고, 형제들에게 아무 탈이 없는 것, 둘째는 우러러 하늘에 부끄럽지 않고 고개 숙여 땅을 보아도 사람들에 부끄럽지 않은 것, 셋째는 천하의 영재를 얻어 교육시키는 것(得天下英才敎育之)'이라 하였다. 여기에서 '교육'이라는 말은 처음 등장한다.

한자어 '敎育'은 교(敎)와 육(育)의 합성이므로, 교육의 의미를 따질 때 교(敎)와 육(育)의 어원이 어떠한 지를 살펴볼 필요가 있다. 낱낱의 단어의 의미를 살펴보고 그 둘을 합친다고 해서 바로 교육의 의미가 무엇이라고 정의내릴 수 있는 것은 아니지만, 대략적으로 교육의 의미를 파악하는 데에는 도움을 줄 수 있다.

'교(敎)'는 왼쪽 부분에 본받을 효(爻), 아들 자(子), 오른쪽 부분에 칠 복(攴)으로 구성되어 있다. 그리하여 오른쪽 부분은 '어린이가 진리를 인식하고 모방한다.'는 의미이고, 왼쪽 부분은 '손으로 쳐서 사람을 인도한다.'는 의미이다. 중국 후한시대의 대표적인 자전(字典)인 『설문해자(說文解字)』에서는 '敎'를 '위에서 베푸는 것을 아래에서는 본받는다(上所施 下所效也)'라는 말로 설명한다(윤정일 외, 2002). '육(育)'은 아들 자(子)와 고기 육(肉)으로 구성되어 있으며, 엄마가 자식을 낳아 기르는 것을 의미한다. 『설문해자』에서는 '자녀를 길러 착하게 만든다(養子使作善也).'는 의미로 설명한다.

교육을 대표하는 영어단어는 '에듀케이션(education)'과 '페다고지(pedagogy)'를 들 수 있다. education의 라틴어 어근은 educo이며 이것의 부정사형에는 educare

(에듀카레)와 educere(에듀케레)가 있다. 에듀카레는 '기르다.', '양육하다.'는 의미이며, 에듀케레는 주로 '사람들을 이끈다.'는 뜻으로 쓰이지만 부차적으로는 '아동을 양육한다.'는 의미이다. 이 중에서 에듀카레에서 educatio(아동의 양육)와 educator(교육자, 양육자)라는 단어가 파생된 것으로 보아 교육 내지 양육의 본질적인 라틴어 어원은 '에듀카레'라고 볼 수 있고, '에듀케레'는 부차적인 뜻에서만 양육의 의미를 가진다(홍은숙 외, 2016).

pedagogy의 어원은 그리스어의 '파이다고고스(paidagogos)'이다. 파이다고고스는 '가르치는 노예'라는 뜻을 지니고 있다. 고대 아테네에서 대부분의 노예들은 생산활동에 종사했지만 일부 학식 있는 노예들은 집안에서 아이들의 가정교사로 활용되었는데, 이들이 바로 파이다고고스이다(조화태 외, 2010). 파이다고고스는 어린이라는 뜻인 'paidos'와 이끌다라는 뜻인 'agogos'의 합성어로 교사가 어린 학생을 이끌고 지도한다는 뜻이다.

어원을 통해서 교육의 개념을 살펴보면 오늘날의 바람직한 교육의 모습이라고 생각하는 점들을 부분적으로 갖고 있음을 확인할 수 있다. 어원을 통해서 교육의 개념을 정확하게 정의내리기는 어렵지만, '교육'이라는 이름으로 행하여졌던 인간의 활동이 대체적으로 어떤 특징들을 갖추고 있는지 정도는 확인할 수 있을 것이다. 다음 절에서는 이를 바탕으로 교육을 어떤 방식으로 비유하였는지 살펴보도록 한다.

2. 교육의 비유

교육의 개념을 설명할 때 개념을 직접적으로 설명하기 어렵다면 비유적으로 설명하기도 한다. 비유는 원관념을 쉽게 이해하기 위해 보조관념의 특징을 원관념에 적용하여 설명하는 것이다. 비유를 통해 교육을 설명하면 교육의 특징을 보다 쉽게 듣는 사람이 와닿게 이해할 수 있는 장점이 있다. 반면에 비유를 하는 사람의 문제의식에 따라 특정한 부분이 강조되거나 축소되기 때문에 그 비유가 갖는 맥락과 의미를 잘 살펴보아야 한다. 교육에서 가장 대표적인 비유는 '주형의 비유'와 '성장의 비유'이다.

2.1. 주형의 비유

교육계에서 오랜 기간 사용된 비유 중 하나가 바로 주형(鑄型, molding)에 비유하는 것이다. 주형의 비유는 장인이 쇳물을 일정한 모양의 틀에 부어 그 틀과 동일한 모양의 물건을 만드는 일에 비유하는 것으로, 가장 전통적인 교육관을 잘 드러낸다. 여기에서 교사는 장인에, 일정한 모양의 틀은 길러내고자 하는 인간상에, 학생은 쇳물과 같은 재료에 해당한다.

주형의 비유는 '고전주의' 또는 '보수주의' 교육관이라고 할 수 있다. 이러한 교육관은 '사회화로서의 교육'을 정의한 뒤르켐의 교육관이나 행동주의 심리학을 바탕으로 한 교육관이 여기에 해당한다고 할 수 있다. 또한 정범모는 교육을 '인간 행동의 계획적 변화'로 규정하였는데, 이러한 정의도 주형의 비유에 해당한다고 할 수 있다.

주형의 비유는 교육이란 교사가 학생에게 어떤 것을 가르치고 이를 통해 학생이 변화하도록 하는 일이라는 가장 일반적인 교육관을 보여준다. 이 비유에서 교사는 주도적인 역할을 하고, 학생은 이에 따르는 존재로 묘사된다. 이 때문에 자칫 학생을 수동적인 존재로만 인식하는 오해가 발생할 수 있으며, 그러다보면 교육적 권위주의에 빠지거나 도덕 문제에 소홀하기 쉽다는 문제에 직면할 수 있다(신차균 외, 2013).

2.2. 성장의 비유

성장의 비유도 주형의 비유와 마찬가지로 오랜 기간 동안 활용된 교육에 대한 비유이다. 성장의 비유에서는 교육을 식물의 재배과정으로 비유한다. 농부가 씨앗을 뿌리고, 물을 주고, 김을 매는 등 여러 가꾸는 과정을 거치면 식물은 잘 성장하여 열매를 맺는다. 이렇게 성장의 비유에서는 교육을 아동이 자신이 가진 잠재적인 능력을 실현해 가는 과정으로 본다. 여기서 교사는 농부에, 학생은 식물에 해당된다.

성장의 비유는 '낭만주의' 또는 '진보주의' 교육관으로 불린다. 이러한 교육관은 18세기 이후에 등장하기 시작하였으며, 이러한 관점에서 아동중심교육이 탄생하였다. 이러한 관점을 지닌 사상가는 루소, 프뢰벨, 듀이 등이 대표적이다. 또한 이 비유는 오늘날에도 주입식 교육을 비판하는 데에 여전히 유효한 관점을 제공해 주고 있다.

성장의 비유는 주형의 비유가 갖고 있는 권위적인 모습을 극복하고, 교사 중심에서 학생 중심으로 전환했다는 점에서 큰 의미가 있다. 그렇지만 한 사람의 성장에 있어서 사회적, 문화적 요인도 무시할 수 없으며, 교육과정에서 교사의 권위를 과소평가하게 되어 가르치는 교사의 역할을 경시하기 쉽다. 교육은 아동 마음대로 하는 것이 아니라 적절한 권위를 가진 교사에 의해 지도되어야 한다는 사실을 이 비유는 간과하는 셈이다(신차균 외, 2013).

2.3. 다른 비유 방식

주형과 성장의 비유는 교육의 전형적인 비유에 속하지만, 여전히 한계를 가지고 있다. 이러한 한계를 보완하기 위한 비유가 예술의 비유, 성년식의 비유, 만남의 비유이다(성태제 외, 2019).[1)]

예술의 비유는 주형의 비유와 성장의 비유가 교사와 학생의 관계를 잘못 파악하고 있다는 것에 대한 대안적 비유이다. 주형의 비유가 지나치게 교사를 강조하고, 성장의 비유가 지나치게 학생을 강조하지만, 교육이라는 것은 어느 한 쪽이 일방적

1) 예술, 성년식, 만남의 비유와 관련된 논의는 성태제 외(2019) 23-24쪽과 신차균 외(2013) 382-384쪽의 내용을 참고하였음.

으로 관계를 주도하는 것은 아니다. 그래서 예술의 비유에서는 예술가와 재료 사이의 관계에서처럼 교육에서 교사와 학생이 상호작용하는 관계라는 것을 강조한다. 예술가가 예술작품을 만들 때에는 재료와 무관하게 만드는 것이 아니라, 재료의 성질을 고려해서 만들 듯이 둘 사이의 독특한 관계가 형성된다는 것이다. 예술의 비유는 교사와 학생의 관계가 대등하지 않고, 교사가 주도한다는 점에서는 주형의 비유의 변형된 형태라고 할 수 있다.

성년식의 비유는 주형의 비유와 성장의 비유가 교육방법과 교육내용의 관계를 잘못 파악하고 있다는 주형의 비유는 교육내용을 강조한 반면, 교육방법을 간과하였고, 성장의 비유는 교육방법을 강조한 반면, 교육내용을 간과하였다는 약점이 있다. 그리하여 피터스는 '문명화된 삶의 형식으로서의 성년식'으로 규정하였다(이홍우, 2009). 즉, 인류의 문화유산에 학생을 입문시키는 것이다. 성년식의 비유는 교육내용과 교육방법이 일방적이 아니라 상호 관련되어 있다는 것을 보여준다. 그렇지만 교육내용으로 인류의 문화유산을 강조하고, 교육방법상의 원리는 교육내용에서 따라 나오는 것이라는 점을 강조하는 면에서는 주형의 비유의 변형이라 할 수 있다. 이 비유에 관련해서는 4.2에서 다시 설명한다.

만남의 비유는 주형, 성장, 예술, 성년식의 비유 모두에 대한 대안적인 비유이다. 앞서 네 가지의 비유에서는 교육이 지속적이고 점진적인 과정을 거쳐서 일어난다는 전제를 갖고 있다. 그렇지만 만남의 비유에서는 교사가 학생을 만남으로써 갑자기 비약적으로 변하는 측면이 있다는 점을 보여 준다. 교육에서 점진적인 성장이 아닌 단속적이고 비약적인 성장이 있을 수 있다는 점에서 이 비유는 의미가 있다. 그렇지만 만남은 교육의 일반적인 모습이라고 보기 어려우며, 비약적이고 갑작스러운 성장을 기대하다 보면 요행주의로 흐를 위험성도 있다(신차균 외, 2013). 그리고 만남까지 교육의 영역이 확대되다 보면 교육인 것과 교육이 아닌 것의 구분이 모호해질 우려가 있다.

3. 교육다운 교육의 요소[2)]

단어를 사용하는 사람에 따라, 교육을 바라보는 관점에 따라 '교육'이라는 단어는 다양한 의미로 사용된다는 것은 앞에서 이미 언급하였다. 그렇지만 사람들이 '교육'이라는 단어를 사용하는 맥락을 확인하면, 일반적으로 '교육'이라는 단어를 사용할 때 다음과 요소들이 개념적으로 포함된다는 점을 확인할 수 있다. 이 절에서는 우리가 '교육적'이라고 말할 때 어떠한 요소들이 포함되어 있는지 살펴보도록 한다.

3.1. 의도성

우선 교육은 의도성을 지닌 활동이라 할 수 있다. 어떤 행동을 의도적으로 한다고 말한다면, 우선 무엇을 이루려는 동기가 있으며, 그 동기나 목표를 행위자가 의식하고 있다. 또한 행위자는 그러한 행동이 목표를 실현하기 위한 효과적인 수단임을 믿으며, 타인의 강압이 아닌 행위자의 자율적인 선택에 따라 행동한다. 어떤 행동이 의도적이라는 것은 이러한 개념을 내포하고 있다. 또한 동기와 목표를 달성하기 위한 수단의 선택이 자율적이므로 그 결과에 대한 책임도 행위 주체에게 부여할 수 있다.

교육을 의도적인 행동 과정으로 규정하면 자연발생적이거나 우연적인 것들은 그 범주에 포함되지 않는다. 자연발생적이거나 우연적인 것들은 동기나 목적에 대한 인식이 전제되지 않고, 행동이 효율적인지 타당성을 검토할 수 없으며, 자율적인 행위가 아니므로 결과에 대한 책임도 물을 수가 없다. 즉, 맹목적으로 하는 행위나 결과에 책임을 물을 수 없는 행위를 교육이라 할 수 없다.

물론 비의도적으로 교육이 시행된다는 주장이 있으며, 이러한 교육의 개념은 광의(廣義)의 교육이라고 할 수 있다. 이 경우 의도성 여부와 관계없이 인간이 변화하고 성장하는 것을 돕는 행위 자체는 교육이라고 할 수 있다. 그렇지만 사람

2) 이 부분과 관련된 논의는 조화태(2016), 132-141쪽의 내용을 참고하였음.

들이 일반적으로 생각하는 교육을 광의의 교육으로 규정할 경우 교육인 것과 교육 아닌 것을 구분하는 것이 매우 모호해지며, 인간은 어떤 식으로든 변화하고 성장하게 되므로 사실상 삶의 모든 과정이 교육이 되어 버리는 문제가 있다. 따라서 교육의 개념을 명확히 하기 위해서는 교육의 개념적 요소로 의도성을 포함시키는 것이 일반적이다.

3.2. 전인적 인간

교육다운 교육을 위한 요소 중에 하나가 의도성이라고 한다면 사람이 어떻게 변화해야 하는지 의도하는 것이 중요하다. 단순히 의도성만을 가지고 이야기한다면 의도성을 가진 모든 행위는 교육이라고 말할 수 있기 때문이다. 오늘날 교육에서 가장 기본적이면서 포괄적인 목표는 인간을 전인적으로 성장하게 하고 변화시키는 것이다.

인간은 다양한 측면을 지니는 존재이다. 이러한 측면을 설명하는 한 예시 중에 하나가 바로 지·덕·체로 분류하는 것인데, 교육은 이러한 특성들을 고루 발달시키는 것을 목적으로 한다. 그리고 이러한 특성이 한 부분만 크게 발달하는 것이 아니라 모든 측면이 조화롭게 발달하는 것이 바람직하다고 생각하는 것은 동서양의 모든 교육 전통에서 확인할 수 있다.

교육에서 전인적인 인간의 변화에 관심을 갖게 됨에 되면서 지·덕·체 중에서 일부분만 중점적으로 강조하는 경우 '훈련'이라는 표현을 사용한다. 대표적으로 운동선수들이 자신들의 기술을 발전시키기 위해 하는 활동에 주로 훈련이라는 이름을 붙이는 것이 바로 그것이다. 또한 지식을 가르친다고 하더라도 단편적인 지식을 주입하거나 지나치게 지적인 요소만 강조한다면, 그것은 바람직한 교육이 될 수 없다고 비판받는다. 교육이라는 개념에는 지·덕·체의 조화로운 발달과 전인적인 인간의 변화에 대한 관심이 포함되어 있기 때문이다. 이 때문에 어떤 이들은 '전인교육'이라는 단어에 대해서 원래 교육의 개념에는 전인적인 발달이라는 요소가 포함되어 있으므로 '전인교육'은 동어 반복일 뿐 '교육'이라는 표현으로도 충분하다고 주장하기도 한다.

3.3. 바람직한 변화의 추구

인간이 의도적인 활동을 통해서 전인적인 변화를 갖는다고 하더라도 그 방향이 잘못된 것이라면 교육다운 교육이라고 부르기 어렵다. 교육은 특정한 가치를 선택하여 그것을 실현하기 위한 활동이라 할 수 있으며, 하나의 가치사업(value enterprise)이라 할 수 있다. 따라서 인간의 변화 결과 목표나 결과가 바람직하지 않다면 그것을 교육이라고 할 수 없다.

물론 바람직함의 기준은 교육을 계획하고 실천하는 집단이나 개인에 따라 달라질 수밖에 없는 문제이다. 그렇지만 바람직함의 기준이 상대적이라고 하여 바람직함을 추구하는 것 자체를 교육의 개념에서 제외하기는 어렵다. 교육은 바람직한 변화를 추구하는 활동이며, 이 과정에서 무엇이 바람직한 지에 관해서는 끊임없이 검토해야 한다고 할 수 있다.

교육 자체가 바람직한 변화를 추구하는 활동이기 때문에, '바람직하지 않은 교육'이라는 표현은 모순적인 표현이라고 할 수 있다. 일상적인 상황에서는 '바람직하지 않은 교육'이라는 표현을 쓸 수 있으나, 이 경우에는 '교육'을 가치평가적인 요소를 제외한 의미로 사용하는 것이라 할 수 있다. 이러한 의미로 '교육'이라는 단어를 사용하게 된다면 또다시 가치평가적인 문제를 제기할 수 있다. 교육이라는 자체는 가치중립적인 활동이라고 볼 수 없기 때문이다.

3.4. 피교육자의 인간 존엄성에 대한 존중

위의 세 가지 조건을 만족시킨다면 교육은 '바람직한 방향의 전인적인 인간의 변화를 의도적으로 추구하는 활동'이라고 할 수 있다. 여기에서 바람직한 방향은 교육의 목표라고 할 수 있다. 그렇다면 목적을 달성하기 위해서는 수단은 어떠해야 하는지에 대한 문제가 제기될 수 있다. 어떤 목적이 정당하더라도 수단이 정당하지 못하다면 그것은 교육다운 교육이라고 할 수 없다.

따라서 바람직한 방향을 목표로 잡고 그것을 추구하고자 한다면, 바람직한 수단이 동반되어야 한다. 그리고 바람직한 수단은 우선 피교육자에 대한 존중에서 시작된다고 할 수 있다. 아무리 바람직한 방향이라고 하더라도 그 방향이 강압적이고 폭력적인 방식이거나, 세뇌와 약물 투입과 같은 방식으로는 교육다운 교육이라고 할 수 없다. 피교육자의 권리와 자율성이 존중되어야 하며 그것이 훼손되지 않도록 교육자는 항상 노력해야 한다.

3.5. 교육자와 피교육자 간의 인격적 상호작용

교육에서의 의도성의 주체는 주로 교육자에 있다. 피교육자도 교육을 받는 의도가 있고, 교육의 장에 참여하는 학부모나 사회의 여러 집단도 나름의 의도를 갖고 있지만, 교육의 방향을 결정하고 그것을 추구해 나가는 의도성의 가장 중요한 주체는 바로 교육자라고 할 수 있다. 교육자가 의도성을 갖고 피교육자의 인간적 존엄성 존중하면서 피교육자의 바람직한 행동 변화를 추구한다고 했을 때 인간적 존엄성의 존중은 바로 교육자와 피교육자 간의 인격적 상호작용으로 연결된다.

교육자와 피교육자 간의 인격적 상호작용은 단순히 물리적 접촉으로 이루어지는 것은 아니다. 물리적 접촉이 있다고 하더라도 인격적 상호작용이 일어나지 않을 수도 있고, 시공간적으로 떨어져 있어도 인격적인 만남은 얼마든지 가능하다. 과거 조선시대에도 선비들이 편지를 통해 인격적으로 교류하며 상호작용을 했던 것이 바로 그 예이다. 특히 코로나19 팬데믹 이후 온라인 강좌가 보편화되면서, 사람들은 온라인 강좌에서의 인격적 상호작용을 강조하게 되었고, 교육학자들이나 일선 학교의 교사들도 이를 촉진하기 위한 수업 설계를 끊임없이 고민하고 있다.

인격적 상호작용은 상호교감과 연대의식, 배려, 가치의 공유 등 심리적 교류를 통해서 가능하다. 물리적으로는 얼굴을 맞대고 교육의 장면에서 만난다고 하더라도 그 과정에서 심리적인 교류가 없다면 그것은 단순한 기계적인 만남이지, 교육적인 만남이라고 할 수는 없다.

3.6. 의미충족과 자아 형성감의 함양

앞서 언급했던 교육의 개념적 요소 중에 인간의 바람직한 변화의 추구가 있었다. 그런데 교육을 받은 결과 바람직한 행동의 변화가 일어나지 않았다면, 교육은 실현되었다고 말하기는 어렵다. 교육을 바람직한 변화를 추구하는 과정으로 본다면, 그 활동의 결과와 관계없이 교육은 실현되었다고 할 수 있다. 그러나 교육을 바람직한 변화를 결과적으로 구현해내는 활동이라고 한다면, 교육은 일어나지 않았다고 말할 수 있다.

그래서 교육의 개념적 조건에 성공적인 결과를 포함시킨다면 '교육을 하였지만 아무런 변화가 일어나지 않았다.'고 말하는 것이며 이는 논리적으로 모순이 된다. 또한 결과를 포함시키게 되면 결과가 나오기 전까지는 그 이전의 활동이 교육인지 아닌지를 파악할 수 없게 된다. 또한 성공적인 결과는 즉시 나올 수도 있겠지만, 오랜 시간이 지난 후에 나올 수도 있고, 무엇인가 변화하였어도 그것이 구체적인 행동으로 나타나지 않을 수도 있다. 따라서 교육은 바람직한 변화를 구현해 낸 활동이라기보다는 바람직한 변화를 추구하는 과정으로 파악하는 것이 타당하다.

교육을 바람직한 변화를 추구하는 과정으로 파악한다고 하더라도 결과에 대해서 고려하지 않을 수 없다. 이 경우 최소한 피교육자가 교육을 받은 후에 본인이 바람직한 방향으로 성장하고 있다는 점을 인정할 수 있어야 한다. 비록 교육이 과정적인 활동이라고 하더라도 피교육자가 자신이 받고 있는 교육의 의미와 가치를 알지 못하거나 인정하지 않는다면 그것을 교육다운 교육이라고 보기는 어렵다. 교육을 통해 자신이 바람직한 방향으로 성장하면서 성취감과 만족감을 제공할 수 있어야 교육다운 교육이라고 부를 수 있다.

3.7. 교육자의 도덕적 책임

교육을 받았다고 해도 자신이 받은 교육의 의미를 해석하고, 수용하는 것은 교육받은 사람이 결정한다고 할 수 있다. 그 점에서 교육에 대한 최종적인 책임은 피교육자에게 있다고 보는 것이 타당하다. 그렇다고 해서 교육자의 책임이 없어진다고 볼 수는 없다. 교육에 대한 궁극적인 책임이 피교육자에게 있다고 해도, 피교육자에게 의도를 가지고 일정한 방향으로 변화시키고자 했던 교육자에게는 도덕적인 책임이 수반될 수밖에 없다. 간혹 교사, 학교장 또는 교육당국이 불법적인 일을 저지르지도 않았고, 일반 대중이 사과할 일이 아니라고 판단하는 여론이 우세한 사안임에도, 그 사안에 대해 교육자나 교육당국이 사과하는 경우가 있는데, 이는 법적으로는 책임이 없지만 도덕적으로는 책임을 지겠다는 모습을 보이는 것이라 할 수 있다.

교육은 교육자의 가치선택과 판단에 의해서 이루어지며, 교육자는 자신의 자율적인 판단으로 교육의 방향을 결정한다. 이러한 교육자들의 자율적인 활동에는 일정한 책임이 따르기 마련이다. 물론 교육자의 가치선택과 자율적인 판단이 보장되지 않는다면 이 경우에는 교육자에게 책임을 묻기 어렵다. 교육다운 교육이라면 교육자에게 자율적인 책임과 판단이 보장되고, 그러한 판단에서 진행된 교육활동에는 도덕적인 책임이 수반된다고 할 수 있다.

4. 교육의 다양한 정의 방식

이 절에서는 교육을 정의하는 몇 가지 방식을 확인해보도록 하겠다. 교육에 대해서는 교육학자들이 다양한 방식으로 정의를 해왔다. 이홍우(2009)에서는 교육에 대한 대표적인 정의 방식 3가지를 소개하였다. 그 3가지는 바로 공학적 개념, 사회화 개념, 성년식 개념이며, 이와 관련하여 간략히 살펴보고자 한다.

4.1. 공학적 개념

대표적인 공학적 개념은 정범모(1976)에서 제시한 '인간 행동의 계획적인 변화'이다. 공학적 개념이라고 하면 교육학의 하위 분야 중 하나인 교육공학을 떠올릴 수 있으나, 이것은 그러한 의미에서의 공학의 개념은 아니다. 여기서 공학은 '기술을 구안하고 시행하는 데에 관련되는 사고방식'을 가리키며(이홍우, 2009), 정범모(2009)에 나타난 정의 방식이 이러한 공학과 유사하다는 점에서 공학적 개념이라고 분류하였다.

이 공학적 개념을 이해하기 위해서는 단어를 정의하는 방식 중 하나인 조작적 정의를 먼저 이해할 필요가 있다. 조작적 정의는 과학적으로 개념을 정의하는 방식으로, 가시적으로 확인 불가능한 것을 관찰 가능한 형태로 조작하여 정의하는 것이다(이신동 외, 2020). 일반적으로는 눈에 보이지 않은 추상적인 개념을 객관적인 수치로 표현하여 과학적 법칙을 만들거나 실생활에 활용하기 위해 조작적 정의를 활용한다.

예를 들어 기압을 '공기가 누르는 힘'이라고 정의한다면 그것은 조작적 정의라고 할 수 없다. 여기에는 기압이라는 것을 관찰할 수 있는 '조작'이 들어가 있지 않기 때문이다. 여기에 비하여 기압을 '수은을 가득 채운 유리관을 수은에 담긴 그릇에 거꾸로 세웠을 때 수은 면에서부터 수은 기둥의 높이를 뜻한다.'고 한다면 이것은 조작적 정의가 된다. 이 정의에서 '유리관에 수은을 가득 채우고 그 주둥이를 손가락으로 꼭 막아 수은이 담긴 그릇에 거꾸로 세우는 일'은 기압이라는 개념이 관찰되는 사태를 만들기 위한 조작이기 때문이다(이홍우, 2009).

정범모가 제시한 '인간 행동의 계획적인 변화'는 바로 이러한 문제의식에서 시작되었다. 정범모는 1960년대 당시 우리나라가 경제적으로 발전하기 위해서는 교육이 구체적인 힘을 발휘해야 하는데, 그러기 위해서는 단순한 미사여구만을 나열해서는 교육이 실질적인 힘을 발휘할 수 없다고 생각하였다. 교육이 힘을 발휘하기 위해서는 과학적이고 검증이 가능한 조작적인 용어로 정의되어야 한다는 것이다. 그리하여 정범모는 위와 같이 교육을 정의하고 이 정의를 구성하는 '인간 행동', '계획적', '변화'라는 세 가지 요소를 설명한다(정범모, 1976).

우선 교육은 인간 행동에 관심을 가진다. 여기서 인간 행동이란 단순히 겉으로 드러난 행동뿐만 아니라 모든 심리적인 특성까지도 포함한다. 또한 공학처럼 교육은 변화에 초점을 맞추어야 하며, 변화의 개념은 포괄적으로 정의될 수 있다. 그렇지만 모든 변화가 교육은 아니어서 일시적이고 우연적인 변화는 교육으로 보기 힘들며, 교육은 의도적이고 계획된 변화에 한정한다.

이러한 방식의 정의는 교육을 과학적으로 정의할 수 있다는 점에서 매우 큰 힘을 갖는다. 눈에 보이지 않는 추상적인 개념을 관찰 가능한 방식으로 바꿈으로써 과학적으로 더욱 엄밀한 방식의 연구가 가능해졌다. 그렇지만 한 편으로는 가치중립적이라는 한계도 있다. 특히 계획적인 변화라면 어떤 방식으로의 변화도 교육이 될 수 있기에 이와 관련된 가치의 문제가 발생한다. 예컨대 모종의 계획적인 변화를 통해서 사회적으로 용인되지 않는 어떤 행위를 만들어 낸다면 그 변화를 우리는 교육이라고 부르기 어렵다.

4.2. 성년식 개념

성년식(initiation)으로서의 교육 개념은 피터즈(Peters)가 제안하였다. 앞서 소개한 공학적 개념이 가치문제를 설명하는 데 있어서 약점을 갖고 있다면, 피터즈의 교육의 개념에서는 이러한 가치문제를 다루는 것을 전제로 하고 있다. 피터즈는 Peters(1966)에서 교육에 윤리학적 논의가 끼어드는 측면은 크게 보아 내용과 방법 두 가지이며, 교육에서 무슨 내용을 가르쳐야 하여 또 그것을 어떤 방법으로 가르쳐야 하는가 하는 문제는 '바람직하다, 가치 있다, 마땅하다, 옳다.' 등의 특유의 윤리학적 개념으로 논의해야 한다고 말한다(이홍우, 2009).

피터즈는 정범모 교수처럼 그의 교육의 개념을 한 가지로 정의하고 그것에 관해서 해설하는 방식으로 논의하지는 않는다. 그렇지만 Peters(1966)에 나타난 교육의 개념을 집약적으로 표현한다면 '문명된 삶의 형식에로의 성년식'이라고 할 수 있다. 성년식은 아직 성숙하지 못한 어린이가 자신이 속한 사회의 구성원으로 인정받기 위한 하나의 통과의례이다. 피터즈가 이러한 방식의 교육을 제안한 것은 어린이가 성년식을 통해서 사회에 입문하는 것처럼 교육은 학습자들을 '가치 있는 삶의 형식, 공적 유산, 가치 있는 활동'에 입문시키는 것이라 할 수 있다. 학생들에게 가르쳐야 할 내용과 방식을 설명하고 있다는 점에서 피터즈의 교육의 정의는 공학적 정의와는 차이가 있다.

성년식 개념에서 교사는 단계에 따라 두 가지 역할을 하게 된다. 초기 단계에서는 학생보다 먼저 입문한 사람으로서 학생들을 입문시키는 역할을 한다. 그렇지만 후기 단계가 되면 교사와 학생의 차이는 정도의 차이만 있게 되며, '훌륭한 교사는 학생들이 하루빨리 자기의 도움을 받지 않고 혼자 힘으로 설 수 있도록 도와주는 사람'이다(Peters, 1966).

인간이 입문해야 하는 가치 있는 삶에 대해서는 초기의 피터즈와 후기의 피터즈가 다른 입장을 취한다. 초기의 피터즈는 학습자가 입문해야 할 가치 있는 인간 활동을 '지식의 형식'으로 보았다. 따라서 초기의 피터즈에게 교육이란 지식의 형식에 입문하는 것이었다. 그러나 후기 피터스는 이론적인 지식의 형식에만 입문시킬 것이 아니라 다양한 인간 활동들을 교육의 내용으로 가르쳐야 한다고 초기의 입장은 변경하였다(Peters, 1979, 홍은숙 외 2016에서 재인용). 그리고 피터즈와 같은 입장이었던 허스트(Hirst) 역시 교육은 '지식의 형식'을 가르쳐야 한다고 주장하였으나, 후기에는 이 주장을 바꾸어 교육내용을 '다양한 사회적 실천전통들'로 확장할 것으로 주장하였다(홍은숙 외 2016).

피터즈가 말한 교육의 개념 중 초기 피터즈의 교육의 개념은 학생을 지식의 형식에 입문시키는 것이기에 정의의 성격상 지식교육을 강조하고, 교육과 학교교육을 동일한 것으로 보고 있다. 피터즈가 교육이 학교에서만 일어나는 것으로 보지는 않았지만, 교육의 전형적인 모습은 학교의 교과 수업에서 찾아볼 수 있다고 주장한다. 이러한 피터즈의 교육의 개념은 교육의 범위를 지나치게 좁게 설정하였다는 비판을 받는다.

'지식의 형식'으로 입문할 것을 주장한 초기의 피터즈의 입문 개념과 '다양한 인간 활동'으로의 입문을 주장한 후기의 피터즈의 입문 개념은 다음의 차이를 지닌다. 우선 지식의 형식을 가르쳐야 한다는 입장에서 다양한 실제적인 활동으로 가르쳐야 한다는 것을 입장이 변화함에 따라 초기의 피터즈의 입문 개념이 갖는 주지주의의 문제를 해결하였다. 또한 후기의 피터즈의 개념에서는 이성만을 강조한 것이 아니라 정서나 의지 등 다양한 측면의 계발을 동시에 강조한다. 마지막으로 전기의 피터즈는 '지식의 형식'에 입문하는 과정이나 상태를 충분히 밝히고 있지 않지만,

후기의 피터즈는 구성원이 되는 과정의 '헌신적인 앎'이나 '인격적인 앎'의 특성을 강조하며 피상적으로 여러 활동을 소개하는 것에서 벗어나려 하였다(홍은숙, 2007).

4.3. 사회화 개념

사회화는 뒤르켐이 정의한 것으로 그는 교육의 개념을 '어린 세대를 대상으로 하는 체계적 사회화'로 정의한다(Durkheim, 1956). 뒤르켐은 당시 교육에 대한 정의가 지나치게 개인의 심리적 측면에만 관심을 두게 되어, 교육의 사회적 측면을 간과한다는 문제의식을 바탕으로 '사회화로서의 교육'을 강조하였다. 여기서 '사회화'라는 것은 특별한 의미를 가지고 있는 용어로서 '이기적, 반사회적 존재로서의 개인으로 하여금 집단적 의식을 내면화하도록 함으로써 그를 사회적 존재로 형성하는 과정'을 가리킨다(이홍우, 2009). 즉, 교육은 비사회적인 존재를 사회적 존재로 바꾸어 가는 과정이라고 할 수 있다.

뒤르켐의 이 개념을 이해하기 위해서는 '원초적 사실'과 '사회적 사실'을 구분할 필요가 있다. 예컨대 긴 나무 조각 두 개를 가지고 +자 모양으로 묶었다고 했을 때, 이것을 그냥 나무조각을 묶은 것이라고 한다면 그것은 '원초적 사실'이다. 반면 그 나무조각을 십자가로 이해하여 특별한 의미를 부여하고 소중하게 간직한다면 그 십자가는 '사회적 사실'이 된다. 즉, '사회적 사실'은 '원초적 사실'에 사회적인 의미를 부여한 것이며, 교육은 사회적 사실, 사회적 의미, 사회적 규범을 전수하는 일이라 할 수 있다.

뒤르켐은 사회화를 '보편적 사회화'와 '특수적 사회화'로 구분하였다. 보편적 사회화는 사회 전체의 기반이 되는 지적·도덕적·신체적 특성 등을 아동에게 내면화시킨다. 교육은 한 사회의 동질성 확보를 위해 집단의식과 보편적 가치를 강조하여 사회적 결속과 안정을 유지하게 한다. 특수적 사회화는 사회적 분화가 가속화되면서 발생하는 각 직업에 필요한 지적, 도덕적, 신체적 특성을 마련해주는 것이다. 교육은 각 직업에 필요한 적절한 사회화를 전수하여, 각 직업 간의 유연한 결속력과 운영의 효율을 도모한다(이신동 외, 2020). 이와 관련하여 이홍우는 보편적 사회화와 특수적 사회화는 별개의 과정을 통해서 이루어지는 것이 아니라, 통일한 과정 속에서 다른 측면을 가지는 것으로 보아야 한다고 지적한다(홍은숙 외, 2016).

사회화는 교육과 유사한 점이 많기 때문에 교육을 설명하는 적절한 방식으로 인식되어 왔다. 사회화와 교육은 모두 인간의 변화에 관심을 가지고, 가르침과 배움을 수행한다는 점에서 공통점을 갖고 있다. 그렇지만 양자는 추구하는 변화의 방향이 다르다. 사회화는 개인을 '사회적 존재'로 만드는 데 관심이 있지만, 교육은 개인을 '인간다운 인간'으로 만드는 데에 더욱 관심이 있다. 또한 사회화와 교육은 가르침과 배움의 과정에서 그 내용과 방법에 현저한 차이를 갖고 있다(조용환, 1997). 따라서 사회화의 개념으로 교육을 정의함으로써 교육의 많은 부분을 설명할 수 있지만, 그렇다고 그것으로 교육의 개념 전체를 설명하는 데에는 여전히 한계가 있다.

5. 교육의 개념에 대해서 스스로 생각해보기

이 장에서는 교육이라는 단어가 쓰이는 용례, 비유하는 방식, 교육다운 교육의 개념적인 요소, 교육을 정의하는 예시 등을 간단히 확인하였다. 이 과정을 통해서 독자들은 교육의 개념을 정의하는 것이 쉽지 않다는 것을 알 수 있었을 것이다. 소위 교육학의 대가들이 교육에 대해 정의를 내렸지만, 대가들이 내린 교육에 대한 정의에 관해서도 많은 논쟁이 발생한다. 처음에 정의를 들었을 때는 교육을 그럴듯하게 정의했다고 생각하나, 조금만 따지고 들어가 보면 그 정의가 지닌 한계들이 드러난다. 그들이 내린 정의에서 바람직한 교육의 요소 중에 중요한 부분이 포함되지 않기도 하고, 특정한 요소를 지나치게 강조하기도 하며 때로는 교육을 정의하는 범위가 지나치게 범위가 넓거나 좁다보니 '교육다운 교육'이 갖추어야 할 여러 요소들을 충분히 설명하지 못하기도 한다.

교육을 정의하는 문제는 얼핏 보면 학자들의 문제로만 생각할 수 있다. 그러나 교육학을 공부하거나 교육과 관련된 일을 업으로 삼는 사람이라면 교육의 개념을 명확하게 하는 것은 매우 중요하다. 교육의 개념은 교육이라는 말의 뜻을 밝혀 줌으로써 '교육인 것'과 '교육 아닌 것'의 구분을 가능하게 해주고, 그 성격과 목적 그리고 요소와 작용 등을 이해하는 데 기본적인 단서를 제공해 줄 수 있을 것이기 때문이다(조화태, 2016). 교육의 개념을 분명히 하고 '교육인 것'과 '교육 아닌 것'을 분명하게 구분할 수 있어야, 교육 활동이 아님에도 교육 활동을 했다고 생각하거나, 교육 활동을 했음에도 교육 활동을 하지 않았다고 착각하는 일은 막을 수 있다.

따라서 이 책을 읽는 독자의 대부분은 교육이란 무엇인가를 전문적으로 밝히는 학자가 아니라고 하더라도, 스스로 생각하는 바람직한 교육의 요소를 고려하여 직접 교육의 개념을 정의해 보는 것이 필요하다. 이 책을 학습하면서 그리고 계속 교육학 또는 교육에 관해 공부하면서 우선 스스로에게 관심 있는 분야를 중심으로 교육의 개념을 정의를 시도해보기를 권한다. 교육철학, 교육심리학, 교육사회학, 교육공학, 교육행정학, 평생교육 등 교육학의 관심 분야에 따라 관심 있게 바라보는 교육의 측면은 달라지기 마련이며, 교육의 정의는 정의하는 사람이 관심을 갖는 주된 측면에 따라 달라질 수밖에 없다.

그리고 독자 스스로 자신이 내린 교육의 정의가 갖는 장・단점이 무엇인지를 성찰하고 그에 맞게 정의를 수정할 필요가 있다. 또한 스스로 정의한 교육의 개념에 대해 다른 사람들에게 의견을 구하고 직접 토론해보면서 피드백을 받고 그 개념을 다듬어 가는 과정도 필요하다. 그러한 과정을 통해서 독자들은 교육에 대한 개념을 좀 더 구체적이고 명확하게 다듬어 갈 수 있을 것이다.

어쩌면 이러한 과정은 평생 해나가야 하는 숙제이며, 이를 해결하는 것은 매우 오랜 기간 동안 해야 할 작업이 될 수밖에 없을 것이다. 교육을 공부한다는 것은 궁극적으로는 '교육이란 무엇인가'라는 질문에 답변을 구하는 것이며, 이는 교육과 관계된 사람이라면 결국에는 피할 수 없는 질문이기 때문이다. 다시 한 번 말하지만, 교육학을 전문적으로 연구하는 학자들도 '교육이란 무엇인가'라는 질문에 답을 제대로 하지 못하는 경우가 많다. 그러므로 이 책을 읽는 독자들도 본인 스스로가 질문에 답을 하지 못한다고 해서 실망하지 말고 꾸준히 이 질문에 답하고자 노력한다면 언젠가는 교육에 대한 안목을 갖춘 사람으로 성장할 수 있을 것이다.

연습문제

1. 일상 생활에서 '교육'이라는 단어가 어떻게 사용되는지 예시를 들어보고, 그 예시에서 '교육'이라는 단어는 어떠한 측면을 나타내고 있는지 설명하시오.

2. 다음의 교육의 비유를 간단히 설명하시오.
   1) 주형의 비유 2) 성장의 비유 3) 예술의 비유 4) 만남의 비유

3. 교육다운 교육을 이루는 요소들에는 무엇이 있는지 설명하고, 그 요소들이 왜 필요한지를 각각 설명하시오.

4. 교육을 정의하는 방식인 공학적 개념, 성년식 개념, 사회화 개념이 무엇인지 설명하고 이들 정의 방식이 지니는 장점과 단점을 각각 설명하시오.

5. 스스로 '교육이란 무엇인가?'라는 질문에 답을 구해보고, 그 답이 교육다운 교육을 이루는 요소에 비추어 잘 갖추고 있는 것은 무엇이고 부족한 점은 무엇인지 설명하시오.

참고자료 및 관련 사이트

성태제 외(2019). 최신교육학개론, 서울: 학지사.

신차균, 안경식, 유재봉(2013). 교육철학 및 교육사의 이해(2판), 서울: 학지사.

윤정일 외(2002). 신 교육의 이해, 서울: 학지사.

이신동 외(2020). 새로운 교육학개론, 서울: 학지사.

이홍우(2009). 교육의 개념(주석 · 증보판), 서울: 문음사.

정범모(1976). 교육과 교육학, 서울: 배영사.

조용환(1997). 사회화와 교육, 서울: 교육과학사.

조화태(2016). 교육철학, 서울: 한국방송통신대학교출판문화원.

조화태, 박종배(2010). 교육사, 서울: 한국방송통신대학교출판문화원.

홍은숙(2007). 교육의 개념, 서울: 교육과학사.

홍은숙 외(2016). 교육학에의 초대(2판), 파주: 교육과학사.

Durkheim. E.(1956). *Education and Sociology*, Translated by S. D. Fox. New York: Free Press.(original French edition, 1925), 이종각 역(1987), 교육과 사회학, 서울: 배영사.

Peters, R. S.(1966). *Ethics and education*, London: George Allen & Unwin Ltd. 이홍우 · 조영태 역(2003), 윤리학과 교육(수정판), 서울: 교육과학사.

Peters. R. S.(1979). Democratic values and educational aims. *Teachers College Record*. 80(3). 463-482.

제 2 장

교육의 철학적 기초

학습목표

1. 교육철학의 의미가 무엇인지 그리고 교육철학이라는 학문이 갖고 있는 기능이 무엇인지 설명할 수 있다.
2. 우리가 일상적으로 사용하는 교육철학이라는 단어가 어떤 의미로 사용되는지 설명할 수 있다.
3. 교육철학이라는 학문이 어떠한 성격을 갖고 있는지를 설명할 수 있다.
4. 20세기 이후 오늘날의 교육철학에 많은 영향을 끼친 주요 교육철학의 특징을 설명할 수 있다.

주요용어

- 철학, 교육철학
- 분석적 기능, 평가적 기능, 사변적 기능, 통합적 기능
- 교육관으로서의 교육철학, 학문으로서의 교육철학
- 진보주의, 본질주의, 항존주의, 재건주의, 분석적 교육철학, 비판적 교육철학

1. 교육철학의 의미와 기능

1.1. 교육철학의 의미

1) 철학의 의미

교육철학은 철학을 모(母) 학문으로 삼고 있다. 따라서 교육철학이 무엇인지 알기 위해서는 철학의 의미를 먼저 확인할 필요가 있다. 철학이라는 말은 'philosophy'의 번역어이다. 이 말은 사랑을 뜻하는 philia(필리아)와 지혜를 뜻하는 sophia(소피아)의 합성어이다. 어원으로만 보면 철학은 '지혜를 사랑하는 일', '지혜에 대한 사랑' 정도로 볼 수 있을 것이다. 따라서 철학이 곧 지혜를 가리킨다기보다 지혜를 사랑하고 지혜를 추구하려고 노력한다는 점이 중요하다. 그래서 철학은 철학가들이 해 놓은 말을 모아놓은 지식의 체계나 정보의 덩어리가 아니라 철학하는 방법, 더 정확히 말하면 철학적 사고방법을 가리킨다(김성열 외, 2021).

2) 교육철학의 의미

이러한 철학의 의미를 바탕으로 하여 생각해보면, 교육철학은 교육과 관련된 개념이나 실제적 활동에 대해 철학적으로 사유하는 것이라고 할 수 있다. 교육철학은 교육에 관련하여 이루어지는 의미부여와 기준에 대해, 과연 그것들이 어떠한 신념과 가치관, 동기와 관심, 지식과 이론 위에서 성립하는가를 분석하고, 그것들의 타당성을 비판적으로 음미하고 검토하는 작업이다. 그리고 그러한 작업의 결과, 때로는 새로운 대안적인 의미체계를 제시하기도 한다(조화태, 2016).

이러한 검토 작업은 교수나 박사들이 전문적으로 행하기는 하지만, 그렇다고 이들의 전유물이라고 할 수는 없다. 철학이 지식과 정보의 덩어리가 아니고 철학하는 방법을 가리키므로, 누구든 교육에 대해서 깊이 생각하며 반성적으로 검토한다면 그것이 바로 교육에 대한 철학적인 활동이 될 수 있으며, 그러한 활동을 하는 것을 교육철학을 하는 것이라고 할 수 있다.

1.2. 교육철학의 기능

이러한 교육철학은 교육이 어떠한 신념과 가치관, 동기, 관심, 이론에 입각하여 이루어지는지를 분석하고, 교육적 의미체계와 교육현실의 만족도를 평가하며, 대안적 의미체계를 모색하고 제시하고, 다양한 교육적 의미체계를 검토하고 종합한다. 이러한 교육철학의 기능을 대체로 분석적 기능, 평가적 기능, 사변적 기능, 통합적 기능으로 나눈다(조화태 2016, 김성열 외 2021, 박철홍 외 2013). 여기에서 언급되는 교육철학의 기능들은 논리적인 구분이라고 할 수 있으며, 실제 교육활동에서는 서로 밀접하게 관련을 맺으며 상호복합적으로 작용한다. 여기에서는 교육철학의 4가지 기능에 대해서 간략하게 살펴본다.

1) 분석적 기능

교육철학의 분석적 기능은 교육의 의미체계를 구성하는 언어의 의미와 그 논리적인 관계를 분석하는 것을 말한다. 교육과 관련된 어떤 의미체계가 있을 때 그것이 어떠한 신념, 가치관, 이론적 배경 등에 기초하여 성립하는지를 분석하는 기능이라고 할 수 있다.

어르신들이 아이들에게 종종 '공부 열심히 해서 훌륭한 사람이 되라'고 말하는 경우가 있다. 여기에서 '공부를 열심히 한다.'는 것과 '훌륭한 사람'의 의미는 맥락에 따라서 다를 수 있다. 공부를 열심히 한다는 것은 공부에 대한 태도, 공부하는 시간, 공부하여 암기하게 되는 지식의 양이 등이 기준이 될 수 있으며, 그 이외에도 여러 가지 기준이 있을 수 있다. 또한 '훌륭한 사람'이라는 것도 인격적으로 올바른 사람, 이 세상에 도움이 되는 유용한 것들을 만드는 사람, 많은 사람에게 선한 영향력을 발휘할 수 있도록 높은 지위에 오르는 사람 등 다양한 모습을 의미할 수 있다.

간혹 어떤 문제에 관해서 해결책을 제시하는 TV 프로그램을 보면 해결책을 제시하는 사람이 특정한 방법으로 해결책을 제시해주면서 그 방법으로 '연습을 많이 하라'고 한다. 이때 해결책을 제시해주는 사람이 말하는 '연습을 많이 하라'는 '그 사람이 할 수 있는 최대한의 시간을 투자해서 연습하라'는 의미에 가깝다. 그래서 그 의미로 받아들이고 그만큼 시간을 투자해서 연습한 사람은 다음에 칭찬을 받지만, 그 의미를 제대로 파악하지 못한 사람들은 하루에 1, 2번 정도 연습하고 '연습을 많이 했다.'고 말했다가 혼이 나는 경우를 볼 수 있다. 이렇듯 언어는 하나의 말이 여러 가지 의미로 중에 어떤 의미로 사용되는지 분명하게 드러나지 않는 경우가 많다. 우리는 생활 속에서 언어를 통해 분명하게 의사를 전달했다고 생각하지만, 막상 그 상황을 살펴보면 그렇지 않은 경우를 종종 볼 수 있다.

이러한 상황은 교육과 관련된 진술에서도 얼마든지 나타날 수 있다. 이 경우 교육철학은 교육과 관련된 언어나 진술이 구체적으로 어떠한 의미인지를 파악하고, 그러한 발언의 배경이 되는 가치관이나 신념을 밝히는 기능을 하게 된다. 또한 각 진술이 갖고 있는 의도나 가치관 등이 서로 어떻게 관련되어 있는지를 살펴보고, 이러한 진술들이 일관된 원칙이나 관점에서 이루어지고 있는지도 함께 분석한다. 이를 통해 교육과 관련된 특정 언어나 진술이 정확하게 어떤 정보를 담고 있는지를 확인하게 되는 것이다.

2) 평가적 기능

교육과 관련된 특정 언어나 진술에 대한 정보를 확인하게 되면 그 사실에 대해서 모종의 가치판단을 내리게 된다. 교육철학의 평가적 기능은 주어진 기준에 따라 교육적인 의미체계나 교육현실에 대해 평가하는 활동을 가리킨다. 어떤 교육적인 진술, 의미체계, 교육현실이 기준에 만족한다고 볼 수 있는 것인지 또는 그것이 바람직하다고 판단을 내릴 수 있는 것인지를 평가하는 것이 평가적 기능이다. 따라서 정확하게 평가를 하기 위해서는 그것을 평가하는 기준이 명확해야 한다는 점에서 교육의 평가적 기능은 교육의 분석적 기능과 밀접한 연관이 있다고 할 수 있다.

예를 들어 '오늘날의 학교 교육은 학생들의 창의성을 길러주지 못한다.'는 진술이 있다면, 이러한 진술은 창의성의 의미에 따라 진위여부가 갈리게 된다. '창의적'이라고 하는 모종의 기준이 있고, 그 기준에 비추어 오늘날의 교육이 그 기준을 충족시키지 못한다고 판단한다면 이 진술은 옳은 것이 되지만, 그 기준을 충족시켰다고 판단할 수 있다면 이 진술은 틀린 것이 되는 것이다.

평가적 기능은 어떤 기준에 비추어 교육실천, 교육이론, 교육과 관련된 주장의 적합성을 밝히는 것이다. 이러한 평가적 기능은 현재 진행되고 있는 교육활동의 성과를 알려주고, 해당 교육활동의 성과와 보완할 점이 무엇인지를 파악하여, 그것이 앞으로 나아가야 할 방향을 제시해주는 역할을 한다. 이때 평가의 기준은 다른 누가 제시하는 것이 아니라 교육철학자 또는 교육철학자가 아니더라도 그것을 평가활동에 임하는 사람이 직접 설정하는 것이다.

3) 사변적 기능

사변적 기능은 교육에 대한 이론적인 사고를 통해 체계적인 이론이나 설명체계를 제시하는 활동을 말한다. 분석적 기능을 통해 교육이론, 교육현상, 교육활동에 대한 정보를 분석하고, 평가적 기능에서는 이를 바탕으로 그것에 대한 평가를 내리게 되며, 사변적 기능에서는 이러한 평가를 바탕으로 교육에 관한 새로운 개념, 이론체계, 가설, 해결책 등을 제시하는 것이라고 할 수 있다.

학문적 탐구활동으로서의 사변은 이론적인 활동이지만, 실제로 교육활동에서의 사변은 이론적인 활동과 실천적인 활동 모두에 필요하다. 이론적인 측면에서 지금까지의 이론에서 무엇인가 새로운 개념, 이론체계, 가설 등을 만들어내는 것은 사변에 의해서 가능하다. 또한 실천적인 측면에서도 특정 교육활동의 현실적인 문제들을 분석하고, 그 분석을 바탕으로 해결할 수 있는 개념, 이론체계, 가설 등을 만들어내는 것은 바로 사변에 의해서 가능하다. 따라서 교육철학의 사변적 기능을 통해 교육과 관련된 여러 문제를 이론적, 실천적 측면의 각종 문제들의 해결책을 제시할 수 있다.

4) 통합적 기능

통합적 기능은 교육의 여러 측면에서 제시되는 의미체계의 다양한 요소들을 전체적으로 검토하고 이에 대해 종합적이면서도 일관성 있는 이해를 추구하고자 하는 활동을 가리킨다. 특정한 현상이나 문제에 대해 접근하는 방식은 다양한 측면에서 이루어질 수 있으며, 특정한 측면에만 관심을 갖게 되면 종합적인 이해에는 방해가 되기도 한다.

예컨대 야구의 홈런을 생각해보면, 물리학적 관점에서는 어떻게 하면 공이 멀리 날아갈 수 있는지를 생각하고, 심리학적 관점에서는 어떤 투수가 어떤 공을 던질 것인지를 예측하는 데에 관심이 있을 것이며, 통계학적 관점에서는 이 홈런으로 인해 개인과 팀의 기록으로 나타나는 수치들이 어떻게 달라질 것인지에 관심이 있을 것이며, 경제학적 관점에서는 이 홈런으로 인한 경제적인 효과에 관심이 있을 것이다. 이 경우 각각의 관점은 그 자체의 준거와 기준이 있기 때문에, 다른 영역의 관계 속에서의 준거와 기준을 통합적으로 제시해주지 못하게 된다. 이런 문제를 해결하기 위해서는 각각의 기준과 준거를 분석하여 그것의 가능성과 한계를 확인하고, 이들 간의 관련성을 검토하여 다양한 기준과 준거를 종합하여 일관성 있는 의미체계를 만들어야 한다.

다양한 분과학문으로 구성되어 있는 교육학에서는 이러한 교육철학의 통합적인 기능이 매우 중요하다. 교육학은 교육철학, 교육사, 교육사회학, 교육인류학, 교육과정, 교육심리학, 교육평가, 교육행정학, 교육공학, 교육상담학, 평생교육 등 다양한 방식으로 학문적인 접근을 시도하고 있으며, 이에 따라 생산되는 의미체계도 매우 다양하다. 따라서 다양한 학문분야에서 나타난 다양한 의미체계를 종합적으로 분석하여 교육에 대한 적합한 의미부여 체계를 만들어 낸다는 점에서 교육철학의 통합적 기능은 매우 중요하다고 할 수 있다.

2. 교육철학의 성격

모든 단어의 의미는 다양한 맥락에서 해석될 수 있으며, 이는 '교육철학'이라는 말도 마찬가지이다. 사람에 따라 교육철학의 의미는 다르게 규정될 수 있다. 여기에서는 교육철학이라는 말이 사용되는 두 가지 다른 맥락을 살펴보도록 한다.

2.1. 교육관으로서의 교육철학

가장 소박하고 상식적인 수준의 의미는 일관된 '교육관'으로서의 의미이다(이신동 외, 2020). 이 맥락에서의 교육철학은 '바람직한 교육에 대한 견해와 소신'을 가리킨다(조화태, 2016). 교육과 관련된 일에 종사하고 있거나, 그렇지 않다고 하더라고 교육에 관심이 있는 사람이라면 바람직한 교육에 대한 나름의 견해를 갖는다. 이와 같은 교육에 대한 견해와 신념체계인 '교육관'을 일컬어 흔히 '교육철학'이라고 부른다.

예를 들어 '그 선생님은 자신만의 뚜렷한 교육철학을 갖고 있다.'라는 말이나, '오늘날 공교육의 문제는 교육철학의 부재이다.'라는 말에 들어 있는 교육철학이 바로 이러한 의미이다. 그리고 '공자의 교육철학', '루소의 교육철학', '우리 선생님의 교육철학'과 같이 특정한 사람의 교육에 대한 신념체계를 일컬어 교육철학이라고 부른다. 이러한 교육철학은 개인이 처한 특수한 환경이나 여건이 반영되어 구체적인 실천방안의 성격을 갖게 된다.

2.2. 학문으로서의 교육철학

교육철학을 의미하는 또 하나의 맥락은 학문으로서의 교육철학이다. 이는 교육학의 한 탐구영역으로서의 교육철학을 의미하는 것으로 '교사로서 교육철학을 공부할 필요가 있다.'거나 '나는 교육철학을 전공하는 대학원생이다.'라는 말에 나타나는 교육철학이 위와 같은 의미에서 사용되는 교육철학이라고 할 수 있다. 1.1에서 제시한 교육철학의 의미도 바로 이러한 맥락에 더 가깝다고 할 수 있다.

교육을 직접 담당하는 사람이나, 교육에 관심이 많은 사람이 '무엇이 바람직한 교육인가?', '어떤 것을 가르쳐야 하는가?', '어떤 방법으로 가르쳐야 하는가?', '학생들을 가르치는 사람은 어떠한 조건을 갖추어야 하는가?'와 같은 질문에 답변을 구하고자 할 수 있다. 그리고 이 과정에서 좀 더 체계적으로 답변하기 위해 교육학의 탐구영역의 하나인 교육철학에서 그 답을 찾고자 하는 것은 자연스러운 중에 하나이다.

2.3. 두 가지 맥락의 교육철학의 비교

교육관으로서의 교육철학과 교육관으로서의 교육철학은 다음과 같은 차이가 있다. 교육관으로서의 교육철학은 특수한 맥락과 현실 속에서 전개되는 교육의 구체적인 문제에 대해서 교육이 어떠한 방향으로 가야 한다는 주관적인 견해를 나타내는 것이다. 반면에 학문으로서의 교육철학은 이러한 특수성과 주관성을 넘어서 보다 포괄적이고 보편적인 이론체계를 구축하고자 노력한다. 교육관으로서의 교육철학이 주관적이며 실체적 · 구체적 · 특수적인 것이라면, 학문으로서의 교육철학은 객관적이고 이론적 · 추상적 · 일반적이라는 특성을 지닌다. 이러한 학문으로서의 교육철학의 특성은 교육철학뿐만 아니라 모든 학문이 학문으로서 성립하기 위해 기본적으로 지니는 특성이라 할 수 있다. 교육철학은 교육현상의 의미를 일반적이고 보편적으로 설명해 줄 수 있는 지식체계와 이론체계를 구축하는 것을 목표로 한다(조화태, 2016).

교육철학을 공부하겠다고 마음을 먹은 사람들은 교육철학을 공부해서 자신만의 교육철학, 즉 교육관으로서의 교육철학을 체계화하고 그것을 정립할 수 있기를 기대한다. 교육에 관심이 있는 사람이 교육철학의 대가들이나 유명한 사람들이 교육관으로 공부함으로써 자신만의 교육철학을 정립하는 데 있어서 시사점을 얻고자 하는 것은 매우 당연한 일이라 할 수 있다.

그러나 그런 기대를 안고 교육철학을 공부하는 사람들이 머지않아 교육철학에 대해서 실망하는 경우를 종종 볼 수 있다. 뭔가 자신만의 교육철학을 정립하는 데에 도움이 될 수 있다고 생각했는데, 대학에서 학문으로서의 교육철학을 공부하는 것은 그러한 부분에서는 거의 도움이 되지 않는다고 느끼기 때문이다. 이러한 실망은 종종 교육철학은 교육에 별로 쓸모가 없다는 식의 불만으로 나타나기도 한다.

이러한 불만이 나타나는 것은 교육관으로서의 교육철학과 학문으로서의 교육철학 양자 간의 차이에서 기인한다. 자신만의 교육철학을 세우고자 하는 사람들은 자신이 처한 특수한 교육적 맥락에서 나타나는 구체적인 문제에 대해서 도움을 얻고자 하는 경우가 많다. 그런데 '공자의 교육철학'이나 '루소의 교육철학'에서 나타는 교육관으로서의 교육철학은 그 시대의 특수한 상황과 맥락에서 나타난 것이다 보니, 자신이 처한 맥락에 직접 적용하기 곤란한 경우가 많다. 또한 학문으로서의 교육철학은 구체적인 해결책을 제시하기보다는 보편적인 이론체계를 구축하는 것에 관심이 많다. 그리고 보편적인 이론체계를 구축하는 과정은 매우 길고 지루한 과정이라 짧은 시간 내에 해결책을 구하고자 하는 사람들에게는 의미 없는 시간처럼 느껴지기도 한다. 그러나 보편적인 이론체계를 구축하기 위해서는 우선 자신의 교육관에 대해서 반성적으로 비판하고 검토해야 하며, 그 과정을 통해서 교육철학을 공부하는 재미를 얻을 수 있다. 그리고 자신의 교육철학을 보다 합리적으로 정립할 수 있는 토대와 자세를 마련할 수 있을 것이다. 그러므로 교육철학을 공부할 때, 교육관으로서의 교육철학과 학문으로서의 교육철학의 차이를 분명하게 인식하다면 교육철학의 성격에 관한 오해로 인한 학습자의 실망이나 불만의 소지는 줄일 수 있을 것이다.

2.4. 교육철학의 성격

교육철학은 하나의 독립된 학문으로 형성되어 스스로의 정체성을 교육철학이라는 이름으로 규정하고 수행되기 시작한 것은 20세기 중반에 들어서부터이다(한기철 외, 2016). 20세기 중반에 이르기 전까지는 주로 위대한 사상가들의 교육관이나 그들의 철학적 이론을 교육에 적용하여 체계화한 것을 교육철학이라고 하였다. 이러한 점에서 이 시기까지의 교육철학은 교육관으로서의 교육철학에 가깝다고 할 수 있다.

1960년대부터 교육철학은 교육관으로서의 교육철학을 벗어나서 독자적인 학문 체계를 갖추고자 노력하기 시작하였다. 전통의 학문 분야와 비교해보면 교육학은 신생학문에 가까우며, 교육철학도 여전히 신생학문이라고 할 수 있다. 따라서 교육철학은 아직 학문적인 체계를 완전히 갖추었다고 보기 어려우며 견해에 따라 교육철학의 성격을 다르게 규정한다.

교육철학의 성격을 규정하는 입장은 아래에서와 같이 크게 3가지 정도로 구분해 볼 수 있다. 물론 교육철학의 성격을 어떻게 규정하건 간에, 교육철학은 교육현상에 대한 철학적 접근을 통해 그 의미를 포괄적으로 기술하고 설명할 수 있는 보편적인 지식체계 형성을 일차적인 목표로 하는 학문이라고 할 수 있다(조화태, 2016).

1) 철학적 이론의 연장

우선 교육철학을 철학적 이론의 연장으로 보는 입장이 있다. 이 입장에서 교육철학은 철학 지식을 교육의 이론과 실제에 적용하는 학문이거나(이신동 외, 2020), 응용하는 학문이다. 이러한 입장은 철학적인 이론이나 지식이 교육이론에 기초가 될 수 있으며, 이를 확대하여 교육에 적용하면 교육문제 해결을 위한 이론체계를 구축할 수 있다는 것을 전제로 하고 있다. 이 입장에서는 형이상학, 인식론, 가치론과 같은 철학적 지식체계로부터 교육철학의 원리를 도출하고자 한다.

2) 교육적 개념 분석

교육철학을 교육적 개념 분석을 위한 작업으로 규정하는 입장은 주로 1960년대 이후에 분석적 교육철학자들의 입장이다. 분석적 교육철학자들은 분석철학적 방법을 사용하여 교육에 관한 여러 문제를 검토한다. 분석철학자들은 언어의 의미와 논리에 대한 반성적 고찰이 철학의 고유 영역이라고 주장한다. 이들은 기존 교육사상의 신념 및 판단, 논의의 가정들을 형성하고 있는 개념적 장치를 명확히 하고 개념의 일관성과 타당성 검토를 통해 언어사용의 혼란으로 빚어진 교육문제를 제거하는 일에 관심을 둔다.

예를 들어 '교실에서 체벌을 허용할 것인가?'라는 문제가 제기되었을 때 전통철학자들은 체벌 찬성 또는 반대와 같이 특정한 가치를 지지하는 자신의 입장을 표명하고 그에 대한 정당화 논리 전개를 철학적 과제로 여긴다. 반면에 분석철학자들은 체벌에 대한 개념분석과 체벌에 대해 주어진 주장들의 근거를 분석하여 진술의 의미 이해와 주장의 논리적 타당성에 관심을 가진다(임현식, 1998). 이 때문에 분석적 교육철학은 교육철학의 이론적 엄밀성을 높였다는 평가와 함께 가치중립성을 전제함으로 인해 교육철학에서 반드시 다뤄야 할 가치의 문제에 소홀하다는 비판을 받는다.

3) 교육실천을 위한 규범적 실천학

1980년대 이후 분석적 교육철학이 점차 퇴조하고 새로운 양상이 나타나는데, 그것이 바로 교육철학을 교육실천을 위한 규범적 실천학으로 보는 입장이다. 이러한 입장의 교육철학은 사회의 중요한 관심사인 교육현실 문제를 철학적으로 논의하고 그 답변을 제시한다는 점에서 실제적 교육철학이라고도 부를 수 있다(신차균 외, 2013). 이러한 입장에서는 포스트모더니즘, 페미니즘, 포스트구조조의 등 다양한 사회철학을 배경으로 교육의 이론과 실제에 대한 비판적 탐구를 시도한다(이신동 외, 2020).

3. 20세기 이후 교육철학의 전개

20세기 이전에도 플라톤의 관념론적 교육철학, 아리스토텔레스의 실재론적 교육철학, 루소의 아동중심 교육철학, 동양에서의 유교적 교육철학 등 각 시대별로 지역별로 교육에 대한 성찰이 있었다. 이러한 교육철학의 전개를 살펴보는 것도 물론 중요한 일이지만, 이 절에서는 오늘날의 교육의 영향을 강하게 주고 있는 20세기 이후의 교육철학에 관해 살펴보도록 한다. 우선 시대에 따른 진리관의 변화를 확인하고, 20세기 이후의 교육철학의 전개 양상을 설명한다.

3.1. 시대에 따른 의미의 절대성과 상대성

20세기에 이르기까지 전통적인 철학의 사고방식에서는 사물의 의미는 누군가(신 또는 자연)가 결정해 놓았으며 인간은 이성과 감각을 통해 그것을 발견해간다고 생각하였다. 전통철학에서는 사물이 갖는 궁극적인 의미는 항상 일정하며 그래야 참다운 의미를 줄 수 있는 불변의 진리가 될 수 있다. 이때 철학은 이러한 영원불변의 진리를 찾아내기 위한 학문이며, 인간은 이것을 찾아내기 위해 이성과 감각을 갈고 닦아야 한다. 이 때 이성이나 감각은 있는 그대로의 사실을 그대로 알 수 있게 비춰주는 '자연의 거울'이 된다. 그리고 철학자는 이러한 '자연의 거울'을 잘 닦아서 그것을 잘 찾아낼 수 있도록 직관과 이성의 힘이 뛰어난 사람이라고 할 수 있다. 그러므로 전통철학에서는 누군가에 의해서 주어진 절대적인 의미를 인간의 이성과 감각으로 발견해가는 것이 중요하다고 생각하였다.

그러나 20세기에 들어와서 이러한 진리관은 강력하게 부정되었다. 특히 포스트모던 철학(postmodern philosophy)에서는 의미와 진리에 관한 새로운 사고의 틀을 제시한다. 포스트모던 철학의 진리관에서는 진리는 절대불변의 것이 아니라 인간이 내린 판단 기준에 따라 진리로 받아들여지는 것에 불과한 것이다. 또한 진리에 대한 판단 기준은 인간의 관심, 의도, 신념, 경험, 지식, 가치관 등에 따라 항상 변화할 수 있다. 즉, 포스트모던 철학에서 진리는 누구에게서 주어진 것이 아니라 인간이 진리 창조의 주체이며, 인간의 역사적, 사회적 배경에 따라 변화하는 잠정적이고 가변적이다. 20세기 이후에 교육철학의 흐름은 이러한 변화를 반영하고 있다고 할 수 있다.

3.2. 20세기 전기 교육철학

1) 진보주의

20세기 초반에 대두하여 20세기 전체적으로도 가장 큰 영향을 미친 교육사조는 바로 진보주의(progressivism)이다. 진보주의의 배경은 퍼스(C. Peirce), 제임스(W. James)로 대표되는 프레그머티즘(pragmatism)과 유럽에서 루소, 프뢰벨, 페스탈로치, 헤르바르트 등을 통해서 내려온 자연주의 교육철학이다. 진보주의는 두 가지 요인에 의해 발생하고 성장하였는데, 소극적으로는 전통교육에 대한 문제제기에서 비롯되었고, 적극적으로는 아동중심 교육의 필요성 때문이었다(신차균 외, 2013).

진보주의 교육철학을 이해하기 위해서는 우선 사상의 바탕이 되는 프레그머티즘에 대해서 이해할 필요가 있다. 프레그머티즘은 흔히 일본식 번역어인 '실용주의'라는 말로 번역되어 쓰이기도 한다. 프레그머티즘은 전통적인 철학과는 다른 진리관을 갖고 있다. 20세기 이전의 교육철학이 진리가 선험적으로 존재한다는 '진리의 선험성'과 진리가 인간 경험과 독립적으로 존재한다는 '진리의 독립성'을 강조한다. 이에 비해 프레그머티즘은 진리가 인간의 경험에서 나오는 실험적 혹은 가설적인 것이라고 본다(박의수 외, 2003). 그러므로 진리나 지식을 우리의 경험과 상호작용에 따라 변화하는 것이며, 언제나 수정가능하고, 일시적이고 잠정적인 것이며, 성장하고 발전 가능한 것으로 본다.

프레그머티즘에서는 진리는 거창한 관념론 혹은 합리론적인 설명이 아니라 인간의 삶에 유용한 변화를 가져다 줄 지식이나 학문의 발달에 관심을 가져야 한다고 본다. 그래서 진리는 우리가 처한 문제상황에서 문제해결에 유용한 정보를 제공할 수 있는지 여부에 따라 결정된다고 보았다. 이러한 유용성의 판단기준은 우리가 실현하고자 하는 목적을 실현하는데 이바지하는가 여부이다. 따라서 목적이 달라지면 유용성의 기준은 달라질 수밖에 없다. 또한 가치란 우리의 목적과 관계없이 독립적으로 존재하는 것이 아니기에 절대적인 것이 아니라 상대적인 것이다.

진보주의의 대표적인 철학자는 바로 듀이(J. Dewey)이다. 듀이의 진보주의 철학은 20세기 미국뿐만 아니라 전 세계 교육에 큰 영향을 미쳤다. 그는 교육을 '경험의 의미를 증가시키고 이어지는 경험의 방향을 지도할 수 있는 능력을 기르는 경험의 개조, 경험의 재구성'(Dewey, 1916)으로 정의한다. 듀이에 따르면 우리의 삶이란 경험의 과정이며 이때의 경험은 아동 자신이 직접 부딪히는 활동 속에서의 경험이다. 따라서 진보주의는 교육목적에서는 삶의 준비가 아니라 삶의 체험을, 교육내용과 방법에서는 자유로운 활동과 경험을 통한 학습을 강조한다(김성열 외 2021).

진보주의 교육철학은 전통교육에 대한 반발로 나온 것이었다. 전통교육에서의 교과 중심 교육, 지식 암기 위주의 교육, 권위적인 교사 중심의 교육에서 벗어나 아동의 경험과 탐구를 통한 문제해결과 지식 획득을 중시한다. 진보주의 교육철학에서는 지식은 우리의 경험과 맥락에 따라 다르게 얻어지기 때문에, 기존의 지식을 일방적으로 습득하는 것은 올바른 교육방법이라고 할 수 없다. 올바른 교육의 원리는 아동의 생활 속에서 문제를 직접 해결함으로써 스스로의 경험을 통해 지식을 습득하는 것이다. 이 점에서 '행동을 통한 학습(learning by doing)'과 '문제해결을 통한 지력의 함양'은 진보주의 교육이론의 기본 원리가 된다(조화태 외 2010). 이러한 기본원리는 아동 자신의 흥미와 관심에 따라 자발적으로 이루어져야 하며, 아동은 자신의 학습 경험의 주체로 존중받아야 한다.

진보주의 교육철학은 20세기를 지나 지금까지의 교육에도 가장 큰 영향을 미쳤다고 할 수 있다. 진보주의 교육철학에서 말하는 교육현실에 대한 비판은 오늘날을 우리 교육의 모습에 적용시켜도 손색이 없을 정도로 많은 이들의 공감을 얻고 있다. 또한 주지주의적인 전통을 비판하고 아동의 흥미와 개성을 존중하며 사회적인 협동을 강조하는 진보주의 교육이론은 민주주의 교육이론으로서의 의미를 지닌다. 그렇지만 진보주의 교육이론은 교사의 역할을 과소평가하고 아동에 대해 지나치게 기대한 나머지 극단적인 아동중심 교육론으로 비판받기도 한다. 이에 따라 진보주의 교육철학을 극복하기 위한 대안들도 나오게 된다.

2) 본질주의

본질주의(essentialism)는 진보주의 교육철학이 갖고 있는 문제점을 비판하고 이를 극복하기 위해 대두되었다. 1938년 미국의 본질주의자들인 데이마슈케비치(M. Demiashkevich), 브리드(F. Breed), 브릭스(T. Briggs), 베이글리(W. C. Bagley), 칸델(I. Kandel) 등은 미국교육 향상을 위한 본질주의위원회(The Essentialis Commitee for the Advancement of American Education)를 조직하였다. 본질주의는 전통적인 교육철학을 기초로 하고 있으며, 본질주의에서 교육의 목적은 인류가 축적한 전통에서 가장 본질적인 것들을 다음 세대에 전달하는 것이다. 그래서 교과의 내용을 체계적으로 전달하는 것을 중요하게 생각하며, 교과의 내용은 아동의 흥미와 관심에 따라 정하는 것이 아니라, 전통적인 학문체계에 입각해서 조직해야 한다고 주장한다. 본질주의 교육철학자들의 대체적인 생각을 정리하면 다음과 같다(kneller, 1971).

첫째, 학습은 본질적으로 어려운 훈련 과정과 마음 내키지 않는 근면성을 내포한다. 예를 들어 외국어 학습은 일단 숙달되면 새로운 정신세계를 열어주지만, 그 수준까지 도달하기 위해서는 초보자는 싫증나고 재미없는 과정을 극복해야 한다. 또한 흥미라는 것도 진보주의 교육철학자들이 말하는 단순한 흥미가 아니라 어느 정도의 훈련을 통해 나타나는 수준 높고 지속적인 흥미를 중시한다. 둘째, 교육의 주도권을 학생이 아니라 교사에 있다고 본다. 교사의 역할은 성인 세계와 어린이 세계 사이를 중재하는 것이고, 교사는 이러한 중재자로서 전문적인 능력을 갖춘 사람이므로 학생 자신보다 교사가 학생들의 성장을 훌륭하게 지도할 수 있다는 것이다. 본질주의도 진보주의만큼 아동의 흥미에 관심을 갖지만, 이것이 교사에 의해서 조정되어야 한다고 생각한다. 셋째, 교육과정의 본질은 지정된 교과를 자기의 것을 동화하는 데 있다. 어린이가 학교에서 공부하는 목적은 존재하는 그대로 세계를 알게 하는 것이지, 자신의 특정한 욕망에 비추어 세계를 해석하는 것이 아니라고 주장한다. 또한 인류의 지혜는 오랜 역사 속에서 시험된 것으로, 검증되지 않은 어린이의 개별적 경험보다는 신뢰할 만한 것이라고 말한다. 넷째, 학교는 전통적인 교수 방법을 유지해야 한다. 본질주의에서는 '행동에 의한 학습'이 일정한 상황에서 학생들에게 적절할 수는 있으나 그것을 일반화하기는 어렵다고 주장한다. 또한 그러한 방식이 어떤 대상의 본질을 이해하는 데에는 도움이 되지 않으며, 그 대상의 본질을 배우기 위해서는 본질적인 개념을 배워야 한다는 것이다.

이러한 본질주의는 진보주의 교육철학이 지니고 있는 문제점을 보완하려는 시도로서는 충분히 의의를 지닌다. 그렇지만 빠르게 변화하는 현대 사회에는 적합하지 않은 것으로 평가받기도 한다. 오늘날과 같이 문화의 전달도 중요하지만, 새로운 문화를 창조하고 거기에 적응해야 하는 시대에는 교육목표나 내용이 요즘 같은 시대에 부합하지 않는 점이 있다.

3) 항존주의

항존주의(perennialism) 교육철학은 본질주의와 마찬가지로 진보주의 교육철학을 강하게 비판하면서 등장하였다. 'perennial'이라는 단어가 영원하고, 계속 반복되며, 변하지 않는다는 뜻을 담고 있으며, 항존주의자들은 시대와 사회가 변한다고 하더라도 변화보다는 영속성을 더 참된 것으로 판단한다. 항존주의의 기본원리는 다음의 내용으로 요약할 수 있다(kneller, 1971).

첫째, 환경의 차이가 있다고 하더라도 인간의 본성은 어느 곳에서나 동일하므로, 교육은 누구에게나 동일해야 한다. 특히 인간이 이성적 동물이라는 것은 어느 시대나 사회를 막론하고 동일하며, 이러한 이성이 만들어 낸 지식도 동일하다. 지식이 시대와 사회에 따라 다른 것이라면 어떤 일에도 의견일치를 보지 못할 것이다. 둘째, 이성은 인간의 최고의 속성이므로, 이 속성을 엄정하게 선정된 교육 목적에 부합하게 사용해야 한다. 인간은 자유로운 존재이지만, 이성을 계발하고 욕망을 통제하는 것을 배워야 한다. 셋째, 교육의 과업은 영원한 진리에 대한 지식을 전달하는 것에 있다. 따라서 진리의 세계에 아이들을 적응시키는 것이 교육의 최대의 목적이다. 넷째, 교육은 생활의 모방이 아니라 생활에의 준비이다. 학교는 결코 '실제의 생활 상황'이 아니며, 꼭 그렇게 되어야 하는 것도 아니다. 학교는 어린이가 문화적 유산의 훌륭한 업적을 습득할 수 있도록 준비한 인위적 환경이어야 한다. 다섯째, 학생은 영원불변한 특성에 익숙해질 수 있는 기본적인 교과를 배워야 한다. 학생은 현실적으로 중요한 과목이나 특정한 연령에서 매력적으로 느껴지는 것을 배우는 것이 아니라 언어, 역사, 수학, 자연 과학, 철학 미술 등의 기본적인 교과목을 배워야 한다. 여섯째, 학생들은 문학, 철학, 역사, 과학과 같이 여러 시대를 걸쳐 인간의 위대한 소망과 성취를 나타낸 위대한 고전(Great Books) 읽어야 한다. 학생들은 과거의 전통을 공부함으로써 현실에서 유행하는 것들에서 발견하는 것들보다 더 중요한 진리를 발견할 수 있다.

이러한 항존주의는 현대 사회가 자칫 쾌락주의나 물질숭배로 이어질 수 있는 상황에서 인간의 이성에 초점을 맞추고 교양교육을 실시하고자 했다는 점에서 의미를 찾을 수 있다. 그리고 상대성을 중시한 나머지 보편적인 가치를 잃어가고 있는 현대문명과 교육에 대한 비판으로서도 충분한 가치를 지닌다. 그렇지만 항존주의는 과거의 전통이나 고전들을 영원한 것으로 간주하여 지나치게 강조하며, 이 때문에 이성 위주의 교육은 귀족주의 교육 또는 엘리트주의 교육이라는 비판을 받는다. 또한 인간의 개별적인 특성을 고려하지 않고 동일한 것을 가르칠 것을 강조하는 것은 오늘날과 같은 다양화된 사회에서 적합지 않다고 평가받는다.

본질주의와 항존주의 모두 진보주의 교육철학의 비판으로부터 출발하였다. 그렇지만 이 둘은 다음과 같은 점에서 차이가 있다(kneller, 1971). 우선 항존주의가 지적인 교육만을 강조한다면 본질주의는 지적인 교육만을 강조하지는 않는다. 또한, 항존주의는 진보주의의 교육 방법을 전면 부정한다면, 본질주의는 아동의 흥미와 같이 진보주의가 교육 방법에 미친 영향을 적극적으로 받아들인다. 마지막으로 항존주의가 과거의 위대한 고전 저작들을 숭배하는 데 비해, 본질주의는 그러한 인류의 업적을 오늘날의 문제를 다루기 위한 기초로 활용한다. 따라서 대체적으로 보았을 때 항존주의가 본질주의보다 더욱 더 보수적인 입장을 취한다고 할 수 있다.

4) 재건주의

재건주의(reconstructionism) 교육철학은 1950년대 이후 발전하였으며, 20세기 초반에 전개된 진보주의, 본질주의, 항존주의 교육철학을 검토하고 이를 종합하고자 하였다. 이 세 가지 교육이론 중에 진보주의의 영향을 크게 받았으며, 진보주의의 변화와 진보의 관념은 재건주의에 그대로 계승되었다(조화태 외, 2010). 이들이 보기에 각 교육철학들은 각기 장단점이 있었다. 진보주의 교육철학이 아동의 흥미와 활동을 강조하는 점은 좋으나, 학문과 교과와 같이 체계적으로 지식을 가르치는 것에는 소홀하였다. 반면에 본질주의 교육철학과 항존주의 교육철학은 전통의 가치를 중요시하는 점은 좋으나, 미래지향적이고 새로운 문화를 건설하는 것에는 소홀하였다. 재건주의 교육철학의 특징은 다음과 같다(kneller, 1971).

첫째, 교육은 문화의 기본적 가치를 실현시키는 새로운 사회 질서 창조에 전념해야 하며, 동시에 현대 세계의 사회적·경제적 세력과 조화를 이루어야 한다. 사회는 단순히 정치적 활동에 의해서 개혁되는 것이 아니라 삶에 대한 새로운 전망을 구성원들에게 교육함으로써 근본적으로 개혁되어야 한다. 둘째, 새로운 사회는 대중에 의해 지배되는 참다운 민주주의 사회여야만 한다. 대중의 마음속에서 일어나는 변화는 정치가들 몇몇에 의해서 일어나는 변화보다 훨씬 더 근본적이고 지속적이기 때문이다. 셋째, 어린이, 학교, 교육 등은 사회적·문화적인 측면에 의해 형성된다. 진보주의가 개인의 자유는 강조하지만, 인간이 사회적인 측면을 과소평가하였다고 말한다. 넷째, 교사는 새로운 사회 건설에 대한 긴급성과 타당성을 학생들에게 확신시켜야 하며, 그것은 민주적인 절차에 따라 이루어져야 한다. 교사들은 그의 견해에 대한 찬성과 반대의 근거를 학생들이 자유롭게 검토할 수 있도록 해야 한다. 다섯째, 교육의 목적이나 수단은 행동과학에 따라 이루어져야 한다. 교육과정, 교과 내용, 교수 방법, 행정 조직, 교사 양성 등에 관한 것들은 과학적이고 합리적으로 재조직할 필요가 있다.

재건주의는 교육의 사회적 책임을 강조하고 당대의 교육철학들을 하나로 종합시키려고 노력했다는 점에서 그 의의가 있다. 그리고 이러한 일련의 과정 속에서 교육에 대한 새로운 희망과 기대를 불러일으켰다. 그렇지만 여기서 제시한 미래의 상이 분명하지 않다는 지적을 받았으며, 행동과학을 지나치게 강조한 나머지 복잡한 사회 변화와 교육의 문제를 단순화시켰다는 한계를 안고 있다.

3.3. 20세기 후기 교육철학

20세기 전반의 교육철학의 성격은 학문으로서의 교육철학보다는 교육관으로서의 교육철학에 가까웠다. 즉, 철학적 이론을 바탕으로 그것을 교육에 적용하여 교육에 대한 원리를 도출한 교육철학이었다. 그러다 1960년대부터 교육철학을 하나의 독자적인 학문체계로 발전시키고자 하는 노력이 전개되기 시작하였다.

1) 분석적 교육철학

1960년대 이후부터 영국의 교육철학자들을 중심으로 분석적이며 체계적인 탐구방법으로 동원하여, 개념 논리에 기반을 둔 객관적인 지식체계의 구축을 목표로 하는 분석적 교육철학이 성립되었다. 대표적인 학자로 영국의 피터스(R. S. Peters), 허스트(P. H. Hirst), 미국의 셰플러(I. Sheffler)를 꼽을 수 있다(김성열 외, 2021). 이들은 이전의 교육철학이 개인적인 신념과 주장에 치중했다고 판단하고, 객관적이고 보편타당한 '사실'에 대한 주장, 즉, 언어와 논리의 세계만을 분석 대상으로 삼았다.

이들은 교육에 관한 이론이나 논의에서 사용되는 언어의 의미를 분석하고 그 의미를 명료하게 하며, 각 진술들 간의 논리적인 일관성과 타당성을 점검하는 것이 교육철학이 해야 할 일이라고 생각하였다. 교육에 대한 수많은 주장과 논의가 이루어지고 있지만 이들 주장이 난립하고 대립하는 것은 언어의 의미가 분명하게 규정되지 않았기 때문으로 보았다. 따라서 이러한 언어의 의미를 분명하게 규정하고 정리하는 것만으로도 여러 혼란을 줄일 수 있다고 주장하였다. 이들은 교육철학의 역할을 언어의 의미 분석으로 규정하였기 때문에 이들의 교육철학을 분석적 교육철학이라고 부른다.

분석적 교육철학은 교육철학을 하나의 독립적이고 객관적인 학문 분야로 성립시키는 데에 큰 공헌을 하였다. 이전까지는 특정한 신념이나 사상가의 말을 빌려 교육에 적용하는 수준에서 벗어나 교육철학 고유의 역할을 찾았다는 데서 큰 의미를 지닌다. 그렇지만 분석적 교육철학은 언어의 의미 분석에만 매달린 나머지 가치의 문제에 소홀했다는 비판을 받는다. 또한 분석철학자들은 언어의 분석이 객관적이고 가치중립적인 활동이라 간주하지만, 우리가 사용하는 언어는 그 사회의 전통과 역사적인 맥락이 반영되어 있다. 이 점에서 분석철학자들의 언어의 의미를 밝히는 작업은 객관적이고 가치중립적이지 않은 활동일 가능성이 크다.

2) 비판적 교육철학

비판적 교육철학은 분석적 교육철학이 퇴조하는 1970년대 이후에 발전하였다. 비판적 교육철학은 현실의 문제에 개입하는 것에 대해서 분석적 교육철학과는 다른 입장을 취한다. 분석적 교육철학은 교육철학이 객관적인 학문이기 위해서는 언어와 논리의 의미 분석만을 해야 하고, 교육현실에 대한 분석과 평가는 해서는 안된다는 입장에 있다. 반면에 비판적 교육철학은 교육현실에 대한 비판적인 검토와 평가가 교육철학이 해야 할 역할이며, 교육현실의 개선을 위한 실천학으로서의 교육철학의 성격을 강조한다(조화태, 2016).

비판적 교육철학은 비판이론(critical theory)을 배경으로 한다. 호르크하이머(M. Horkheimer), 아도르노(T. W. Adorno), 마르쿠제(H. Marcuse), 하버마스(J. Harbe-rnas) 등이 비판이론을 배경으로 하는 학자들도 분류된다. 이들의 입장에서는 인간의 모든 행위에는 가치가 부여되어 있으며, 학문의 가치중립적일 수 없다고 본다. 인간의 의식이나 지식이 사회적·정치적·경제적 제약하에서 형성되므로 인간의 자유로운 의식 형성을 억압하고 왜곡하는 여러 가지 요인들을 분석하고 비판하는 것을 철학의 과제로 삼는다(김성열 외, 2021).

비판적 교육철학에서는 교육이 사회적·경제적·정치적 억압 구조하에서 이루어진다는 사실에 대한 인식을 출발점으로 한다. 그리고 그러한 제약하에서 형성된 그릇된 신념과 지식을 후대에 전달함으로써 불합리한 사회구조를 재생산해 나가는 사회기구로서의 역할을 수행하고 있음을 비판하고 그것을 극복하기 위한 방안을 제시하였다(조화태 외, 2010).

비판적 교육철학은 교육의 현실이나 교육이론을 비판적으로 검토한다. 어떠한 교육현실이나 이론이 있을 때 그것의 배경이 되는 신념과 가치관이 무엇인지, 숨은 동기나 의도는 무엇인지 분석하고 그것이 인간의 자유로운 성장을 얼마나 왜곡시키는지를 분석한다. 이 때문에 비판적 교육철학은 규범적이고 평가적인 성격을 강하게 지니게 되며, 교육현실의 개선을 위한 실천학으로서의 성격을 갖는다.

비판적 교육철학은 교육이 개인의 삶에 영향을 미치는 과정에서 구조적인 요인들을 발견하는 데에 큰 기여를 하였다. 또한 교육현실을 개선하고자 하는 실천가들의 이론적 토대가 되었다. 이전까지의 분석적 교육철학이 가치의 문제나 사회구조적인 문제를 제대로 다루고 있지 못하였지만, 비판적 교육철학은 이러한 문제에 새롭게 관심을 불러일으켰다. 그렇지만 비판적 교육철학은 학교와 교육의 긍정적인 기능을 과소평가하고 있다는 비판이 있다. 또한 사회적인 요인, 구조적인 요인을 강조하다보니 자율적 존재로서의 개인을 간과하는 측면이 있다.

연습문제

1. 교육철학이라는 단어가 갖는 의미가 무엇인지 설명하고, 본문에서 제시된 교육철학의 기능 4가지를 설명하시오.

2. 교육관으로서의 교육철학과 학문으로서의 교육철학이 무엇인지 구분하고, 이들의 차이점이 무엇인지 설명하시오.

3. 20세기 교육철학의 주요 흐름 중에 본인이 가장 공감이 가는 교육철학과 가장 공감이 가지 않는 교육철학을 각각 하나씩 선택하여, 해당 교육철학의 주요 특징을 설명하고, 해당 교육철학을 좋아하는 또는 싫어하는 이유를 개인 경험한 사례에 비추어 설명해보세요.

참고자료 및 관련 사이트

김성열 외(2021). 미래교사를 위한 교육학개론, 서울: 학지사.
박의수 외(2003). 교육의 역사와 철학, 서울: 동문사.
박철홍 외(2013). 현대 교육학개론, 서울: 학지사.
신차균 외(2013). 교육철학 및 교육사(2판), 서울: 학지사.
이신동 외(2020). 새로운 교육학개론, 서울: 학지사.
임현식(1998). 분석적 교육철학의 가치중립성 검토, 교육철학 20, 한국교육철학학회.
조화태(2016). 교육철학, 서울: 한국방송통신대학교출판문화원.
조화태 외(2010). 교육사, 서울: 한국방송통신대학교출판문화원.
한기철 외(2016). 교육철학 및 교육사, 파주: 교육과학사.
Dewey. J.(1916). *Democracy and education: An introduction to the philosophy of education*. 이홍우 역(2010). 민주주의와 교육, 파주: 교육과학사.
Kneller. G. F.(1971), *Introduction to the philosophy of education*, 정희숙 역(1990), 교육철학이란 무엇인가, 서울: 서광사.

제 3 장

교육심리학

학습목표

1. 교육심리학 학문적 성격을 이해할 수 있다.
2. 교육심리학의 주요 이론들에 대해 이해, 분석할 수 있다.
3. 학교교육에서 교육심리학 이론이 적용된 사례를 찾아볼 수 있다.

주요용어

- 교육심리
- 학습, 학습자, 교수자
- 인지발달이론
- 지능이론
- 창의성 발달

1. 교육심리학의 이해

1.1. 교육심리학의 학문적 성격

교육심리학은 인간의 행동을 바람직한 방향으로 변화시키려는 데 있어 다양한 심리학적인 방법을 적용하여 교육의 효과를 최대한으로 높이는데 주목하는 학문이다. 또한 교육이 이루어지는 과정에서 학습자가 어떻게 생각하고, 느끼고, 어떠한 과정을 통해 배우는지에 대해 연구하는 학문이기도 하다. 즉, 교육심리학은 교육에 관련된 여러 가지 이론들과 현상들을 심리학적으로 정확히 규명함으로써 교육목표를 효과적으로 달성할 수 있도록 행동과학적 방법을 통해 방향을 제시하는데 도움을 주는 학문이라고 할 수 있다.

이전까지 교육심리학 학문은 교육학과 심리학을 단순히 통합한 학문으로 보거나 기존의 심리학을 응용한 학문으로 인식해 왔으나, 최근에는 서로 독립된 학문으로 본다. 또한 학교교육에 있어서 학습자들이 학습에 뒤처지는 경우 그 원인을 찾아보거나, 학습자들이 배움이 일어나는 그 과정 자체에 대한 관심이 높아짐에 따라 교육심리학 학문에 대한 교수자, 학부모, 학생들의 관심이 높아져가고 있다. 이처럼 교육심리학에서는 교육과 관련하여 일어나고 있는 여러 가지 문제들을 심리학적인 방법으로 연구하고 그 결과를 실제에 적용하며, 더 나아가 교육의 근본적 목적인 인간을 바람직한 인간으로 키울 수 있도록 하는 교육적, 기술적, 과학적 방법을 추구하는 학문이다(송인섭 외, 2013).

1.2. 교육심리학의 특징

교육심리학은 다음과 같은 특징을 가지고 있다.

첫째, 학생의 학습 과정뿐만 아니라 발달에 이르는 모든 과정에 대한 이론적 연구 와 실천적 연구가 진행되는 학문이다.

둘째, 교육이 이루어지는 모든 사회적 상황과 학생, 교사, 학부모와의 관계에 관심을 가지고 이를 심리학적으로 이해하고자 하는 학문이며, 가치지향성을 가지고 있다.

셋째, 교육현장에서 이루어지는 현상들에 대해 알아보고 이를 단순히 심리학에서 다루는 이론과 지식을 적용하는 것이 아닌 교육적 상황에 맞게 독자적인 연구체계를 가지고 문제를 해결해나가는 학문이다.

넷째, 유전적 요인과 환경적 요인, 인간의 변화에 대한 다양한 논쟁이 끊임없이 이루어지고 있으며, 현재에도 여러 실험, 연구들을 통해 이론을 정교화해 나가는 과정 중에 있다.

1.3. 교육심리학의 영역

교육심리학은 광의의 개념에서 심리학적 개념, 법칙 혹은 이론과 방법을 응용하여 교육의 문제를 발견하고 해결하려는 학문으로 정의할 수 있으며, 협의의 개념으로는 학교교육에서 일어나는 학습자의 교수-학습에 대한 심리학적 연구이다.

교육심리학의 탐구 영역을 정리하면 다음과 같다.

1) 학습자에 대한 이해

교수자는 교실 상황 속에서 다양한 인지 수준을 가진 학습자들을 마주하게 된다. 이때 교수자는 학습자가 무엇을 생각하고 있는지, 어떻게 생각하는지, 현재의 인지 발달 수준은 어떠한지 알아야 적합한 수업을 설계하고 교수 방법을 선정할 수 있다. 이와 더불어 학습자에게 어떤 도움이 필요한지를 알아내기 위해서는 학습자의 성격, 사회성, 도덕성의 발달에 관한 지식도 필요하다. 이는 학습자의 특성에 대한 올바른 이해가 선행되지 않고는 효과적인 교육을 할 수 없기 때문이다.

교육과 관련된 학습자의 특성은 지능, 창의성과 같은 인지적인 요인과 성격, 사회성, 도덕성과 같은 정의적인 요인이 있다. 이는 학습자의 개인차에 따라 다르게 나타나는데 동일한 교사가 수업을 한다 할지라도 학생 개인마다 이해도에 각기 차이를 보인다. 따라서 이러한 학습자의 개별 차이에 대한 각 요인들과 특징 등에 대한 이해가 선행되어야 한다.

2) 교수자에 대한 이해

교수-학습이 이루어진다는 것은 곧 교육의 주체인 학습자와 교수자 간 상호작용이 잘 이루어지고 있다는 것을 의미한다. 학습자의 온전한 학습이 이루어지기 위해서는 교수자의 역할이 지대한 영향을 미친다. 이에 학습자에 대한 이해와 더불어 교수자에 대한 이해 역시 중요하다고 볼 수 있다.

교수자의 교수(敎授) 행위는 다양한 교수자가 펼치는 다양한 교육활동뿐만 아니라 학습자의 행동 변화, 학업성취 나아가 학습 동기와 학습에 대한 태도에도 영향을 미친다. 이에 따라 교수자의 자질과 교수자 스스로에 대한 이해도 필수적이다.

3) 교수-학습에 대한 이해

학습이 일어나는 과정에 대해서는 행동주의와 인지주의 이론에서 살펴볼 수 있다. 행동주의 이론에서는 학습자의 바람직한 행동을 증진시키고 바람직하지 못한 행동을 감소시키는데 관한 정보를 제공하며, 인지주의 학습이론에서는 학습자의 사고 과정의 변화에 초점을 둔다. 즉, 학습을 하는 동안 정보를 처리하고 표상하는 것에 바탕이 되는 정신기제를 강조한다. 이처럼 학습의 기제를 이해하여 학습과정에 영향을 주는 여러 가지 요인을 파악하고, 효과적인 학습을 조정할 수 있도록 한다.

교수-학습에서 교수(敎授)행위는 학습자들이 보다 학습 내용에 대해 잘 이해할 수 있도록 체계적인 교수 모형과 여러 가지 교수 방법에 대해 알고 이러한 모형이나 방법을 학습자들의 개인차를 고려하여 어떻게 교실 수업에서 전개할지 생각하여야 한다. 이때에 유능한 교사는 이러한 수업모형과 교수 방법을 학습자의 개인차를 고려하여 효율적으로 전개할 수 있는지 알 수 있어야 한다. 그러나 교사가 아무리 훌륭한 교구와 교수법을 가지고 수업을 한다 하더라도 학습자의 수업에 대한 동기유발이 이루어지지 않았다면 학업성취는 이루어지지 않는다. 따라서 교수-학습이 이루어지는 모든 과정에 대한 이해가 이루어져야 한다.

2. 인지발달이론

2.1. Piaget의 인지발달이론

1) Piaget의 인지발달 이론 기본 관점

Piaget(1896~1980)의 인지발달 이론이 인간의 인지발달과정에 대해 완벽하게 설명한다고 볼 수는 없지만 Piaget의 인지발달 이론을 통해 기존의 아동에 대한 관점을 성인의 축소판으로 인식하던 관념을 변화시켰을 뿐 아니라 아동을 새롭게 해석하기 위한 기본적인 개념들을 제시하였다.

Piaget의 관점에서 보면, 첫째, 아동은 능동적인 학습자로서 아동은 호기심이 가득 차 있고 대상에 대해 관찰하고, 스스로 만져보는 과정에서 학습이 이루어진다고 보았다.

둘째, Piaget는 생물학에서 유기체가 환경에 적응하기 위해서 그 구조를 발전시켜 가는 것에 주목하고, 이를 인간 지능의 문제에 적용시켜 인간이 환경의 요구에 따라 인지구조(cognitive structure)를 끊임없이 재구성해 간다고 하였다.

셋째, 인지발달은 유전적 성숙이 이루어져야 가능하며, 신체적 발달이 이루어지지 않으면 학습이 불가능하다고 보았다.

넷째, 모든 아동은 발달에 관해 단계적이며 순차적인 과정을 거치는데, 발달이 단계적으로 일어나기 위해서는 이전의 발달단계를 반드시 거치며, 각각의 발달단계에서는 단계 별 교유의 특성을 지닌다고 보았다.

이런 적응과 조직의 원리는 그의 인지발달 이론의 기초가 되었다. 적응과정을 이해하기 위해서 Piaget는 도식, 동화, 조절, 평형화의 네 가지 핵심 기제를 적용하였다.

2) Piaget 인지발달 이론의 핵심 기제

(1) 도식(Schema)

도식이란 한 개인이 환경을 조작하여 환경에 성공적으로 적응할 수 있도록 해주는 인지구조로 연령의 증가함에 따라 변화한다고 하였다. 도식에는 태어나면서 본능적으로 가지게 되는 빨기 도식이나 잡기 도식과 같은 감각운동도식(sensory motor schema)과, 사람이나 사물을 문자와 같은 상징을 통해 이미지화 하는 상징 도식(symbolic schema), 어떠한 행위를 하는 데 있어 스스로 마음속으로 무언가를 결정하는데 영향을 미치는 정신적 활동을 조작 도식(operative schema)이 있다.

(2) 동화(assimilation)

동화는 특정 사물이나 대상을 인지할 때, 본인이 기존에 가지고 있는 도식을 토대로 이에 맞추어 인식하거나 적용, 수용하거나 통합하는 것으로 새로운 정보나 경험을 기존의 도식을 토대로 이해하는 것이다.

(3) 조절(accommodation)

조절은 자신이 기존에 가지고 있는 도식이 새로운 경험을 통해 이미 가지고 있는 기존의 도식을 변경, 수정하는 과정을 거치며, 이에 적응하는 과정을 거치게 되는데 이러한 과정을 조절과정이라고 한다.

(4) 평형화(equilibrium)

평형화는 인간이 새롭게 정보를 받아들이면서 수많은 동화와 조절을 통해 인지구조 간 균형을 이루려고 하는데 이러한 과정을 동화와 조절을 통한 평형화 상태라고 말한다. 그러나 새롭게 정보를 받아들이는 과정 중에서 받아들이기 어려운 상황이나 경험이 생기면 인지적 갈등을 이루며 불평등(disequillibrium)의 상태에 놓이기도 하며, 이때에는 다시 인지적 평형을 이루기 위해 노력한다. 이러한 과정을 통해 인간은 인지적 발달을 이루게 된다.

3) Piaget의 인지발달단계

Piaget는 4단계의 인지발달단계를 제안하였으며, 일반적으로 모든 아동이 다음과 같은 인지발달단계를 거친다고 하였다. 그는 연령에 따른 각 인지발달단계에 맞게 고유한 특징이 있다고 보았으며, 각 단계에서의 충분한 발달 단계를 거쳐야 다음 단계로 이동하며, 이 전 단계를 거치지 않으면 다음 단계로 뛰어넘을 수 없다고 보았다. 이를 각 단계에 따라 구체적으로 살펴보면 다음과 같다.

(1) 감각운동기(Sensorimotor stage: 0~2세)

감각운동기의 초기 유아들은 신체활동과 감각 운동에는 제한적일 수밖에 없다. 타고난 반사 반응인 모로 반사, 빨기, 쥐기 등과 같이 단순한 신체 운동을 하게 되며, 이를 통해 자신의 인지구조에 도식화를 형성하게 된다. 1년 6개월을 전후부터는 간단한 문제 해결능력이 생기게 되며, 인지발달에 있어 중요한 대상영속성(object permanence)을 지니게 된다. 대상영속성이란 특정 대상이 눈앞에 더 이상 보이지 않는다 하더라도 유아가 그 대상이 계속해서 존재함을 안다는 것을 의미하며, 대상영속성이 발달하게 되면 까꿍 놀이나 감추기 놀이 등이 가능하다. 또한 타인의 행동을 모방하지만 바로 모방하는 것이 아닌 일정 시간이 지난 다음 이를 따라 할 수 있는 지연모방(deferred imitation)이 나타나는 시기이다.

(2) 전조작기(Pre-operational stage: 3~5세)

전조작기의 아동들은 언어, 그림과 같은 상징을 본격적으로 사용하기 시작한다. 하지만 이들은 아직까지 이를 완전하게 활용하기는 어렵다. 따라서 체계적으로 사고 활동을 하기 보다는 감각기관에 의존하여 이를 통해 사물을 인식한다. 이 시기의 아동들은 자기중심성(egocentrism)을 나타내는데, 이는 자신이 바라보는 사물과 느끼는 생각이 다른 사람과 같을 것이라고 사고하는 경향을 의미한다. 또한 보존개념(conservation)이 형성되지 않아 예를 들어 크기가 다른 컵이라 할지라도 같은 양의 주스를 주면 높이가 더 높은 잔의 주스가 더욱 많다고 생각한다. 마지막으로 전조작기의 아동들은 무생물을 생물로 여기고 무생물에도 생명이 있다고 사고하는 물활론(animism)적 사고를 하고 있어 평소에 가지고 노는 장난감이 살아서 움직인다든지, 말을 한다고 생각한다.

(3) 구체적 조작기(Concrete operational stage: 7~12세)

구체적 조작기의 아동들은 이전 단계의 아동들보다 사고가 논리적이고 명확해진다. 따라서 Piaget는 이를 구체적 조작기로 명명하였다. 구체적 조작기에서는 앞서 전조작기에 형성되지 않았던 보존개념이 형성되어 수, 질량, 길이, 면적, 무게, 부피 순으로 보존 개념을 형성한다고 보았으며, 타인의 입장에서 생각할 수 있는 조망수용능력(perspective taking ability)이 형성된다고 보았다. 또한 분류(classification)를 통해 상, 하위 간 위계적 관계를 파악하고 물체의 공통된 속성에 따라 분류하는 것이 가능하며, 서열화(seriation)를 통해 기준을 가지고 이에 따라 차례대로 배열할 수 있는 능력이 가능하다.

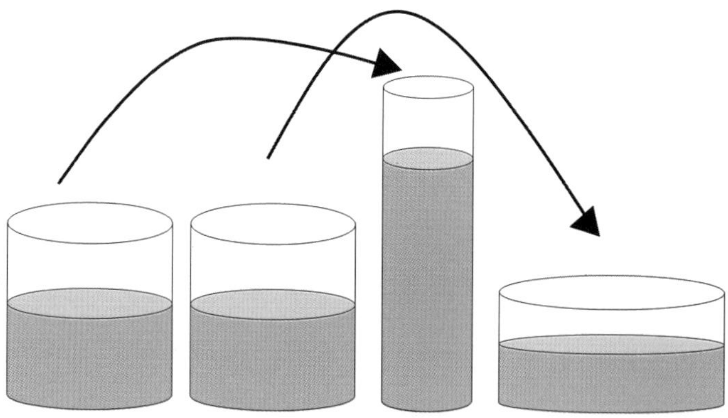

[그림 3-1] 보존에 대한 개념

(4) 형식적 조작기(Formal operational stage: 12세 이후)

형식적 조작기에서는 현실에 존재하지 않는 추상적 사고(abstract thinking)나 가상적인 상황에 대한 인지가 가능하며, 추론 능력을 통해 문제 해결이 가능하여 경험하지 못한 미래의 문제에 관심을 가지거나 추상적 개념을 사용하여 논리적으로 해결하는 방법을 찾아내는 능력이 가능하다. 가설적 추론(hypothetical reasoning)을 통해 가설을 설정한 후 이를 검정할 수 있는 다양한 증거를 수집해서 문제를 해결하고 가능성(possibility)와 현실성을 구분하여 사고할 수 있다.

2.2. Vygotsky의 인지발달이론

1) Vygotsky의 인지발달 이론 기본 관점

Vygotsky(1896~1934)는 Piaget와 더불어 인지발달 이론을 발전시킨 학자 중 하나이다. Vygotsky는 인간은 자신을 둘러싼 외부의 환경, 즉 부모와의 관계, 교우관계, 교사와의 관계와 같은 개인이 맺게 되는 사회적 관계 속에서 인지발달이 이루어진다고 보았으며, 이는 기존의 인간 내부에서의 인지발달이 이루어짐을 중심으로 밝힌 Piaget의 이론과 차이점을 보인다(한순미, 1999). Vygotsky 이론의 기본 관점을 살펴보면 다음과 같다.

첫째, Vygotsky는 아동의 인지발달은 타인과의 상호작용을 통해 이루어지기에 사회문화적 맥락을 고려하여야 하며, 이 때에 상호작용이 가능하게 하는 중요한 요인이 언어라는 점에 주목하였다.

둘째, Vygptsky는 아동의 인지발달에 가장 중요한 영향을 미치는 것이 언어 습득이라고 보았는데, 이는 언어의 발달을 통해 외부에서 받아들인 지식을 내면화할 수 있고, 또래와의 상호작용을 하는데 언어가 필수적인 수단 요소이기에 언어를 통해 사고과정을 확장시키는 데 매우 중요한 역할을 한다고 보았다.

셋째, Vygotsky는 또래와의 상호작용이 아동의 사고를 발전시키는 데 매우 가치가 있다고 보았으며, 협동학습 방법을 적극적으로 활용할 것을 지지하였다.

2) Vygotsky의 인지발달 이론 핵심 기제

(1) 언어(speech)

Vygotsky는 인지발달에서 있어 혼잣말하기와 같은 자기중심적 언어의 역할이 중요하다고 보았다. Vygotsky는 이를 사적 언어(private speech)라고 하는데, 사적 언어를 통해 어려운 과제를 수행하게 될 때나 자신의 생각을 정리하고 이를 조절할 때 사적언어를 통해 사고를 더욱 정교화할 수 있다고 보았다. 즉, 언어는 사고를 정교화하고 기호로서 상징을 표현할 수 있으며, 복잡한 개념들을 사고하는 것이 가능하게 해줌으로써 사고과정을 발달시키는데 중요한 역할을 한다고 보았다.

(2) 근접발달영역(Zone of Proximal Development: ZPD)

Vygotsky는 근접발달영역이란 개념을 제시하면서 실제적 발달수준(level of actual development)과 잠재적 발달수준(level of potential development)의 개념을 분류하였다. 여기서 실제적 발달수준이란 아동이 타인의 도움 없이 혼자 스스로 해나갈 수 있는 수준을 말하며, 잠재적 발달수준이란 타인의 도움을 통해 수행할 수 있는 수준을 말한다. 이 때에 실제적 발달수준과 잠재적 발달수준 간의 차이를 근접발달영역(ZPD)으로 보았는데, 이는 아동이 혼자 스스로 과제를 해결할 수 없지만 타인의 도움을 받으면 이를 해결할 수 있는 영역을 의미한다. 근접발달영역은 개인에 따라 차이가 있을 수 있다고 보았다.

(3) 비계설정(scaffolding)

Vygotsky의 근접발달영역에서 아동이 문제 해결을 할 수 없을 경우 교사나 부모, 동료의 도움을 통해 이를 해결하도록 조력하는 과정을 비계설정이라 한다. 비계(飛階)의 사전적 정의가 건축물이나 공사 현장에서 시설 유지를 위해 장비, 자재를 올려 작업하는데 설치한 시설물을 의미하는데(위키백과사전, 2020), 이를 아동의 학습에 적용시켜보면 아동이 문제를 해결할 수 없는 문제에 처해있을 시, 초반에 약간의 도움을 주어 스스로 해결해나갈 수 있도록 도와주는 것이 비계설정이다.

하지만 지속적인 도움 보다는 점차 비계설정을 줄여나가 아동 스스로 문제를 해결해나갈 수 있도록 하는 것이 바람직하다.

3. 성격발달이론

3.1. Freud의 심리성적 성격발달 이론

성격발달연구의 대가로 여겨지는 Freud(1856~1939)는 심리성적발달(psycho-sexual development)에 대한 이론을 제시하였는데, 인간은 인생의 초기 경험을 토대로 성격발달이 이루어진다고 보았으며, 무의식적 동기(unconscious motivation)가 중요한 영향을 미친다고 보았다.

Freud는 인간의 정신구조를 의식·전의식·무의식으로 구분하고 있다.

의식(consciousness) 단계는 우리가 보고 느낄 수 있는 모든 감각과 경험을 의미하며, 전의식(pre-consciousness) 단계는 의식되지 않았지만 조금만 노력하면 곧 의식될 수 있는 기억을 의미한다. 즉, 전의식 단계는 의식과 무의식 사이를 말한다. 무의식(un-consciousness) 단계의 경우 아무리 노력하여도 지각할 수 없는 것으로 무의식 속에는 인간의 억압된 감정이나 생각이 내재되어 있다고 본다.

이러한 Freud의 성격구조를 흔히 빙산에 비유하는데, 의식 단계의 경우 수면 밖에 표출된 부분이고, 전의식은 의식의 바로 밑에 있다. 무의식 단계의 경우 빙산의 밑부분으로 수면 아래 잠겨있어 표출되지 않지만 가장 큰 부분을 차지하며 Freud는 무의식이 인간의 사고와 행동에 지대한 영향을 미친다고 보았다(정미경 외, 2021).

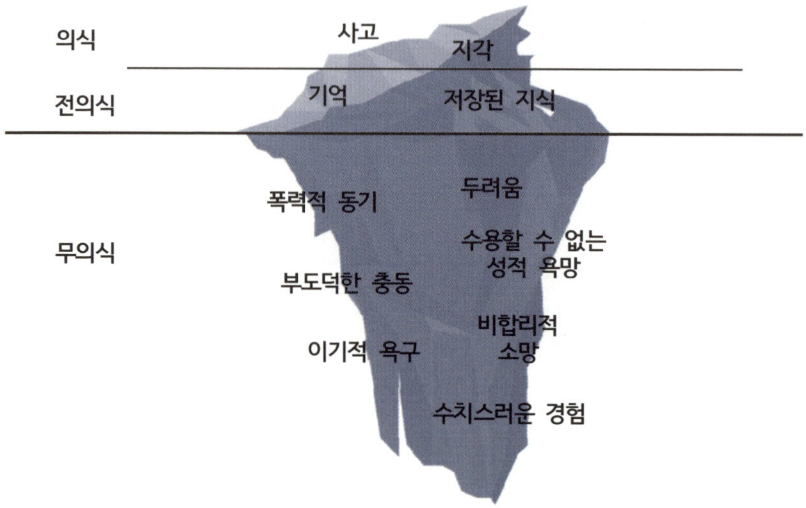

[그림 3-2] Freud 성격 구조의 비유

Freud는 인간의 성격 구성요소로 원초아(id), 자아(ego), 초자아(super ego) 세 가지로 구성된다고 보았으며, 이 중 원초아(id)가 성격 구성요소의 핵심이며, 인간의 본능과 관계된 쾌락의 원리에 의해 지배된다고 보았다. 원초아(id)는 빙산의 구조 중 무의식에 자리잡고 있어서 인간의 행동과 성격에 지속적인 영향을 준다고 하였다. 이러한 원초아(id)를 통제하는 것은 자아(ego)로 즉각적 만족을 추구하는 원초아(id)를 조정하며, 현실적 적응이 가능하도록 한다. 마지막으로 초자아(super ego)는 도덕성과 양심, 규범, 가치, 이상 등이 내면화 된 것으로 자아(ego)에 비해 이상적인 사회적 기준을 향해 나아가는데 목표를 둔다.

3.2. Freud의 심리성적 발달 단계

Freud는 인간이 가지고 있는 심리성적 에너지를 리비도(libido)라 하였다. 리비도(libido)는 인간의 발달단계에 따라 욕구 충족이나 만족을 얻게 되는 부위가 달라지게 되는데, 이를 5단계의 심리성적 발달단계로 나누고 있다. Freud는 심리성적 발달단계에 따라 성적 욕구가 적절하게 충족이 되면 정상적인 성격 발달이 가능하지만, 그렇지 못하게 되면 이전 단계의 만족에 지속적으로 집착하는 고착(fixation) 증세가 나타난다고 하였다. Freud가 제시한 심리성적 발달의 5단계를 살펴보면 다음과 같다.

1) 구강기(Oral stage)

구강기(Oral stage)는 출생~1년에 해당하는 시기로 이때의 유아는 리비도가 주로 입이나 입술에 집중적으로 나타나는 시기이다. 따라서 구강에 젖을 빨거나 마시는 행동과 같이 외부에서 들어온 걸 흡수하기만 할 뿐 밖으로 내뱉는 행동은 이후에 이루어진다. 한편, 이 시기에 유아들이 어머니의 젖을 먹는 행위 자체가 이후 유아의 성격 발달에 매우 중요한 역할을 하게 되며, 구강기의 욕구가 충족되지 못하게 된다면 다음 발달단계로 넘어가는데 있어 고착증세가 나타나 지속적으로 입에서의 욕구충족을 하기 위한 부정적 행위가 나타날 수 있다.

2) 항문기(Anal stage)

항문기(Anal stage) 시기는 1~3세에 해당하는 시기로 이때의 아동의 리비도는 입에서 이어지는 소화기관의 끝에 있는 항문에 집중되는 시기이다. 배변활동을 통해 쾌감을 얻게 되고 배변훈련을 통해 부모로부터 칭찬이나 비난을 받는 등을 통해 사회성을 인식하게 된다. 따라서 이 시기에 이루어지는 배변훈련을 통해 아동은 부모와의 관계에서 따뜻한 애정, 이와 반대로 엄격한 부정적 성격이 형성될 수 있기에 지나치게 억압적인 태도로 배변훈련을 하는 것은 삼가는 것이 좋다. 단지 자신의 청결과 배설의 통제에 중점을 두고 조절하는 능력을 갖게 하는 것이 중요하다.

3) 남근기(Phallic stage)

남근기(Phallic stage) 시기는 3~6세에 해당하는 시기로 리비도가 생식기에 집중되는 시기이다. 이 시기의 아동은 자신의 생식기에 관심을 갖고 남녀의 생식기의 차이와 성별 차이와 더불어 성역할에 대한 관심이 높아지게 되는 시기이다. 남아의 경우 어머니에 대해 사랑의 감정을 가지고 욕망과 애착을 느끼고 반대로 아버지에 대해 경쟁상대로 생각하는 오이디푸스 콤플렉스(Oedipus complex)를 가지게 되며, 여아의 경우 아버지에 대해 성적인 욕망과 애착을 느끼는 반면 어머니를 경쟁상대로 인식하는 엘렉트라 콤플렉스(Electra complex)와 남근 선망(penis envy)을 갖게 된다. 따라서 이 시기의 아동은 이성의 부모에게는 애정을 느끼고 동성의 부모에게는 적대심을 표현하는 행동이 일어날 수 있다. 남근기에 욕구가 충족되지 못하여 고착증세가 일어난다면 성인이 되어서도 성불감증이나 이를 조절하는데 어려움을 겪는 성적 문제를 가질 수 있다.

4) 잠복기(Latency stage)

잠복기(Latency stage) 시기는 6세~12세에 해당되는 시기로 리비도인 성적 에너지가 다른 단계에 비해 비교적 평온한 시기이다. 이 시기에는 성적 에너지가 잠재되어 있거나 억압되어 있는 시기로 성격발달이 거의 일어나지 않는 시기라 할 수 있다. 따라서 이 시기에는 이성에 대한 관심보다는 또래의 동성 친구들과 어울리면서 사회적 관계를 넓혀나가며 실생활에 필요한 기술을 익히고 놀이 활동이나 신체활동 등을 통해 에너지를 발산해나가는 시기이다. Freud는 이 시기에 도덕성이 강화된다고 보았다.

5) 생식기(Genital stage)

생식기(Genital stage)는 12세 이후에 해당되는 시기로 심리 성적 발달단계의 마지막 단계이며 사춘기가 시작되는 시기이다. 사춘기가 시작됨에 따라 잠복기에 있던 성적 에너지가 활발해지는 시기로 이전 단계에서는 자신의 신체를 통한 성적 쾌감을 추구하였으나 이 시기에는 자신 또는 동성친구 보다는 이성으로부터의 성적인 만족을 추구하고 관심이 높아지는 시기로 보았다. 이 시기에 생기는 성적

에너지에 만족감을 느끼지 못하게 된다면 이성과의 원만한 관계를 맺거나 성숙한 사랑의 감정을 가지기 어렵게 되는 문제가 발생될 수 있다. 하지만 이 단계까지 원만한 발달과정을 거친 사람은 이성과의 친밀감을 가지고, 이타적인 성격을 갖게 되며 생산 활동에 전념할 수 있게 된다.

4. 지능이론

4.1. 지능(intelligence)의 정의

학습자의 개인별 학업 성취 능력에 차이가 생기는 요인으로 학습자를 둘러싼 다양한 요인들을 고려해 볼 수 있지만 학습자의 능력(ability) 차이를 무시할 수 없다. 어떤 학습자는 같은 수업을 받고 이해의 속도에 차이가 있으며, 더 좋은 성취도를 보이는지? 또는 같은 시간을 투자했음에도 불구하고 평가 결과에는 차이를 보이는 이유는 무엇인가? 이러한 질문에 일반적으로 개인별 학습 능력의 차이가 있기 때문이라고 답할 수 있는데, 이때에 지능은 이러한 학습자의 능력 차이를 측정하고 진단하는 데 영향을 주는 요소로 가정되어 왔다.

지능(intellegence)는 인간의 지적 능력을 나타내는 심리적 특성으로 개인이 자신이 처해진 상황, 환경 속에서 문제를 해결하는 일반적인 능력, 이해하고, 학습하는 능력을 의미한다. 지능은 추상적인 개념을 가지고 있기에 학자들마다 각기 다르게 정의하고 있는데, Binet는 "일정한 목적을 세우고 지속하려는 경향, 의도한 바를 성취하기 위해 적응하는 능력"으로 보았으며, Wechsler(1944)는 "유목적적으로 행동하고, 합리적으로 사고, 환경을 효과적으로 다룰 수 있는 개인의 종합적 능력"으로 보았다. Snyderman & Rothman(1987)은 지능은 "구체적인 것보다 추상적인 것을 취급하는 능력이며, 새로운 사태를 취급하는 능력"으로 정의하였다.

학자들마다 지능에 대한 관점을 나누어 보면 지능을 학습 능력으로 보는 Binet,

Terman, Thorndike, Gates와 같은 학자들은 지능을 개인이 교육을 받을 수 있는 범위로 보고 지적으로 뛰어난 사람은 그렇지 못한 사람에 비해 더 잘 배울 수 있는 능력을 지녔다고 보았다. 반면, 지능을 정신적 능력으로 보는 Stern, Colvin, Piaget과 같은 학자들은 지능을 개인이 환경에 대해 적응할 수 있는 능력으로 보고 새로운 환경이나 문제에 놓였을 때 이를 효과적으로 재조직하는 능력으로 보았다.

최근에는 지능의 의미를 광범위하게 보고 지적, 정신적 능력에서 나아가 감성적 측면까지 포함하고 있어 예술적 재능, 감성적 지능도 포함시킨다(문은식 외, 2015).

4.2. 지능의 구성 요인

Spearman(1927)은 인간은 지능이 두 가지 주요요인으로 구성되는데, 일반요인(general factor: G요인)과 여러 개의 특수요인(specific factor: S요인)으로 구성된다고 보았으며, 이는 지능의 2요인설이라고도 일컫는다. 일반요인으로 분류되는 능력으로는 지적 과제를 수행하는데 필요한 능력으로 보고, 특수요인은 그렇지 못한 요인을 특수요인으로 분류하여 심리학에서는 일반요인만을 주목하였다(Sternberg, 1985).

이에 반해 Thurstone(1938)은 앞서 Spearman이 주장한 지능을 일반요인으로 구성되는 단일 능력으로 보는 데에 비판점을 제기하고 지능은 서로 독립된 별개의 능력이 구성되어 있다고 보았다. 그는 7개의 기본정신능력(Primary Mental Abilities, PMA)으로 구성되어 있다고 주장하며, 여기에는 언어요인, 단어유창성요인, 수요인, 공간을 시각과하는 요인, 기억요인, 추리요인, 지각속도요인으로 구성된다고 보았다.

Guilford(1988)는 앞서 Thurstone의 기본정신능력 7개 요인에서 더욱 확장시켜 180개의 요인으로 구성됨을 밝혔다. 인간의 지능은 3개의 필수적 차원이 존재하는데, 정신능력과 관련있는 내용(content)차원, 정보를 처리하는 지적 활동과 관련된 조작(operation)차원, 조작의 결과로 나타나는 산출(product)차원으로 나뉘며 내용

차원에 5개(시각, 청각, 상징, 의미, 행동), 조작차원에 6개(인지, 기억저장, 파지, 발산적 생산, 수렴적 생산, 평가), 산출차원에 6개(단위, 유목, 관계, 체계, 변환, 함축)의 상호결합으로 180개의 요인으로 정신능력이 구성된다고 보았다.

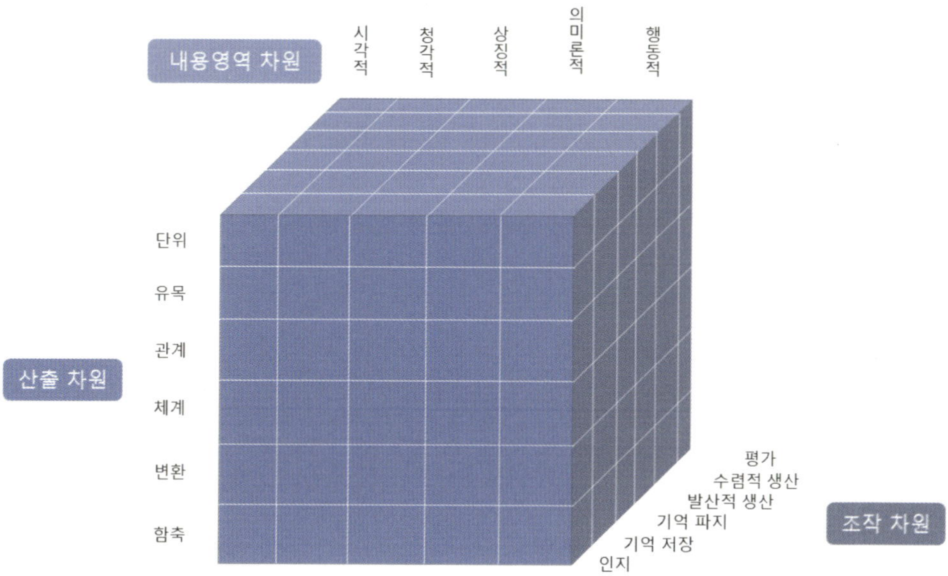

[그림 3-3] Guilford의 지능구조 모형

4.3. Gardner의 다중지능이론

Gardner는 지능을 자신이 살고 있는 문화 또는 여러 문화권에서 가치 있게 인정받는 문제를 해결할 수 있는 능력, 창조할 수 있는 능력으로 보았다. Gardner는 특별한 능력이나 재능을 보이는 사람, 뇌졸중환자, 정상이었던 사람 중 뇌의 손상을 입은 사람, 여러 다양한 인종들, 다양한 문화를 가지고 있는 사람들을 토대로 그들에게서 나타나는 능력들을 분석한 결과 아홉 가지 서로 다른 지능이 존재함을 발견하였으며, 이를 다중지능이론(multiple intelligences)으로 칭하였다.

〈표 3-1〉 Gardner의 다중지능이론

지능 유형	내용	예시
언어적 지능	소리의 민감성, 숙련된 문장 구성법, 언어 사용방법에 대한 능력	시인, 소설가, 정치가
논리, 수학적 지능	숫자나 규칙, 사물 간의 관계를 이해하고 추상적 사고 능력, 문제를 풀어나가는 능력	수학자, 과학자
공간적 지능	도형이나 그림, 지도, 입체를 구상하고 시각화된 세계를 정확하게 지각해내는 능력	건축가, 예술가
음악적 지능	소리에 대한 민감성, 리듬 구조를 결합하고 박자를 느낄 수 있으며 음악에 대한 정서적 측면에서 이해의 폭이 넓은 능력	음악가, 작곡가
신체 운동적 지능	자신의 신체를 숙련되게 다룰 수 있으며, 연기, 춤 등을 통해 몸으로 익히고 창조해낼 수 있는 능력	무용수, 운동선수
대인관계지능	타인의 기분, 의도 등을 파악하고 구분할 수 있는 능력, 대인관계를 잘 이끌어나가는 능력	정치가, 종교인
개인 내 지능	자신의 감정과 심리를 파악하고 이를 표출해내는 능력	소설가, 종교인
자연탐구지능	환경을 인식하고 주변 사물을 자세히 관찰하여 분석할 수 있는 능력	환경가 연구자
실존 지능	인간의 존재에 대해 사고하고 삶과 죽음, 기쁨과 슬픔에 대해 종교적, 철학적 사고를 할 수 있는 능력	종교인

5. 창의성 교육

5.1. 창의성의 정의

창의성(Creative)에 대한 개념 정의는 학자들마다 다양하다. 창의성을 단순히 기발한 아이디어를 생성해내는 사고 능력으로 볼 수도 있으며, 남이 잘 하지 않는 사고를 통해 가치있는 무언가를 창출해내는 능력으로도 정의할 수 있다. Sternberg 외(1994)의 학자들은 창의성을 '새로운 것을 상황에 맞게 적절한 것을 만들어낼 수 있는 능력'으로 보았으며, Guilford(1959)는 "새롭고 신기한 것을 낳는 힘"으로 보았다. 학자들마다 정의에 따라 다소 차이가 있긴 하지만 공통된 속성을 살펴보면 창의성은 기존의 정보를 가지고 적절하게 활용하여 문제를 해결하고, 새로운 지식을 창출하여 유용한 것을 만들어 내는 능력으로 고차원적 정신활동으로 보았다.

이처럼 창의성은 누구나 태어날 때부터 갖고 태어나는 보편적인 능력으로서 누구나 이를 훈련을 통해 이를 발전시켜나갈 수 있다. 따라서 오늘날 창의성이 교육을 통해 개발될 수 있다는 생각을 하게 됨에 따라 아동기부터 창의성 발달을 위한 다양한 교육 프로그램을 접할 수 있도록 하고 있다.

5.2. 창의성 구성 요인

창의성을 구성하는 요인을 두고 창의성에 관한 연구의 초반기에는 인지적 요인에 초점을 두었으나 최근에는 동기나 태도와 같은 성향도 중요하다고 보았다. 창의성을 구성하는 인지적 요인과 성향적 요인을 각각 살펴보면 다음과 같다.

1) 인지적 구성요인

- 유창성(fluency): 문제 상황 속에서 가능한 많은 아이디어를 산출해내는 능력
- 유연성(flexibility): 상투적인 방식에서 벗어나 다양한 아이디어를 산출해내고, 여러 관점에서 해결방안을 찾아낼 수 있는 능력
- 정교성(elaboration): 기존의 아이디어를 토대로 보다 상세하고 세부적인 요소를 추가하여 이전보다 가치로운 것으로 발전시켜나갈 수 있는 능력
- 독창성(originality): 참신하고 색다르게 독특한 아이디어를 산출해낼 수 있는 능력

2) 성향적 구성요인

- 민감성(sensitivity): 문제 상황에 대해 재빠르게 알아차릴 수 있는 능력

- 개방성(openness): 고정관념을 타파하고 다양한 경험을 받아들이고 새로운 경험, 생각을 기꺼이 수용하는 능력
- 인내심(patience): 불확실한 상황에 대해 포기하지 않고 자신이 성취하고자 하는 바를 끝까지 전념하여 몰두하는 능력, 어려운 과제에 대해 피하거나 포기하지 않고 해결될 때까지 노력하는 태도
- 모험심(adventure): 새롭게 마주하는 상황에 대해 회피하지 않고 도전정신을 가지고 부딪히는 성향, 위협을 무릅쓰고 자신이 하고자 하는 일을 해내는 성향

5.3. 창의성 개발 기법

창의성은 훈련을 통해 개발될 수 있으며, 교사나 부모가 학습상황에서 지도하는 방식에 따라 창의성 개발에 지대한 영향을 미칠 수 있으므로 아동이 창의성을 잘 펼칠 수 있도록 격려하고, 창의성 발달에 있어서 다양한 지식과 폭넓은 이해가 선행되어야 한다. 창의성을 발달시키는데 있어서 다양한 교수법이 언급되는데 교실수업에서 적용할 수 있는 몇 가지 방법들에 대해 제시하면 다음과 같다.

1) Brain storming

Osborn(1963)이 개발한 Brain storming은 특정 주제에 대해 참여하고 있는 구성원들의 자유로운 토의를 통해 가능한 다양한 아이디어를 산출해내는 것을 목적에 둔다. 아이디어를 산출할 때에는 서로의 아이디어에 대해 비판이나 평가를 금하고 어떠한 아이디어라도 거리낌 없이 말할 수 있도록 편안하면서도 자유분방한 분위기를 조성해야 하는 것이 핵심이다. 아이디어가 많이 산출될수록 참신하면서도 질 좋은 아이디어가 나올 수 있기에 격려하는 분위기가 필수적이며, 산출된 아이디어끼리 결합하고 수정하여 재창조를 통해 새로운 문제해결방법을 도출해낸다.

2) Six thinking hat

De Bono(1985)에 의해 개발된 창의성 개발 프로그램인 육색사고모자는 인간의 사고 유형을 여섯 개의 모자로 비유한 것으로 6명이 한 조가 되어 여섯 가지 색깔의 모자를 한 명씩 나눠주고 어떤 유형의 사고를 해야 하는지 알려준다. 주제에 대해 자신이 맡은 색깔에 해당하는 사고만을 할 수 있도록 하여 자신의 생각을 단순하고 명료하게 말할 수 있게 한다. 평소 자신이 가지고 있는 생각은 잠시 내려두고 부여받은 역할에 대해 타인의 생각을 할 수 있게 하여 자신의 사고는 통제할 수 있는 경험을 하게 하려는 것이 목적이다.

3) Mind map

Tony Buzan(1971)에 의해 개발된 Mind map은 '생각 그물'이라고도 불리는데, brain storming에서 확장하여 마음속으로 지도를 그리듯이 자신만의 기호와 그림, 글자를 활용하여 생각의 흐름대로 표현하는 방식이다. 이를 통해 자신만의 학습 지도를 그려 인식을 확장해나가며 연상 작용을 통해 좌우 뇌의 기능을 최대한 활용하여 사고력을 발전시킬 수 있는 두뇌계발 프로그램 중 하나이다.

연습문제

1. 오늘날 학교교육에서는 개인차를 고려한 학습이 이루어지고 있는지, 그렇지 않다면 교실 수업에서 개인차를 고려한 학습 방법은 어떻게 가능한지 생각해보시오.

2. 인간의 발달에 있어서 논쟁이 이어지고 있는 유전적 영향과 환경적 영향에 대한 생각을 자신의 교육관을 토대로 입장을 정리해보시오.

3. 아동의 학습 상황 속에서 근접발달영역(ZPD)에서 교사가 할 수 있는 역할이 무엇이 있을지 생각해보고, 교수설계 과정을 어떻게 설정할 것인지에 대해 논의해보시오.

참고자료 및 관련 사이트

문은식, 박선환, 정미경(2015). 교육심리학. 서울: 공동체.

송인섭, 정미경, 김혜숙, 최지은, 박소연, 이희연, 김영아, 김누리, 김효원, 김희정(2013). 교육심리학. 서울: 양서원.

정미경, 조금주, 권재기, 김한나, 안혜진, 이유정(2021). 교육학개론. 서울: 공동체.

한순미(1999). 비고츠키와 교육. 서울: 교육과학사.

Freud, S. (1959). *The excretory functions in psychoanalysis and folklore*(J. Riviere, trans.). Collected paper(Vol.2). NY: Basic Books.

Guilford, J. P. (1959). *Personality.* NY: McGraw-Hill.

Guilford, J. P. (1988). Some change in the structure of the intellect model. *Educational and Psychological Measurement, 40,* 1-4.

Piaget, J. (1932). *The moral development of the child.* NY: Harcourt Brace.

Spearman, C. (1927). *The abilities of man.* London: MacMillan.

Sternberg, R. J. (1985). *Beyond IQ: A triarchic theory of human intelligence.* Cambridge: Cambridge University Press.

Thurstone, L. L. (1938). *Primary mental abilities.* Chicago: University of Chicago Press.

Vygotsky, L. S. (1978). Mind in society: The development of higher psychological processes. Cambridge, MA: Harvard University Press.

위키백과사전 https://ko.wikipedia.org/wiki/%EB%B9%84%EA%B3%84

제 4 장

교육사회학

학습목표

1. 교육사회학의 학문적 성격을 이해할 수 있다.
2. 교육사회학의 주요 이론들을 비교, 분석할 수 있다.
3. 교육사회학의 주요 주제들을 교육현실에 비추어 분석, 해석할 수 있다.

주요용어

- 교육, 사회화, 문화화
- 사회통제, 사회통합, 갈등, 선발, 분류
- 사회계층, 사회이동
- 학력사회, 사회자본, 문화자본
- 사회평등, 교육평등, 역차별, 보상적 평등주의

1. 교육사회학의 이해

1.1. 교육과 인간, 그리고 사회

교육은 사회적 존재로서 인간이 삶의 과정 속에서 행하게 되는 활동이라는 점에서 사회현상으로서의 특성을 지니고 있다. 이런 의미에서 인간은 교육적 존재이자 사회적 존재이며 이는 인간의 교육적 행위는 사회적 존재로서의 인간의 특성과 밀접하게 관련되어 있음을 뜻한다. 교육사회학은 이처럼 교육이 맺고 있는 사회와의 관계를 설명, 이해하고자 하는 교육학의 한 분과학문이다.

교육적 존재로서 인간에게 있어서 가르침과 배움은 가지고 태어나는 본능이다. 이는 가르침과 배움은 그 가치나 필요성 때문에 후천적으로 행하게 되는 어떤 활동이 아니라 인간이 살아가는 과정 속에서 누구나 상황에 따라 가르치기도 하고 배우기도 하는 자연스러운 활동이라는 것이다. 다만, 여타의 본능이 그렇듯이 가르침과 배움 역시 인간 개개인에 따라 원하는 시기, 정도, 방법은 다르다. 따라서 인간이 교육적 존재이고 교육적 특성이 인간의 본능이라는 것은 가르침과 배움은 가르치는 사람과 배우는 사람의 가르침과 배움에 대한 다양성과 행위자의 자율을 전제로 했을 때 그 타당성을 인정받을 수 있음을 의미한다.

사회적 존재로서 인간은 운명적으로 사회 속에서 태어날 뿐 아니라 사회를 떠나서는 인간으로서 살아갈 수 없다. 만약 인간이 어쩔 수 없이 사회 속에서 태어났다 하더라도 사회를 떠나서 인간으로서 살아갈 수 있다면 인간을 사회적 존재라고 하지 않을 것이다. 인간이 사회 속에서 태어난다는 말 속에는 인간은 사회를 떠나서는 살 수 없는 '사회화된 나'라는 인간의 존재론적 특성이 담겨있으며 이는 인간은 살아가는 동안 원하든 원하지 않든 사회의 영향을 받을 수밖에 없는 존재임을 의미한다.

그런데 교육적 존재로서의 인간과 사회적 존재로서의 인간은 개념적으로는 구분될 수 있지만 현실적으로는 구분될 수 없는데 인간은 사회적 존재로서 교육적 행위를 하게 되며 동시에 교육적 존재로서 사회를 살아가는 사회적 존재이기 때문이다. 따라서 교육을 이해하기 위해서는 사회적 존재로서 인간이 마주하고 있는 상황에 대한 총체적인 고찰이 필요하다.

사회는 수많은 개인들이 모여 이루어진 집단이며 각 개인은 개별적 존재로, 때로는 특정 집단의 구성원으로 이해관계를 달리하게 된다. 그래서 지난 역사의 과정을 돌이켜보면, 사회는 개인과 개인, 개인과 집단, 집단과 집단 간의 복잡한 이해관계 속에서 이를 해결하기 위한 합의와 조정, 대립과 갈등이 끊임없이 이루어져 왔음을 알 수 있다. 교육 역시 마찬가지이다. 시대와 사회를 초월해서 지켜야 할 교육의 가치가 분명하게 존재한다 하더라도 인간들의 삶 속에서 실천적 행위로 존재했던 교육은 시대와 사회에 따라 지향하는 가치와 목적이 달랐다. 교육을 개인의 지적·인격적 성숙을 위한 이념과 가치 형성의 역할에 주목하게 되면 교육은 한 개인의 자아실현을 위한 것이지만, 교육을 통해 형성된 인간의 능력은 삶의 질에 영향을 주게 되고 개인들의 지적, 인격적 역량은 사회의 유지 · 존속, 변화 · 발전의 기제로 작용하게 된다는 점에서 사회와의 관련성을 살펴볼 필요가 있다. 교육은 그 자체로 존재하는 것이 아니고 그 시대를 살았던 사람들의 개인 간, 집단 간 이해관계가 투영되고 영향을 받을 수밖에 없기 때문이다. 교육사회학은 교육의 이러한 특성에 주목하여 왜, 지금, 여기서 이러한 교육이 일어나고 있으며, 이를 어떻게 이해할 수 있는가에 대한 대답을 다각적이고 총체적인 접근을 통해 추구하고자 하는 학문이다.

1.2. 교육사회학의 학문적 성격

1) 교육사회학의 출발

교육사회학의 출현 시기는 학자에 따라 다소 차이는 있으나 19c 말에서 20c 초로 보고 있으며, 교육에 관한 사회학적 연구의 출발은 1883년 출간된 워드(E. Ward)의 "역동적 사회학(Dynamic Sociology)"에서 비롯되었다고 본다. 워드는 교육은 인간진보를 위한 주요 원천이며 사회변화의 주요 원천으로서 교육의 중요성을 강조하였으며, 듀이(J. Dewey) 역시 「학교와 사회(School and Society)」에서 교육과 사회의 관련성을 기술하여 교육사회학 발달에 영향을 주었다. 교육사회학 발전에 가장 큰 기여를 한 사람은 프랑스의 사회학자였던 뒤르켐(E. Durkheim)으로 그는 교육의 기능을 사회적인 것으로 보고 교육과 사회학의 밀접한 관련을 주장하면서 교육에 대한 연구에 있어서 사회학적 접근의 필요성을 강조하였다.

2) 교육사회학의 성격

교육사회학은 그 성격에 따라 교육적 사회학(Educational Sociology)과 교육의 사회학(Sociology of Education)으로 구분될 수 있다. 교육적 사회학은 초창기 실천지향적 성격이 강한 교육사회학으로 교육적 문제를 풀 수 있는 유용하고 실용적인 내용을 강조하면서 사회적 상호작용의 유형과 사회적 역할 및 집단 간의 상호관련성에 관심을 둔다. 교육의 사회학은 이론 지향적 성격이 강해 교육사회학의 학문적 정체성을 공고히 하는데 기여하였으며 뒤르켐에 의해 기초가 마련되었다. 뒤르켐은 교육을 '사회적 사실(social fact)'로 인식하고, 사회구조의 한 부분으로서의 교육의 기능을 밝히는 것이 교육학 연구의 핵심이라고 보았다(Durkheim, 1922). 오늘날에는 이 둘을 구분하지 않고 교육사회학으로 지칭하고 있다.

3) 교육사회학의 탐구 영역

교육사회학의 탐구영역은 그 범위가 상당히 넓다. 교육사회학 자체가 교육과 사회와의 관계를 연구하는 학문이기 때문에 사회 제 분야가 다 관련이 될 뿐 아니라 근래 들어 학문 간 교류가 활발해지면서 학문 간 경계가 사라지고 있기 때문이다. 따라서 교육사회학의 탐구영역은 거시적으로는 정치 · 경제 · 사회 · 문화와 '교육'간의 관련성으로부터 미시적으로는 학교 · 학급 내의 교사와 학생, 학생과 학생 간 상호작용까지 포함하고 있다. 특히 학교의 공교육으로서의 성과 분석 및 교육평등은 교육사회학의 가장 기본적이면서 중요한 주제로, 우리나라에서도 우리 사회의 특성을 반영한 교육격차 실태 및 원인 분석, 교육격차 해소를 위한 교육정책 효과, 공교육 내실화 및 사교육, 학부모들의 교육열과 대입시 등에 대한 연구가 지속적으로 이루어져왔다. 근래 들어 사회양상의 변화에 따라 다문화교육, 사회자본의 효과, 교육시민운동과 교육복지, 인구 및 환경교육, 세계화와 신자유주의 등 교육사회학의 관심 주제도 달라지고 있다.

2. 사회현상으로서 교육

2.1. 교육의 사회적 기능

교육사회학에서는 교육의 과정과 결과가 사회 여러 분야와의 관계 속에서 이루어진다는 점에서 교육을 사회현상으로 본다. 이 때 교육이 사회와의 관계 속에서 행하는 다양한 기능들을 교육의 사회적 기능이라고 하며 이러한 교육의 사회적 기능은 교육과 개인, 교육과 사회와의 관계에서 교육의 본질적 역할만큼이나 중요한 의미를 지닌다.

1) 문화유산의 전달

문화란 한 집단의 생활양식으로 사회구성원으로서 인간이 살아가면서 습득한 지식, 신념, 태도 및 규범 등의 총체이다. 문화는 한 집단 구성원이 사회 속에서 그들의 삶을 구성하는 기준으로 그들을 둘러싸고 있는 사물을 어떻게 인지해야 하는지, 그들이 대면하고 있는 상황을 어떻게 판단해야 하는지, 그들이 함께 하는 사람들과의 관계 맺음을 어떤 방식으로 해야 하는지, 세상을 살아가는 옳고 그름의 판단기준은 무엇이 되어야 하는지를 결정하는 지침이 된다. 이런 의미에서 문화는 집단공동체의 삶의 방식이자 그들의 삶의 방식에 부여하는 의미체계로 사람들의 삶 그 자체라고 할 수 있다.

문화는 교육 내용과 교육 방법을 방향지울 뿐 아니라 교육의 과정을 통해 사회구성원들에게 문화가 전달된다는 점에서 교육과 문화는 상호의존적이다. 학교에서 전달되는 교육내용은 그 사회의 문화유산 속에서 선별되어진 지식체계이며, 지식체계의 전달 또한 사회 구성원들에 의해 공유되고 인정되는 적합한 방식으로 이루어지기 때문이다. 교육의 문화유산의 전달 기능은 교육이 문화적 기반인 인간들의 삶 속에서 이루어진다는 점에서 이해될 수 있다.

2) 사회통제 및 통합

교육은 사회구성원들의 가치, 사고, 행동 및 생활양식을 형성하고 통제함으로써 사회를 통합하는 기능을 수행한다. 이 기능은 사회화를 통하여 사회가 요구하는 핵심적 가치관과 행동양식 및 생활양식을 형성하게 하고 사회적 합의를 끌어낸다는 점에서는 문화전승의 기능과 비슷하다. 그러나 사회통합의 기능은 사회의 여러 이질적 요소들이 각기 고유의 기능을 유지하면서 전체적으로는 모순과 갈등 없이 조화를 이루면서 발전해 가는 기능을 의미하며, 사회적 통제의 기능을 수반한다는 점에서 문화전승의 기능과 구분된다(박용헌 외, 1980).

학교의 사회통제 및 통합의 기능은 근대 국가중심 공교육제도의 출현 이후 지속되어온 학교의 중요한 기능이다. 오늘날 대부분의 국가가 의무교육을 법제화하여 전 국민을 대상으로 일정 기간 학교교육을 제공하는 것은 학교 교육과정에 대한 국가 관리를 통해 국가체제의 안정적 유지와 효율적 관리가 용이하기 때문이다. 사회의 이념이나 가치관을 교육의 목적에 반영하고 교육의 내용과 방법에 사회변화나 요구를 반영하는 것도 교육의 사회통합의 기능과 관련되어 이해될 수 있다.

3) 사회변화 및 혁신

교육은 사회의 안정과 유지의 기능을 수행함과 동시에 사회의 변화와 혁신을 위한 기능도 수행하고 있다. 문화전승의 기능과 사회통제 및 통합의 기능이 교육의 소극적·수동적 기능이라면 사회변화 및 혁신의 기능은 교육의 능동적·적극적 기능이다. 교육이 사회변화 및 혁신의 기능을 수행할 수 있는 것은 교육이 인간의 의식 및 가치를 형성하고 변화시키는 역할을 하기 때문이다. 인류의 역사가 과거에 머물지 않고 시간의 흐름을 따라 계속 변화해 온 데에는 교육이 사람들의 의식을 지금보다 나은 미래를 위한 새로운 변화의 흐름으로 이끌어왔기 때문이다.

교육의 사회변화 및 혁신의 기능은 교육이 사람들로 하여금 인간 존재로서 자신과 세계에 대한 성찰과 사회적 문제들을 인식하게 하여 이를 개선할 수 있는 실천적 노력으로 이끄는 역할을 한다는 점에서 중요하다. 급변하는 사회일수록 교육의 사회변화 및 혁신의 기능이 더 활발하게 이루어지고 있다고 할 수 있다.

4) 선발 및 분류

교육은 교과 내용과 다양한 교육활동을 통하여 지식, 기술, 정보, 태도, 가치 등을 전달함으로써 학생들의 잠재력을 계발하고 능력을 함양하는 역할을 한다. 그리고 이러한 교육의 결과는 각 직업 특성에 맞게 적절한 업무를 수행할 능력을 갖춘 사람들을 사회가 필요로 하는 곳에 배치하는 기준으로 활용된다. 이 기능을 교육의 선발 기능이라고 한다.

개인과 사회의 입장에서 보면 교육의 선발 기능은 현실적으로 매우 중요한 기능이다. 개인은 학교 교육을 통해 자신의 잠재력을 계발하고 장차 사회에서 독립된 인격체로 살아갈 수 있는 직업적 능력을 함양할 수 있으며, 사회는 사회가 필요로 하는 각 기능에 적합한 인력을 배치할 수 있기 때문이다. 현대 사회에서 직업적 지위 분배 방식은 과거 신분제와는 달리 개인의 능력과 노력에 대한 공정한 경쟁과 평가를 통해 이루어져야 하는데 교육이 이와 같은 기능을 수행하고 있는 것이다. 각 나라마다 교육제도 및 교육내용, 상급학교 진학 및 정원 수 결정 등 학교 교육 관련 정책이 다른 것도 교육의 사회구성원 선발 및 분류 기능과 관련되어 이해될 수 있다.

2.2. 교육과 문화, 그리고 사회

1) 교육과 문화

(1) 문화의 개념

일반적으로 문화는 '자연적'인 것과 대비되는 개념으로 '인위적'인 것을 의미하며, 문화에 대한 개념 정의는 학자마다 다양하다. 문화에 대한 고전적 정의로 타일러(E. B. Tyler)는 문화를 "지식, 신앙, 예술, 도덕, 법률, 습관 등 사회 성원으로서의 인간이 획득한 복합적인 총체"로 정의하였으며, 브라운(R. Brown)은 보다 구체적으로 "자연적·인위적인 모든 물질 환경에 의하여 부분적으로 규제되고, 더욱 근본적으로 인간집단이 그 필요와 욕구의 충족을 위하여 발전시킨 이념, 태도, 가치, 습관 등에 의하여 규제되는 집단행동 유형의 총체"로 정의하였다. 이러한 정의들을 종합하면, 문화는 특정 사회가 가지고 있는 유형 및 무형의 생활양식의 총칭이라고 할 수 있다.

(2) 문화기대와 교육

인간은 교육을 통해 문화를 습득하며 문화는 교육을 통해 사회구성원들에 의해 창조, 유지, 전승된다는 점에서 교육과 문화는 매우 밀접한 관계에 있다. 교육은 인간의 '문화화'과정으로 자연인으로서의 인간을 문화적 존재로 형성해 준다. 이때 문화가 사회 구성원들로 하여금 사회의 일정한 생활양식을 습득하게 하여 이를 실행하도록 요구하는 것을 '문화기대'라고 한다. 이를 뒤르켐은 사회가 문화기대를 통해 구성원을 통제한다는 점에서 '문화가 갖는 구속'으로 표현하였다. 가정, 학교, 사회는 아이들에게 일정한 생활양식을 습득하고 행동하도록 구속하면서 동시에 이를 통해 가정, 학교, 사회를 통제하고 있다는 점에서 문화기대의 대리자로서의 역할을 수행한다. 학교 교육은 의도적인 문화기대에 의해 학생들의 인성을 형성시키는 역할을 수행한다.

2) 교육과 사회

(1) 교육과 사회화

교육은 자연적 존재로 태어난 인간을 사회의 규범, 가치, 지식 등을 전해 줌으로써 사회적 존재로 만들어주는 역할을 하며 이런 의미에서 교육은 사회화의 기능을 수행하고 있다고 할 수 있다. 사회화는 사회 구성원들로 하여금 자신들이 속해 있는 사회의 지식, 가치, 규범, 태도 등 생활양식을 습득하여 이를 내면화하고 나아가 자신의 독특한 개성과 자아를 형성할 수 있게 해 주는 과정이다. 사회화는 '사회적 측면'과 '개인적 측면'을 함께 지닌다. 사회적 측면에서의 사회화는 개인이 생물적·심리적 욕구나 행동을 통제하면서 사회에서 통용되는 생활양식에 동조해 가는 과정으로 이 때 사회화는 '문화화'와 같은 의미를 지닌다. 개인적 측면에서의 사회화는 개인이 성장·발달과정에서 여러 통과집단을 거치는 동안에 점차 한 사람의 인간이 되어가며 성인이 되어 가는 과정이다. 사회화는 사회적 측면을 강조하여 개념화되기도 하고 개인적 측면을 강조하여 자아의 형성과정이 사회화라고 규정되기도 하며 두 입장을 모두 포괄하여 사회화의 의미가 정의되기도 한다.

(2) 사회화의 대행자

사회화는 가정, 학교, 사회에서 부모, 형제, 또래, 교사, 동료 등 많은 사람들과의 상호작용을 통해 이루어지며 근래 들어서는 텔레비전, 신문, 영화, 인터넷 등 대중매체의 영향력도 갈수록 커지고 있다. 사회화의 대행자는 장소적 대행자, 인적 대행자, 내용적 대행자로 구분될 수 있다.

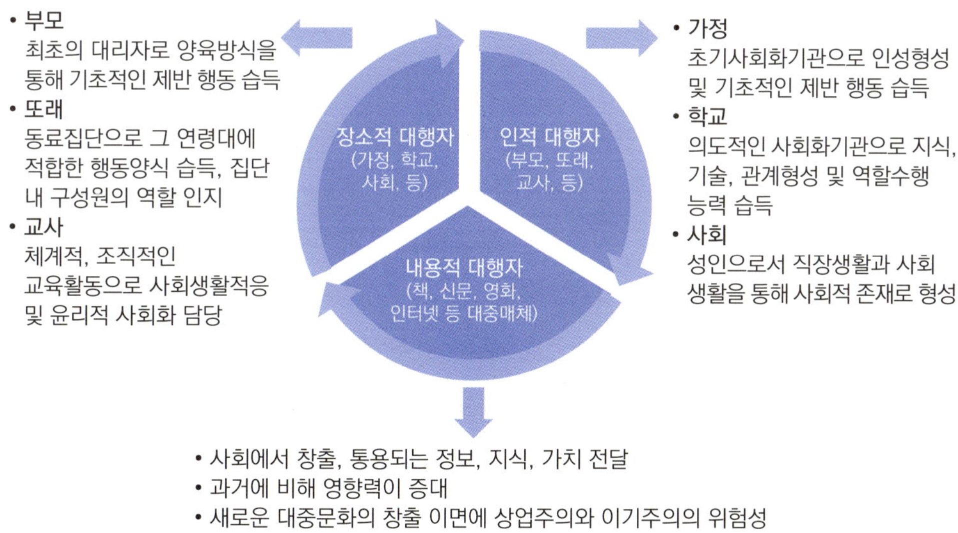

[그림 4-1] 사회화의 대행자

3. 교육사회학 이론

교육사회학의 이론들은 학자에 따라 달리 유형화되기도 하는데, 크게 거시적 이론과 미시적 이론으로 유형화될 수 있다. 거시적 이론은 사회·문화 현상을 사회 구조 및 사회변동 등 전체 사회와의 관계 속에서 파악하고자 하는 관점을 취한다. 반면, 미시적 이론은 다양한 사회·문화현상을 이해할 때 사회적 행위자와 그들의 상호작용에 초점에 맞추어 탐구하고자 하는 관점을 취한다. 거시적 이론으로는 기능론과 갈등론, 미시적 이론으로는 해석적 이론과 신교육사회학 등이 있다.

3.1. 거시적 이론

1) 기능론

(1) 사회에 대한 관점

기능론(functionalism)은 꽁트(A. Comte)와 스펜스(H. Spencer)에 의해 기초가 형성되고 뒤르켐, 말리노브스키(B Malinowski)와 래디크리프 브라운(A. R. Radcliff Brown) 등에 의해 다양하게 발전하였으며 파슨스(T. Parsons)에 이르러 포괄적인 사회학이론으로 정립되었다. 기능론은 구조기능이론(structural functional theory), 합의이론(consensus theory), 질서모형(order model), 평형모형(equilibrium model) 등 다양하게 지칭되고 있으며 이들을 모두 포함하여 기능론 또는 기능이론으로 부르는 것이 일반적이다.

기능론에서는 사회를 유기체에 비유한다. 유기체로서 인체는 손, 발, 눈, 입 등 여러 부분으로 구성되어 있고 이들 각 부분은 각기 다른 기능을 수행하면서 인체의 생존을 가능하게 한다. 그리고 이 각 부분들의 기능은 전체와 뗄 수 없는 필연의 관계에 있으며 인체 역시 어느 한 부분이라도 결핍되면 완벽한 활동을 할 수 없게 된다. 즉, 전체 유기체와 유기체를 구성하는 각 부분은 서로의 존재를 전제로 존속

할 수 있다는 점에서 이들 간에는 상호의존성을 띠게 된다.

기능주의자들은 사회도 유기체와 마찬가지로 정치, 경제, 사회 등 여러 부분으로 구성되어 있고 각 부분은 전체의 존속을 위하여 필요한 각각의 기능을 수행한다고 본다. 사회는 항상 안정을 유지하려는 속성이 있는데 유기체가 각 부분들이 각각의 기능을 잘 수행할 때 온전한 유기체로 존재할 수 있듯이 사회도 사회의 구성요소들이 맡은 역할을 잘 수행할 때 유지, 통합될 수 있다고 본다. 그리고 이런 점에서 사회 각 부분은 상호의존적이다. 기능주의자들은 사회의 본질을 상호의존적인 관계 또는 부분의 집합으로 구성된 체계로 보고, 사회의 지속과 번영을 위하여 질서, 균형, 안정을 추구하며 사회구성원 간의 합의와 통합을 강조한다. 이렇게 보면, 사회란 각기 다른, 질적으로 우열의 차이가 없는 기능을 수행하는 수많은 개인 및 집단의 통합체로서 안정과 질서유지라는 합의된 목표 아래 상호 의존하여 살아가는 인간집단이다. 그리고 사회질서는 생활 속에서의 기회를 구체적으로 차등 있게 분배하고 있는 기존의 사회계층 체제에 의해 유지된다고 본다.

(2) 교육에 대한 설명

기능주의의 기본적인 입장은 교육과 사회의 관계를 긍정적으로 보면서 교육의 순기능을 강조한다. 기능론자들은 사회의 안정과 질서 유지의 중요성에 입각하여 사회의 한 부분으로서 교육이 전체 사회의 안정적인 유지에 기여하고 있고 기여해야 한다고 보면서 교육의 주된 기능으로 사회화와 선발에 주목한다. 예컨대 학교는 교육을 통해 사회 구성원들의 가치체계를 공통적으로 형성, 유지함으로써 사회통합에 기여하고, 개인으로 하여금 사회가 필요한 역할을 무난하게 수행할 수 있도록 지식과 기술, 기능 등을 익히게 함과 동시에 적재적소에 인재를 배치하는 기능을 담당하고 있다는 것이다.

학교의 사회화 기능에 대한 논의를 처음 시작한 뒤르켐은 학교의 교육적 역할을 '기성세대가 새로운 세대에게 체계적이고 의도적으로 행하는 사회화'로 보면서 이를 보편적 사회화와 특수 사회화로 나누어 설명한다. 보편적 사회화는 사회의 모든 구성원이 알아야 할 공통적인 가치체계의 내면화로 한 사회의 공통적 감성과 신념으로 집합의식을 형성시키는 것이다. 이를 통해 사회는 새로운 구성원의 충원이나 개인이나 집단 간 가치의 개별성에도 불구하고 동질성을 유지하고 그 사회의 독특성을 변함없이 지속시킬 수 있게 된다. 특수사회화는 한 개인이 속하게 될 특수한 직업집단에서 요구되는 개별 가치체계의 내면화로 각 직업에서 필요로 하는 지적, 도덕적 특성을 함양시키는 것이다. 특수사회화는 개인으로 하여금 미래 직업능력을 준비하게 하고 사회적 측면에서는 사회가 필요로 하는 인력을 양성하게 해 줌으로써 산업사회의 안정과 유지를 가능하게 해 준다. 파슨스 역시 교육을 개인이 성인이 되었을 때 갖추어야 할 자질의 내면화로 정의하면서 교육의 기능을 사회화를 통한 안정, 통합, 합의의 증진이라고 보았다. 하그리브스(D. Hargreaves)는 영국의 종합고등학교의 기능을 분석하면서 뒤르켐이 강조했던 공동체 의식과 사회연대를 위한 학교교육의 사회화 기능에 대한 중요성을 주장하였다. 공동체 의식과 사회연대의 강화는 한 사회가 해체되거나 약화되지 않고 강한 결속을 유지하면서 존속하는데 필수적이며 교육이 바로 이 기능을 수행하고 있다는 것이다.

E. Durkheim(1858~1917)

교육: 기성세대가 어린 세대에게 의도적이고 체계적으로 행하는 사회화
보편적 사회화, 특수 사회화

T. Parsons(1902~1979)

사회화: 성인이 되었을 때 갖추어야 할 자질의 내면화
선발: 교육적 선발, 사회적 선발

- R. Dreeben: 현대사회가 필요로 하는 규범의 내면화
  독립성, 성취 지향성, 보편성, 특수성
- D. Hargreaves: 공동체의식 형성과 사회적 연대 강화

[그림 4-2] 학교교육에 대한 설명

학교의 선발 기능은 현대 산업사회에서 개인마다 하는 일이 다를 수밖에 없고 어느 역할을 수행하느냐에 따라 사회적으로 주어지는 보상이 다르다는 점에서 중요하다. 신분제에 의해 직업이 결정되던 과거와는 달리 현대 사회에서는 개인의 능력과 노력에 따라 직업적 지위가 분배되어야 하고 사회는 사회가 필요로 하는 모든 직업에 적합한 능력을 가진 개인들을 골고루 배치해야 한다. 기능론자들은

학교가 바로 이와 같은 역할을 수행할 수 있는 가장 적합한 곳이며 실제로 이러한 역할을 수행하고 있다고 본다. 파슨스는 미국 사회에서 학교가 교육을 통해 학생 개인들에게 지적능력을 키워줌과 동시에 그 결과에 대한 보상이 학교체제 내에서의 선발뿐 아니라 학교를 졸업하고 난 이후 사회의 직업적 지위를 분배하는 선발로 이어지고 있다고 설명한다. 이러한 학교의 선발 기능은 사회가 필요로 하는 적재적소에 인재를 적절하게 배치하여 미국 산업사회를 안정적으로 유지하게 할 뿐 아니라 학교교육이 공정한 경쟁을 통해 이루어진다는 점에서 정당하다고 본다. 기능론자들은 학교교육의 공정성을 받아들이고 있으며 이에 따라 학력 수준에 의해 사회경제적 지위가 차등하게 주어지는 것 역시 공정하다는 관점을 취하고 있다.

2) 갈등론

(1) 사회에 대한 관점

갈등에 대한 사상은 고대 사상가들로부터 찾아볼 수 있으나 근대 이후 사회학적으로 갈등론의 이론화에 기여한 학자로는 마르크스(K. Marx), 베버(M. Weber), 짐멜(G. Simmel) 등이 있다. 갈등론에서는 사회를 개인 간, 집단 간의 끊임없는 경쟁과 갈등의 연속이라고 본다. 인간은 욕망이 무한한 존재로 욕망을 충족시키기 위해서는 재화가 필요한데 현실적으로 사회가 생산할 수 있는 재화의 양이 유한하기 때문에 인간 간의 경쟁과 갈등이 야기된다는 것이다. 따라서 사회는 욕망이 무한한 인간이 유한한 재화를 놓고 더 많은 재화를 가져가기 위한 투쟁이 벌어지는 곳이다.

K.Marx(1818~1883)
독일의 철학자, 경제학자, 사회학자, 사회개혁운동가

갈등론: 단일요인, <자본론>

M. Weber(1864~1920)
독일의 법률가, 정치가, 사회학자, 경제학자

갈등론: 다요인, <프로테스탄티즘의 윤리와 자본주의 정신>

[그림 4-3] 사회갈등에 대한 관점

마르크스는 갈등의 요인을 경제적 생산수단이라고 보아 단일요인을 주장하는 반면, 베버는 경제적 부, 사회적 지위, 권위 등 복합적 요인을 주장한다. 마르크스는 고대시대부터 19C 자본주의시대에 이르기까지 인간이 살아가는데 필요한 재화를 생산하는 과정에서 고대 노예와 노예 소유자, 소작인과 지주, 프롤레타리아와 부르조아와 같은 적대적인 두 계급이 존재해 왔으며 이들 계급 간에 존재하는 갈등이 사회 변화의 원동력이라고 보았다. 즉, 사회는 생산수단을 놓고 벌어지는 가진 자와 못 가진 자 간의 투쟁의 연속이라는 것이다. 따라서 계급 간의 대립과 갈등은 생산 수단의 사적 소유 제도가 있는 한 존재할 수밖에 없으며 사적 사유가 철폐된 무계급사회인 공산주의 사회가 되어야 사라질 수 있다고 보았다. 반면, 베버는 경제적 요인보다는 정치와 종교적 요인을 더 강조하고 계급보다는 계층이라는 개념을 선호한다. 생산관계나 생산력의 결과로 파생되는 계급 개념보다는 부, 지위, 권위 등 다양한 요인에 의한 계층구조를 설명한다. 그에 의하면 어느 시대 어느 사회에나 권력관계가 존재하며 이러한 관계 속에서는 권력을 강제하려는 힘과 이에 대한 저항의 움직임으로 갈등이 발생한다는 것이다.

이처럼 갈등의 원인과 요인에 대한 설명은 다르지만 갈등론은 기본적으로 인간이 살고 있는 사회에는 갈등, 경쟁, 구속, 대립 등이 발생하며, 사회의 실체를 개인과 개인, 집단과 집단 간의 끊임없는 세력 다툼, 경쟁, 저항관계로 본다.

(2) 교육에 대한 설명

갈등론은 학교교육이 능력주의 교육관에 입각하여 공정한 경쟁이 이루어지고 그 결과 직업적 지위가 정당하게 분배됨으로써 사회이동, 평등과 정의를 실현시킨다는 기능론의 주장을 비판한다. 학교는 지배집단의 특정 이데올로기와 가치를 주입하여 기존 사회의 계급구조를 재생산하고 있을 뿐 아니라 이러한 기능을 은폐하고 있다는 것이다. 특히 기능주의자들이 주장했던 학교가 공정한 경쟁의 장이라는 능력주의 교육관에 대해서 신랄하게 비판한다. 자본주의 사회에서 학교는 자본의 영향력으로부터 자유로울 수 없으며 따라서 학교는 더 이상 공정한 경쟁의 장이 될 수 없기 때문이다. 자본주의 사회의 특성에 주목한 학교교육에 대한 비판은 마르크스의 영향을 많이 받았으며, 20c 중엽 이후 각 국가, 사회, 관심 등에 따라 다양한 이론들이 등장하였다.

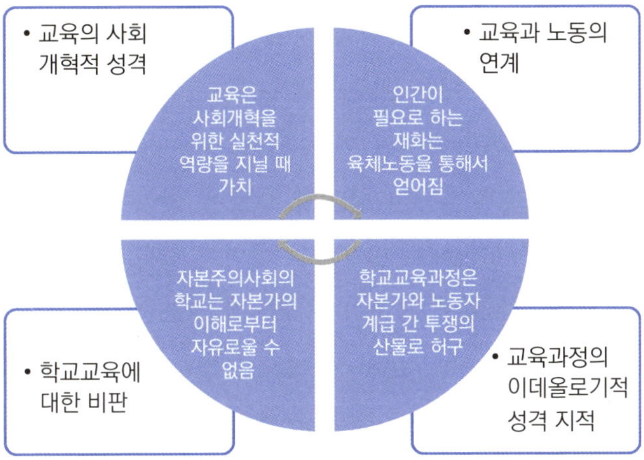

- **교육**: 사회개혁의 핵심적 수단, 교육과정의 이데올로기적 성격 지적, 학교지식의 보편타당성 비판
- **학교교육의 역할**: 자본주의 사회 모순을 은폐, 합리화함, 자본주의 사회 재생산(reproduction)
- **상응이론**(correspondence theory): 미국자본주의 사회의 재생산(Bowles & Gintis)
- **국가기구**(state apparatus): 자본주의 사회 재생산, 국가의 정체성유지(L. Althusser)
- **저항이론**(resistance theory): 노동자계급 아이들에게 자본주의 사회 모순을 일깨워 줌(P. Willis)
- **문화적 제국주의로서의 학교교육**(education as a cultural imperialism): 국제적 관계에서 제국주의의 역할 수행(M. Carrnoy)

[그림 4-4] 마르크스교육론(교육에 대한 갈등론자들의 설명)

근래 들어 우리나라 학교교육을 둘러싼 사교육의 영향력이나 대학진학에 있어서 학부모의 배경요인이 개인요인보다 더 강한 영향력을 미친다는 연구결과들은 이러한 맥락에서 이해될 수 있다. 또한 학교가 학생들에게 전달하는 지식체계는 모두를 위한 가치로운 지식체계가 아니라 특정 지배집단의 권익을 정당화하고 기존의 사회구조를 재생산하기 위한 것이라는 점에서 계급에 따른 편파적인 역할을 수행하고 있음이 지적되고 있다. 학교의 교육과정 결정에 사회 모든 집단이 똑같은 정도로 관여하거나 영향력을 행사할 수 있는 것이 아니기 때문이다. 교육전문가, 정치가, 시민단체, 경제인 등 상황에 따라 다를 수는 있겠지만 각 집단이 추구하는 가치와 그들 간의 이해관계는 엄연히 다를 수밖에 없기 때문에 학교의 교육과정에 대한 객관성이나 보편타당성은 더 이상 받아들여질 수 없다고 본다.

3) 기능론과 갈등론에 대한 평가

(1) 기능론에 대한 평가

기능론은 사회의 안정과 질서 유지를 지나치게 강조하는 반면, 사회의 변화와 갈등을 제대로 설명하지 못한다는 비판을 받는다. 유기체와는 달리 사회는 다양한 개인과 집단들로 구성된 복합체이며 이로 인해 개인 간, 개인과 집단 간, 집단과 집단 간에 끊임없는 이견과 갈등이 상존할 수밖에 없다. 그런데 이들은 계층 간 삶의 질이 확연하게 다른 상황에서 발생하는 이념의 갈등, 이해관계를 둘러싼 집단 간의 이견과 대립을 과소평가하고 현실을 주어진 것으로 인정하는 체제유지를 강조하기 때문이다(김신일, 2015). 또한 학교가 공정한 경쟁의 장이라는 전제하에 학교가 수행하는 선발의 기능을 정당하게 보고 있다는 점에 대해서도 강한 비판이 제기되고 있다. 학교는 학생들의 능력과 노력뿐 아니라 부모의 사회경제적 지위와 같은 배경요인의 영향을 받게 된다는 점에서 기능론자들이 생각하는 것처럼 더 이상 공정한 경쟁의 장이 될 수 없기 때문이다. 무엇보다 기능론은 ① 사회의 안정적 유지를 강조하는 반면, 사회변화를 설명하지 못하고 ② 존재하는 모든 조직을 기능적으로만 보면서 윤리적, 도의적 측면을 소홀히 하고 ③ 권력투쟁, 갈등 등을 제대로 설명하지 못하고 이런 현상을 병리현상으로 간주하며 ④ 사회적 이념, 목표, 규범 등의 보편성과 합의성을 과장하고 사회 내 다양한 이견들을 무시하며 ⑤ 기존 체제 유지를 강조하고 합리화함으로써 기득권 계층의 이해유지에 활용될 가능성이 크고 사회변화의 긍정적 측면을 도외시하는 보수적 경향이 강하다는 평가를 받고 있다.

(2) 갈등론에 대한 평가

갈등론은 학교교육을 통한 사회적 불평등의 재생산, 지배문화와 이념의 정당화와 주입기능에 주목함으로써 기능론이 놓치고 있었던 또 다른 학교교육의 역할을 지적하였다는 점에서 의의를 지닌다. 반면, 사회의 갈등과 집단 간 세력경쟁을 지나치게 강조하고 학교의 기능을 부정적으로만 평가하고 있다는 점에서 한계를 지닌다. 특히 초기 갈등론자들은 교육에 대한 경제의 영향력을 너무 과대평가했다는 점에서 비판을 받는다. 자본주의 사회에서 교육에 대한 경제의 영향력을 부인할 수는 없지만, 경제가 언제나 교육에 가장 많은 영향력을 행사하는 것은 아니며 시대와 사회에 따라 교육에 영향을 미치는 요인은 다를 수 있다는 것을 간과하고 있기 때문이다. 우리나라의 경우 교육에 대한 경제의 영향력보다는 정치의 영향력이 더 컸으며 경제가 교육의 양적 확대를 주도했다기보다는 교육이 경제의 견인차 역할을 해 온 것이 사실이다. 근래 들어 사교육이나 대학진학 등 경제의 영향력이 강해지고 있지만, 동시에 학부모단체, 시민단체, 전문가 집단 등 여러 집단들의 이해관계가 학교교육에 영향을 미치고 있음에 주목할 필요가 있다.

3.2. 미시적 이론

1) 신교육사회학

신교육사회학은 종래의 교육사회학과는 달리 학교에서 가르쳐지는 지식, 즉 교육과정과 교사와 학생관계에 대한 사회학적 탐구의 중요성을 주장한다. 이처럼 교육내용의 중요성을 강조하는 새로운 학문동향을 고버트(D. Gorbutt)는 '신교육사회학(the new sociology of education)'이라 명명하였다. 학교의 교육과정에 대한 분석은 오랫동안 계급구조가 유지되고 전통적으로 정예주의 교육을 지향해오면서 상류문화가 교육을 지배해온 영국을 중심으로 활발하게 일어났다. 이들은 학교에서 가르쳐지는 지식은 더 이상 보편타당한 객관적인 지식이 아니라는 점에서 지식의 사회성에 주목해야 한다고 주장한다.

영국의 교육사회학자인 영(M. F. D. Young)은 「지식과 통제」의 부제를 '교육사회학의 새 방향'이라고 명명하면서 자신의 교육사회학과 종래의 교육사회학과의 차별성을 부각시켰다. 그에 의하면, 이전의 교육사회학은 사회계층과 기회분배 문제에 집착한 나머지 학교내부의 현상에 주목하지 않았지만 이제는 교육기관인 학교에서 가르쳐지는 지식이 왜, 어떤 과정을 거쳐 학교의 교육과정으로 선정되었는지를 비판적으로 검토해야 한다는 것이다. 현실적으로 사회 각 집단들은 우위의 정도가 다르며 이에 따라 학교의 지식 선정 및 결정과정에 상대적으로 강한 집단의 영향력이 더 크게 스며들 수밖에 없다. 이렇게 본다면 지식이나 진리는 그 자체로 가치로운 것이 아니라 상대적, 우연적, 임의적으로 정해진 것이다. 이런 점에서 영은 교육사회학이 지식사회학과 다르지 않다고 보았다.

신교육사회학에서는 지식뿐만 아니라 학교에서 정하고 있는 우등생과 열등생의 범주, 학교에서의 성공과 실패에 대한 평가, 지능, 창의성, 교과 역시 특정한 맥락에서 창출되고 규정된 것으로 본다. 따라서 교육적 지식의 구성과 전달, 교수법과 평가의 범주, 학급에서의 교사와 학생의 상호작용은 학교의 모든 교육과정이 사회적 산물이라는 점에 비추어 관찰되고 설명되어야 한다고 본다. 이 같은 관점에서 영국의 번스타인(B. Bernstein)은 학교의 교육내용과 내부현상에 대한 연구를 강조함으로써 교육내용의 연구가 교육사회학에서 차지하는 중요성을 인식시키는데 공헌하였다. 그는 학교에서 교육내용을 전달하는 주된 매개체인 언어의 방식에 대한 연구를 통해 교육과정에 있어서 계층에 따른 차별이 일어나고 있음을 밝혔다. 당시 계층사회의 성격이 강했던 영국에서는 계층에 따라 상이한 방식의 언어전달체계가 사용되고 있었는데 학교에서는 상류계층의 언어방식과 동일한 언어방식으로 교육내용을 전달함으로써 하류계층 학생들은 전달되는 내용의 수준과는 별도로 새로운 언어방식을 먼저 익혀야 하는 불리한 위치에 처하게 되고 결국 학교에서의 성공여부에 영향을 받게 된다는 것이다.

2) 해석적 이론

교육과 사회의 관계를 설명하는 이론으로서 기능론과 갈등론은 얼핏 보기에는 사회에 대한 관심사가 다르고 교육의 역할에 대한 기대와 평가기준이 다르다는 점에서 상반된 관점으로 평가된다. 그러나 동시에 두 이론 모두 교육과 사회라는 구조와 구조간의 관계를 분석하고자 한 거시적 접근이라는 점과 교육이 사회와의 관계 속에서 어떤 역할을 수행하는가에 따라 교육의 가치를 인정하고자 한 수단적 관점을 취하고 있다는 점에서 공통점을 지닌다. 해석학적 관점은 교육은 그 자체로 가치로운 활동이며, 인간은 주체적이자 유목적적 존재라는 점을 강조하면서 기존의 두 이론이 이 점을 놓치고 있음을 비판한다. 즉, 교육은 사회의 안정적 유지를 위한 또는 사회 개혁을 위한 어떤 역할을 하기 때문에 가치로운 것이 아니라 인간의 존재적 특성에 비추어 가르침과 배움 그 자체가 가치로운 활동이라는 점을 인식해야 한다는 것이다. 따라서 교육에 대한 사회학적 접근은 사회적 산물로서 사회화된 개인이 아니라 살아 움직이는 개별적 존재로서의 인간의 특성에 주목하여 가르침과 배움의 의미를 찾아 밝히는 것이 되어야 한다고 본다. 즉, 이들은 인간은 사회를 구성하는 주체적이고 유목적적 존재로 인간의 모든 행위는 행위자의 의도와 의미부여에 의해 이루어지는 것이기 때문에 교육현상은 설명되는 것이 아니라 이해 또는 해석되어야 하는 것이라고 주장한다. 인간의 사회적 행위는 자연현상처럼 객관적인 입장에서 설명될 수 있는 것이 아닌 행위자의 입장에서 이해될 필요가 있다는 것이다. 베버는 "사회학은 사회적 행위를 이해함으로써 그 과정과 결과를 인과적으로 설명하는 과학"이라고 정의하여 사회적 행위의 주관적 성격과 그에 대한 이해가 중요함을 밝혔다. 인간행위의 이해를 위한 사회과학 방법론을 발전시킨 슈츠(A. Schutz)도 "사회과학은 이 세계 안에서 살고 있는 우리가 그것에 부여하고 있는 의미를 최대한으로 분명하게 해명하는데 목적이 있다"고 하여 존재하는 실재가 중요한 것이 아니라 우리 각자가 부여하는 의미가 중요함을 지적하였다.

사회현상으로서 교육현상을 이해하기 위해서는 교육현상을 만들어내는 교육적 행위들에 부여하는 행위자들의 의미체계를 밝혀야 한다. 따라서 해석적 관점에서는 가르치고 배우는 행위의 주체자로서 교사와 학생 간의 상호작용을 그들이 부여하는 그들의 행위에 대한 의미를 통해 밝혀내는데 관심이 있다. 이들은 학교 내부라는 생활세계 속에서 가르침과 배움을 둘러싸고 벌어지는 교사와 학생들의 다양한 활동들을 행위자들의 관점에서 이해하고 해석하고자 한다.

3) 신교육사회학과 해석적 이론에 대한 평가

(1) 신교육사회학에 대한 평가

신교육사회학은 그 동안 미처 관심을 가지지 못했던 학교 교육과정의 사회성에 주목하고 교육사회학의 연구관심을 학교내부로 가지고 왔다는 점에서 의의가 크다. 그럼에도 지식의 상대성을 지나치게 강조하고 있다는 점과 교사와 학생의 관계를 사회적 요인에 의하여 결정된다고 보고 있다는 점에서 비판을 받는다. 이들이 지적하는 것처럼 지식이 사회적으로 형성되는 측면은 분명히 있으며 이런 점에서 학교 지식 또한 '사회적으로 만들어진' 측면이 있다. 그러나 모든 지식이 자의적으로 만들어지는 것은 아니며 학교의 교육과정이 엄격한 학문적 검토과정을 거치지 않고 만들어지는 것도 아니다. 또한 지식이 특정 시대 특정 집단에 의해 만들어진다고 해서 그 지식이 항상 계급적 편파성을 띤다고 볼 수는 없으며 이런 점에서 학교의 지식이 특정 집단만을 위한 지식이라고 단정 짓기는 어렵다. 따라서 지식의 상대성을 지나치게 강조하고 지식의 계급적 편파성을 주장한다면 극단적 상대주의적 지식관의 오류에 빠질 위험이 크다. 이렇게 되면 학교는 어떤 지식을 가르치더라도 언제나 비판을 받을 수밖에 없고 정당성을 확보할 수 없게 된다. 교사와 학생 간의 관계에 대한 이들의 관점 역시 비슷한 맥락에서 비판받는다. 이들은 학교에서 교사와 학생의 관계가 교육적 요인에 의해 형성되기 보다는 사회경제적 요인에 의해 결정된다고 본다. 그러나 학교 교육과정 내부에 사회경제적 요인이 영향을 주기는 하지만 사회경제적 요인이 주도적으로 교사와 학생의 관계를 결정하고 이끌어간다고 보기는 어려우며, 교사와 학생들은 이러한 외적 영향력을 그대로 받기만 하는 것은 아니라는 점에서 비판이 주어진다.

(2) 해석적 이론에 대한 평가

해석학적 관점은 기능론과 갈등론에서 놓치고 있었던 교육의 본질적 가치에 주목하고 신교육사회학의 교육과정에 대한 사회경제적 영향력보다는 교사와 학생의 인간으로서의 주체적이고 유목적적 특성을 강조하고 있다는 점에서 의의가 있다.

반면, 인간 행위의 개별성에 주목한 나머지 이들의 행위에 대한 역사적, 사회적 영향력을 고려하지 못했다는 점이 한계로 지적된다. 개인의 자유의지가 그의 행위를 결정하는 것 못지않게 그 이면을 들여다보면 사회적 존재로서 그가 처한 시대적, 상황적 요인들이 그의 행위 결정에 영향을 주기 때문이다. 학교 안에서 벌어지는 교사와 학생의 가르침과 배움의 행위, 그리고 그 행위에 부여하는 교사와 학생의 의미는 전적으로 개인의 자유의사에 따라 이루어지는 것이 아니라 가르침과 배움의 과정과 결과를 둘러싼 사회 각 분야와 개인들, 집단들 간의 상호 관계 속에서 형성되는 것이기 때문이다.

4. 교육평등과 사회평등

교육과 사회평등의 관계에 대한 관심은 교육사회학의 주된 관심사 중 하나이다. 18C 신분제 사회가 쇠퇴하고 19C 국가 중심 공교육제도가 확립된 이후 교육을 통한 계층이동이 가능해지면서 교육기회의 확대가 평등한 사회를 실현하는데 기여할 것이라는 믿음이 있었고, 이에 대한 교육사회학적 관심과 연구도 지속적으로 이루어져 왔다.

4.1. 사회평등과 교육

1) 사회계층

사회계층(social stratification)은 위계적인 사회체제 속에서 직업, 정치적 위치, 가족적 배경, 인종, 개인의 능력, 기술 등에 의하여 사회적 특권, 위신, 이익 등이 비슷한 위치에 있는 집단을 의미한다. 비슷한 사회적 지위에 있는 사람들은 그들 간에 비슷한 태도와 가치, 행동양식, 일치된 이해관계 등을 형성하게 되는데 이처럼 개인들이 가지고 있는 갖가지 사회적 요소에 의하여 이루어진 층이 사회계층인 것이다. 사회계층을 형성하는 요인으로는 개인의 교육받은 정도, 경제적 수입, 사회적 지위가 가장 기본적이지만, 이 외에도 주거지역, 취미, 명성, 권력, 성, 인종, 연령, 종교 등 시대와 사회에 따라 영향을 미치는 요인은 다를 수 있다.

사회계층은 여러 개의 층으로 이루어지며 각 층에 속한 인구의 비율에 따라 다양한 계층구조의 형태를 만드는데 대표적인 것으로 삼각형과 마름모형이 있다.

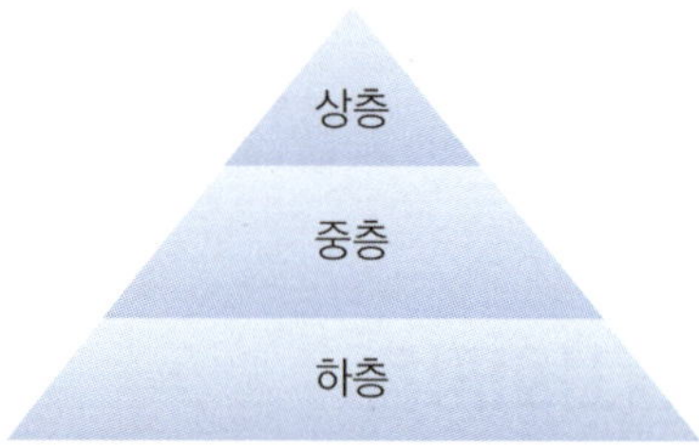

[그림 4-5] 전통 농경사회형

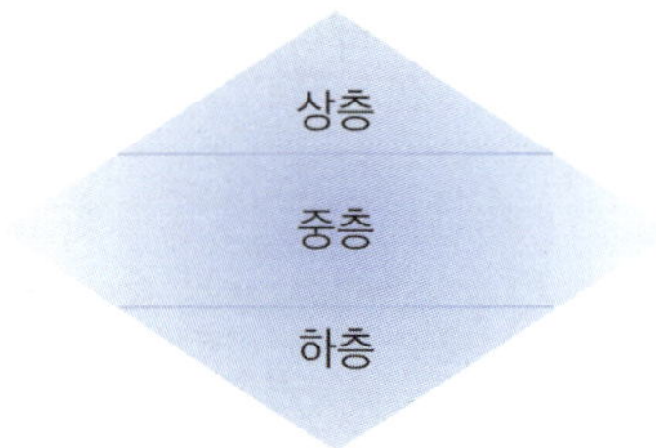

[그림 4-6] 현대 산업사회형

삼각형의 계층구조는 전통 농경사회형으로 다수의 하층민과 소수의 상층민으로 구성된 평등하지 못한 사회이다. 마름모형의 계층구조는 현대 산업사회에서 볼 수 있는 것으로 소수의 하층민과 상층민, 그리고 다수의 중간층으로 구성된, 삼각형보다는 평등해진 사회이다. 그런데 실제 계층구조에서는 형태와 함께 높이도 중요한데 높이가 높을수록 상층과 하층의 격차가 큼을 의미하기 때문이다. 따라서 평등사회일수록 마름모 형태이면서 상층과 하층의 간격이 적은 구조를 보여준다.

2) 사회이동

사회에서 한 개인이 차지하고 있는 위치를 사회적 지위(social status)라고 한다. 태어날 때 신분에 의해 사회적 지위가 결정되던 전근대사회와는 달리 현대사회에서는 한 개인의 사회적 지위가 바뀌기도 하는데 이처럼 어떤 사회적 지위에서 다른 사회적 지위로 이동하는 것을 사회 이동(social mobility)이라고 한다. 즉, 사회이동은 각 계층에 속해 있는 개인이나 집단이 다른 계층으로 올라가거나 내려가는 현상을 뜻하며 사회이동이 이루어지면 계층구조에 변화가 일어난다. 사회이동의 종류는 개인이동과 집단이동, 상향이동과 하향이동, 세대 간 이동과 세대 내 이동 등이 있다. 개인이동은 개인이 이동하는 것이고 집단이동은 집단이 이동하는 것을 뜻하며 상향이동은 윗 계층으로 올라가는 것을, 하향이동은 아래계층으로 내려가는 것을 의미한다. 세대 간 이동은 자식이 부모의 계층과는 다른 계층으로 이동하는 것을, 세대 내 이동은 한 개인의 생애 동안 다른 계층으로 올라가거나 내려가는 것을 뜻한다.

3) 교육과 사회이동

(1) 사회이동 요인

한 사회에서 개인의 사회이동 가능성과 상황은 개인의 삶의 질의 변화를 뜻한다는 점에서 매우 중요하다. 과거 신분제 사회에서는 타고난 출신배경에 따라 이후 개인의 사회적 위치가 결정되었기 때문에 생애 동안 사회이동은 거의 일어나지 않았다. 반면 능력본위의 현대사회에서는 개인의 능력과 노력에 따라 사회이동이 수시로 일어날 수 있으며 사회이동의 요인으로는 가정적 요인, 직업과 수입 및 재산정도, 학력, 개인의 능력, 결혼 등이 있다.

(2) 현대사회와 사회이동

개인의 사회이동에 영향을 주는 여러 요인 중 하나가 교육이다. 교육의 기회가 누구에게나 허용되고 공교육제도를 통해 모든 개인에게 동등한 교육을 제공해 줄 수 있게 되면서 교육은 능력본위 사회에서 사회이동의 견인차 역할을 담당하게 되었기 때문이다. 이에 따라 교육의 사회이동에 대한 영향력과 그 관련성은 학교의 교육적 역할을 넘어서 능력본위의 사회를 실현하기 위한 사회적 역할을 평가할 수 있는 주요 지표로 인식되고 있다. 능력주의를 표방하는 사회에서 직업 선택 시 학력의 중요성은 매우 클 수밖에 없기 때문이다. 해비거스트는 4개 국가(미국, 영국, 브라질, 오스트레일리아)에 대한 연구를 통해 교육이 자녀들을 부모의 계층으로부터 상향이동시킨다는 분석결과를 제시하였으며(Havighurst, 1961), 이후 관련연구들이 지속적으로 이루어져왔다. 오늘날 학업적성과는 무관하게 대학진학을 하고 대학서열화가 이루어지는 학력주의, 학벌주의 현상이 나타나는 것은 학력의 사회이동과의 관련성 속에서 이해될 수 있다.

(3) 학교교육과 사회이동

교육의 사회평등과의 관련성을 밝히기 위해서는 학교가 과연 모든 학생들에게 동등한 교육을 제공하고 있는지를 살펴볼 필요가 있다. 기능론자들은 학교가 학생들에게 동일한 교육과정을 제공한다는 점에서 공정한 경쟁의 장이라고 전제한다. 따라서 학교교육의 결과를 기준으로 직업적 지위나 소득이 결정되는 것은 공정하다고 여기며 이런 의미에서 교육이 사회이동의 주요요인으로 활용되는 것은 능력본위의 사회에서는 당연하다고 본다. 학교교육의 결과는 학생 개인의 능력과 노력의 결과이며 잘하고 못하고의 차이는 개인이 책임져야 할 문제라는 것이다. 반면, 갈등론에서는 과연 학교가 학생들에게 동등한 교육을 제공하고 있는가에 대해 의문을 제기하면서 학교교육의 과정과 결과에 부모의 사회적 지위와 학력, 경제력과 같은 배경요인의 영향력이 매우 크다는 점을 지적한다. 가정배경의 중요성은 사회자본과 문화자본의 논의를 통해서도 살펴볼 수 있다. 사회자본이론을 전개한 콜맨(J. S. Coleman)은 자녀의 학업성취에 영향을 주는 부모의 교육적 사회활동에 주목하였는데, 가정요인 중 가족구성원, 특히 부모의 지역사회와 학교에 관련된 인간관계가 자녀의 학업성취도와 관련이 있음을 지적하였다. 부르디외(P. Bourdieu)는 문화자본을 가정에 형성된 성향이나 취향, 태도와 같은 심미적 자본인 '아비투스(habitus)적 문화자본', 책이나 예술작품과 같은 '객관화된 문화자본', 학력증서인 학교졸업장, 자격증과 같은 '제도화된 문화자본'으로 정리하고 가정의 이러한 문화자본들이 자녀의 학업성취에 영향을 미치게 된다고 보았다. 신교육사회학자들의 학교의 지식의 상대성에 대한 비판이나 학교의 교육과정과 교육과정 전달방식의 사회계급에 따른 일치도에 대한 지적들은 더 이상 학교가 공정한 경쟁의 장이 아님을 뒷받침하는 근거가 되고 있다.

4.2. 교육평등

교육이 사회이동의 주요 요인이라는 것은 교육의 과정과 결과가 개인의 삶의 질을 좌우하고 사회의 성격을 방향 지우게 된다는 것을 의미하며 이런 점에서 교육평등은 중요하다. 그런데 평등은 정의, 가치, 공정과 같이 그 개념에 대한 정의가 간단하지 않으며 시대와 상황에 따라 기준과 관점이 다르다는 점에서 매우 복잡한 성격을 지니고 있다.

1) 학교교육과 교육평등

교육평등은 성, 인종, 종교, 지역, 계층, 경제적 상황 등에 의하여 차별받지 않고 공평하게 교육받는 상태를 의미한다. 달리 표현하지면, 학교교육에 있어서 학생들이 차별받지 않고 공정하게 대우받는 것을 뜻하는데, 이 때 차별하지 않고 공정하게 대우한다는 것이 어떤 것인지는 그리 간단한 문제가 아니다. 학생마다 능력과 관심이 다르고 학교에 기대하는 것도 다 다를 뿐 아니라 교육을 받는 입장과 교육을 제공하는 입장에 따라 차별에 대한 기준도 다를 수 있기 때문이다. 따라서 학교는 공교육기관으로서 학생들에게 평등한 교육을 제공해 주어야 한다는 것에 대해서는 공감대가 형성되었지만, 현실적으로 학교가 가지고 있는 인적, 물적 자원을 어떤 기준으로 학생들에게 분배하는 것이 평등교육에 부합하는 것인가에 대해서는

[그림 4-7] 평등에 대한 관점

이견이 있어왔다. 학생 개인의 차이에도 불구하고 똑같이 대해 주는 '균등(equality)'이 합당하다는 관점과, 학생 개인의 차이를 고려해서 다르게 대해주는 '형평(equity)'이 적합하다는 관점이 그것이다.

초기에는 학교가 학생들의 다름에도 불구하고 모든 학생들에게 똑같은 것을 제공하는 것이 평등한 교육이라고 여겼다. 학교 출범 이후 기본적으로 학교가 동일연령의 아이들을 동시에 받아들여 동일한 교육과정을 동일한 시간동안 동일한 방법으로 제공해 온 것은 바로 이와 같은 입장에서 교육평등을 보았기 때문이다. 그러나 차츰 아이들의 다양성과 능력의 차이를 무시한 동일한 교육과정의 제공은 학생들이 가지고 오는 초기 능력의 차이를 상쇄, 또는 완화시키지 못하고 그대로 고착화하거나 도리어 더 가속화시키고 있다는 주장과 함께 이를 뒷받침하는 연구결과들이 제시되면서 학생들이 다른 만큼 이를 고려한 교육과정을 제공하는 것이 평등한 교육이라는 관점이 대두되었다. 근래 들어서는 학생 차이에 대한 고려가 필요하다는 데 더 많은 공감대가 형성되고 있다. 그런데 교육실천의 장면에서는 학생 개개인의 다양한 관심과 능력의 차이를 반영한 교육과정을 마련하는 것이 쉽지 않고, 학교의 인적, 물적 자원을 어떤 기준에 따라 차등적으로 분배해야 하는지에 대한 합의가 쉽지 않다는 현실적인 문제가 있다.

2) 교육평등에 대한 관점

교육평등에 대한 관점은 시대에 따라 변해왔다. 화렐(J. P. Farrell)은 교육평등에 대한 관점을 접근의 평등(equality of access), 재학의 평등(equality of survival), 결과의 평등(equality of output), 결실의 평등(equality of outcome)의 네 가지로 정리하였다. 접근의 평등은 각 사회집단이 각 급 학교에 입학 또는 진학할 수 있는 확률이 일치하는 수준을, 재학의 평등은 각 사회집단이 퇴학, 제적 등으로 퇴출되지 않고 계속하여 재학할 수 있는 확률의 일치성을, 결과의 평등은 각 사회집단이 각 급 학교에서 교육받는 내용과 그 수준의 일치성을, 결실의 평등은 학교를 마치고 사회에 진출하여 획득하는 직업, 수입, 지위 등이 일치하는 수준이다. 일치 수준이 높을수록 학교교육이 평등함을, 낮을수록 불평등함을 의미한다.

- 접근의 평등 (equality of access)
- 재학의 평등 (equality of survival)
- 결과의 평등 (equality of output)
- 결실의 평등 (equality of outcome)

〈교육평등 관점: Farrell〉

교육기회의 허용적 평등	교육기회의 보장적 평등	교육조건의 평등	교육결과의 평등
• 신분, 성, 종교, 지역 인종 등을 이유로 차별을 해 오던 것을 금지 • 누구나 능력이 된다면 교육받을 수 있도록 법적, 제도적인 허용	• 교육을 가로막는 경제적, 지리적, 사회적 장애를 제거 • 교육받을 기회를 실질적으로 보장	• 학교의 시설, 교사의 자질, 교육과정 등 • 교육의 여건이나 과정에서 학교간 차이를 제거	• 학교에서 교육받은 결과가 비슷 • 최종적으로 도달해야 할 최소한의 학력수준을 설정

〈교육평등 관점: 김신일〉

교육평등은 크게 교육기회의 평등과 교육내용의 평등으로 나누고 교육기회의 평등을 교육기회의 허용적 평등과 교육기회의 보장적 평등으로, 교육내용의 평등을 교육조건의 평등과 교육결과의 평등으로 나누기도 한다(김신일, 2015). 교육기회의 허용적 평등은 법적이나 제도적으로 계층이나 특정 기준에 따른 교육기회의 제한이 철폐되어야 한다는 것이다. 반면, 주어진 기회를 누릴 수 있는지는 개인의 역량과 형편에 따라 다를 수 있고 타고나는 능력에 따라 받을 수 있는 교육의 정도도 달라야 한다고 본다. 교육기회의 보장적 평등은 교육받을 기회를 허용하는 것만으로는 완전한 교육평등의 실현이 불가능하다는 점에 주목하여 취학을 가로막는 경제적, 지리적, 사회적 제반 장애를 제거해 주어 실제 취학을 사회가 보장해 주어야 한다는 관점이다. 즉, 기회의 허용이 기회의 보장을 의미하는 것은 아니기 때문에 현실적으로 기회가 주어졌다 하더라고 실제 그 기회를 누릴 수 없는 사람들을 위한 제도적 장치가 필요하다고 본다. 교육조건의 평등은 "교육기회의 평등은 단지 취학에의 평등만이 아니라 평등하게 효과적인 학교에의 취학을 의미하는 것"으로 각 학교 간 교육여건과 교육과정(process)을 비슷한 수준으로 마련해 주어야 한다는 것이다. 학교 간 시설, 교사의 질 차이가 학생들의 지적 영역과 비인지적 특성에도 영향을 주게 되고 결국 교육결과의 차이를 발생시키기 때문에 교육평등을 위해서는 취학기회의 보장만으로는 부족하다는 점을 지적한다. 교육결과의 평등은 학교조건이 평등화되어도 교육결과는 여전히 차이가 있다는 점에 주목하여 학업성취의 평등을 위한 적극적 대책이 필요함을 주장하는 관점이다. 학교를 다니는 이유는 배워야 할 것을 배우는 데 있는데 각기 능력이 다른 학생들을 똑같은 수준으로 끌어올리기 위해서는 학생들의 능력에 따른 차별적 대우를 할 수밖에 없다는 것이다. 즉, 능력이 부족한 학생들에게 더 좋은 교육조건을 제공하는 '역차별'이 필요하다고 보며 이를 '보상적 평등주의(redemptive egalitarianism)'라고도 한다.

3) 교육기회분배구조와 요인

교육평등 상황을 알아보는 지표는 여러 가지가 있으나 학교교육에서의 평등은 일차적으로 각 급 학교에의 취학의 기회와 직결되어 있다. 따라서 사회 구성원들에게 교육기회가 어떻게 분배되는가는 매우 중요하다. 학교 단계는 일반적으로는 초등, 중등, 고등교육으로 나누어지며 특히 고등교육기회 분배구조는 한 사회의 교육평등 지표로 활용되고 있다.

이종재	McDonough & Fann	Fensham
• 사회계층 요인 부모의 직업, 소득, 학력 등 • 가정 요인 가정의 교육환경, 교육비 지출 등 • 교육제도 요인 입시제도, 교육정책 등	• 개인차원 요인 사회계층, 가정환경, 주거지역 등 • 학교차원 요인 고교정책, 수업활동, 진학지도 등 • 대학차원 요인 입시, 학비지원정책, 입시 산업 등	• 가정 요인 사회경제적 지위, 수입 등 • 지역사회 요인 지리적 위치, 지역사회의 문화 특성 등 • 인종 요인 • 종교 요인 • 학교 요인 학교시설, 교사 수준 등 • 교우 요인 친구의 학교에 대한 태도 등

〈교육기회분배요인〉

초기 연구들은 교육기회 분배에서 개인의 지적 능력을 중요한 것으로 보았으나 이후 개인의 사회경제적 배경요인이 중요한 영향을 주는 것으로 나타나 계층 간에 따른 교육기회 분배 차이에 주목하게 되었다. 개인의 지적능력과 노력이 교육기회 분배 요인에 미치는 영향력을 간과해서는 안 되지만 배경요인이 상대적으로 더 강하다는 것이다(김성식 · 류방란, 2008). 또한 사회경제적 배경요인이 교육기회 분배에 작용하는 기제에 대해 초기의 연구들은 부모의 지위와 소득 자체에 주목했으나 이후 부모들이 사회와 맺고 있는 교육적 관계망인 '사회 자본'이나 그들의 생활양식으로서의 '문화 자본'의 영향력에 주목하게 되었다. 근래 들어서는 계층요인이 학교에 반영되는 기제 또는 과정에 관심을 가지게 되면서 계층구조가 교육에 작용하는 기제를 파악하기 위한 노력이 이루어지고 있다. 우리나라의 경우에도 상급학교로 올라갈수록 계층별 분배율의 차이를 보이며 고등학교와 대학교의 경우 각 급 학교 간 서열화에 따른 계층 간 취학 분배구조가 다른 것으로 나타나 개인의 능력요인보다 배경요인이 교육기회 분배에 더 강한 영향력을 미치고 있음을 보여준다.

5. 미래사회 학교교육, 그리고 교육사회학적 접근

21세기 들어 세계는 커다란 변혁의 기로에 서 있다. 20세기 말 공산주의 경제체제를 채택했던 사회주의 국가들이 와해되거나 국가자본주의 경제체제를 채택하면서 자본주의 경제체제로 세계화가 진행되고 있으며, 한편으로는 4차 산업혁명으로 사람들의 삶의 방식에 큰 변화가 예고되고 있다. 학교 역시, 예외는 아니다. 근대 이후 교육권을 인간의 기본권으로 인정하고 이를 실현하기 위해 보편성과 평등성을 기본 이념으로 하는 공교육으로 자리매김해 온 학교는 그 동안 많은 성과에도 불구하고 비판 또한 만만찮게 받아왔다. 학교가 과연 개인의 학습권을 제대로 보장해 주고 있는가, 공교육으로서 학교의 기본 이념인 평등한 교육이 잘 제공되고 있는가에 대한 불신과 함께 급격한 사회 변화 및 다양한 가치관, 그리고 개개인의 행복권 추구에 대한 학교의 공공적 성격에 대한 의문으로 학교변화에 대한 요구가 거세지고 있다. 그동안 학교의 공공적 성격을 대변했던 보편성과 획일성, 집단교육에 대한 비판 또한 만만찮다. 이러한 상황은 어떤 식으로든 학교 변화의 필연성을 보여주고 있으며 자의든 타의든 이미 학교가 바뀌고 있음을 보여주는 여러 정황들이 나타나고 있다.

학교변화를 세계적인 관점에서 살펴볼 때 세계화는 매우 중요한 의미를 지닌다. 세계화는 국가단위의 경계가 약화 또는 무력화되고 세계 전체가 하나의 단위로 통합되어 국경을 무의미하게 만드는 과정으로 교육도 예외가 아니다. 세계화로 인한 교육변화는 단위국가 차원에서 그리고 초국가적 차원에서 동시에 일어나고 있다. 단위국가 내에서의 변화는 국가경쟁력강화를 목적으로 교육의 경쟁체제를 더욱 강화시키는 양상으로 나타나고 있다. 갈수록 치열해지는 국가 간 경쟁과 4차 산업혁명사회에서 뒤처지지 않기 위해 국가는 교육을 통한 국가경쟁력 확보로 눈을 돌리게 되고 개인의 입장에서도 세계화로 인한 불안정 취업구조로 기존 교육에 대한 개혁이 요구되기 때문이다. 국가단위를 넘어 초국가적으로 진행되는 교육의 변화는 이주노동자와 다문화 가정의 증가로 인한 이들의 교육문제, 모든 국가가 공동으로 추진해야 하는 인류생존을 위한 생태계와 환경보호를 위한 교육, 세계화 시대 공통의 가치와 윤리의식 함양을 위한 세계시민교육 등이다. 그런데 이처럼 지식, 정보의 국가 간 활발한 교류는 교육 분야의 균형발전에 기여할 수 있는 반면, 국가 간 불평등을 야기하여 세계교육에 대한 특정 국가의 영향력이 더 강화될 수도 있다는 점 또한 간과해서는 안 될 것이다. 과거 교육이 국가 단위 체제에서 개인 간, 개인과 집단 간, 집단과 집단 간 이해관계 속에 놓여 있었다고 한다면 이제는 국가 간, 대륙 간 이해관계 속에 놓여있기 때문이다.

이러한 상황 속에서 교육사회학의 관심 영역 또한 발전적인 변화가 요구된다. 이제까지 개별국가 내 차원에서 교육에 대한 역사적, 사회적 요인들의 영향력을 주목해 왔다면 향후 각 국가들과 대륙들의 역사, 문화, 정치, 종교, 경제, 사회적 요인들이 교육에 미치게 될 영향력에 대한 연구들이 이루어져야 할 것이다.

연습문제

1. 교육의 사회적 기능에 대해 설명하고 오늘날 학교가 행하고 있는 주된 사회적 기능과 현실적으로 요구되는 사회적 기능은 무엇인지 설명해 보시오.

2. 기능론과 갈등론의 사회와 교육과의 관계에 대한 설명을 비교하고, 이에 근거하여 우리나라 학교교육을 평가해 보시오.

3. 교육평등 개념에 대해 정의내리고, 교육평등이 이루어지기 위한 학교차원, 사회차원, 국가차원에서의 대책을 제시하시오.

참고자료 및 관련 사이트

권재환 외(2010). 교육의 이해. 서울: 학지사.

김성식 · 류방란(2008). 고등학교진학에 대한 가정배경, 학생노력, 학교경험의 영향력 분석. 교육사회학연구, 18(2). 31-51.

김신일(2015). 교육사회학. 서울: 교육과학사.

김영화(1993). 한국의 교육불평등. 서울: 교육과학사.

김흥규 · 이만표(2013). 교육사회학. 서울: 양서원.

서재복 외(2014). 교육학의 이해. 서울: 태영출판사.

성태제 외(2012). 최신 교육학개론. 서울: 학지사.

윤덕중(1994). 현대사회학: 격동하는 사회의 이해와 대응과학. 서울: 형설출판사.

이건만(2011). 교육사회학. 서울: 양서원.

이명기 외(2011). 교육적 사유와 안목을 넓히기 위한 교육학 개론. 서울: 학지사.

이승원 · 송선희(2015). 새로 쓴 교육학의 이해. 서울: 신정.

이종재(1982). 사회계층과 교육기회의 배분. 한국사회과학연구협의회. 경제발전과 사회계층에 관한 연구. 133-136.

장선철 · 이진안(2015). 신교육학개론. 서울: 태영출판사.

장원동 · 양애경(2012). 현장 중심에서 본 교육학 개론. 서울: 동문사.

전경수역(1997). 문화와 인성. (*L. Rinton, The Cultural Background of Personality*). 서울: 현음사.

조희태 외(2017). 교육의 이해. 한국방송통신대학교출판문화원.

주동범 · 김정희 · 정일환(2013). 교육사회학. 서울: 동문사.

차경수 외(2010). 교육사회학의 이해(개정판), 파주: 양서원.

최금진 외(2015). 교육학개론. 서울: 양서원.

Bernstein, B.(1990). *Class, Codes, and Control(Vol, 4): The Structuring of Pedagogic Discourse:* Routledge.

Coleman, James(1998). Social Capital in the Creation of Human Capital. American *Journal of Sociology*. 94. 95-120.

Dreeben, R.(1977). "The Contribution of Schooling to the Learning of Norms". *Harvard Educational Review*. 37(2). 211-237.

Durkheim, E.(1922). Education et Sociologie. Paris: Alcan.(1956). Education and Sociology, Glencoe, Ⅲ: Free Press. 이종각(역)(1978). 교육과 사회학. 배영사.

Farrell, J. P.(1997). "Social Equality and Education Planning in Developing Nations." Saha(ed.). *International Encyclopedia of Sociology of Education*. 473-479.

Havighurst, R.(1961). "Education and Social Movility in Four Societies", Halsey, Floud, and Anderson(eds.). *Education, Economy, and Society.* Free Press. 105-120.

McDonough, Patricia and Amy Fann(2007), The study of Inequality. In Gumport, Patricia. *Sociology of Higber Education.* Johns Hopkins University Press. 53-93.

Ralws, J.(1971). *A Theory of Justice.* Cambridge, Mass.: Harvard University Press.

Wolfle, D.(1961). "Educational Opportunity, Measured Intelligency, and Social Background", A. H. Halsey, Jean Floud, and D. Arnord Anderson(eds.). *Education, Economy and society*. New York: The Free Press.

Young, M. F. D.(1971). Knowledge and Control. London: Collier Macmilan.

제 5 장

교육과정

학습목표

1. 교육과정학의 학문적 성격을 이해할 수 있다.
2. 교육과정학의 주요 이론들에 대해 이해, 분석할 수 있다.
3. 학교교육에서의 교육과정의 중요도에 대해 인지하고, 적용할 수 있다.

주요용어

- 교육과정, Currere
- 교육목표 진술
- 교육과정 유형
- 교육과정의 역사
- 미래교육, 교육과정 재구성

1. 교육과정학의 이해

1.1. 교육과정학의 학문적 성격

학교교육에 있어서 가장 중요한 것은 무엇인가? 라는 다소 포괄적인 질문에 많은 답들이 스쳐지나갈 수 있다. 수많은 답변들 중 '교육과정'은 매우 중요한 영역으로 일반적으로 학교에서 학생들이 접하는 여러 교과 영역들을 의미하지만, 광의의 개념으로 학생들이 사회에 진출하여 성인으로서의 각 사회에서 필요한 역할을 수행해 나갈 수 있도록 준비시키는 행위와 관련된 모든 교육적 경험을 포함하기도 한다(권낙원, 2008). 따라서 교육과정은 학교와 사회의 발전을 위해 필요한 동시에 매우 중요한 분야이며, 나아가 한 사회를 구성하는 모든 사람들에게 영향을 미치는 성격의 학문으로 볼 수 있다.

1.2. 교육과정학의 출발

교육과정학의 기원은 고대 그리스 시대로부터 찾을 수 있다. 고대 그리스의 대표적인 철학자인 소크라테스(Socrates), 플라톤(Plato), 아리스토텔레스(Aristoteles)로부터 교육과정학의 발달에 어떠한 영향력을 미쳤는지 살펴볼 수 있다.

오늘날 교육 방법 중 특히 교사와 학생의 문답 방법에 있어서도 의미를 찾을 수 있는 소크라테스(Socrates)의 '산파술(midwifery)의 경우 무지(無智)를 악(惡)으로 보고 교육의 목적은 무지를 깨달아가는 과정으로 이를 선(善)으로 여겼다. 이때 무지를 깨달아가는 과정에서 지식을 습득하는 방법으로 사고력을 길러낼 수 있는 대화를 중시여겼으며, 교사는 학생들에게 스스로 사고할 수 있도록 자극과 암시를 주는 촉매자의 역할을 해야 함을 강조하였다.

플라톤(Plato)은 교육의 목적을 이상국가의 실현에 두고 교육을 통해 개인의 본성과 천부적 능력을 발현시켜 주어 훌륭한 시민으로 양성하고자 하였다. 즉, 개인의 본성을 깨닫고 이를 개개인의 성향에 맞게 계발시키는 것이 중요함을 강조하였으며 이러한 그의 교육 사상은 이후 아리스토텔레스에게도 이어지게 되며, 교양교육 강조의 기초가 되기도 하였다.

아리스토텔레스((Aristoteles)는 교육의 목적을 이성을 개발하는 데 두고 특정 교과나 특정 직업만을 지향하는 교육이 아닌 음악과 미술과 같은 예술과 체육, 윤리학, 철학 등을 통해 인간의 이성을 개발하는 교육을 강조하였으며, 도덕적 삶을 살아가기 위해 지식적 습득보다는 도덕적 삶이 습관으로서 길러져야 함을 강조하며 이를 교육과정 속에 체득할 수 있게 강조하였다.

이후 중세, 근대 시대를 거쳐 20세기에 들어 교육과정학은 하나의 학문 분야로 자리잡게 되었으며, 미국을 중심으로 학자들에 의해 교육과정에 대한 실험과 탐구 등이 다양하게 진행되었다. 이 시기의 경우 Dewey에 의해 미국 전역에 진보주의 운동이 자리잡게 되면서 아동의 발달심리학과 학습심리학과 더불어 교육과정학도 활발하게 연구되어 학문의 발전에 밑거름을 내리게 되었다.

1.3. 교육과정의 개념

오늘날 학교교육을 비롯하여 사회의 다양한 분야에서 '커리큘럼'(Curriculum)이란 용어를 사용하고 있다. 이때에 사용하는 '커리큘럼'이란 용어는 교육과정의 영문표현으로 라틴어의 'currere'의 어원에서 시작된 용어이다. 본래 'currere'는 경마장에서 경주마들이 달리는 경주로(a race course)를 의미하기도 하며, 경주마가 경주하는 그 자체(the race itself)를 의미한다. 이를 교육에 도입해보면 경주마가 달린다, 뛴다라는 의미가 학습자가 학습하는 의미(study)로 해석하며, 달리는 경주로는 학습자가 일정한 기간 동안 학습을 하는 과정(course of study)을 의미한다(오성삼 외, 2011).

따라서 curriculum이란 용어는 어원이 내포하고 있는 의미를 살펴보면 학습자가 학습함에 있어 그 과정과 내용을 일정한 순서에 따라 조직하고 배열한 것으로 학습자는 '교육을 받아야 할 내용을 고정되게 표준화한 것'으로 볼 수 있으며, 교수자에게는 '학습자에게 가르쳐야 할 내용을 계획에 따라 일탈하지 않고 이끌어나가는 길'로 볼 수 있다.

1.4. 교육과정의 수준

교육과정은 주체에 따라 세 수준으로 나누어 볼 수 있는데, 첫째, 국가 및 사회적 수준의 교육과정, 둘째, 교사수준의 교육과정, 셋째, 학생수준의 교육과정으로 나뉜다(김종서, 이영덕, 1981).

① 국가 및 사회적 수준의 교육과정: 국가나 사회가 학생들에게 특정한 교육목적을 정하고 이를 달성하기 위하여 무엇을 가르칠지 정해놓은 공식적인 문서를 의미함

② 교사수준의 교육과정: 교사가 학생들에게 특정 목적을 달성하기 위해 무엇을 가르치려고 하는지, 또는 무엇을 가르치는지를 의미함

③ 학생수준의 교육과정: 학생들이 학교에서 교육받는 기간 및 생활하는 동안 갖게 되는 모든 경험들을 의미함

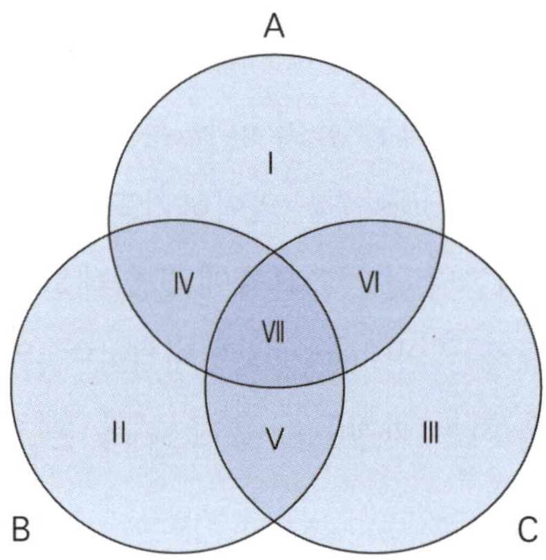

[그림 5-1] 교육과정 수준 간 관련성

세 교육과정 주체에 의하여 위와 같은 모형이 그려지며, 이에 따라 그려지는 각 영역에 대한 설명은 다음과 같다.

- 영역 Ⅰ: 국가 및 사회적 수준에서 학생들에게 교육내용을 가르치기를 원했으나, 교사가 가르치지 않았으며, 학생도 이에 대해 학습하지 않은 경우
- 영역 Ⅱ: 국가 및 사회적 수준에서는 가르치려고 의도한 없었으나 교사가 독자적으로 가르쳤지만 학생들이 학습한 바 없음
- 영역 Ⅲ: 학생들이 학교생활을 하는 동안 은연중에 가지게 되는 경험
- 영역 Ⅳ: 국가 및 사회적 수준에 가르치도록 되어있기에 교사가 가르쳤으나 학생들의 교육적 경험 속에는 침투하지 못한 경우

- 영역 V: 교사가 중요하다고 생각하여 수업에서 그 내용을 가르쳤고, 학생도 이에 대해 학습한 경우
- 영역 VI: 교사는 수업에서 해당 내용을 가르치지 않았으나, 학생들이 배우는 경우
- 영역 VII: 가장 이상적인 상태로 국가 및 사회적 수준, 교사수준, 학생수준 간의 일치가 이루어지는 경우

1.5. 교육과정의 성격

교육과정(curiiculum)은 좁게는 학교교육에서 수업 중 가르치는 교과내용으로 볼 수 있으며, 광의의 개념으로는 학교 안팎으로 겪게 되는 학생들이 다양한 경험으로도 볼 수 있기에 교육과정의 용어가 가지고 있는 본질에 의한 핵심적인 원리를 짚어 볼 필요가 있다.

첫째, 응집성(cohernce)이다. 이는 교육과정은 광범위한 교육 내용들을 줄여서 간결하게 만들어 집약시켜 놓은 것이라는 점을 뜻한다.

둘째. 계열성(sequence)을 가지고 있다. 교육과정에는 그 내용들이 체계적 순서에 따라 기술되어 있다는 점이다.

셋째. 연계성(articulation)을 가지고 있다. 연계라는 의미는 커리큘럼이란 용어에 내포되어 있는데 이는 교육과정은 그 내용들이 앞뒤가 서로 논리적으로 이어져 있다는 것을 의미한다.

이상의 의미에 따르면 교육과정은 내용은 순서 있게 논리적으로 잘 조직하여 간결하게 집약해 놓은 것으로 볼 수 있으며, 교육과정은 다음과 같은 성격을 가진다.

1) 포괄성

교육과정은 교사와 학생이 행하는 행위 전체이며 생활 그 자체로 언급하는 바와 같이 넓이가 반영된다.

2) 목적성

교육과정은 교육의 목적을 달성하기 위한 수단이어야 한다. 따라서 언제나 교육을 함에 있어 교육목적과 교육이념이 교육과정에 반영되어야 한다.

3) 개별화

교육과정은 학생 개개인마다 개인차를 고려하여 구성되고 실행되어야 한다.

4) 경험중심적

교육과정은 학생들의 경험을 중심으로 구성되고 설계되어야 한다. 이를 통해 학생의 현재뿐만 아니라 동시에 그들의 과거의 생활과 미래에 전개될 생활까지도 고려하여 구성되어야 한다.

5) 지역화

각 지역사회에서는 제각기 독자적인 환경과 학생들의 특성, 지역적 요구 등을 가지고 있으며, 지역의 생활을 배경으로 하는 학생들과 학부모, 교사들의 요구도 다를 수밖에 없다. 따라서 교육과정을 구성하는데 있어 획일적인 구성에서 벗어나 각 지역사회의 특성과 학교, 학생, 학부모 등의 특성을 고려하여 구성되고 실행된다.

6) 가변성

교육과정은 지속적이고, 부단히 재검토되고 개정되어야 한다. 4차산업 혁명시대에 끊임없이 진보하고 발전되는 사회적 환경 속에서 교육을 둘러싼 환경 및 미래 인재상에 대해 고찰해보고, 학생들이 학교교육을 통해 사회변화에 쉽게 적응하고 미래를 살아갈 수 있도록 돕기 위해서는 교육과정은 부단히 변화되어야 한다.

7) 과학화

교육과정을 수립하기에 앞서 학습자에 대한 행동과학적 이해가 선행되어야 한다. 아무리 훌륭한 교육과정을 설계하였다 할지라도 학습자에게 맞지 않는다면 교육의 효과는 기대할 수 없다. 따라서 교육과정 구성 시 학습자의 흥미와 요구 개별 능력과 개성, 준비도, 지능, 발달상황, 학습양식 등에 대한 과학적 이해를 바탕으로 이뤄져야 한다.

2. 교육과정학의 발달과정

20세기이후 교육과정학의 발달과정을 각 연도 별로 주요한 사건들을 중심으로 살펴보면 다음과 같다.

2.1. 1900~1910년대

1896년 Dewey가 세운 Chicago 대학의 실험학교 통해 미국 교육에서 진보주의 사상은 지대한 영향을 미쳤다. 학교와 사회의 상호적 관계를 강조하는 Dewey의 교육사상이 반영되어 학교와 사회 사이에 높이 쌓여진 담을 헐고 사회의 문제를 교육과정으로 다루려는 '사회문제중심 교육과정'이 출현하였다. Dewey(1916)는 「The Child and the Curriculum」이 저서에서 교육과정의 세 가지 요소를 ① 아직 개발되지 못한 존재로서의 학습자, ② 성인들의 경험의 소산인 특정 사회적 목표, 의미와 가치, ③ 조직화되고, 체계화되고, 반성적으로 공식화된 교과임을 밝혔다.

특히 1918년은 미국에서 교육과정학이 연구분야로 발돋움한 해로 J. F. Bobbitt의 「The Curriculum」이 출판되었으며, 미국 '중등교육재건위원회(Commission on the Reorganization of Secondary Education, 1918)'에서는 이 해에 중등교육 7대 원리

를 발표하였던 해로 교육과정학 학문 발달에 있어 중요한 의미를 가진다(Kliebard, 1968: 71). 특히 Bobbitt의 저서는 교육과정 분야의 본질을 밝혔으며, 당시 미국 전역의 산업화 현장에서 적용되고 있는 Tyler의 과학적 관리론을 교육에 도입, 적용시키려고 노력하였다는 점에서 획기적이었다고 평가된다.

2.2. 1920~1930년대

1920년대 미국 교육과정 발전에 있어 또 다른 획기적인 사건은 교육과정 구성의 원리에 대한 합의를 도출하는 일이었다. 당시 행동과학적 접근 이론을 통해 교육학을 연구하는 데에 영향을 받아 교육과정의 개혁과 실천에 있어 보다 과학적으로 통제된 연구가 이루어져야 함을 강조하였으며, 형식적인 교과로 교육과정을 해석하던 전통적 사고에서 벗어나 경험으로서의 교육과정을 규정하도록 하는 데에 변화를 가져왔다. 추후 1927년 미국 교육학회에서 발간한 「Foundations of Curriculum Making」에서는 교육과정 구성의 원칙을 제시하여 이후 미국의 각급 학교의 교육과정 개발에 있어 최고의 지침서로 활용되었다.

1932년에는 '교육과정연구회'가 조직되었으며, 1943년에 '전국교육연합회'의 수업장학과와 앞서의 교육과정 연구회가 통합하여 만들어진 '장학 및 교육과정 개발협회(Association for Supervision and Curriculum Development)'로 넘어가서 현재까지 이르고 있다.

2.3. 1940~1950년대

1940년대 미국은 경제대공황으로부터의 회복이 교육에도 영향을 미쳤다. 이에 따라 '미국전국교육연합회'는 1944년 '모든 미국 청소년을 위한 교육'이라는 새로운 교육과정을 제안하여 교육을 통해 현재보다 더 나은 삶을 이끌어야 한다는 움직임이 일어났다. 또한 1949년, R. W. Tyler는 「교육과정과 수업의 기본 원리」라는 책을 통해 교육과정의 체계적 개발의 중요성을 주장하였으며, 이는 추후 교육과정 개발서의 지침이 되었다. 1950년대는 미국의 교육과정의 개발에 있어서 새로운 관조를 띄게 된 사건이 있었다. 1957년에 구 소련의 스푸트니크 위성의 성공으로 인해 미국 전역의 교육제도를 개편하고 방향을 전환하는 데 기폭제가 되었다. 이후 과학기술 학문 분야에 대한 강조를 하게 되었으며, 수월성 교육을 강조하게 된 계기가 되었다.

2.4. 1960년대

1957년 스푸트니크 쇼크 이후 미국의 교육제도 및 교육과정 개편을 위한 범국가적 노력은 Bruner의 '학문중심 교육과정' 전개로 이어지게 되었다. 학문중심 교육과정에서는 학습을 하는 데 있어 학습 과정 자체를 지식의 훈련으로 바꾸어 놓았다. 따라서 교육과정에서 과학적 내용이 장려되었으며 교육과정과 교수에 관한 연구도 과학적 연구의 성격을 띠게 되었다.

2.5. 1970~1980년대

1970~80년대에는 인간주의 철학을 교육과정에 반영하고자 하는 노력이 이루어졌다. 인간중심 교육과정은 교육이 각 개인에게 유의미한 경험을 제공해 주어야 한다는 데 무게를 두고 있다. 인간중심 교육과정 학자들은 현대 학교교육에서는 교육개혁이라는 이름 아래 시도되고 있는 여러 가지 새로운 교육적 처방이 오히려 갈등과 경쟁, 비인도주의에 영향을 미치게 될 가능성을 지적하며, 학교교육에서는 학생들이 전인으로서 성장하는 데 필요한 교육적 경험을 학습자의 필요에 따라 제공해야 한다고 주장했다.

특히 1970년대에 들어 학교교육에서도 책무성(accountability)의 요구가 증대함에 따라 교육의 결과에 대한 효율성을 측정하고 이에 대한 학생과 교사들의 평가가 보편화되었다. 또한 1970년대에 들어와 교육과정 분야에서는 문화적 다양성을 실현하고 장애아에 대한 공평한 대우 등에 많은 관심을 기울이게 되었다.

이는 Apple, Giroux, Pinar, Freire 등 학자들에게 영향을 미쳤으며, 불합리하고 불평등한 사회를 대변하거나 영속화하는 데 영향을 미치는 교육과정이 아닌 사회를 구조적으로 변혁하는 개혁자를 양성하는 교육이 필요함을 강조하였다. 즉, 소수자의 입장을 대변하는 자유, 평등, 공정, 복지에 기여하는 교육과정을 중요하게 여기게 되었다.

또한 1980년대에는 '기초로의 복귀(Back to Basics)'를 강조하는 보수주의 성향이 나타나게 되었는데 이는 전반적으로 학력이 저하되는 공교육의 부실화 현상을 개선하기 위한 노력이며, 더 나아가 미국의 국제적으로 경제적, 군사적 패권을 더욱 강화하기 위한 노력이기도 하였다. 이와 동시에 미국 사회에 만연한 사회적 폭력, 인종차별, 히피문화의 확산 등 사회적 부조화가 미국 사회의 윤리적 파탄에서 비롯된 것이라고 보고 윤리교육의 중요성을 강조하기 시작한 시기이기도 하였다.

3. 교육과정의 유형

3.1. 개념상 분류

1) 교과중심 교육과정

(1) 교과중심 교육과정의 의미

교과중심 교육과정(subject-centered curriculum)은 역사적으로 가장 오랜 전통을 가지고 있으며, 오늘날 교육과정 수립에 있어서도 널리 이용되고 있다. 교과중심 교육과정에서의 '교과'란 과거에서부터 현재까지 인류가 쌓아올린 문화유산을 체계적이고 논리적으로 조직한 것을 의미한다. 교과중심 교육과정에서는 후세에 문화유산을 전달하고 교과의 체계, 형식도야 등을 교육의 중요한 기능으로 여긴다.

따라서 교과중심 교육과정에서는 학습자의 흥미나 생활에 필요에 의해서라기보다 교육과정을 만드는 교수자의 입장에서 중요하다고 여기는 학문이나 교육내용 그 자체를 주된 교육내용으로 삼고 있으며, 학교에서는 이를 학생들이 배우는 일체의 교과와 교재를 의미한다. 교과중심 교육과정에서는 교과가 학습내용을 조직하고 전개하는 데 핵심이며, 교과의 정통이 바로 교육목표달성의 기본을 이루게 된다.

(2) 교과중심 교육과정의 특징

가) 교사중심으로 구성된 교육과정이다.

수업의 전체적인 전개와 시작과 끝은 교사의 손에 달려있으며, 수업을 통해 지식의 신장에 중점을 둔다. 교사가 교육의 주체이기 때문에 모든 수업은 교사에 의해 통제되며, 학습자는 개인의 흥미나 요구가 반영되기는 어렵다. 따라서 학습자 개개인의 흥미나 요구 등이 수업에 반영되기는 어렵다.

나) 학생들은 교과 중심으로 학습활동이 이루어진다.

학생들에게는 교과라고 영역이 지어진 한정된 내용을 교과서에 집약하여 학습활동이 이루어진다. 따라서 교육의 획일화와 기계화, 전체화가 초래될 수 있다는 점이 교과과정의 큰 결함이기도 하다.

다) 문화유산의 전달이 교육의 주요 기능이다.

라) 수업을 진행하기에 앞서 미리 정해진 계획을 가지고 시작된다. 수업을 하기 전 어떠한 내용을 가지고 누가, 언제, 누구에게 어떠한 교수법으로 가르치는지 면밀하게 계획하에 이루어진다.

(3) 교과중심 교육과정의 장 · 단점

가) 장점

① 교사들은 수업을 진행하기에 앞서 미리 정해진 계획을 가지고 출발한다.

② 교사중심으로 수업이 진행되기에 효율적으로 지식의 전달이 가능하다.
③ 교과중심 교육과정은 그 구성이나 평가가 간단하고 쉽다.
④ 교과중심 교육과정은 오래된 전통에 뿌리를 내리고 있어 범 교과적으로 널리 받아들여질 수 있다.
⑤ 교과중심 교육과정은 학생들의 지적능력을 발전시키는 데 적절하다.

나) 단점

① 교과중심 교육과정은 학습을 단편화한다.
② 학습내용이나 학습경험의 배열이 비능률적으로 이루어진다.
③ 사고력, 창의성, 유창성 등의 고등정신기능의 함양이 어려우며, 논리적 · 체계적인 교과의 경우 심리적인 조직으로서 부적당하다.
④ 현대의 사회변화 및 사회 문제에 교육과정이 능동적으로 대처하기 어렵다.
⑤ 따라서 현실과 동떨어진 비실용적인 지식획득에 빠지기 쉽다.

2) 경험중심 교육과정

(1) 경험중심 교육과정의 의미

경험중심 교육과정은 아동중심 교육사상과 더불어 진보주의 교육철학에 기초하고 있다. 따라서 경험중심 교육과정에서는 학습자의 기본적인 흥미와 욕구에 기반한 경험을 교육에 반영할 것을 강조한다. 또한 학습의 주체는 아동 또는 학습자이며, 교사는 학습자를 안내하거나 조력하는 역할로 보았다. 이에 따라 학습자가 주변을 통해 교육내용에 대해 스스로 찾으며, 사회생활에 있어 유의미한 활동을 경험하여 보다 바람직한 성장을 하고, 전인적 발달에 도달할 수 있도록 함을 중시한다. 경험중심 교육과정에서는 교육을 아동의 문제해결능력을 제고하여 실생활에 적용할 수 있는 능력을 기르는 것이라고 보았다.

(2) 경험중심 교육과정의 특징

가) 아동중심 교육을 강조한다. 따라서 교육과정을 설계함에 있어서 아동의 흥미와 욕구 등을 우선에 둔다.

나) 아동이 실생활에 적용할 수 있는 문제해결능력을 함양하는 것을 강조한다. 경험중심 교육과정에서는 실생활의 장을 토대로 이를 생활과 결부시켜 맞딱드릴 수 있는 문제를 실질적으로 처리할 수 있는 능력을 기르는데 강조점을 둔다.

다) 아동의 전인적 발달을 중요하게 여긴다. 인지적인 영역뿐만 아니라 정의적, 심동적 영역(기능적 영역)의 발달도 함께 이루어져야 함을 강조한다.

라) 경험중심 교육과정에서는 사전 계획이 중요시 여겨지지 않는다. 경험중심 교육과정에서는 아동의 흥미와 요구 등을 전제로 하여 이루어지기에 학습 내용에 대한 사전의 계획, 조직은 이루어지지 않고 학습의 장에서 결정한다.

마) 민주시민으로서의 가치를 강조한다. 경험중심 교육과정에서 민주적인 사회성과 협동과정을 토대로 학습이 이루어지므로 민주시민으로서 갖추어야 할 생활방식과 태도가 학습활동에서 중요시 여겨진다.

(3) 경험중심 교육과정의 장 · 단점

가) 장점

① 아동의 흥미와 요구, 실생활에서 해결해야 할 문제와 밀접히 연결되어 자발적 인 참여가 가능하다.
② 개인차를 고려한 학습이 가능하다.
③ 교실 밖 사회와 자연 환경 속에서도 학습이 지속적으로 이루어질 수 있다.
④ 경험중심 교육과정을 통해 범교과적 학습으로 인한 전인 형성이 가능하다.

⑤ 학교와 지역사회 간의 유대가 강화되며, 민주시민으로서 자질 함양을 할 수 있다.

나) 단점

① 학력신장의 저하를 초래하게 된다.
② 경험을 통해 얻어진 사실, 원리, 현상 등이 새로운 상황에 적용이 되지 않는 경우가 발생할 수 있다.
③ 학습내용 조직에 있어서 논리적으로 체계가 부족하다.
④ 경험을 토대로 유의미한 학습 활동을 이끌어내기에 많은 시간적 할애가 필요하다.
⑤ 체계적인 계획하에 이루어지지 않기에 질서있는 통제가 이루어지기 어려우며, 계획하지 않은 교육장면이 초래될 수 있다.

3) 학문중심 교육과정

(1) 학문중심 교육과정의 의미

학문중심 교육과정이 등장하게 된 계기는 1957년 10월 7일 구 소련의 스푸트니크 인공위성 발사 성공으로 인해 이전까지 미국의 교육을 지배해 온 진보주의 교육철학에 대한 자조와 반성으로부터 시작된 교육개혁운동이 시발점이 되었다. 이에 따라 이전까지 앞서 전개된 경험중심 교육과정이 체계적인 지식교육을 소홀한 결과로 인해 미국인들은 구소련의 스푸트니크 발사 성공을 '스푸트니크 쇼크'로 기억하며, 교육분야를 망라한 미국의 사회, 경제 운영에 많은 영향력을 미치게 되었다. 이후 교육에서 있어서 전 분야에 있어 국가발전을 도모하기 위해서 지식의 본질과 기본개념의 중요성을 강조하고, 학생의 학습능력과 창의력, 사고력 등을 계발시키는 지식 활동을 중시여겼다.

(2) 학문중심 교육과정의 특징

가) 교과내용은 지식의 구조를 핵심으로 조직한다.

지식의 구조는 교과나 지식의 이해와 학습의 전이를 쉽게 해주며, 기본적인 원리, 개념 등을 중요시 한다.

나) 교사의 역할은 학습자가 적극적인 사고를 하고 이를 통해 지식의 구조를 이해하며, 자발적으로 탐구할 수 있도록 조력, 조언한다.

다) 학습방법에 있어 발견학습을 중시한다. 교사는 학습자들의 발달수준에 맞게 기본 원리나 개념을 제시하고, 학습자들이 그 내용을 단순히 암기만 하는 것이 아니라 이해하고 사고할 수 있도록 안내한다.

라) 나선형 교육과정을 강조한다. 나선형 교육과정은 지식의 구조를 핵심내용으로 하여 학년이 점차 올라감에 따라 학습경험을 질적으로 높이고 양적으로 넓혀가는 교육과정으로 학생의 성장에 따라 교과의 중요한 내용은 계속적으로 반복하면서 점차 심화, 확대해 나가는 것이다.

(4) 학문중심 교육과정의 장단점

가) 장점

① 교육내용을 선정하고 조직하는 데 있어서 경제성을 기할 수 있다.

② 교육내용이 지식의 전체구조를 쉽게 파악할 수 있게 조직되어 있다. 따라서 기본개념의 이해를 쉽게 할 수 있다.

③ 학생들 자신이 능동적으로 탐구과정에 참여함으로써 탐구력을 향상시킬 수 있다.

나) 단점

① 학업이 우수한 학생들에게만 적합하며, 모든 교과에 적합하지는 않다.

② 지적 교육 활동을 지나치게 강조여 학생에 대한 배려는 부족하다.
③ 학습자의 실생활에 연결된 문제 등은 등한시한다.
④ 사회적 제 조건의 성질, 사회적 현실, 민주적 이념 등이 잘 반영되어 있지 않다.

4) 인간중심 교육과정

(1) 인간중심 교육과정의 의미

학문중심 교육과정이 지식 교육을 지나치게 강조한 나머지 지나치게 교육의 본질과 학교교육에 대한 비판점이 제기되기 시작하였다. 이에 따라 인간중심 교육과정에서는 지식 교육에 지나치게 쏠려있는 점에서 벗어나 학생들의 건전한 자아형성과, 가치관, 태도, 정서교육을 강조할 것을 제안하였다. 인간중심 교육과정에서의 목표는 기계적으로 지식 습득만 함에서 벗어나 나 스스로를 생각하고, 내면적인 자아성찰을 할 줄 아는 전인적 인간을 지향한다.

(2) 인간중심 교육과정의 특징

가) 교육의 목적을 개인의 자아실현에 둔다.
나) 학습자의 정의적 측면을 강조한다.
다) 교육환경 역시 인간의 존엄성을 중시 여겨 지나친 경쟁, 억압과 처벌 등에 대해 반대하며 과밀학습, 대규모의 학교 역시 비인간적인 교육환경은 인간중심 교육을 저해하는 요인으로 보았다.
라) 인간중심 교육과정에서 교사의 역할도 아동을 하나의 인격체로서 존중하고, 애정의 마음을 가지는 것을 우선에 둔다.

(3) 인간중심 교육과정의 장 · 단점

가) 장점

① 학습자의 개별적인 자기성장을 조장할 수 있다.

② 학습자의 긍정적인 자아개념 형성에 도움을 준다.

③ 전인교육을 통하여 인간이 타고난 지적, 신체적, 정서적 성장 가능성을 조화롭게 보고 이를 발전시킬 수 있다.

④ 교수·학습과정에서 개방적이고 자율적인 분위기를 조성함으로써 학습과정을 통한 터득된 의미가 내면화될 수 있다.

나) 단점

① 교수·학습과정에서 자유로운 환경조성이 조성되지 않으면 긍정적인 교육결과를 도출해내기 어렵다.

② 인간중심 교육과정 운영에 앞서 교사의 투철한 교육관이 확립되지 않으면 이를 구현해내기 어렵다.

③ 교과별 융통성 있는 운영이 선행되지 않으면 그 실현이 어렵다.

④ 평가를 통한 학생 간 지나친 경쟁을 지양하는 조건 등이 선행되지 않으면 실현이 어렵다.

3.2. 조직 중점에 따른 분류

1) 공식적 교육과정

공식적 교육과정이란 공적인 문서 속에 담긴 교육계획으로 우리나라의 국가수준의 교육과정, 시·도 교육청의 교육과정 지침과 교육청의 장학자료, 학교 교육과정 등이 공식적 교육과정에 속한다고 할 수 있다.

2) 실제적 교육과정

교사들이 수업시간에 실제로 가르치는 내용이나 시험문제와 같이 학생들의 학습에 직접적으로 영향을 미치는 내용을 실제적 교육과정이라 한다. 실제적 교육과정에는 가르친 교육과정(taught curriculum), 학습된 교육과정(learned curriculum),

평가된 교육과정(tested curriculum) 등으로 나누며, 가르친 교육과정은 교사들이 실제로 가르친 교육내용, 학습된 교육과정은 학생들이 실제로 학습한 교육내용을 말하며, 교육과정의 모든 유형 중 가장 중요하지만 통제하기 어려운 부분이기도 하다.

3) 잠재적 교육과정

잠재적 교육과정은 교사, 또는 학교에서 의도하거나 계획하지 않았음에도 학생들이 학교생활을 하면서 우연하게 얻게 되는 모든 경험을 의미한다. 따라서 잠재적 교육과정은 비공식적 교육과정으로 주로 학생들의 가치, 신념, 태도 등과 같은 정의적 측면과 관련된다. 잠재적 교육과정에서는 학교라는 공간을 단순히 학습이 이루어지는 교육의 장으로 여기는 것이 아니라 학생들이 일상을 생활하는 공간으로 간주하며, 학교 안에서는 눈에 띄지 않는 부분들, 예를 들어 학교 내 학칙, 교육제도, 조직 등이 학생들에게 지속적으로 영향을 미치고 그 결과로서 잠재적 교육과정이 나타난다고 본다.

4) 영(null) 교육과정

영(null) 교육과정이란 학생들이 배울 수 있거나 배워야 할 내용임에도 불구하고 학교나 교사가 가르치지 않는 교육과정을 의미한다. 여기서 '영(null)'의 사전적 의미를 찾아보면 '법적인 구속력이 없는', '학습할 기회가 거의 없는'이란 의미를 내포하고 있다. Eisner(1994)는 학교에는 공식적인 교육과정에 속하지 않는 많은 교육 목표나 교육내용들이 있는데, 만일 학교가 이것들을 공식적인 교육과정에 포함하지 않는다면, 학교의 교육적인 영향력은 그만큼 위축되거나 왜곡될 수 있다고 하였다.

5) 중핵교육과정

앞서 살펴본 경험중심 교육과정과 교과중심 교육과정의 단점을 보완하면서 나타난 것이 바로 중핵 교육과정이다. '중핵(core)'이란 사물의 중심, 즉 핵심을 의미한다. 따라서 중핵교육과정은 중심학습이 존재하는 교육과정의 전체계획을 의미한다. 중핵 교육과정에서는 아래의 그림과 같이 '중핵과정'과 분화된 종래의 교과에 의하여 형성되는 '주변과정'이 동심원으로 결합된 구조를 가진다.

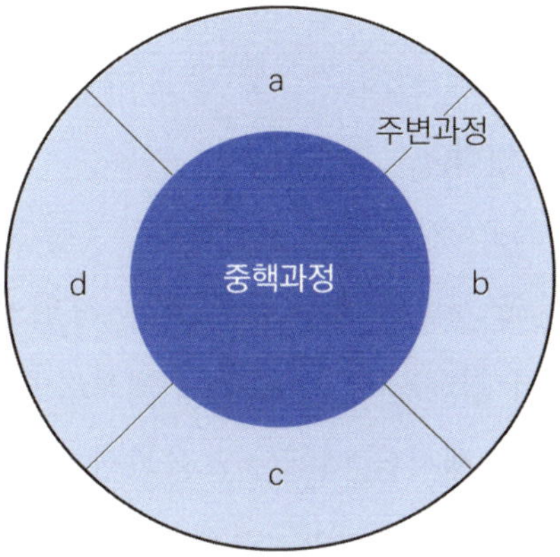

[그림 5-2] 중핵교육과정의 구조

중핵 교육과정에서는 중핵과정과 주변과정으로 나누어볼 수 있는데, 중핵과정은 모든 학생에게 기본적으로 중요하다고 생각되는 학습활동으로 구성되며, 따라서 중핵과정은 모든 학생들에게 필수적이다. 중핵 교육과정을 통해 학생들은 비판적 사고력을 촉진할 수 있으며, 중핵과정에 둔 학습내용과 주변과정에 있는 학습내용 간 지식의 상호관련성을 연결하고, 이해하는 데 중점을 둔다. 또한 중핵 교육과정에서는 학생들의 개인적 능력에 적합한 학습경험을 마련할 수 있다는 장점을 지닌다. 반면, 중핵 교육과정에 대한 교사들의 철저한 준비가 미비하면 운영에 어려움을 겪을 수 있으며, 학생, 학부모들이 중핵 교육과정에 대한 이해가 선행되어야 긍정적인 결과를 얻을 수 있다.

4. 교육목표 선정

4.1. 교육목표 개념

교육목표의 설정은 수업이 전개하고 마치게 되면 이후 학생들에게 기대되는 행동이나 행동의 변화를 의미한다. 즉, 학생이 학습을 마치고 난 후 교사의 가르침이나 도움이 없이 혼자서 목표에 명시된 행위를 수행할 수 있어야 한다. 따라서 교육목표 설정은 수업 전개에 매우 중요한 의미를 가지며, 학생들도 자신이 수업을 받고 난 후 어떠한 변화를 갖게 될지 스스로 알고 깨달을 수 있도록 교수자는 이를 명확하게 진술할 필요가 있다.

교육목표는 일반적인 목표와 구체적인 목표 또는 상위의 목표, 하위의 목표로 나누어 볼 수 있다. 상위의 개념인 일반적 목표는 하위의 개념인 구체적 목표를 규제하며, 일반적 목표에서 정해진 틀 안에서 구체적이면서 현실적인 행동적 목표를 설정한다. 구체적 목표를 제시할 때에는 교육과정에서 의도하는 바가 명확하게 드러날 수 있도록 명세적인 진술로 표현되어야 하며, 학습자 행동의 변화를 주체로 문구를 기술, 표현되어야 한다.

교육목표가 가지는 의미는 다음과 같다.

① 교육목표는 바람직한 성장이 이루어져 나갈 방향을 규명해 준다.

② 교육목표는 단계적인 연속성을 지녀야 한다.

③ 교육목표는 교육활동의 실제적 내용을 포함하여야 한다.

④ 교육목표는 필요에 따라 변화될 수 있는 것이다.

⑤ 교육목표는 교육평가의 근원이며 척도의 기준이 되어야 한다.

4.2. 교육목표의 분류

1) 교육목표 분류

교육목표를 행동유형별 분류하는 것은 각 행동유형을 성취하는데 필요한 교육방법과 평가방법 등을 구상하는데 도움을 준다. 대표적인 교육목표 분류 방식에는 Bloom(1956)과 그의 동료들이 제안한 교육목표 분류가 있다.

Bloom은 교육목표를 크게 인지적 영역, 정의적 영역, 심동적 영역으로 나누고, 각 영역마다 교육목표에 진술되어 있는 행동을 분류하는 준거를 제시하였다. 이를 각 영역별로 살펴보면 다음과 같다.

(1) 인지적 영역

인지적 영역의 분류는 크게 지식과 지적 능력으로 분류되고 지적 기능은 다시 이해, 적용, 분석, 종합, 평가의 다섯 개 영역으로 세분화된다. 각 영역은 위계관계를 가지면서 동시에 하위분류 유목을 준거로 하여 세분화된다.

가) 지식(knowledge)

이 수준에서는 학습한 내용을 기억해내는 행동으로 사실이나 개념, 원리 등을 떠올리는 능력이다.

나) 이해(comprehension)

이 수준에서는 이미 알고 있는 개념이나 내용을 다른 언어로 표현하거나 해석하고 변화시키려는 능력과 중요하거나 중요하지 않은 정보를 식별해내는 능력이다. 또한 단순히 기억을 재생하는 수준 이상의 지적 행위 능력을 의미한다.

다) 적용(application)

이 수준에서는 개념과 방법, 원리 등을 새로운 문제에 적용해보고 습득한 정보를 다른 경우에 사용해보며, 그 전에는 하지 못하였던 일을 할 수 있게 되는 능력을 의미한다.

라) 분석(analysis)

이 수준은 전체를 부분으로 나누는 것과 관련되며 요소들의 분석, 관계 파악 등이 해당된다.

마) 종합(synthesis)

이 수준은 여러 요소나 부분을 하나로 묶고 이전에 한 경험들의 부분을 새로운 형태로 만들어낼 수 있는 능력을 의미한다.

바) 평가(evaluation)

이 수준은 복잡성의 기준에서 보았을 때 인지적 분류학에서 가장 높은 수준으로 논리적 일관성을 파악하거나 어떤 분명한 기준을 세워 판단할 수 있고, 자신의 결론을 입증할 수 있는 증거를 세울 수 있는 능력을 의미한다.

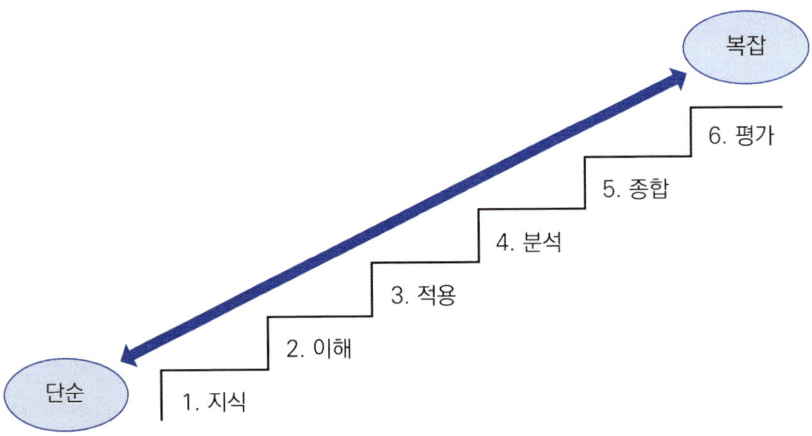

[그림 5-3] Bloom의 인지적 영역에 따른 위계수준

(2) 정의적 영역

Bloom, Krathwohl, Mesia(1964) 등에 의한 정의적 영역은 특정 현상에 대한 주의, 흥미, 동기, 태도, 가치, 신념 등의 형성과 변화에 관계되는 영역으로 정의적 영역에 관련된 행동은 감수, 반응, 가치화, 조직화, 인격화라는 다섯 영역으로 분류된다.

가) 감수(receiving)

이 수준에서는 교사의 자극에 대해 학습자가 감지하고 수용하여 교사의 설명에 대해 주의 집중하는 능력을 의미한다. 세부적으로는 인식, 자발적 감수, 선택된 주의집중을 포함한다.

나) 반응(responding)

이 수준의 목표는 어떠한 자극이나 활동에 참여하고 자발적으로 반응하여 만족감을 나타내는 것으로 이에 대한 학습자가 만족감을 얻게 되는 행동을 의미한다.

다. 가치화(valuing)

이 수준의 단계에서는 학습자가 위에서 언급한 활동에 대한 단순한 만족감을 초월하여 그 행동에 대한 가치와 이에 대한 학습자의 신념과 태도를 의미한다. 즉, 내면화가 이루어지는 것으로 가치수용, 가치채택, 확신의 수준으로 전개된다.

라) 조직화(organization)

이 수준의 단계에서는 여러 가지 가치를 서로 비교해보고 하나의 체계로 연관시켜 나름대로의 가치개념화를 한 후 가치체계를 정립하는 것을 의미한다.

마) 인격화(characterization)

이 수준은 정의적 영역에서 가장 높은 단계인 내면화 수준으로 개인이 행동함에 있어서 기준을 가지고 가치관을 지속적이고 일관성 있게 인격의 일부로 내면화된 정도를 의미한다. 나아가 사회에 대한 가치에도 일관성 있는 태도를 보인다.

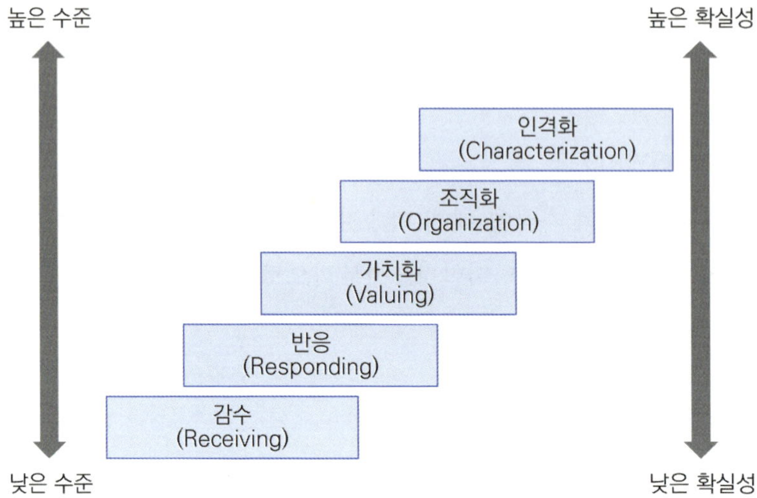

[그림 5-4] Bloom, Krathwohl, Mesia의 정의적 영역 따른 위계수준

(3) 심동적 영역

Harrow(1972)와 Moore(1992)가 발표한 심동적 영역은 근육이나 신체 운동 기능을 강조하는 것으로서 자료나 대상의 조작, 신경근육적 조정 등이 요구되는 행동들이 여기에 속한다. 심동적 영역의 세부적 내용은 다음과 같다.

가) 반사운동(reflex movement)

반사운동은 눈 깜박임, 무릎반사와 같이 개인의 의지와는 관계없이 나타나는 단순한 운동을 의미한다. 이러한 반사운동은 교육이나 개별적 고강도의 훈련이나 연습에 의해서 발달하는 것이 아니기 때문에 교수-학습목표로 설정될 수 없지만 보다 높은 운동기능의 발달에 기초가 된다.

나) 기초적 동작(foundamental movement)

이 수준에서는 앞서 제시한 반사적 운동들의 통합으로 이루어지며 높은 운동기능 발달에 기초가 된다. 예를 들어 걷기, 달리기, 매달리기, 밀기, 점프, 당기기 등이 이에 속한다.

다) 운동지각능력(perceptual abilities)

이 수준에서는 시각적, 청각적, 촉각적 자극을 해석하고 환경에 대한 운동을 조정하는 것으로 날아오는 공 피하기, 수평잡기 등의 활동이 해당된다.

라) 신체적 능력(physical abilities)

이 수준에서는 숙달된 운동기능이 반드시 필요하며, 자신이 가지고 있는 신체적인 기능을 민첩하게 발휘하는 것을 의미한다. 지구력, 근력, 유연성, 민첩성 등과 같은 능력이 해당된다.

마) 숙련된 동작(skilled movement)

이 수준에서는 신체기능을 통합하여 복잡한 운동 기능으로 나타냄을 의미한다. 이 때에 나타나는 능률성, 우아성 및 숙련의 정도(운동선수들에게서 나타나는 세련된 운동기능)와 관련이 있다.

바) 동작적 의사소통(non discursive communications)

이 수준에서는 신체적 운동, 동작을 통하여 가지고 있는 감정, 의사 표현, 내면적 욕구 등을 정교하게 표현하고 이를 창작하는 능력을 의미한다.

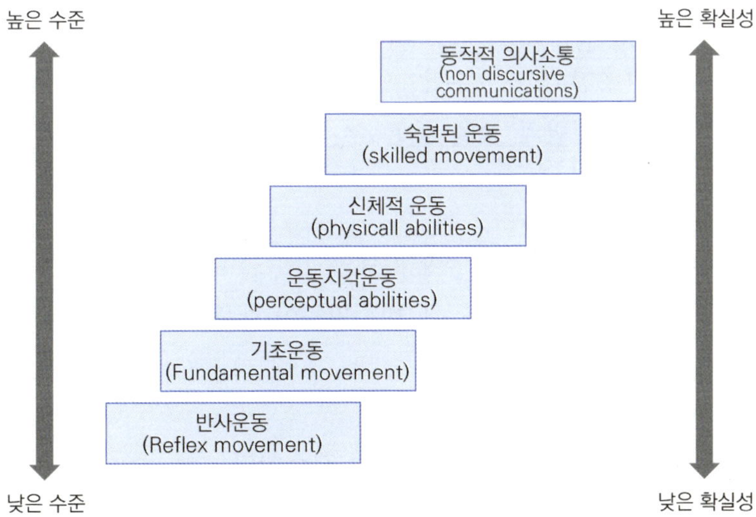

[그림 5-5] Harrow, Moore의 심동적 영역 따른 위계수준

이상의 세 가지 분류학 범주는 그 수준이 단순한 것에서 점차 복잡해져 가는 위계로 배열되어 있다. 그러나 교육목표를 이렇게 세 가지로 한정지어 분류하는 것은 인위적인 방법이다. 특히 각 영역 내에서 하위목표들은 중복되는 경우가 많다.

4.3. 교육목표 진술 방법

1) Tyler의 교육목표 진술

Tyler는 교육목표 진술 시 내용요소와 행동요소를 제시해야 한다고 언급하였다. 학생에게 기대하는 행동특성과 그 행동특성이 구현된 내용이 함께 진술되어야 한다는 것이다. Tyler가 제시한 교육목표 진술 방식을 구체적으로 살펴보면,

첫째, 교사의 행동(~알게 한다, ~인지하게 한다, ~를 수행하게 한다)을 중심으로 기술하는 것이 아닌 학습자가 결과로서 행동하는 행위(~알 수 있다, ~할 수 있다)로 진술되어야 한다.

둘째, 결과로서 나타나는 행동을 충분히 세부적으로 진술한다.

셋째, 암시적 동사가 아닌 명시적 동사로 표현한다.

예를 들면, 운동장 100M를 (조건) 20초 안에 (수락 조건) 달릴 수 있다. (행동)

피아노 건반의 음을 듣고 (조건) 3개의 음을 (수락 조건) 구분할 수 있다. (행동)

Tyler는 행동적 수업목표를 진술하는 데 3가지 특징을 제시하고 있다. 행동적 수행목표란 그 목표를 숙달하였을 때, 학습자들이 행동으로 표출하기를 기대하는 행동세목을 말한다.

(1) 수업목표 진술은 학생의 행동으로 진술한다.

교육에서 관심을 갖는 것은 교수-학습이 시작되기 전과 후 학생의 행동 변화가

어떠한 방향으로, 어떤 수준까지 변화되었나를 살펴보고, 이를 평가할 때 학생이 변화된 행동의 관점에서 진술되어야 한다는 것이다. 따라서 수업목표 진술은 교사가 본 수업시간에 무엇을 어떻게 가르칠지에 관한 내용이 학생들에게 결과적으로 나타나게 될 행동으로 진술되어야 한다.

(2) 학생의 행동만을 진술할 것이 아니라 그 행동이 나타나는 구체적 내용도 함께 진술되어야 한다.

즉, 결과적으로 나타나는 행동에 대해 학문구조에 따라 세분화시켜 세부적 행동까지 구체적으로 진술하도록 한다.

(3) 학생의 기대되는 행동은 충분히 세분화되어야 한다.

수업목표에서 학생에게 기대되는 행동이 충분하게 세분화시키지 않고 학습과제의 내용구조를 구체적으로 진술하지 않게 되면 실제 수업이 막연한 것이 되기 쉽고 평가 시에도 구체적으로 무엇을 평가하여야 할지 혼란에 빠지게 된다. 따라서 행동을 세분화하여 진술하는 것은 매우 중요하다.

2) Mager의 교육목표 진술

Mager는 Tyler의 교육목표 진술을 내용과 행동으로 나누는 이원분류 방법으로 진술하는 것은 부족하다고 보고, 보다 구체적인 방법을 제시하였다. Mager는 교육목표를 진술 시 교육목표 도달 여부를 확인할 수 있는 행위동사로 진술하는데, 이 때 암시적 동사가 아닌 명시적 동사를 사용할 것을 권장한다. 명시적 동사의 경우 해당 동사의 의미를 임의적으로 다르게 해석할 수 없기 때문에 교사가 제시하고자 했던 교육목표 진술의 의미가 더욱 명확해진다는 것이다.

다음 〈표 5-1〉은 Mager가 제안한 암시적 동사와 명시적 동사의 예시이다.

〈표 5-1〉 Mager의 암시적, 명시적 동사의 예시

암시적 동사의 예	명시적 동사의 예
안다	기록한다
이해한다	암송한다
진실로 이해한다	확인한다
감상한다	구별한다
충분히 감상한다	계산한다
중요성을 파악한다	작성한다
즐긴다	열거한다
믿는다	비교한다
믿음을 가진다	대조한다

Mager는 교육목표 진술의 세 가지 요건을 다음과 같이 제시하였다.

(1) 교육목표 진술의 세 가지 요건

① 도착점 행동: 학습자가 학습목표에 도달한 증거로 확인할 수 있는 행동

② 상황이나 조건: 그러한 행동이 일어나는 장면이나 조건

③ 도달수준: 그러한 행동을 학습의 성공으로 받아들일 수 있는 수준

(2) 교수목표 진술의 세 가지 요소

Mager의 교수목표 진술은 학습자가 수행하게 될 행동(Behavior), 학습행위가 일어나게 되는 조건(Condition), 학업의 달성 수준을 판정할 수 있는 수락기준(Criterion)을 포함한 세 가지 요소가 있다.

가) 행동(Behavior)

학습자에 의해서 표현되는 모든 관찰할 수 있는 활동을 의미하며, 학습이 끝난 후에 학습자가 무엇을 하게 되어야 하는가를 뜻한다. 앞서 Tyler가 행동이라는 개념과 유사한 것으로, 학습자의 지적 혹은 기능적인 측면의 변화를 의미한다.

나) 조건(Condition)

조건은 학습이 일어나는 상황에서 학습자가 처하게 될 한계나 제약 조건을 의미

한다. 제약 조건은 학습 상황의 제약 조건이 아니라, 최종 수행 행동이 직면하게 될 상황에서의 제약 조건을 의미한다.

다) 수락 기준(Criterion)

수락될 수 있는 기준, 또는 준거가 있어야지만 학습자의 행동에 대한 목표 달성 여부를 판단할 수 있게 된다. 따라서 이때의 기준은 학습 목표를 달성한 학습자와 그렇지 못한 학습자를 구별할 수 있는 일종의 '잣대'가 된다.

5. 미래 교육과 학교교육과정개선을 위한 방향

현행 우리나라의 유・초・중등학교의 교육과정은 세계적 수준의 교육인재를 키워나가는데 걸맞는 교육과정인지, 미래 사회를 살아갈 학생들에게 필요한 역량을 키우고 있는 교육과정을 채택하고 있는지에 대한 끊임없는 고민이 지속되고 있다. 이는 나아가 대학교육에서도 마찬가지이다. 학교교육에서 새로운 교육정책이 시행되게 되면 가장 먼저 변화하고, 적용을 받는 부분이 바로 교육과정이다. 최근 들어 중학교에서 실시하고 있는 자유학년제에 이어 고등학교에서는 고교학점제 전면 시행을 앞두고 있다. 이러한 정책이 실효를 거둘 수 있는지, 그 성패를 좌우하는 부분이 바로 교육과정이기에 학교교육에서는 과거보다 특색있는 교육과정의 운영에 대한 요구와 교육과정의 변화에 주목하는 정도가 커졌다고 볼 수 있다.

하지만 우리나라의 경우 중앙집권적으로 교육정책과 교육과정을 관리, 운영하는 시스템 하에서는 각 학교의 특색에 맞게 학생과 교원의 입장에서 교육과정과 수업을 운영하기에는 한계가 있다(홍후조, 2016). 학교자치제, 학교자율화, 교육과정의 자율권 등에 대한 연구와 교육과정변화에 관련된 여러 지원들이 이루어지고 있다고 하지만 단위학교 수준에서는 이에 대한 자율화를 아직까지는 체감하기 어려운 수준으로 여겨진다. 또한 교사 수준에서도 교육과정에 대한 자율권이 부여된다 하더라도 교육과정 재구성을 할 수 있는 역량을 지녔는지, 이에 대한 준비가 이루어졌는지도 의문이다.

따라서 학교교육 자율화를 확대 실시함과 동시에 교육과정설계와 재구성에 대한 교사들의 역량을 키울 수 있도록 지원하고, 더 나아가 미래 교육을 담당할 예비교사들이 양성되는 과정에서부터 이들이 다양한 교과목을 융합하여 가르칠 수 있고, 교육과정 편성, 운영, 재구성을 할 수 있는 역량을 키울 수 있도록 교육시키도록 한다.

연습문제

1. 학교교육에 있어서 교육과정이 중요한 이유에 대해 생각해 보시오.

2. 교육과정학의 발달과정과 연관지어 교육과정 유형 별 특징을 구분해보시오.

3. 각 교과에 대한 교육목표를 진술해보고, 교육목표 진술 조건에 부합한지 확인해보시오.

참고자료 및 관련 사이트

권낙원(2008). 학교교육과정 개발론. 서울: 학지사.

김종서, 이영덕(1981). 교육학개론. 서울: 한국방송통신대학 출판부.

오성삼(2011). 교육학개론. 서울: 양서원.

이홍후(1997). 지식의 구조와 교과. 서울: 교육과학사.

장봉석, 장성민, 정민수, 신동로(2020). 교육과정. 파주: 형설출판사.

홍후조(2016). 알기쉬운 교육과정. 서울: 학지사.

Bloom, B. S., & Krathwohl, D. R. (1956). *Taxonomy of Educational Objectives: The Classification of Educational Goals.* Handbook I: Cognitive Domail. NY: Longman, Green.

Bobbi, F. (1918). *The Curriculum*. Boston: Houghton-Mifflin.

Dewey, J. (1916). *Democracy and education.* NY: Macmillan.

Eisner, E. W. (1994). *The Educational imagination: on the design and evaluation school programs*. NY: Macmillan.

Harrow, A. (1972). *A taxonomy of the psychomotor domain: A guide for developing behavioral objectives*. NY: David McKay.

Mager, R. F. (1962). *Preparing instructional Objectives.* Plao Alto, CAL: Fearon.

Moore, K. (1992). *Classroom teaching skills(2nd ed.).* NY: McGraw-Hill.

Tyler, R. W. (1951). *Basic Principles of Curriculum and Instruction*. Chicago: University of Chicago Press.

〈참고사이트〉

교육부 www. moe.go.kr

한국교육과정평가원 www.kice.re.kr

제 6 장

교육방법

학습목표

1. 객관주의 교육방법과 구성주의 교육방법의 특징을 설명할 수 있다.
2. 객관주의적 교육방법의 종류, 특징, 절차를 설명할 수 있다.
3. 구성주의적 교육방법의 종류, 특징, 절차를 설명할 수 있다.
4. 교육방법의 주요 요소를 바탕으로 적절한 교육방법을 선택하여 적용할 수 있다.

주요용어

- 교육방법의 개념과 특징
- 객관주의, 구성주의
- 강의법, 토의법, 탐구학습
- 문제중심학습, 플립드 러닝

1. 교육방법의 이해

1.1. 교육방법의 개념

1) 교육방법의 배경

수업은 교수자와 학습자가 만나는 장이며, 가르치고 배우는 교수학습활동이 이루어지는 현장이다. 수업을 통해 어떻게 하면 가장 효과적이고 효율적으로 가르치고 배울 수 있을 것인가를 결정하고 수행하는 것이 교육방법이다. 즉, 교육방법은 '어떻게 하면 잘 가르치고 배울 수 있을까'라는 질문에 답하는 것이라고 할 수 있다. 이러한 목적을 달성하기 위해서는 교수학습을 위한 목표, 내용, 환경, 교수자 및 학습자에 따라서 적절한 방법론을 선택하여 활용했을 때 기대했던 결과를 얻을 수 있다. 따라서 교육방법은 이러한 요소들 사이에 조화와 상호작용을 통해 학습자가 다양한 학습경험을 하도록 하는 것이다. 이를 위해 교수자는 수업의 상황을 고려하여 최적의 교육방법을 선택하고 탁월하게 운영할 수 있어야 한다.

2) 교육방법의 개념과 준거

교육방법은 쉽게 말해 '교육하는 방법'이다. 구체적으로 교육방법의 개념을 살펴보기 위해서는 교육방법을 '교육'과 '방법'으로 나눠 접근할 수 있다. '교육'은 교수자, 학습자, 교육상황, 교육과정이라는 구성요소의 유기체적인 관계에 의해 형성되며, '방법'은 어떤 목적을 염두에 두고 이 목적에 도달하지 못한 현재 상태를 전제로 한다(장선영, 고은현, 박인우, 2013). 이에 교육방법은 학습의 목적에 도달하기 위한 '이론적 지식'과 이것을 실현시킬 '실행력'을 포함한다(변영계, 김영환, 손미, 2007).

교육방법에 대한 학자들의 정의는 다양하다. 교수내용을 제시하는 형태, 즉 교수형태(Heinich, Molenda, Russel & Smaldino, 1996), 교육의 목적을 실현하는데 필요한 모든 수단/방법적 조건의 총칭(황정규, 이돈희, 김신일, 1999), 교수학습 활동에서 피교육자의 개인적 특성 및 학습지도 모델, 비용과 시간적 여유, 학습환경 등을 고려하여 학습목표에 도달하기 위한 수업의 설계, 개발, 적용, 관리, 평가를 위한 일련의 활동(이용환, 2001) 등으로 정의된다. 교육방법과 관련된 다양한 개념을 종합해보면 학습목표에 따라 학습내용을 효과적으로 전달하고 학습자가 성공적으로 학습성취를 할 수 있도록 지원하는 방법(변영계, 김영환, 손미, 2007)으로 정리할 수 있다.

1.2. 교육방법 탐구의 전제 및 분류

1) 교육방법 탐구의 배경

그렇다면 교육방법은 왜 탐구해야 할까? 교육방법의 탐구 이유를 정리하면 다음과 같이 세 가지로 정리해볼 수 있다. 첫째, 모든 상황에서 동일한 효과를 기대할 수 있는 교육방법이란 없기 때문이다. 교육방법이란 앞서 언급한 다양한 구성요인의 상호작용 속에서 다양한 양상을 만들어 낸다. 즉, 동일한 내용을 가르친다고 하여도 다른 요소들의 영향에 따라 전혀 다른 수업이 만들어질 수 있다. 따라서 교수자는 자신이 직면한 상황에 따라 적절한 교육방법을 선택하고 활용할 수 있어야 한다.

둘째, 학습자의 특성에 따른 학습효과를 고려해야 하기 때문이다. 학습자는 교육방법을 선택하는데 가장 중요한 요소 중 하나다. 학습자의 연령, 배경, 선수학습수준, 학습능력, 흥미, 동기 등을 다양한 측면에서 고려해야 할 필요가 있다. 또한 학습자 개인의 사회문화적 배경이나 신체적・정서적 학습조건이 다르다는 점도 염두에 두어야 한다. 이러한 학습자의 특성에 대한 고려가 교육방법을 통해 더 효과적인 수업을 구현하는데 중요하게 작동한다.

셋째, 교수자의 철학, 태도, 신념, 경험 등이 교육방법의 선택에 영향을 미치기 때문이다. 수업에서 학습자 중심의 접근이 강화되고 있지만 여전히 교수자는 수업에서 강력한 주도권을 가진 존재다. 교수자가 수업에 대해 어떻게 접근하느냐에 따라 교육방법은 전혀 달라질 수 있다. 특히 교수자의 경험이 교육방법을 선택하고 활용하는데 중요한 영향을 미치는데, 통상적으로 교수자는 교수나 학습 측면에 있어서 경험이 있고 자신에게 익숙한 방법을 선호한다.

이렇듯 교육방법은 상황적 조건, 학습자 특성, 교수자 특성에 따라 전혀 다른 접근이 가능하다. 이에 각각의 조건에 부합하는 적절한 교육방법을 찾기 위한 탐구의 과정은 중요하다.

그렇다면 이러한 탐구 과정에서 어떤 교육방법을 선택해야 할 것인가? 좋은 교육방법을 평가하는 준거가 필요하다. 이때 보통 네 가지 정도의 준거 요소를 도출해볼 수 있다. 첫째, 좋은 교육방법이란 그것을 활용했을 때 효과가 좋아야 한다. 여기서 효과란 학습목표가 달성되었는지를 판단하는 것이다. 아무리 혁신적인 교육방법이라도 학습목표를 달성하기 어렵다면 좋은 교육방법이 될 수 없다. 둘째, 교육방법은 효율성이 좋아야 한다. 높은 효과를 보이지만 효율성이 떨어진다면 좋은 교육방법이라고 하기 어렵다. 셋째, 교육방법은 매력적이어야 한다. 교수자와 학습자 모두에게 교육방법은 시도해보고 싶은 매력이 느껴져야 한다. 그저 복잡하고 어렵게만 느껴지는 교육방법은 학습에 긍정적 영향을 주기 어렵다. 넷째, 윤리적이어야 한다. 실천과 수행에 있어서 도덕적으로 문제가 없는지 살펴보아야 한다. 매우 뛰어난 효과를 보인다고 하더라도 방법이 윤리적이지 못하다면 좋은 교육방법이라고 할 수 없다.

2) 교육방법의 분류

교육방법은 교육의 주체, 교육의 내용, 의사소통의 형태, 집단의 크기에 따라 분류할 수 있다. 첫째, 교육의 주체에 따른 분류다. 이것은 교수자 주도형과 학습자 주도형으로 다시 나뉜다. 먼저 교수자 주도형은 교수자가 지식의 전달자 역할을 하는 것으로, 보통 일방향적 수업이 이루어지게 된다. 주로 체계적인 지식을 전달할 때 활용되며, 강의나 시범, 팀티칭 등이 그 예다. 다음으로 학습자 주도형은 교수자에게 학습의 조언자나 촉진자 역할을 부여한다. 학습자는 교수자의 설명을 일방적으로 듣는 것이 아니라 쌍방향적으로 소통한다. 주로 구성주의적 접근에서 많이 이루어지며, 협동학습이나 토의법, 시뮬레이션 등이 그 예이다.

둘째, 교육의 내용에 따른 분류다. 이것은 지식 중심과 문제해결 중심으로 다시 나뉜다. 먼저 지식 중심은 체계화된 자연적 사실이나 그것에 기초한 보편적 요소를 다룬다. 이를 위해 행동주의나 인지주의 학습이론이 적용되는 경우가 많으며, 강의나 시점, 프로그램 학습 등이 그 예이다. 다음으로 문제해결 중심의 경우 제시된 과제에 대한 지식을 구성하고 그것을 바탕으로 문제를 해결하는 것을 다룬다. 이를 위해 구성주의 학습이론이 적용되는 경우가 많으며, 토의법, 역할극, 협동학습 등이 그 예이다.

셋째, 의사소통의 형태에 따른 분류다. 이것은 강의형, 개인교수형, 실험형, 토론형, 자율학습형 등으로 나누어 볼 수 있다. 강의형은 교수자가 전달자, 학습자는 수용자 역할을 하게 된다. 개인교수형은 학생 개인별로 맞춤형 학습이나 심화학습이 가능하게 한다. 실험형은 학습자가 주어진 자료를 바탕으로 스스로 학습을 하도록 한다. 토론형은 학습자들 간의 상호작용을 바탕으로 의견을 교환하고 협력하는 태도를 배우도록 한다. 자율학습형은 교수자가 제시하는 것이 아니라 학습자가 스스로 계획하고 스스로 학습하는 것을 말한다.

넷째, 집단의 크기에 따른 분류다. 이것은 대집단 형태와 소집단 형태로 나누어 볼 수 있다. 대집단이란 한 학급의 크기 이상을 말하는 것으로 통상 50명 이상을 의미한다. 이러한 대집단 형태는 단시간 안에 다수의 학습자를 대상으로 교육이 가능하다는 장점을 갖고 있으며, 강의법이나 시범이 주로 활용된다. 다음으로 소집단 형태는 한 학급 크기 이하를 말하는 것으로 학습자와 교수자 구성원 간의 인간적 접촉이 가능하다는 장점이 있다. 토의법, 협동학습, 역할극 등 다양한 시도를 할 수 있다. 최근에는 최적의 수업환경을 만들 수 있는 집단 크기로 20명 내외가 많이 언급되고 있다.

3) 정리

이처럼 교육방법의 분류는 다양한 관점에서 접근할 수 있는데, 본 장에서는 인식론적 관점에서 따라 객관주의와 구성주의로 나누어 접근하고자 한다. 이러한 접근은 앞서 언급한 다양한 분류의 방법을 포괄하며, 각각의 교육방법이 가진 철학적 근거를 제시할 수 있다는 점에서 의미가 있다. 객관주의는 실체가 인간과 독립적으로 존재한다는 사실주의의 하나로, 인간 외부에 객관적이며 절대적인 세계가 존재한다고 생각한다. 구성주의는 객관주의에 대한 비판에서 등장한 것으로 지식은 단순히 전달되는 것이 아니라 개인의 인지구조 속에서 이미 획득되어 있는 지식과 경험에 의해 재창조된다는 이론이다. 이러한 두 가지 관점에 대해 각각이 가진 의미와 특징을 살펴보고, 그것과 연결된 교육방법에 대해 알아보고자 한다.

2. 객관주의 교육방법

2.1. 개요

1) 객관주의 교육방법의 이해

객관주의 교육방법을 이해하기 위해서는 우선 객관주의적 지식관에 대해 살펴보아야 한다. 객관주의는 객관적 지식과 보편타당한 절대적 진리가 존재한다는 가정에서 출발한다. 세계는 인식의 주체인 인간의 외부에 독립적이고 절대적으로 실재하며, 따라서 의미도 객관적으로 존재하는 것으로 생각한다. 이러한 상황에서 지식이란 초역사적이며 초공간적인 특징을 가진다.

이러한 객관주의 입장에서 교육의 목표는 진리와 일치하는 지식을 습득하는 것이다. 상대적으로 경험이란 세계를 구조화하는데 중요한 역할을 하지 못한다고 본다. 왜냐하면 진리란 인간의 경험 밖에 실체가 있기 때문에 경험은 진리의 검증과 사실의 발견과 깊은 관련성을 갖지 못한다고 이해하기 때문이다. 따라서 객관주의에서의 학습은 보편적 지식을 수용하고, 객관적 실체를 파악하는 것을 의미한다. 이러한 관점에서 교수란 인간 외부에 존재하는 진리를 깨닫도록 암기를 중심으로 한 소극적인 교육에 초점을 맞춘다. 이에 행동주의나 인지주의의 학습이론을 통해 주로 설명되며, 통제와 예측을 통해 진리를 추구하고 외부에 존재하는 세계를 밝히는 것을 학습목표로 설정하게 된다.

객관주의 교육방법에서의 수업이란 지식을 전달하는 형태가 흔하며 교수자가 학습자에게 지식을 전수해주고, 학습자는 이를 수동적으로 수용하게 된다. 수업에서 주로 지식의 전달이 이루어지기 때문에 학습자는 보편적 사실이 일어나는 이유를 이해하는 것을 목표로 한다. 수업의 과정은 단순하고 구조화된 환경 속에서 학습해야 할 내용을 잘게 분해하고 그것의 순서를 결정하여 순차적으로 따라가는 것이다. 지식을 탐구하는 방법론은 실증론을 기반으로 하며, 표본수집, 실험, 견학 등을 통하여 직접적인 관찰과 경험의 심화 등을 추구하는 양적인 연구방법이 강조된다. 가설을 검증하고 일반화하는 것이 지식을 밝히는데 중요하며, 방대한 양의 지식을 짧은 시간에 얻을 수 있도록 하는 강의법이 많이 사용된다.

객관주의 교육에서는 학업의 성취도가 중요한데, 교수자가 일방적으로 결정한 수업의 성취목표에 따라 더 많이 외우고 객관적 진리를 더 정확하게 표현하는 학습자가 높은 성취도를 얻을 수 있다. 성취도에 대한 평가는 수업 중에 이루어지는 학습의 과정에는 큰 관심이 없다. 얼마나 목표로 했던 진리를 많이 알고 있는지 확인하기 위해 결과에 대해 총괄평가를 하게 된다. 구체적인 학습목표의 성취 여부는 숫자로 표현되며 이것을 근거로 서열화가 이루어질 수 있다.

2) 객관주의 교육방법과 전통적 수업

이러한 내용을 요약하면 객관주의에서 세계란 가시적 실재로 이루어져 있어 정량화가 가능하고, 전체는 작은 단위의 요소로 분석할 수 있으며, 각 요소들 간의 인과관계로 다시 전체를 설명할 수 있게 된다. 따라서 전체는 자극에 대한 반응과 같은 관찰 가능한 객관적 요소들 사이의 관계로 설명이 가능하다고 본다. 이러한 객관주의 접근방식은 현재까지도 교수학습의 영역에서 강력한 영향력을 발휘하고 있다.

객관주의 교육방법은 흔히 전통적 수업에 적용되어 왔다. 이에 본 장에서는 객관주의에 기반을 둔 전통적 교육방법으로 강의법, 토의법, 탐구학습에 대해 알아보고자 한다.

2.2. 강의법

1) 강의법의 개념과 특징

강의법은 교수자가 중심이 되는 가장 일반적인 교육방법으로 교육방법에 있어서 가장 오랜 역사를 갖고 있다. 강의법의 어원은 라틴어 'lectore'로, '큰 소리로 읽다.'라는 의미이다. 문자가 활발하게 사용되기 이전인 구술문화 시대부터 말을 통한 강의는 자신의 지식을 대중에게 보여준 대표적인 방법 중 하나였다. 고대 희랍 시대에는 웅변, 로마시대에는 소크라테스식 변증법, 중세에는 스콜라주의나 강의와 논쟁 등 강의법은 역사적으로도 꾸준히 발전해왔다. 강의법의 핵심은 언어를 활용하여 교수자와 학습자가 서로 상호작용하는 것이다. 이에 교수자가 학습자에게 학습내용을 설명을 통해서 체계적으로 가르치는 행위(권성호, 엄우용, 권혁일, 이준, 2015), 지식 혹은 기능을 교수자 중심의 설명을 통하여 학습자에게 전달하고 이해시키는 방법(변영계, 김영환, 손미, 2007) 등으로 정의된다.

강의법은 다음과 같은 특징을 갖고 있다(Newby, Stepich, Lehman & Russell, 1996). 첫째, 교수자가 학습내용, 속도, 학습자의 요구 등을 제어하기 쉽다. 교수자가 거의 모든 전권을 갖고 있기 때문에 변수가 발생할 가능성이 적다. 둘째, 모든 규모의 수업에 적용할 수 있다. 소규모의 수업도, 대규모의 수업도 모두 강의법을 통해 진행할 수 있다. 이는 강의법이 가진 큰 특징이자 장점이다. 셋째, 모든 학습자에게 동일한 정보를 준다. 강의법은 학습자 개인별로 다른 내용을 전달할 수는 없다. 전체를 대상으로 진행하게 된다. 넷째, 많은 내용을 빠르게 보여줄 수 있다. 효율성 측면에서는 강의법이 대부분의 다른 교육방법보다 뛰어나다. 특히 슬라이드 자료를 활용하게 되면 더 많은 양을 빠르게 제시할 수 있다. 다섯째, 학습자가 아무것도 하지 않아도 된다. 강의법에서 지식을 전달하는 것은 학습자가 내용을 제대로 이해하게 하는 것을 목적으로 하는데, 그렇다보니 학습자가 수동적으로 수업에 임하게 된다는 비판이 많다. 이에 학습자가 강의법에서 능동적으로 수업에 임하려면 단순히 교수자의 말을 듣는 것을 넘어 적극적으로 참여하고 내용을 해석하는 작업을 하도록 해야 한다. 여섯째, 학습자에게 피드백을 주지 않는다. 내용도 개별화하여 전달하지 않으며, 학습자 개인별로 피드백하는 것을 다루지도 않는다. 따라서 학습자 개인이 해야 할 활동이 있고, 그것에 피드백을 해야 한다면 강의법은 적합하지 않다.

2) 강의법의 단계

강의의 방법을 단계로 제시한 대표적인 사람으로 Herbart를 꼽을 수 있다. 그는 강의 단계를 4단계로 나누었다. 첫째, 명료 단계다. 가르치고자 하는 주제를 명료하게 제시하는 것이다. 강의의 초반에 학습해야 할 주제를 명료하게 제시해야만 학습자는 몰입할 수 있다. 둘째, 연합 단계다. 새로운 주제를 학생이 이전에 배운 것들과 관련지어 해석하고 이해할 수 있도록 한다. 셋째, 계통 단계다. 새롭게 배운 내용을 기존의 지식 체계 내에서 적당히 자리를 잡도록 한다. 새롭게 배운 내용에서 구성요소를 구분하고, 기존의 지식 및 관념체계와 일관되게 그것을 조직하도록 한다. 넷째, 방법 단계다. 새롭게 얻은 지식과 주제를 활용하여 새로운 문제에 적용할 수 있는 능력을 기르는 연습의 과정이다. 이를 통해 새로운 내용을 제대로 배웠는가 확인하게 된다. 헤르바르트의 4단계는 이후 Ziller와 Rein에 의해 수정되어 준비－제시－결합－체계화－적용의 5단계로 바뀌게 된다. 강의법은 이러한 발전과 변화에 따라 여러 가지 단계가 제시되지만, 이를 정리해보면 통상적으로 준비－도입－전개－정리의 4단계로 구성하는 경우가 일반적이다. 각 단계별로 주요 내용을 제시하면 다음과 같다.

첫째, 준비 단계다. 이 단계에서는 강의에 사용할 매체를 선정하고 학습과제, 수업목표, 학습자의 출발점 행동에 대해 충분히 이해해야 한다. 이를 위해 우선 학습자를 분석하여 학습자의 요구나 가치, 배경, 지식 수준, 오개념 등을 미리 확인해야 한다. 이 단계는 단순히 학습자가 이전의 학습 내용을 기억하고 있는지를 확인하는 것이 아니라 새로운 학습내용과의 관계를 파악하고 이것을 서로 연결시키기 위함이다. 준비단계에서 반드시 수반되어야 할 또 다른 활동은 수업의 목표를 명세화하는 것이다. 즉, 학습자들이 수업을 통해서 무엇을 할 수 있는지, 이를 위해 어느 정도 수업 시간을 배정해야 할지 등을 확인한다.

둘째, 도입 단계다. 이 단계에서는 교수자와 학습자 사이에 관계를 형성하게 된다. 교수자가 자신을 소개하고 출석을 부르는 등 학습자의 이름을 호명하며 인사하게 된다. 분위기를 부드럽게 하기 위한 짧은 이야기나 강의 계획, 절차 등을 언급하며 가르치고 배우기 위한 적절한 단계를 만들어간다. 또한 학습목표를 제시한다. 수업의 목표를 명시적으로 제시하되, 가능하면 위계적 관계로 밝혀주는 것이 필요하다.

셋째, 전개 단계다. 이 단계에서는 학습해야 할 내용을 논리적으로 조직하여 제시한다. 사전에 강의 내용을 구조화해두어야 하며, 교수자의 언어적 설명에만 의존하지 않고 학습자의 다양한 감각을 자극할 수 있는 시청각 자료들을 적절하게 활용하는 것이 좋다. 시청각 자료는 개념을 강조하고 명료화하며 학습내용을 장기간 기억하는데 도움을 얻을 수 있다는 강점이 있다. 그러나 과도한 사용은 부정적 효과가 더 클 수도 있다는 것을 주의해야 한다. 내용을 전개하면서 예제와 같은 구체적인 것들을 제시할 필요가 있다. 특히 용어나 이론은 명백하게 제시하여 학습자의 혼란이 없도록 해야 한다. 학습자의 참여에 대한 고려도 필요하다. 학습자가 그저 수업 내용을 듣기만 하는 것이 아니라 배운 내용을 연습하고 적용해볼 수 있어야 한다. 이러한 과정을 통해 교수자는 학습자의 이해 수준을 파악하고 학습목표를 더 명확하게 수정하는 등의 효과도 얻을 수 있다.

넷째, 정리 단계다. 이 단계에서는 중요한 내용을 재생시켜 일반화할 수 있도록 돕는다. 또한 전체적인 내용을 개괄하고 이어지는 강의와 연결해주는 활동이 진행된다. 이를 통해 학습자는 수업을 통해 학습한 내용을 정리하고 더 오랫동안 기억할 수 있게 된다. 교수자는 정리를 통해 학습자가 스스로 배운 내용을 정리할 수 있는 기회를 제공하는 것에 주안점을 두어야 한다.

3) 강의법이 효과적인 경우

강의법은 폭넓게 활용되는 기본적인 교육방법이지만 전형적인 교수자 중심의 접근이라는 점에서 비판받기도 한다. 그러나 강의법은 그러한 특징으로 인해 다른 교육방법에 비해 높은 가치를 인정받기도 한다. 이것을 정리해보면 크게 세 가지 측면으로 볼 수 있다.

첫째, 교육의 목적의 측면이다. 강의법은 특정한 태도나 가치를 고취시키기 위해 설득력 있는 웅변 형태의 교수가 필요할 때 효과적이다. 교수자의 말에 초점이 맞춰지기 때문에 논리적이고 체계적인 설명을 통해 학습자를 설득하고 이해시키기 적합하다. 또한 사실적 정보나 개념 등의 논리적이고 객관적으로 내용을 전달해야 할 때 효과적이다. 강의법은 교수자나 학습자의 주관적 생각이나 경험 등을 다룰 때보다는 객관적 차원에서 '전달'하는 것이 중요할 때 더 좋은 효과를 얻을 수 있다.

둘째, 교육의 내용적 측면이다. 강의법은 교재에 없는 새로운 정보나 자료를 제공할 때 효과적이다. 교재가 없을 때 학습자는 스스로 개인적인 학습을 하는데 어려움을 느낄 수 있는데, 이때 강의법은 학습자가 알아야 할 것을 제시할 수 있는 중요한 수단이 된다. 복잡하고 어려운 내용을 체계적으로 전달해야 할 때에도 효과적이다. 교수자가 가진 지식의 체계를 학습자에게 전달하기 적절하다. 내용이 세분화되고 복합적으로 연계되어 있을 경우, 그것을 하나씩 풀어나가면서 설명해야 할 때도 적절하다. 전체 내용을 개괄 및 요약하고 다른 교육방법을 도입하기 전 단계에서도 활용할 수 있다. 실제로 구성주의 기반의 교육방법에서도 강의법을 앞 부분에서 활용하는 경우는 흔하다.

셋째, 학습자 특성 측면이다. 학습자에 따라서 강의법이 더 효과적일 수 있는 경우가 있다. 모호성을 참지 못하는 학습자에게 교수자가 체계적인 설명을 제공하는 강의법은 다른 교육방법에 비해 더 만족스럽다. 내향적인 학습자에게도 강의법은 좋은 효과를 얻을 수 있다. 다른 학습자와 협력하며 무엇인가를 계속해야 하는 교육방법은 내향적인 학습자에게 부담이 될 수 있다. 순응형 학습자에게도 강의법은 적절하다. 교수자가 강의를 통해 내용을 제시하고, 해야 할 것들을 안내할 때 순응형 학습자들은 안정감을 느낄 수 있다.

2.3. 토의법

1) 토의법의 개념과 특징

토의법은 교수자와 학습자, 혹은 학습자와 학습자 사이의 상호작용을 통해 정보와 의견을 교환하고 결론을 이끌어내는 교육방법이다(권성호, 엄우용, 권혁일, 이준, 2015). 토의법은 민주적 원리를 바탕으로 학습자의 의견 제시 및 공유 등을 전제로 하는 대표적인 학습자 중심의 교육방법 중 하나다.

토의법의 가치는 인지적, 심리적, 사회적 측면에서 논의된다(이성호, 1999). 첫째, 인지적 측면에서는 학습자가 다른 학습자를 통해 새로운 정보를 획득하고 배우는 기회를 얻을 수 있다. 다른 학습자와의 논의 속에서 학습자 스스로 알고 있는 것을 공고하게 할 수 있다. 다른 학습자에게 자신의 생각을 이야기하기 위해서는 자신이 알고 있는 것이 분명해야 한다. 이 과정에서 학습자 자신이 갖고 있던 생각의 타당성과 합리성을 검증할 수 있는 기회를 얻게 되며, 학습을 내면화하는데 도움을 얻을 수 있다. 특히 토의법은 사고 능력을 개발하고 문제해결에 필요한 기능 및 태도를 배울 수 있다는 것도 큰 특징이다.

둘째, 심리적 측면에서는 학습자가 집단 속에서 소속감이나 유대의식 등을 느껴 적극적인 구성원 의식과 집단에 대한 긍정적인 태도를 갖는다. 또한 잠자고 있었던 자아를 각성시키고 집단 속에서의 자아분화를 성취하는 계기를 마련해준다.

셋째, 사회적 측면에서 여러 가지 사회적인 기능과 태도를 배양시켜줄 수 있다. 집단사고, 집단문제해결 등을 통해 협력과 참여의 기능을 배우고, 타인에 대한 존중, 타인의 의사에 대한 경청, 타협과 합의 그리고 그에 따른 책무성 등을 배울 수 있다. 더불어 의사소통 기능과 태도, 집단에서의 적응과 태도, 민주적인 질서의식도 배울 수 있다.

토의법은 이러한 교육적 가치를 갖고 있지만 학습자의 능동적 참여를 유도하기 어렵고, 교수자가 수업을 조절 및 관리하기 힘들며, 강의법에 비해 더 많은 시간과 노력을 필요로 하고, 많은 양의 학습내용을 다루기는 부적절한 등의 제한점도 갖고 있다. 따라서 이러한 문제를 극복하고 성공적으로 토의법을 활용하기 위해서는 교수자가 토의법의 특성을 이해하고 효과적인 토의 설계를 해야만 한다.

2) 토의법에서의 교수자 역할

토의법을 활용할 때 교수자는 다양한 역할을 수행해야 한다. 첫째, 관찰자 및 평가자 역할을 해야 한다. 토의 구성원의 일원으로서 토의에 참여하면서 각 집단별로 토의가 어떻게 진행되는지 면밀히 관찰하고 평가한다. 둘째, 정보제공자로서의 성격도 강하다. 학습자가 토의를 진행하며 자문을 구하려 하거나 도움을 필요로 할 때 교수자는 그것에 대응해주어야 한다. 셋째, 학습자 사이에서 갈등이나 문제가 발생했을 경우 이를 중재하고 조율하여 원활한 토의가 이루어지도록 해야 하며, 더 나아가 바람직한 분위기로 토의가 이루어질 수 있도록 해야 한다. 토의 과정에서 토의가 목적을 벗어나거나 감정 싸움으로 번지는 등의 문제가 발생하지 않도록 관리해야 한다.

토의법은 교수자의 역할에 따라 교수자 중심 토의, 혹은 학습자 중심 토의 등 두 가지 유형으로 나누어 볼 수 있다. 우선 교수자 중심의 토의에서는 학습자가 다른 학습자가 아닌 교수자와 상호작용하는 것을 기본으로 한다. 따라서 토의의 과정은 교수자의 판단과 평가를 고려하여 이루어진다. 통상적으로 시험을 보기 전에 교수자가 학습자의 시험 준비를 위한 목적으로 이러한 토의를 진행하거나 교수자가 제시하는 특별한 주제에 대해 논의할 때 효과적으로 사용된다. 이러한 교수자 중심 토의에서 교수자는 학습자가 자유롭게 발언할 수 있도록 분위기를 만들어야 하며, 학습자의 발언을 잘 받아주어야 한다. 특히 단정적 평가나 지나친 간섭과 개입이 일어나지 않도록 유의해야 한다.

다음으로 학습자 중심 토의에서는 학습자 간의 토의를 주로 하는 형태다. 교수자의 역할은 축소되거나 교수자 역시 학습자와 동일한 구성원으로서 토의에 참여하게 된다. 교수자는 학습자 간의 상호작용을 증대시키고 학습자 스스로 토의 과정에서 책임감을 갖고 임하도록 해야 한다. 즉, 학습자 중심 토의에서 교수자는 촉진자 혹은 중개자로서 성격이 강하다. 이러한 유형의 토의에서 교수자는 학습자 간의 토의 과정을 지켜보며 경청해야 한다. 토의 중 침묵시간이 길어지더라도 교수자가 재촉하거나 특정 학습자가 강제로 발언하도록 하는 것은 바람직하지 않다.

학습자가 심리적으로 여유있고 안정된 상태에서 토의에 참여할 수 있도록 해야 한다.

3) 토의법의 단계

토의법은 통상적으로 3단계에 걸쳐 이루어진다. 1단계는 문제 제시다. 이 단계에서는 우선 토의를 해야만 하는 뚜렷한 목적을 정하게 된다. 즉, 토의를 통해 무엇을 얻으려고 하는지 결정하는 것이다. 이를 위해 토의하는데 필요한 자료를 확보하고, 토의를 진행할 수 있는 물리적 환경을 만들게 된다.

2단계는 토의 진행이다. 토의를 진행할 때는 우선 브레인스토밍을 통해 주제를 정하게 된다. 브레인스토밍할 때는 학습자가 생각할 수 있는 모든 문제들을 제시하게 하고 이를 기록한 다음 가장 많은 공감을 얻은 것을 주제로 선택한다. 주제가 정해지면 관련된 정보와 지식 등을 조사하고 수집하도록 한다. 교수자는 주제와 관련된 아이디어를 끌어낸다. 특히 학습자의 의견을 점검하고 주제에서 벗어나는 경우 이를 바로잡을 수 있도록 피드백한다. 토의를 가장 어렵게 하는 것은 토의에 의견을 제시하지 않는 것이다. 따라서 교수자는 학습자가 활발하게 의견을 제시할 수 있도록 칭찬을 비롯하여 다양한 형태의 관심을 보여주어야 한다. 토의의 과정에서 다루어지는 내용을 중간에 적절하게 종합 및 요약하고 적절한 해결책을 선택한다.

3단계는 적용이다. 이 단계에서는 토의를 통해 결정된 해결책을 실제적으로 검증하게 된다. 토의한 내용을 종합적으로 정리하여 실제 상황에 적용할 수 있도록 만든다. 또한 토의의 목적이 달성되었는지 확인하고, 알게 된 점과 추후에 논의할 내용 등을 도출한다.

4) 효과적인 토의법 진행을 위한 고려사항

토의법은 교수자의 일방적 지식 전달형 수업을 극복하고 사회적 상호작용에 기반하여 학습자의 적극적 참여를 유도할 수 있다는 장점이 있다. 특히 학습동기와 흥미를 유발할 수 있고 의사소통 기술을 연습할 수 있는 기회를 제공한다는 점에서 의미가 크다. 다만 토의법이 효과적으로 진행되기 위해서는 몇 가지 유의사항을 고려해야 한다.

첫째, 토의에 참여하는 교수자와 학습자가 자신이 어떤 역할을 수행해야 하는지 알아야 한다. 일반적인 수업의 상황이 아니라 토의의 형태와 목적에 맞게 자신의 역할을 수행해야 한다. 둘째, 모든 학습자가 참여하도록 해야 한다. 앞서 언급한 바 있지만, 토의에서 가장 좋지 못한 상황은 토의에 적극적으로 참여하지 않는 것이다. 따라서 모든 학습자가 의견을 제시하고, 자신의 생각을 표현할 수 있도록 환경을 만들어주어야 한다. 셋째, 사전에 충분한 준비를 해야 한다. 토의법은 교수자나 학습자 모두 토의에 참여할 수 있는 준비가 필요하다. 의견을 교환하고, 정보를 찾으며, 해결책을 만들어갈 수 있는 요소들이 미리 만들어져야 한다.

5) 토의의 종류

토의법은 수업의 목표나 학습자 특성을 고려하여 다양한 형태로 실시할 수 있다. 대표적인 토의법을 정리해보면 다음과 같다. 첫째, 원탁토의(round table discussion)다. 원탁토의는 통상 10명 정도의 인원으로 구성되며, 특별한 형식 없이 자유롭게 의견을 교환하게 된다. 원탁토의는 일반적으로 사회자를 중심으로 진행된다. 이때 사회자는 토의 진행과 관련하여 충분한 경험을 갖고 있어야만 하며, 구성원들이 주제에 대해 다양한 의견을 제시할 수 있도록 촉진하는 역할을 하게 된다.

둘째, 패널토의(panel discussion)다. 토의 주제와 관련된 입장을 대표하는 약 4~6명의 전문가 패널이 참여하게 되며, 이를 지켜보는 다수의 일반인으로 구성된다. 사회자가 토의를 이끌게 되는데, 이때 청중도 토의 과정에 참여하게 하기도 한다. 다양한 전문가의 의견을 들을 수 있다는 점에서 장점이 있으나, 전문가의 연설이 길어질 경우 청중의 참여 기회가 적을 수 있다.

셋째, 포럼(forum)이다. 1~2명의 전문가가 토의 주제에 대해 공개 연설을 한 다음 연설 내용과 관련하여 청중과 연설자가 질의응답 하는 토의법이다. 이때 공개 연설은 청중의 관심을 충분히 이끌어낼 수 있는 내용이어야 하며, 서로 활발하게 질문과 응답을 할 수 있도록 분위기가 만들어져야 한다. 성인 대상의 교육 강좌에서 많이 사용되는 방법이다.

넷째, 심포지엄(symposium)이다. 패널토의와 포럼의 특성이 합쳐진 형태로 토의 주제와 관련하여 입장이 다른 전문가들이 자신의 입장을 발표한 후 그 내용에 대해 청중과 질의응답하는 것이다. 포럼에 비해 청중이 참여할 수 있는 기회는 다소 적은 편이며 전문가를 선정하는데 어려움이 있을 수 있다.

다섯째, 세미나(seminar)다. 전문가들이 모여 토의의 주제에 대해 심층적인 논의를 할 수 있는 방법이다. 주제 발표자가 먼저 주제 발표를 하고, 이어 발표 내용에 대한 참여자들의 의견과 질의응답이 이어진다. 세미나의 참석자들은 새로운 지식과 경험 등을 발표하고 토의하는 과정에서 학습효과를 극대화할 수 있지만, 제한된 시간과 참여자의 구성에 따라 보편적으로 활용되기는 어려운 점이 있다.

2.4. 탐구학습

1) 탐구학습의 개념과 특징

탐구학습은 Bruner를 중심으로 1950년대 초반부터 1960년대 후반까지 미국 교육개혁운동에서 강조되기 시작한 것으로, 각 학문의 주요 아이디어와 탐구방법을 중심으로 교육과정을 개정하고자 한 학문중심교육에 기인한다(김영인, 노경주, 2015). 지식이나 정보를 단순히 수용하는 것이 아니라 제시된 불확실한 문제를 해결하며 의문을 풀어가는 학습하는 방법이다. 이를 위해 어떤 가정을 준거에 따라 평가하고 검증하게 된다. 즉, 학습자가 지식을 획득하는 과정에 능동적으로 참가하여 학습자가 현상을 조사하는데 필요한 탐구능력을 습득하고 새로운 것을 탐구하는 것에 대한 적극적 태도를 함양하도록 하는 학습활동이라고 할 수 있다(변영계, 김영환, 손미, 2007).

탐구학습의 일반적인 특징을 요약하면 다섯 가지로 정리할 수 있다. 첫째, 알고 있는 지식을 토대로 새로운 지식을 구축하게 된다. 둘째, 직관적 사고를 포함하여 구조나 원리를 중시한다. 셋째, 학습자 스스로가 잘못된 부분을 인식하고 수정하면서 새로운 이론을 찾아간다. 넷째, 내용 혹은 결과보다는 과정을 중요하게 생각한다. 문제를 해결하기 위해 학습자는 적극적인 참여와 추리, 질문 활동을 활발하게 진행해야 한다. 이러한 특징에 따라 탐구학습은 직접 '체험'을 통해 지식을 만드는 과정을 배우게 되며, 학습내용에 대한 깊이 있는 이해를 가능하게 한다. 또한 사고력, 문제해결능력과 같은 고등 정신 기능을 기를 수 있다는 점에서 강점이 있으며, 탐구학습을 통해 배운 것을 다른 상황에 적용할 수 있을 가능성을 높여준다.

2) 탐구학습의 일반적 절차

탐구학습의 과정은 수업의 내용이나 그것을 제시한 학자가 강조하는 것에 따라 조금씩 다르게 제시된다. 그러나 대부분의 탐구학습 모형은 문제 제기－가설 설정－자료 수집－자료 분석－결론 도출의 5단계를 거치는 것이 일반적이다. 즉, 귀납적 형태의 문제해결 행위를 강조하는 것이다(김영인, 노경주, 2015).

1단계는 문제 제기다. 이 단계에서는 탐구가 필요한 문제 상황을 제시한다. 즉 학습자를 탐구해야 할 문제에 직면하도록 하는 것인데, 이때 학습자가 탐구의 과정에 적극적으로 참여할 수 있도록 호기심을 유발하거나 당혹스러움을 느낄 수 있도록 하는 것이 좋다. 학습자는 제시된 탐구 문제를 분석하여 문제가 가진 본질을 파악할 수 있어야 하며, 탐구의 구체적 목표를 설정해야 한다. 이때 탐구해야 할 문제에 관련하여 질문을 던지면서 논리적 구조를 파악하는 과정을 거치게 된다. 교수자는 학습자의 원활한 탐구 활동을 위해 탐구 문제와 관련된 개념과 용어를 정의하여 탐구 문제가 가진 한계와 문제의 요인 사이의 관계를 분명히 한다. 특히 학습자의 사고 활동을 활발하게 유도할 수 있는 다양한 자료와 질문을 잘 준비하는 것이 중요하다.

2단계는 가설 설정이다. 이 단계에서는 가설을 도출하고 진술하는 활동을 하게 된다. 가설을 도출하기 위해서는 가설에 대한 브레인스토밍을 할 수 있다. 1단계에서 제기된 탐구 문제의 상황이 벌어진 이유에 대해 생각해보는 것이다. 이때 문제의 발생 원인에 대해 자유롭게 말할 수 있도록 하되 제시된 의견이나 생각에 대해 비판하지 않는 것이 중요하다. 교수자는 제시된 의견을 유사한 것끼리 묶어서 정리하고 그러한 생각을 하게 된 이유나 배경을 확인한다. 가설 도출이 끝나면 가설을 진술하도록 한다. 학습자가 제기한 여러 의견 중 가장 그럴듯한 것을 고르되, 인과관계나 경향을 나타내는 일반화된 형태로 제시한다. 이때 가설이 논리적으로 오류가 없는지 점검하고 있다면 수정한다. 이 과정에서 탐구 문제의 잠정적인 결론을 기존의 지식을 활용하여 설정하도록 하고, 학습자의 가설들을 서로 비교하여 검토해볼 수 있는 기회를 제공한다.

3단계는 탐색이다. 이 단계에서는 적절한 자료의 종류를 결정하고 자료원을 검색한다. 2단계에서 진술된 가설과 관련된 변수를 파악하고 필요한 브레인스토밍을 통해 자료의 종류를 결정한다. 이때 자료의 종류는 해당 개념을 대표할 수 있는지, 수집이 가능한 변수인지를 기준으로 선정한다. 자료의 종류가 결정되면 자료원을 검색한다. 교수자는 적절한 자료를 찾을 수 있도록 자료를 찾을 범위와 방법에 대해 안내한다. 학습자는 상황에 따라 개인 혹은 그룹으로 자료를 찾게 되는데, 그룹으로 진행할 경우 1개의 그룹은 구성원 간에 학업 수준의 차이를 두고 구성하되 5~6명을 넘지 않도록 한다.

4단계는 증거 제시다. 이 단계에서는 자료원에서 필요한 종류의 자료를 수집하고, 수집한 자료를 평가 및 분석한다. 이때의 자료는 가설을 검증하기 위한 것으로 자료의 완성도, 타당도, 신뢰도 등을 고려하여 선별하고 적절한 형태로 가공하게 된다. 이렇게 자료가 확보되면 자료에 대한 평가를 진행한다. 중요한 것은 자료가 믿을만한 것인지, 변수를 충분히 설명해주는 것인지 확인하는 것으로 가설과의 관계에 대해서도 함께 분석한다. 수집된 자료는 분류를 통해 나누어 저장하도록 하고, 자료를 분석 및 평가할 때에는 가설과 자료 사이의 인과관계나 연관성이 잘 드러나도록 고려한다. 이때 교수자는 학습자가 가설을 입증하거나 부정하도록 할 수 있는 증거를 찾게 도와주는 역할이어야 하며, 탐구의 주체가 교수자가 아니라 학습자라는 사실을 잊지 않도록 해야 한다.

5단계 일반화 단계다. 이 단계에서는 탐구 결과를 요약하고 수집한 증거를 통하여 결론을 내리고 비슷한 사례에 적용해보게 된다. 우선 탐구 과정을 거치며 수집한 자료를 정리하여 문제와 관련된 가장 타당한 결론을 내린다. 결론과 증거자료는 조직화하여 그룹이나 개인별로 요약하여 발표하도록 한다. 이를 위해 사용한 분석방법이나 자료의 적절성에 대해 평가하고 가설을 검증한다. 만약 가설을 검증하는데 실패할 경우 가정을 수정하거나 추가 자료를 어떻게 수집할 것인지 계획을 수립한다. 결론이 잘 정리가 되면 그것이 갖는 의미를 도출하고, 이러한 결론이 도출될 수 있는 유사 사례를 논의한다. 이 단계는 탐구학습을 마무리하며 증거에 대한 검증과 보완, 발견한 원리의 응용과 증명, 제시된 문제의 해결 등 고차적인 사고를 할 수 있도록 해야 한다.

3. 구성주의적 교육방법

3.1. 개요

1) 구성주의 교육방법의 특징

구성주의는 기술적 합리성과 논리적 실증주의, 그리고 과학주의로 대표되는 객관주의 인식론에 대한 대안으로 등장했다. 구성주의도 객관주의와 같이 학습자가 경험하는 실존 세계가 있다고 주장하지만 그것이 독립적 세계에 존재하는 것이 아니라 만들어진 세계 위에 존재한다고 본다는 점에서 차이가 있다. 세계를 구조화하는 방법은 여러 가지가 있을 수 있으며, 어떤 개념에 대한 의미나 관점은 다양할 수 있다는 입장이다. 결국 의미라는 것은 경험에 뿌리를 두고 있다고 본다(권성호, 엄우용, 권혁일, 이준, 2015). 이에 구성주의는 개인의 객관적인 실체나 절대적 진리를 수동적으로 수용하는 것에 대해 철저히 비판적이며, 지식이란 발견되는 것이 아니라 구성되는 것으로 여긴다.

구성주의 입장에서 교육은 모든 지식은 구성되며, 모든 학습은 구성의 과정이라는 전제에서 출발한다. 이에 교육의 목표는 주관적 경험에 근거하여 개인적 의미를 창출하는 것에 두는 것이다. 따라서 학습이란 개인적 경험에 근거하여 세계에 대한 의미 창조환경 또는 동료들과의 사회적 상호작용이라고 할 수 있다. 구성주의 기반 교육에서 학습자는 단순히 환경적 자극에 대해 반응하거나 정보의 내재적 처리에 머무르는 수동적 존재가 아니라 학습자의 특성, 배경 등 개인적인 렌즈를 바탕으로 외부세계를 구성해가는 적극적 인간이라고 할 수 있다.

이러한 구성주의적 학습에 영향을 미치는 요인은 상황적인 맥락 혹은 문화, 학습 주체인 인간의 학습활동과 학습대상인 지식의 역동적인 상호작용으로부터 구성된다. 즉, 구성주의란 지식을 구성할 수 있는 환경과 상황에 대해 주목하며 그 가운데 학습자가 지식과 상호작용하며 의미를 만들어가는 것이다. 이는 지식이 맥락에 의존하기 때문에 학습은 지식과 관련된 상황 안에서 일어나야 한다는 구성주의의 지식관에 따른 것이다. 이를 위해 교수자는 학습환경을 조성하고 상황적 맥락과 진실성 있는 과제를 제공하여 학습자가 활동을 통해 학습할 수 있도록 한다. 이때 제공되는 과제는 복잡하고 비구조화된 내용이어야 하며, 학습자는 문제 상황의 맥락 속에서 학습하고 이후 실제 유사한 상황에서 배운 것을 활용할 수 있도록 한다. 맥락과 비구조화된 문제가 강조되는 이유는 객관주의 기반의 학습을 통해 효과적으로 전이(transfer)가 일어나지 않는다는 것 때문이었다. 학교 상황에서 배운 개념과 연관된 경험이 실제 세계에서의 차이를 보이는 경우가 많다는 점에서 구성주의의 학습관은 지지된다.

구성주의의 이러한 특징으로 인해 구성주의적 교육방법은 전략적 측면에서도 객관주의 교육방법과 차이를 보인다. 구성주의적 교육방법은 객관주의적 교육방법이 주입식 교수전략을 주로 취하는 데 반해 지식을 '생성'하는 생성적 교수전략을 활용하게 된다. 정강욱(2019)은 [그림 6-1]과 같이 생성적 교수전략과 주입식 교수전략을 비교하여 각각의 경우에 학습자, 과제 및 환경이 어떻게 구성되는지를 제시하였는데 이는 구성주의적 교육방법을 이해하는데 참고가 될 수 있다.

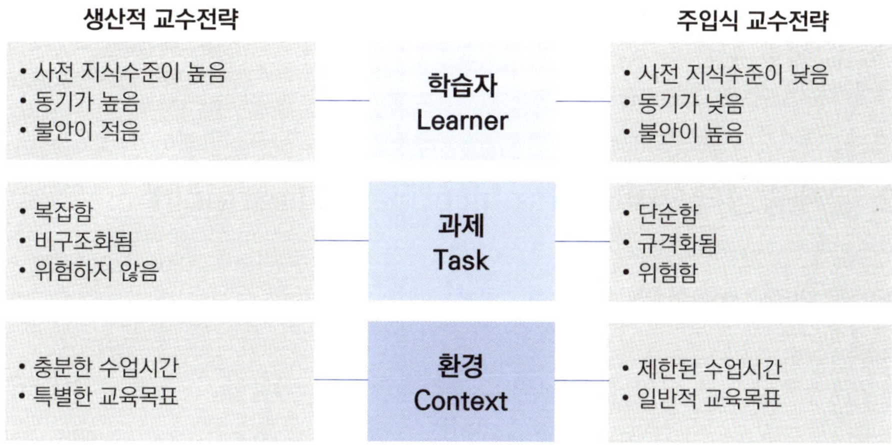

[그림 6-1] 생성적 교수전략 vs 주입식 교수전략

구성주의는 학습이 본질적으로 사회적이고 대화적인 행위이며, 사회문화적 과정에 퍼져 있는 다중의 참여자라고 본다. 이에 학습자가 주변의 동료 및 교수자와 서로 상호작용하며 협력적으로 지식을 구성해나갈 것을 강조한다. 수평적 의사소통을 통해 실제 상황에서 공동으로 문제를 해결해가는 것이다. 따라서 교수자의 역할도 학생들을 안내하고 도와주는 촉진자의 역할, 또 한 명의 학습자로서 학습자와 상호작용이 강조되기도 한다.

2) 구성주의 교육방법과 혁신적 수업

이러한 내용을 요약하면 구성주의 교육이란 학습자 중심의 학습을 강조하여 학습자가 능동적이고 적극적인 태도로 학습에 임하도록 하며, 지식이 사용되는 맥락과 상황을 반영하여 구체적 과제와 맥락이 적용되어야 한다는 것을 강조한다. 지식을 학습하는 과정은 학습자 개인이 혼자서 하는 것이라 협력적으로 이루어지며, 교사의 역할 또한 지식의 전달자를 넘어 안내자, 촉진자, 함께 학습하는 존재로서의 역할을 하는 것이 중요해진다.

구성주의 교육방법은 전통적 수업을 넘어 혁신적이고 대안적인 수업을 지향할 때 주로 적용되어 왔다. 이에 본 장에서는 구성주의에 기반을 둔 혁신적 교육방법으로 문제기반학습(problem based learning), 플립드러닝(flipped learning)에 대해 알아보고자 한다.

3.2. 문제중심학습(PBL: Problem Based Learning)

1) 문제중심학습의 개념과 특징

문제중심학습은 지식의 습득을 넘어 그것을 실제로 활용할 수 있도록 하는 구성주의적이고 학습자 중심적인 교육방법으로서 가장 주목받고 있다. 문제중심학습은 학습자에게 실제 세계와 유사한 문제 상황을 부여하고, 스스로 문제를 해결해가는 과정을 통해 학습할 수 있도록 한다(Barrows, 1985). 이때 제시되는 문제는 주로 해당 교과와 관련하여 실제적이고 복잡한 성격을 가진 것이어야 하며, 학습자는 그러한 상황을 해결하는 과정에서 학습하게 된다. 원래 이것은 1970년대 중반 의과대학의 문제점을 해결하기 위해 시도된 방법이다.

문제중심학습을 제시한 Barrows는 캐나다의 맥마스터대학교의 교수로, 의대 학생들이 그저 의학지식을 암기하는 것이 아니라 '의사처럼' 생각하고 행동하는 것을 배워야 한다는 점에서 착안했다. 이는 의대 학생들이 오랜 시간 힘든 교육을 받지만 정작 인턴이 되어 실제 환자를 마주하면 진료를 하는데 어려움을 겪는다는 점에서 문제의식을 가졌다. 즉, 엄청난 양의 지식을 암기하더라도 실제 환자를 대할 때는 지식뿐만 아니라 다른 능력이 필요하다는 것을 발견한 것이다. 그것은 추론능력과 자기주도적 학습능력이었다(Barrows, 1994). 추론 능력이란 의사들이 실제 상황에서 복잡한 문제상황을 마주쳤을 때 그 문제를 진단하고 처방하는 과정으로, 가설의 설정과 검토를 위한 자료 수집 및 분석, 최종 진단 및 처방을 하는 과정을 말한다. 자기주도적 학습능력은 이전에 경험해보지 못한 독특한 문제에 적응해야 하고, 계속해서 쏟아지는 새로운 지식을 습득할 수 있도록 끊임없이 학습해야 함을 강조한 것이다. 이러한 배경에서 제안된 문제중심학습은 이후 의학교육은 물론 기타 다양한 학문영역에서 시도되고 그 효과에 대해 검증이 이루어지기 시작하면서 보편적인 교수학습 방법 중 하나로 정착되었다(Reigeluth & Carr-Chellman, 2009).

일반적으로 문제중심학습은 다음과 같은 네 가지 특징을 가진다(서윤경, 2018). 첫째, 교수자는 학습과제를 학습자가 경험할 실제 상황과 맥락지어 제시한다. 문제중심학습의 가장 큰 특징은 실제 맥락을 제시한다는 점이며, 이것이 전이의 측면에서 문제중심학습이 강의식보다 더 효과적이라는 주장을 뒷받침한다. 둘째, 학습은 실제 상황과 맥락을 반영한 문제로부터 시작된다. 문제중심학습은 교수자가 학습자에게 무엇을 학습해야 하는지를 구체적으로 제시하지 않는다. 학습할 과제를 담은 문제 혹은 시나리오를 통해 학습이 시작된다. 셋째, 학습자는 제시된 문제를 해결하기 위하여 사회적 상호작용 및 협력적 학습에 근거하여 실제적인 문제해결 활동을 수행한다. 문제중심학습은 개인학습만으로는 불가능하다. 팀을 구성하고 동료 학습자들과의 상호작용을 통해 학습을 하게 된다. 넷째, 전문가의 문제해결 방법이 무엇인지 학습할 수 있도록 한다. 문제중심학습은 문제를 해결하는 방안을 제시하는 것이 중요한 활동이다. 이때 문제해결안은 초심자가 아닌 전문가의 방법을 지향한다. 이러한 특징에 기반한 수업을 통해 교과지식과 그것을 활용하는 기술을 획득하고, 고차적 사고능력 및 자기주도적 학습능력을 높일 수 있게 된다.

2) 문제중심학습의 절차와 구성

문제중심학습은 학습목적을 크게 세 가지 측면에서 접근한다. 첫째, 실제 맥락에서 통합된 지식을 획득하는 것이다. 문제중심학습은 앞서 반복해서 언급했던 것처럼 실제 맥락 속에서 지식을 획득하도록 하는데, 조각나고 분리된 지식이 아닌 있는 그대로의 통합된 지식을 습득하고자 한다. 둘째, 전문가로서의 효과적이고 효율적인 문제해결 방안을 익힌다. 문제중심학습은 지식을 습득하는 것을 넘어서 활용할 수 있어야 하는데, '전문가처럼' 할 수 있어야 한다. 셋째, 효과적인 자기주도학습 및 협력학습 기술을 개발한다. 문제중심학습이 잘 이루어지기 위해서는 스스로, 또 협력적으로 학습할 수 있는 능력이 필요하다. 이러한 학습목적을 바탕으로 문제중심학습은 [그림 6-2]와 같이 문제 제시, 문제 분석, 자료 수집 및 학습, 결과물 도출, 적절성 판단, 결과물 발표, 학습정리 및 평가의 단계를 거치게 된다.

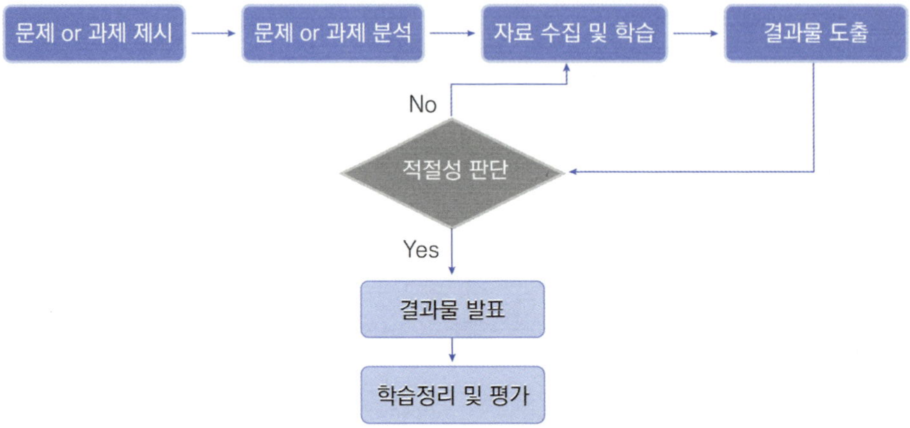

[그림 6-2] 일반적인 문제중심학습 절차

1단계는 문제 혹은 과제 제시에서는 해결해야 할 문제가 제시된다. 이것은 일종의 시나리오 형태로 제시되는데, 학습자가 해결해야 할 상황에 대해 구체적이고 자세하게 설명하게 된다. 이 단계에서 교수자는 문제 혹은 과제 제시를 통해 학습자의 동기 및 흥미를 유발할 수 있어야 하는데, 이는 문제가 얼마나 잘 정의되는지와 연결된다. 이를 위해 문제는 다음과 같은 조건을 갖추어야 한다. 첫째, 비구조적이어야 한다. 문제의 해결방안이나 결과가 이미 제시되어 있는 것이 아니라 학습자가 접근하는 방향에 따라 여러 가지 결과가 나올 수 있어야 한다. 학습자는 비구조적 문제를 해결하는 과정에서 비판적 사고를 키울 수 있게 된다. 둘째, 실제적 맥락성이 있어야 한다. 문제 혹은 과제는 실제적인 맥락을 충분히 상술해야 한다. 단순히 '다음 연습문제를 푸세요.'와 같은 문제는 문제라고 할 수 없다. 셋째, 관련성이 있어야 한다. 학습자와 동떨어진 문제를 제시하기보다는 관련있는 내용을 다루는 것이 좋다. 특히 학습자가 관련된 경험을 갖고 있을 때 더 좋다. 높은 관련성은 동기 및 흥미를 높이는데 직접적인 영향을 준다. 넷째, 복잡성이다. 문제 혹은 과제를 분석했을 때, 학습해야 할 이슈들이 가급적 많이 추출될 수 있어야 한다.

학습의 이슈가 많을수록 학습자는 문제해결에 필요한 다양한 지식을 습득할 수 있는 기회를 얻게 된다. 특히 문제가 혼자 해결할 수 있는 수준이어서는 안 된다. 문제의 구체적인 사례를 제시하면 다음 〈표 6-1〉과 같다.

〈표 6-1〉 중학교 1학년 과학과 문제중심학습 문제 사례(윤회정, 김경원, 우애자, 2011)

서울시의 과밀인구와 과도한 도시시설을 분산시키기 위하여 현재 서울시 주변 여러 곳에는 신도시 개발이 진행되고 있다. 그러나 서울시 주변의 신도시 건설도 서울과 경기지역에 집중된 인구밀도의 분산에는 큰 효과가 없는 것으로 나타나고 있다. 따라서 정부는 과밀인구의 효율적인 분산과 전 국토의 효율적인 개발을 목표로 다양한 지역에 미래형 신도시를 개발하려고 계획 중이며 이를 위하여 계획안을 공모하고 있다. 미래형 신도시의 개발 목표는 시민에게 자연친화적이며, 안전하고 쾌적한 주거환경을 제공하는 것이다. 신도시 내에는 다양한 형태의 주거지역과 상업지역, 백화점, 테마파크 등의 문화 공간들이 건설될 것이다. 여러분은 도시를 설계하는 데 있어 에너지 분야의 설계 전문가로서 활동하고 있는데, 정부계획안 공모에 응모하려고 한다. 안전하면서 친화경적인 에너지원을 사용하여 적은 비용으로서 에너지 효율이 높은 도시 건설을 위하여 미래형 신도시 개발에 필요한 열에너지 공급 방식을 구체적으로 계획하여 제출해 보자.

2단계인 문제 혹은 과제 분석 단계에서는 문제해결을 위해 학습자 간의 의견을 교환하고 무엇을 학습해야 하며, 어떻게 자료를 수집해야 할 것인지 등을 결정하게 된다. 이 단계에서는 통상적으로 네 가지 요소를 도출하는 활동을 하게 된다. 먼저 가정이다. 주어진 문제에 대해 이해한 내용, 요구사항, 결과물 등을 확인한다. 또한 결과물 도출과 관련한 가설과 추측 등을 정리하고 문제해결에 도움이 되는 모든 생각을 모아 정리한다. 다음으로 알고 있는 사실은 무엇인지 정리한다. 문제에 제시되어 있는 내용 중 문제해결을 위해 중요하게 고려해야 할 사실들을 정리한다. 특히 결과물 도출에 도움이 될 수 있는 학습자들이 이미 알고 있는 사실이 무엇이 있는지 확인한다. 이는 문제를 해결하기 위해 학습자가 이미 갖고 있는 지식을 확인하는 것으로 앞으로 학습해야 할 내용을 도출하는데 중요한 영향을 미친다. 다음으로는 학습과제를 정리한다. 생각과 알고 있는 사실을 정리한 것을 바탕으로 학습자는 앞으로 무엇을 학습해야 할 것인지 정리한다. 좋은 문제일수록 학습과제는 많이 도출된다. 마지막으로 학습계획이다. 도출된 학습과제에 대한 자료 수집

및 학습계획을 수립하게 된다. 문제중심학습은 팀을 기본으로 하는 협력학습이 이루어지는 만큼 같은 팀 내에 다른 학습자와 어떻게 역할을 분담할 것인지, 정보와 자료는 어떠한 방법으로 검색할 것인지, 시간계획은 어떻게 구성할 것인지 등을 결정한다.

3단계는 자료 수집 및 학습 단계다. 이 단계에서는 문제해결을 위한 자료 수집 및 추론의 과정이 이루어진다. 우선 앞서 도출한 시간계획과 역할분담의 결과에 따라 개별적인 학습을 진행하며, 다른 학습자와의 적극적인 토론과 의견 교환을 진행한다. 이를 통해 문제해결안을 만들어가며, 수정하거나 고쳐야 할 부분은 없는지 동료 학습자와 지속적이고 반복적으로 검증한다.

4단계는 결과물 도출이다. 3단계를 거치며 다양한 자료를 수집하고 학습의 결과로 도출된 내용을 최종 결과물로 만드는 것이다. 같은 팀 내의 다른 학습자들과 충분한 논의를 거쳐 최종 결과물을 만들어 도출한다.

5단계는 적절성 판단이다. 이 단계는 별도의 단계라고 할 수도 있고, 3단계와 4단계의 과정에서 함께 일어나는 것으로 볼 수도 있다. 수집된 자료를 바탕으로 충분한 협력학습이 이루어지고, 학습자들 간의 토론과 논의를 거쳐 만들어진 결과물이 문제를 해결하는데 적절한지 확인한다. 만약 부족하다고 판단되면 다시 3단계로 보내는 순환이 이루어진다. 만약 적절한 결과물이 도출되었다고 판단되면 다음 단계인 결과물 발표로 이동한다.

4~5단계는 하나의 단계로 보기도 한다. 결과물을 만들고 적절성을 판단하며, 최종 결과물을 만드는 일은 단계의 구분 없이 동시다발적으로 유연하게 이루어질 수 있기 때문이다.

6단계는 결과물 발표다. 이 단계는 문제해결안을 결과물로 발표하는 단계로 통상 발표자료나 보고서 등의 결과물을 만들게 된다. 이 결과물은 문제해결안을 도출하는 과정에서 학습자가 개인적인 학습 및 다른 학습자와의 협력학습한 과정들이 포함되도록 한다. 발표가 진행되면 다른 팀의 학습자들, 그리고 교수자와의 질의응답이나 상호작용 등이 진행된다.

7단계는 학습정리 및 평가다. 문제중심학습은 교수자가 준비한 학습내용을 일방적으로 전달하지 않기 때문에 학습활동이 모두 끝난 이후 교수자가 의도했던 학습 내용이 잘 다루어졌는지 점검하는 것이 필요하다. 필요에 따라 교수자가 전체를 정리하는 강의를 하게 될 수도 있다. 또한 학습자의 학습 과정과 결과를 평가하는 것도 필요하다. 교수자는 결과물 발표 내용, 성찰일지 등을 통해 학습자들이 그동안 문제를 해결하는 일련의 과정을 확인하고 평가하게 된다. 최종 결과물에 대한 평가, 자기주도적인 개인학습 결과에 대한 평가, 협력학습에 대한 참여도와 태도 등을 평가하게 된다.

〈표 6-2〉 PBL 수업 단계별 활동 내용(윤회정, 김경원, 우애자, 2011)에서 일부 수정

단계		활동내용	차시
문제지시		• 자유탐구 및 PBL 수업에 대한 소개 • 모둠구성과 평가 기준 제시 • 자유 탐구 문제 제시	1차시
문제 분석	토론	• 문제 해결 계획표 작성 • 조별토론을 통한 역할과 과제 분담 • 이번 시간 결과물 제출: 조별로 작성한 문제 해결 계획표 제출 • 과제물: 분담한 개별과제를 다음 시간까지 각자 해오기	2차시
자료수집 및 학습	과제점검	• 개별과제 검사	3차시
	토론	• 수집해 온 자료를 바탕으로 해결책 토론(실험설계 포함) • 문제 해결 계획표를 수정, 재작성하기 • 이번 시간 결과물 제출: 조별로 재작성한 문제 해결 계획표 제출 • 과제물: 재작성한 문제해결 계획표에 따라 개별과제 해오기, 조별 중간보고서 다음 시간까지 제출하기	
	과제점검	• 중간보고서 검사	4차시
	중간발표	• 중간보고서 내용을 조별로 발표 • 이번 시간 결과물 재출: 전체 조별 발표 후 조별 모임 문제해결 계획표를 점검, 활동계획 세우고 역할 분담하여 제출 • 과제물: 분담한 개별과제를 다음 시간까지 각자 해오기	

<table>
<tr><th colspan="2">단계</th><th>활동내용</th><th>차시</th></tr>
<tr><td rowspan="3">결과물 도출
적절성 판단</td><td>과제점검</td><td>• 개별과제 검사</td><td rowspan="2">5차시</td></tr>
<tr><td>토론 또는
기타 활동</td><td>• 실험설계 및 수행, 야외수업, 모형 만들어보기 등의 활동
• 이번 시간 결과물 제출: 조별로 수행한 활동에 대한 보고서
• 과제물 발표준비(최종 보고서 및 발표 PPT 포함)</td></tr>
<tr><td>발표준비</td><td>• 해결 과정 정리하기, 발표 PPT 만들기</td><td>수업 외</td></tr>
<tr><td>결과물 발표
학습정리/평가</td><td>최종발표</td><td>• 최종 보고서 제출
• PPT 활용한 최종 발표</td><td>6차시</td></tr>
</table>

3) 문제중심학습의 장점과 단점

문제중심학습은 다양한 장점으로 인해 구성주의 기반의 대표적인 교육방법으로 주목받고 있다. 우선 학습자들은 학습내용에 대한 의미와 가치를 이해할 수 있다. 실제 맥락이 담긴 문제를 통한 학습은 학습자들에게 왜 이런 내용을 학습해야 하는지 알게 하며, 자연스럽게 학습에 대한 동기나 흥미도 높아지게 한다. 또한 문제를 분석하고 스스로 학습하는 과정에서 비판적이고 창의적인 학습을 할 수 있으며, 메타인지 능력을 함양할 수 있다. 특히 학습의 과정이 다른 학습자들과의 상호작용 속에서 이루어진다는 점에서 의사소통 능력을 기본으로 사회적 역량을 키울 수 있다.

이러한 장점에도 불구하고 문제중심학습을 적용하기란 쉽지 않다는 지적도 있다. 문제중심학습은 강의법에 비해 차별점이 크다. 교수자가 가르쳐야 할 내용을 빠르게 전달해주지 않기 때문에 학습자가 스스로 문제를 해결할 수 있도록 상대적으로 많은 시간이 필요한 것이다. 교수자의 준비시간 또한 충분해야 하며, 자연적으로 교수자의 업무량이 늘어날 수 있다. 또한 교수자의 경험과 능력에 따라 수업의 질이 크게 영향받을 수 있다는 점도 어려운 점이라고 할 수 있다.

3.3. 플립드 러닝(Flipped Learning)

1) 플립드러닝의 개념과 특징

플립드 러닝은 '뒤집는(flip)'이란 용어에서 알 수 있듯이 기존의 학습 방식을 뒤집는 것을 말한다. 전통적인 수업에서 학습자가 집에서 하던 응용 학습, 심화학습 등을 학교에서 하고, 교실 수업에서 하던 교수자의 강의를 듣는 활동을 집에서 하는 것이다. 즉, 플립드 러닝은 인터넷 기반의 테크놀로지를 활용하여 기존 강의와 과제수행 요소를 뒤바꾼 교수모형이다(Bergmann & Sams, 2012). 수업 전에는 학습자들에게 스스로 공부할 수 있는 강의 동영상을 온라인으로 제공하고, 교실에서는 심화된 학습활동을 위해 동료 학습자들과의 토론을 하거나 교수자의 도움을 받도록 한다. 플립드 러닝을 통해 학습자는 수업에서의 학습활동에 대한 주도권을 갖게 되며 책임감 있는 학습을 할 수 있다. 교수자는 교실에서 학습자들과 더 많이 상호작용하며 개별화된 학습을 지원할 수 있다. 이러한 수업 구성을 통해 학습자의 능동적인 학습을 바탕으로 고차원적 인지 활동이 일어나도록 한다(Brame, 2013).

플립드 러닝의 시초는 공과대학 교수인 Baker가 우연히 강의 슬라이드를 웹사이트에 공개하고 학습내용을 미리 학습해오게 하자 교실 수업에서 학습자들이 참여도와 질의응답이 늘어남을 발견한 것에서 출발하였다(권오남, 이지현, 배영곤 외, 2013). 이후 고등학교 과학 교사인 Sams와 Bergmann이 "학습자들은 언제 교수자의 도움을 가장 필요로 하는가?(When is the time students really need me?)"라는 물음 아래, 그 결론을 도출하는 과정을 책으로 발간하며 널리 확산되기 시작했다(방진하, 이지현, 2014). 그들은 결국 학습자들이 어려움을 겪는 때는 수업을 들을 때가 아니라 수업 내용을 바탕으로 응용 혹은 심화 문제를 풀 때이며, 이때 교수자나 동료 학습자의 도움을 필요로 한다는 것이었다. 그 결과 수업의 전과 후를 뒤집는 현재의 플립드 러닝 모형이 개발되었고, 전 세계적으로 널리 확산되고 있다. 우리나라에서는 보통 '플립드 러닝(수업)', '역전학습', '반전학습', '거꾸로 학습(교실)' 등으로 불리는 중이다.

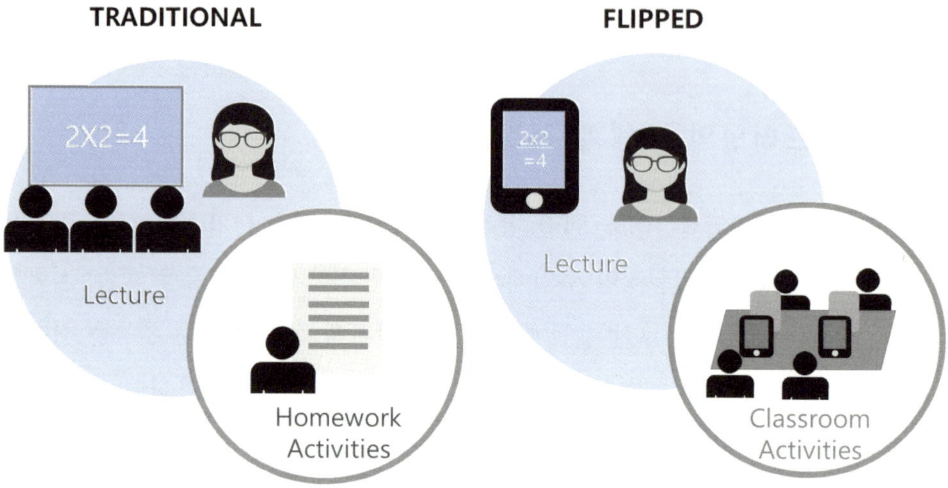

[그림 6-3] 전통적 수업과 플립드 러닝의 비교

출처: https://willyrenandya.com/flipped-classroom-does-it-work/

2) 플립드 러닝의 특징

플립드 러닝에서 수업은 기본적으로 토론과 프로젝트 등 소그룹활동에 인터넷을 비롯한 테크놀로지를 더한 것이다. 학습자는 교실 수업에 오긴 전 테크놀로지를 통해 전달된 학습내용, 즉 수업을 위한 기초적인 지식을 선행학습을 바탕으로 숙지하여야 한다. 교수자는 학습자들의 수준에 따라 수업의 난이도를 조절하거나 학습활동을 유동적으로 조절할 수 있어야 한다. 특히 교수자는 교실 수업에서 소그룹활동이 잘 이루어질 수 있도록 준비하는 것이 중요하며, 수업에 대해 안내자, 촉진자로서 역할을 주로 수행한다. 때로는 교수자도 학습자들로 구성된 소그룹 안에 들어가 그 일원으로 활동할 수도 있다.

테크놀로지를 통해 미리 학습내용이 전달되는데, 이때 주로 온라인 콘텐츠가 활용된다. 온라인 콘텐츠를 활용하는 것은 여러 가지로 장점이 있기 때문인데, 특히 유튜브를 비롯하여 OER(Open Educational Resource), OCW(Open Course Ware), MOOC(Massive Open Online Courses)와 같은 무료로 접근 가능한 이러닝 자료를 쉽게 확보할 수 있기 때문이다. 다만 이러닝 자료는 대체로 10~15분 정도를 권장하고 있다. 이는 10분 내로는 핵심 내용을 담기가 어렵고 15분이 넘어가면 지루함이 유발될 수 있기 때문이다(임정훈, 2016).

3) 플립드 러닝의 효과

플립드 러닝은 수업이 가진 시공간적 제약을 초월하고, 학습자로 하여금 좀 더 능동적으로 학습할 수 있는 기회를 준다는 것이 중요하다. 이에 플립드 러닝의 효과를 정리해보면 다음과 같이 세 가지로 요약된다.

첫째, 학습자의 자기주도적 학습능력을 향상시킬 수 있다. 플립드 러닝에서 교수자는 학습 내용을 전달하는 역할에서 조금은 벗어나서 학습자가 수행할 책임의 범위를 부여하고, 목표한 바를 성취할 수 있도록 도와주는 조력자 역할을 하게 된다. 학습자는 교수자의 이러한 역할 변화에 따라 수업을 통해 이전과는 다른 학습경험을 하게 되며, 교수자가 제시하는 내용을 일방적으로 수용하는 것이 아니라 자기주도적으로 학습할 수 있는 기회를 얻게 된다.

둘째, 학습자의 협력학습 능력을 향상시킬 수 있다. 집에서 개인별로 사전학습을 하게 하고, 교실에 와서는 다른 학습자들과 협력학습을 할 수 있는 기회를 제공한다. 협력학습 능력은 학습자가 가져야 할 중요한 역량 중 하나로 협력학습을 할 수 있는 기회에 많이 노출될 필요가 있다. 이러한 과정을 통해 지식전달 위주가 아닌 소통 중심의 학습이 이루어질 수 있고, 함께 성장하는 학습문화가 만들어질 수 있다.

셋째, 고차원적 학습목표를 달성할 수 있는 학습활동의 기회가 제공된다. Bloom의 지식 체계 분류에 따르면 암기, 이해, 적용, 분석, 종합, 평가의 단계를 거쳐 지식 체계의 난이도는 상승한다. 통상적으로 전통적인 수업에서는 지식의 암기나 이해 등을 강의법을 통해 학습하는데 많은 시간을 소비하며, 고차원적인 지식을 익힐 수 있는 기회가 부족한 편이었다. 플립드 러닝은 저차원적 학습활동을 사전학습의 형태로 학습자 각자가 수행하게 하고 고차원적 학습활동을 교실 수업에서 진행한다. 사전에 알아야 할 지식을 이미 익힌 상태이기 때문에 더 창의적인 과제를 수행하는 것도 가능해진다.

4) 플립드 러닝의 절차

플립드 러닝의 절차는 ADDIE 모형에 따른 절차, 혹은 수업 전-중-후의 3단계 모형에 따른 절차 등을 사용하는 경우가 많다. 다만 ADDIE 모형은 플립드 러닝만의 특징이 잘 드러나지 않으며, 3단계 모형은 수업의 준비과정까지를 다루기 부족하다는 한계가 있다. 이에 텍사스대학(오스틴) 교수학습센터가 제시한 5단계를 차용하여 수업 전-수업 도입-수업 중-수업 후-일과시간 중으로 구성한 5단계로 절차를 제시하면 다음과 같다(이지연, 김영환, 김영배, 2014).

첫째, 수업 전 단계다. 학습자는 교수자가 제공한 모듈에 따라 학습을 하고, 학습 내용과 관련하여 질문사항을 기록해둔다. 교수자는 단지 강의가 아니라 학습자에게 필요한 여러 가지 학습내용을 준비한다. 학습자가 사전에 알아야 할 내용을 정리하고, 그것이 포함된 동영상과 같은 온라인 콘텐츠를 제공한다.

둘째, 수업 도입 단계다. 학습자는 교수자에게 수업 전 학습했던 내용과 관련하여 특별한 질문을 하게 된다. 학습자가 구체적으로 질문을 하기 때문에 교수자는 학습자에게 필요한 것을 파악하고 그것에 맞추어 도움을 줄 수 있다. 이를 통해 교수자는 학습자들이 학습을 통해 기대하는 바가 무엇인지 알 수 있게 된다.

셋째, 수업 중 단계다. 학습자는 배워야 할 기술과 능력을 실습을 통해 할 수 있게 된다. 이는 단순히 강의법으로 진행되는 수업을 듣는 것과 다르며, 직접 움직이고 교수자 및 동료 학습자와 소통하는 가운데 키워질 수 있는 능력이다. 교수자는 학습자의 활동 내용을 관찰하고 피드백하며, 필요한 경우 소규모의 강의를 통해 학습과정을 안내하게 된다.

넷째, 수업 후 단계다. 학습자는 교수자가 제공한 명확한 설명과 피드백에 따라 그들이 익힌 지식과 기술을 활용하게 된다. 교수자는 추가적인 설명과 자료를 제공하고 학습자들이 수업 중 활동을 통해 만든 결과물에 대해 평가하고 점수를 부여한다. 이는 단순히 집에서 해온 과제를 평가하고, 지연된 피드백을 제공하는 것과는 다르다.

다섯째, 일과시간 중이다. 학습자는 자신에게 필요한 것이 어디에 있는지 알게 되었고, 도움이 필요할 경우 어떻게 하면 되는지 알 수 있게 된다. 교수자는 학습자들이 학습내용에 대한 더 깊은 이해를 할 수 있도록 지속적으로 안내하는 역할을 하게 된다.

5) 플립드 러닝의 장점과 단점

플립드 러닝은 전통적 수업이 갖고 있던 한계를 극복하고 여러 가지 긍정적인 특징을 보인다. 첫째, 학습자 중심의 역동적인 학습문화를 형성하는데 기여할 수 있다(Bergmann & Sam, 2012). 학습자가 직접 토론을 비롯한 여러 활동을 수행하면서 수업에 대한 참여도가 높아지고 자연스럽게 수업에 대한 집중효과가 탁월해진다. 이에 교실 분위기도 긍정적으로 개선될 수 있다. 둘째, 학습자가 수업에 대해 주인의식을 갖고 자신의 학습 과정에 책임감을 갖게 된다(Roehl, Reddy, & Shannon, 2013). 학습자가 플립드 러닝에 대해 이해하고 나면, 적절한 효과를 얻기 위해 학습자의 주도성과 준비성이 중요함을 인지하게 된다. 셋째, 반복 학습이 가능해진다. 플립드 러닝은 온라인 콘텐츠를 활용하기 때문에 학습자가 학습내용을 한 번에 이해하지 못했을 경우 다시 학습할 수 있다. 넷째, 수준별 학습이 가능해진다. 학습자가 사전 학습 단계에서 자신의 수준과 학습 능력에 따라 학습과정을 조절할 수 있다. 교수자는 이러한 학습자 상황을 고려하여 다양한 수준의 학습자료를 제시하는 것도 가능하다.

반면에 플립드 러닝은 많은 구성주의 기반 교육방법이 그렇듯 수업 준비 및 진행에 대한 부담감을 비롯한 다양한 단점과 제한점이 존재한다. 첫째, 전통적 수업에 비해 학습자의 학습량이 증가하여 부담을 느낀다(Lage, Platt, Treglia, 2000). 수업 시간은 그대로인데 사전 학습이 추가되기 때문에 학습량이 많다고 느낄 수 있다. 둘째, 교수자도 수업 준비에 대한 부담이 늘어난다(Prensky, 2010). 사전 및 사후 활동에 대한 준비가 필요하며, 사전 학습을 위한 온라인 콘텐츠를 제작하는 등 추가적인 수업 준비 활동이 요구된다. 특히 온라인 콘텐츠를 제작하는 과정에서 관련된 기술에 익숙하지 않으면 어려움이 심화될 수 있다. 셋째, 플립드 러닝을 지원할 수 있는 학습환경이 갖추어져야 한다. 사전 학습자료가 온라인 콘텐츠로 제공될 경우 학습자는 이를 실행시킬 수 있는 적절한 디지털 기기를 확보해야 한다. 교수자도 온라인 콘텐츠 제작을 위한 도구가 필요할 수 있다. 넷째, 학습자가 사전학습을 하고 오지 않으면 교실 수업이 제대로 진행되지 못할 수 있다. 교실 수업은 학습자가 관련된 학습내용을 익히고 왔다는 전제에서 이루어진다. 그런데 만약 학습자가 사전 학습을 하지 않았다면 교실 수업의 진행 자체가 어려워질 수 있으며, 학습자도 제대로 학습할 수 없는 상황이 될 수 있다.

연습문제

1. 객관주의와 구성주의를 비교하여 분석해봅시다.

2. 강의법의 특징을 제시하고, 강의법의 단점을 보완하기 위해서는 어떻게 수업을 구성하면 좋을지 이야기해봅시다.

3. 탐구학습을 활용하여 교수설계안을 작성해봅시다.

4. 문제중심학습을 위한 문제 혹은 시나리오를 구성해봅시다.

5. 문제중심학습이 효과적으로 이루어지기 위해 교수자에게 필요한 역량에 대해 정리해봅시다.

6. 플립드 러닝을 적용하여 교수설계안을 작성해보고, 사전학습 단계에서 필요한 영상을 직접 만들어봅시다.

참고자료 및 관련 사이트

권성호, 엄우용, 권혁일, 이준(2015). 교육공학의 탐구. 파주: 양서원.

권오남, 이지현, 배영곤, 김유정, 김현수, 오국환, 장수(2013). 반전학습(Flipped Classroom) 수업 모형 개발: 대학 미적분학 강의 사례를 중심으로. 수학교육논집, 30, 91-111.

김영인, 노경주(2016). 청소년 학습이론 및 지도. 서울: 한국방송통신대학교.

방진하, 이지현(2014). 플립드 러닝(Flipped Learning)의 교육적 의미와 수업 설계에의 시사점 탐색, 한국교원교육연구, 31(4), 299-319.

변영계, 김영환, 손미(2007). 교육방법 및 교육공학. 서울: 학지사.

서윤경(2018). 대학 수업에서 문제중심학습(Problem-Based Learning)의 전반적 만족도에 영향을 미치는 요인. 교육혁신연구, 28(4), 213-237.

이성호(1999). 교수방법론. 서울: 학지사.

이용환(2001). 교육방법 · 교육공학. 서울: 재동문화사.

이지환, 김영환, 김영배(2014). 학습자 중심 플립드러닝(Flipped Learning) 수업의 적용 사례. 교육공학연구, 30(2), 163-191.

임정훈(2016). 대학교육에서 플립러닝(Flipped Learning)의 효과적 활용을 위한 교수학습 전략 탐색: 사례 연구. 교육공학연구, 32(1), 165-199.

장선영, 고은현, 박인우(2013). 교육방법 연구의 동향과 과제. 교육방법연구, 25(3), 603-621.

정강욱(2019). 가르치지 말고 배우게 하라. 화성: 플랜비디자인.

황정규, 이돈희, 김신일(1999). 교육학개론. 서울: 교육과학사.

Brame, C. J. (2013). *Flipping the classroom*. Retrieved January 13, 2014 from http://cft.vanderbilt.edu/guides-sub-pages/ flipping-the-classroom

Barrows, H. S. (1985). *How to design a problem-based curriculum for the preclinical years*. NY: Springer.

Barrows, H. S. (1 994). *Practice-based learning: Problem-based learning applied to medical education. Springfield*, 1L: Southern Illinois University School of Medicine.

Bergmann, J., & Sams, A. (2012). *Flip your classroom eugene*. OR: International Society for Technology in Education.

Heinich, R., Molenda, M., Russel, J. D., & Smaldino, S. E. (1996). *Instructional media and technology for learning.Englewood Cliffs*, N. J.: Prentice-Hall, Inc.

Lage, M. J., Platt, G. J., & Treglia, M. (2000). Inverting the classroom: A gateway to creating an inclusive learning environment, *Journal of Economic Education, 31*(1), 30-43.

Newby, T.J., Stepich, D.A., Lehman, J.D., & Russell, J.D. (1996). *Instructional tech-*

nology for teaching and learning. Merrill, Columbus, Ohio.

Prensky, M. R. (2010). *Teaching digital natives: Partnering for real learning*. Newbury Park. CA: Corwin.

Reigeluth, C. M., & Carr-Chellman, A. A. (2009). Situational Principles of Instruction. In C. M. Reigeluth & A. A. Carr-Chellman(Eds.), *Instructional-Design Theories and Models: Building a Common Knoweledge Base* (pp. 57-68). New York: Routledge.

Roehl, A., Reddy, S. L., & Shannon, G. J. (2013). The flipped classroom: An opportunity to engage millennial students through active learning strategies. *Journal of Family and Consumer Sciences, 105*(2), 44-49.

Schön, D. A.(1987). *Educating the reflective practitioner*. San Fransisco: Jossey-Bass.

제 7 장

교육공학

학습목표

1. 교육공학의 역사를 통해 교육공학의 학문적 개념의 변화를 설명할 수 있다.
2. 교육공학의 연구영역에 대해 설명할 수 있다.
3. 주요 교수설계모형(ADDIE, Dick & Carey, ARCS)의 각 단계를 이해하고 단계별 활동을 설명할 수 있다.
4. 교수매체의 개념을 광의와 협의로 구분하여 설명할 수 있다.
5. 교수매체의 종류와 특성을 비교하여 설명할 수 있다.
6. 교수매체활용모형(ASSURE)에 따라 교수매체를 활용하여 수업을 설계할 수 있다.

주요용어

- 교육공학
- 설계, 개발, 활용, 관리, 평가
- 교수설계
- 교수설계모형
- 교수매체
- 교수매체활용모형

1. 교육방법의 배경과 개념

1.1. 교육, 공학, 그리고 교육공학

1) 교육공학 관점에서 교육의 이해

교육공학은 교육과 공학이 합쳐진 용어로 우선 교육에 대한 이해를 요구한다. 교육이란 인간, 그리고 사회와 밀접한 연관을 맺고 공존한다. 사회적 변화에 따라 인재상이 바뀌고 그로 인해 교육의 전반이 영향을 받기도 한다. 혹은 인간의 관심과 요구에 따라 교육의 방법과 내용이 바뀌며 사회의 변화와 연결되기도 한다. 이에 교육학이란 시대의 흐름에 주목해야 하고, 그것에 따라 스스로 변화하거나 또는 변화를 주도하는 역할을 하게 된다. 현재 교육학은 또 한 번의 거대한 변화의 기로에 서 있다. 세계화의 담론은 국가나 기업이 아닌 인간을 위한 교육으로, 시장주의보다는 공동체주의로, 개인이기보다는 타인과 함께 공존하는 인간으로의 변화가 촉구되었다(한용진, 정은정, 권혜정, 박주희, 2010). 4차 산업혁명 담론은 기술의 발전이 인간 사회를 완벽하게 변화시킬 수 있음을 시사하며 새로운 인재의 조건으로서 창의성, 지식 융합, 인성, 시민적 책무성 등을 고민하게 하고 있다(성태제, 2017; 안병환, 2019).

교육의 변화 방향은 몇 가지 대비적 관점을 통해서도 살펴볼 수 있다. 첫째, 형식적 연례 교육에서 현장과 직접 연계된 학습으로 변화했다. 무엇인가를 배웠다라는 것 자체가 의미있는 것이 아니라 그것을 배워서 어떻게 활용하는가가 중요해진 것이다. 둘째, 개별적 교육에서 인적자원개발의 패러다임으로의 전환이다. 학습을 통한 개인의 변화에만 관심을 두는 것이 아니라 조직이나 공동체 차원에서의 변화와 성과에 대해 주목하게 되었다. 셋째, 시키고 받는 훈련에서 스스로 하는 학습으로의 변화다. 학습자 중심이라는 용어의 대중화되는 것에서도 볼 수 있듯이제는 학습자가 스스로 어떻게 학습할 것이며 이를 어떻게 촉진하고 지원할 것인가가 중요해졌다. 넷째, 제한된 교육에서 열린 교육으로의 변화다. 교육의 대상,

기간, 방법 등에 대해 폭넓은 확장이 이루어지고 있으며, 특히 기술의 발전으로 인해 정보에 대한 접근성이 강화된 점은 교육 분야의 개방에 많은 영향을 미쳤다. 교육공학은 이러한 교육의 여러 분과 학문 중 시대적 변화에 가장 민감하게 반응하는 학문으로 다양한 차원에서의 연구가 확대되어야 할 필요성이 있다고 하겠다.

2) 교육공학 관점에서 공학의 이해

교육공학은 교육에 대한 공학적 접근이라고 이해할 수 있다. 여기서 교육과 공학은 서로 어떤 관계성을 맺고 발전한 것이 아니기 때문에 각각의 특성을 독립적으로 바라보고 이해해야 할 필요가 있다. 다만 이 두 가지가 만나서 교육공학이라는 하나의 학문을 만든 만큼 교육과 공학이 어떻게 서로 상호 호혜적 관계를 맺으며 공존할 것인가에 대한 고민은 필요하다. 특히 단순히 교육과 공학의 특징들이 물리적으로 결합하는 것이 아니라 교육과 공학이 화학적 결합을 일으켜 만드는 교육공학이라는 학문의 방향에 주목해야 한다. 이러한 관점에서 교육공학에서의 '공학'이란 크게 두 가지 차원에서 정리해볼 수 있다(권성호, 엄우용, 권혁일, 이준, 2015).

첫째, '산물로서의 공학(technology as a product)'이다. 이것은 지식과 기능을 가르치기 위한 수단으로 교육에 도입되는 모든 매체를 의미한다. 교육의 필요에 따라 단편적으로 매체를 선택 및 활용하여 교육하는 것이다. 이러한 관점은 학습자의 특성, 요구, 흥미, 관심 등은 무엇이며, 특히 그들이 어떻게 학습하는지 고려하지 않는다. 가장 중요한 것은 학습자나 학습내용이 아니라 매체의 기술적 특성 그 자체다. 결론적으로 교육과 공학이 인간적 혹은 교육적 가치와 무관하게 공학을 채택하는 입장에서 교육공학의 의미를 파악하며 '교수로서의 교육공학'이라고도 할 수 있다.

둘째, '과정으로서의 공학(technology as a process)'이다. 이것은 교육의 전 과정을 체계적으로 계획, 실행, 평가하는 것을 의미한다. 이것은 매체를 교육적 필요에 의해 단편적으로 활용하는 것이 아니라 교육의 전 과정을 하나의 체계로 보고, 체계의 유기적 적합성에 근거해 매체를 선정하게 된다. 이러한 관점은 학습자의 학습 효과를 극대화하는 것에 초점을 갖기 때문에 학습자의 일반적 특성, 요구, 흥미, 관심 등에 근거해 매체를 선택하고 공학을 학습자를 위해 존재하도록 한다. 결론적으로 학습자의 학습과제에 필요에 따라 매체를 활용하는 것으로 '학습으로서 교육공학'이라고도 할 수 있다.

이러한 두 가지 관점에서 볼 때 교육공학에서 공학이란 효과적인 수업을 구현하기 위한 노력이라고 할 수 있다. 가르치는 활동을 지원하는 방법으로서 공학을 채택하기도 하며, 학습자 스스로 배우고 익히기 위한 방법으로서 공학이 채택되기도 한다. 중요한 것은 이러한 과정에서 그 목적이 '교육적 가치'의 구현에 있어야 한다는 점이다.

교육공학에서 공학이란 '산물'로서, '과정'으로서 모두 활용된다. 이러한 두 가지 관점을 고려하여 기존 교육공학의 특징을 정리하면 다음과 같이 제시될 수 있다(권성호, 엄우용, 권혁일, 이준, 2015). 첫째, 필연적으로 행동주의 심리학에 영향을 받았다. 행동주의 심리학은 인간의 사고과정에 대한 고려 없이 외적으로 관찰가능한 행동 변화에 주목한다. 즉, 학습목표를 명확히 규정하고 수업의 과정을 체계화하여 가능하면 효율적으로 기대했던 바를 달성하는 것에 중점을 둔다. 이러한 접근은 학습자보다는 교수자 관점의 관리와 통제의 입장이 강조된다. 둘째, 과제 중심적으로 접근하며, 효율성이 강조된다. 앞서 설명했던 바와 같이 최단 시간, 최대 효과를 달성하고자 하는 시도는 학습의 과정을 절차적 과정으로 이해하려 하며, 학습내용을 가능하면 작고 단순하게 계열화하고자 한다. 셋째, 객관주의와 과학주의에 기반한 경험과학적 방법론을 채택한다. 인간의 의식이나 정신작용과 같이 객관화될 수 없는 현상을 외적으로 관찰 가능한 통제변인으로 전환한다.

이러한 교육공학에서 '공학'에 대한 개념은 교육공학이 가진 강점이면서 약점이다. 이러한 딜레마를 극복하고 바람직한 교육공학의 개념을 만들어가기 위해서는 앞서 언급했던 것처럼 인간 중심의, 사회와의 상호작용 속에 요구되는 바람직한 교육의 변화에 주목해야 할 필요가 있다.

1.2. 교육공학의 발전 과정

교육공학의 역사는 보통 1920년대, 미국에서 시작된 시각교육에서 그 출발점을 찾는다. 그 이전에 주류를 이루던 언어중심의 교육을 탈피하고, 시각보조물을 통한 교수학습의 효율성에 주목하게 되었다. 이러한 시도는 1923년 시각교육국(Department of Visual Instruction)이 창설되면서 본격화되었다. 시각교육은 이후 축음기, 유성영화 등이 도입되며 시청각교육으로 발전하게 되는데, 이 과정에서 제2차 세계대전이 중요한 요소로 작용했다. 전쟁 중 많은 군인을 효율적이고 효과적으로 훈련시키기 위해 다양한 시청각자료를 활용하기 시작한 것이다. 이때 만들어진 전쟁훈련시각자료국(Division of Visual Aids for War Training)에서는 전쟁기간 중 10억 달러 이상을 훈련용 필름 제작에 투입하였다(Saettler, 1990). 1947년 시각교육국은 시청각교육국(Department of Audio-Visual Instruction)으로 확대되었다. 이를 통해 전문적 연구활동이 활발하게 진행되어 Dale의 '경험의 원추' 모형이 제시되는 등 시청각교육의 이론적 체계가 구축되기 시작했다.

1950~1960년대에는 시청각교육에 커뮤니케이션 이론이 접목되기 시작하였다. Schannon과 Schramm의 커뮤니케이션 모형, Berlo의 SMCR 모형 등 커뮤니케이션 모형은 시청각매체와 커뮤니케이션 이론을 통합하여 효과적인 학습방법을 탐색하는데 영향을 미쳤다. 이 시점부터는 수업을 교수자와 학습자 사이의 정보 전달로 이해하기 시작하였으며, 시청각매체를 통해 교육자료를 제작하는 것을 넘어 수업을 통한 내용 전달 방법 개발과 수업의 효율성과 효과성 등으로 관심이 이동하게 되었다. 이는 교육공학의 개념 형성에도 중요한 기점으로 작용했다. 이 시점에는 체제이론이 도입된 시기이기도 한데, 행동주의 이론에 근거한 교수기계, 프로그램 수업, 언어실습실, 컴퓨터보조학습 등에 관한 연구가 활발하게 진행되었다. 이를 통해 시청각교육은 점차 교수공학의 개념으로 발전하게 된다(임철일, 임정훈, 이동주, 2017).

1970년대 이후에는 커뮤니케이션 이론, 체제이론, 교수설계에 대한 통합적 접근이 확대되면서 시청각교육에 대한 개념이 다시 한 번 변화하기 시작한다. 이에 시청각

교육국은 미국교육학학회(AECT)로 이름을 바꾸고 교수공학위원회(Commission on Instructional Technology)를 발족하여 교수공학과 관련된 본격적인 연구를 실시하였다. 교수공학이란 개념이 사용되기 시작한 것은 특정한 학습목표를 토대로 하여 수업의 전략(학습내용, 학습방법, 매체, 평가), 전략의 실행, 평가 및 개선 등으로 이어지는 일련의 교수학습의 전체 과정을 다루려는 시도를 보여준다. 즉, 기존의 하드웨어적 관점을 넘어 소프트웨어적 관점에서 교수학습 과정을 이해하게 된 것이다. 이에 교육공학으로서 개념체계가 확립되었으며, 교육공학의 연구 영역 및 이론적 구조가 만들어지게 되었다. 또한 이 시기에 Bruner, Glaser, Gagne 등의 연구자를 통해 인지주의적 접근이 시작되기도 했다.

1990년대 이후로 교육공학은 학습에 관한 자원과 과정의 설계, 개발, 실행, 관리 및 평가에 관한 이론과 실제로 규정되면서, 학습이 발생하는 모든 교육영역에서 효과적인 성과를 이끌어 내기 위한 체계적 전략과 방법을 다양하게 연구하는 학문 분야로서 자리잡았다(임철일, 임정훈, 이동주, 2017). 매체적 관점에서는 컴퓨터와 인터넷의 보편적 보급되면서 본격적으로 멀티미디어를 활용한 교수학습이 가능해졌으며, 원격교육(Distance Learning)과 웹기반수업(Web-Based Instruction)에 대한 체계가 만들어지기 시작했다.

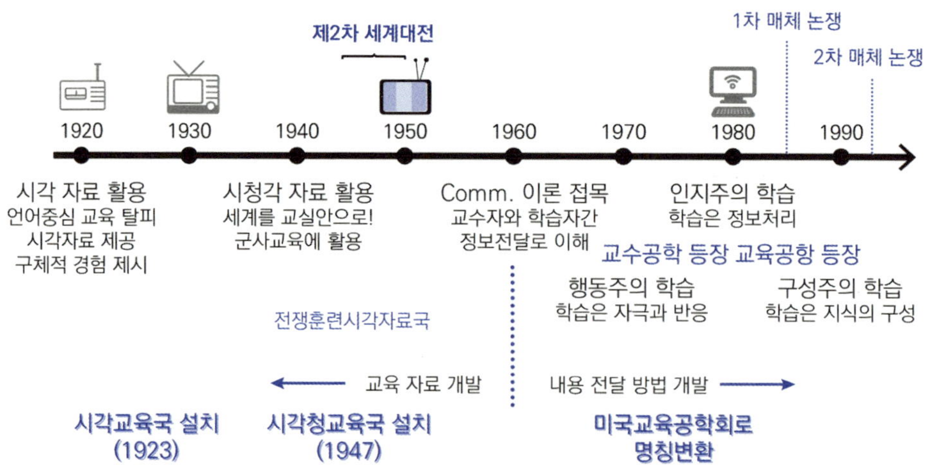

[그림 7-1] 교육공학의 발전 과정

1.3. 교육공학의 개념

교육공학은 교육학의 세부 영역 중에서 이론 및 현장에서의 실천과 연계성에 관심을 갖고 있다. 교육공학은 이미 시작부터 심리학, 경영학, 정보공학, 컴퓨터공학, 커뮤니케이션 등 다양한 분야에서 제시된 이론들을 수용하여 교육의 실제적인 문제를 해결하려 시도했기 때문에 이미 이론적 기반과 학제적인 성격을 갖추고 있다(정재삼, 금혜진, 2003).

교육공학의 개념은 미국교육공학회(AECT: Association for Educational Communication and Technology)에서 지속적으로 개선하며 제시해 왔다. 그동안 10여 차례 이상 교육공학의 새로운 정의가 제시되어 왔는데, 시청각교육을 넘어 현재의 교육공학 개념을 본격적으로 제시한 것은 1977년의 정의부터로 볼 수 있다. 1977년, 1994년, 2008년 등 지금까지 총 세 차례에 걸쳐서 교육공학의 정의가 새롭게 제시되었다. 각각의 내용을 정리하면 아래와 같다.

> "교육공학이란 인간학습에서의 문제들이 어떻게 규명되고 해결되는가에 대한 이론이며, 인간학습에서의 문제들을 분석하고 해결하기 위하여 복합적이고 통합된 과정을 적용하는데 관련된 분야" (AECT, 1977)

> "교육공학이란 학습을 위한 과정과 자원의 설계, 개발, 활용, 관리 및 평가에 관한 이론과 실제" (Seels & Richey, 1994)

> "교육공학이란 적절한 과학기술적 과정과 자원을 창안하고, 활용하고, 관리함으로써 학습을 촉진하고 수행을 개선하는 연구이며 윤리적 실제"
> (Januszewski & Molenda, 2008)

이처럼 교육공학의 정의 변화는 몇 가지 주목해야 할 지점을 드러낸다. 1994년의 정의에서 보면 교육공학의 목적을 인간 학습활동의 결과에 영향을 주는 것을 목적으로 하며, 과정 및 자원 모두를 포함하게 된다. 또한 교육공학의 연구 영역으로서 설계, 개발, 활용, 관리, 평가 등을 제시하며 이론과 실제 모두를 다뤄야 한다고 언급하고 있다. 이러한 정의는 2006년에 다시 한 번 개선되며 그동안 없었던 새로운 관점을 등장시킨다. 2006년 정의에서 가장 주목하는 부분은 윤리의 중요성이 부각된 점이며, 학습자를 능동적 존재로 바라보고 학습의 촉진에 대해 강조한다. 이러한 정의의 변천 과정을 살펴보면 교육공학이란 인간에 대한 관심을 바탕으로, 학습을 촉진하기 위해 학습의 전체적인 과정에 관련된 이론과 실제에 대해 총체적으로 연구하는 학문으로 이해할 수 있다.

1.4. 교육공학의 연구 영역

1) 개요

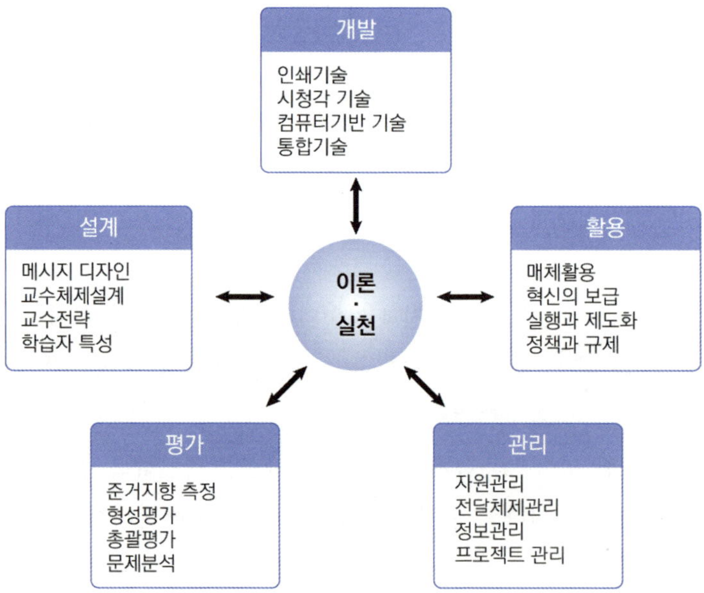

[그림 7-2] 교육공학의 연구 영역

교육공학의 연구 영역은 교육공학은 무엇을 탐구하는가와 직접적인 관련이 있는 문제다. 사실 교육공학의 연구 영역은 매우 폭넓기 때문에 특정한 영역으로 규정한다는 것이 어려울 수도 있지만, 일반적으로 Seels와 Richey(1994)가 제시한 모형을 주로 사용한다. 그들은 학습의 촉진과 관련한 이론과 실제를 중심으로 하여 설계, 개발, 활용, 관리, 평가 등 다섯 가지 영역을 제시하였으며, 각각의 요소들은 상호 독립적인 것이 아니라 서로 상호작용하는 관계 안에 있다는 것을 강조한다.

2) 설계

설계는 교육공학의 전통적 주제인 메시지 디자인, 교수체제설계, 교수전략, 학습자 특성 등으로 구성된다. 메시지 디자인은 인간의 인지 과정에 대한 연구 결과를 바탕으로 문자, 그림, 멀티미디어와 같은 자료를 어떻게 제시하여 학습을 촉진할 것인지에 관한 것이다. 교수체제설계는 메시지 디자인에서 조금 더 나가서 교수의 분석, 설계, 개발, 실행, 평가의 단계를 포함하는 조직적 절차이다. 교수전략은 수업에서 일어나는 사태와 활동을 선택하고 구체적으로 계열화하는 것이다. 학습자 특성은 학습자의 경험적 배경을 분석하여 최적의 교수설계를 할 수 있는지 다루는 것이다.

3) 개발

개발은 인쇄기술, 시청각 기술, 컴퓨터기반 기술, 통합기술을 포함한다. 설계된 결과를 실제로 구현하는 과정을 의미하는 것으로 형성적 평가과정을 통해서 완성된다. 개발에서는 다양한 테크놀로지를 활용하여 개발하는 것을 주로 의미한다. 인쇄기술은 문자와 그림 등을 활용하는 것으로 폰트의 형태나 크기, 색깔과 채도 등 다양한 요소가 영향을 미친다. 시청각 기술은 시각과 청각을 활용하여 제시하는 자료를 개발하는 것이다. 컴퓨터 기반 기술은 컴퓨터 및 ICT 기술을 활용하여 학습 환경을 개발하는 것이다. 통합기술은 이러한 기술을 통합하여 개발하는 것이다.

4) 활용

활용은 매체 활용, 혁신의 보급, 실행의 제도화, 정책과 규제를 포함한다. 활용은 매체 사용을 위한 최적의 환경, 학습의 경제적 요인 및 학습시간에 대한 매체의 영향 등을 다룬다. 즉, 교수체제설계 원리 및 방법에 대한 실행 가능성에 관심을 가진다. 매체 활용은 매체 및 자료의 선정 및 활용에 관한 것이다. 혁신의 보급은 변화를 가져오는 것을 목표로 하여 계획적인 전략을 사용하는 의사소통과정이다. 실행의 제도화는 교육공학적 방법과 개발물이 현장에서 효과적으로 활용되기 위한 지원전략을 다룬다. 정책과 규제는 교육공학의 보급과 사용에 영향을 미치는 사회의 규칙과 행위로, 교육용 자료에 관한 각종 표준과 기준 연구를 예로 볼 수 있다.

5) 관리

관리는 프로젝트 관리, 자원 관리, 전달 체계 관리, 정보 관리를 포함한다. 관리는 교육공학적 산출물의 실제적 활용이 중요시되면서 채택된 것으로 설계, 개발, 활용의 각 과정에서 만들어지는 것들을 감독하고 적절하게 배분이 이루어지도록 하는 것이다. 프로젝트 관리에서는 계획, 점검, 그리고 교수설계와 개발 프로젝트를 조정한다. 자원 관리에서는 자원을 지원하기 위해 체제와 서비스를 기획하고 감독 및 조정한다. 전달 체계 관리에서는 교수자료를 전달할 때 조직하는 방법을 계획, 감독, 조정한다. 정보 관리에서는 학습자원을 제공하려고 정보를 저장, 전달, 처리하는 것을 계획하고 감독한다.

6) 평가

평가는 준거지향 측정, 형성평가, 총괄평가, 문제 분석을 포함한다. 평가는 문제의 분석에서 시작되는 교수학습의 적절성을 결정하는 과정이다. 준거지향 측정은 사전에 정해진 내용에 대한 학습자의 완성도를 정하는 기술이다. 형성평가는 제안된 교육 프로그램의 목표와 내용, 방법 등이 적절한지 검토한다. 총괄평가는 프로그램의 유용성을 결정하기 위해 정보를 수집하고 활용하는 것이다. 문제 분석은 정보의 수집과 의사결정 전략을 사용하여 문제의 성질과 변인을 결정하는 것을 말한다.

7) 소결

교육공학은 그 성격 상 간학문적이며 다학문적 접근을 취하고 있다. 이에 연구 영역의 개요에서 언급했던 것처럼 연구 영역도 규정하기 어려울 만큼 광범위한 것이 현실이다. 다만 교육공학이 고유한 학문으로서 발전하기 위해서는 교육공학의 독자적 연구 영역을 확보하는 노력이 요구된다(권성호, 엄우용, 권혁일, 이준, 2015). 교육공학의 연구 영역에 대한 지속적인 관심을 바탕으로 타 학문 영역과 어떤 차별화된 지점을 만들 수 있을 것인지, 혹은 어떤 영역은 연결되어 함께 발전할 것인지에 대한 고민이 필요하다.

2. 교수설계

2.1. 교수설계의 개념

교수설계는 인간의 학습과 발달을 돕기 위한 방법을 말한다. 학습자의 요구를 분석하고, 학습목표를 설정한 후 학습의 내용, 방법, 평가 등 가르치는 활동에 관련된 전반적인 과정을 체계적이고 합리적으로 구성해가는 것이라고 할 수 있다. 교수설계는 교수 과정(process of instruction)을 이해하고 개선하는데 관심을 두고 있는 학문 영역으로, 수업의 효과를 높일 수 있는 최적의 수단을 강구하는 것을 말한다(Reigeluth, 1983). 또한 교수설계란 교수 목적을 달성하기 위한 최적의 교수활동을 처방해 주도록 이끄는 지식체계로, 교수의 질을 개선하고 이해하는데 필수적인 학문 분야라고 할 수 있다(이종연, 2004). 즉, 교수설계는 학습목표를 달성하기 위해 과학적으로 입증된 교수학습 원리를 적용하여 효과적인 수업을 개발하고 실행하는 체제적 방법을 의미한다(교육공학용어사전 편찬위원회, 2005).

교수설계는 '체제'를 강조하여 교수체제설계(instructional system design)이라고 부르기도 하고, 설계를 개발이라는 용어로 대체하여 교수체제개발(instructional system development)라고 부르기도 한다. 이러한 용어의 사용은 교수 행위를 일회성으로 보지 않고 일련의 체제로 보는 접근이라는 공통점을 갖고 있다(김보경, 2018). 이처럼 체제란 교수설계를 이해하는데 매우 중요한 요소다. 체제적으로 설계한다는 것은 학습의 과정에 영향을 줄 수 있는 상황의 여러 측면을 동시에 고려하되 창의적으로 접근하는 것이다(Seels & Richey). 따라서 교수설계에는 교수자, 학습자, 학습내용, 교육방법, 물리적 환경, 심리적 특성 등 수업에 영향을 미치는 다양한 요소를 고려해야 한다. 이를 바탕으로 교수설계는 수업을 실현가능하고, 체계적이며, 논리적이고, 합리적으로 만들어가는 것이라고 하겠다.

2.2. 교수설계 모형

1) ADDIE 모형

ADDIE 모형은 가장 대표적인 교수설계 모형 중 하나로, ADDIE란 분석(analysis), 설계(design), 개발(development), 실행(implementation), 평가(evaluation)의 약자이다. 이 모형은 1975년 플로리다주립대학교의 교육공학센터(center for educational technology)에서 미군을 위해 최초로 개발된 후 오랜 시간에 걸쳐 현재의 모습으로 다듬어졌다(신재흡, 2019). ADDIE 모형의 강점은 ADDIE 모형을 이해하게 되면 다른 교수설계모형들도 쉽게 이해할 수 있다는 점이다. 많은 교수설계모형들이 ADDIE 모형을 바탕으로 확장 혹은 축소하는 작업을 했기 때문이다. ADDIE 모형을 구체적으로 제시하면 다음 그림과 같다.

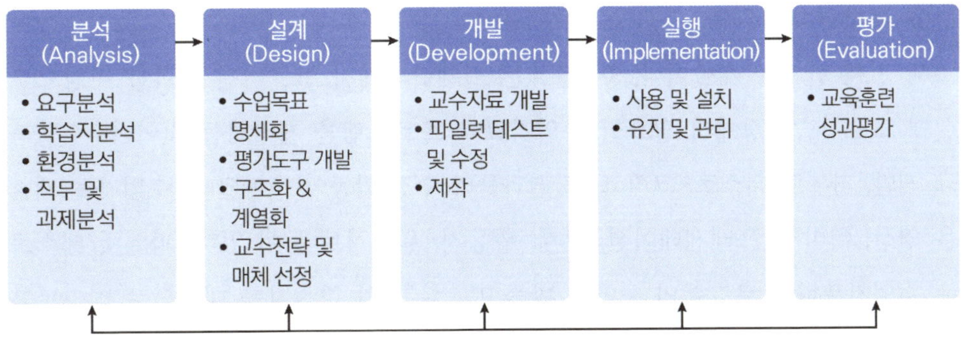

첫 번째 단계는 분석이다. 이 단계는 교수설계를 하기 위해 학습과 관련된 요인들을 분석하는 것으로 요구분석, 학습자 분석, 환경 분석, 직무 및 과제분석이 포함된다. 요구분석에서는 수업을 통한 바람직한 기대 상태와 학습자의 현재 상태의 차이를 도출하여 달성해야 할 수준이나 과제를 분석하며, 이 차이를 바탕으로 학습목표를 설정한다. 학습자 분석은 학습자 특성을 파악하는 것으로 학습자의 배경, 적성, 경험, 선수학습 능력, 학습동기, 태도 등을 분석하여 교수설계를 위한 기초자료로 활용한다. 환경 분석은 활용할 수 있는 자원과 제약조건들을 미리 분석하여 교수설계의 결과물이 실행 가능하도록 한다. 직무 및 과제분석은 학습목표를 달성하기 위하여 필요한 지식, 기능, 태도 등을 파악하고 이들의 순서와 절차 등을 정하는 것이다.

두 번째 단계는 설계다. 이 단계는 분석 결과를 바탕으로 어떻게 교수학습활동을 계획할 것인지 결정하는 것이다. 교육활동에 대한 구체적인 그림을 만드는 단계로, 학습목표 명세화, 평가도구 설계, 구조화 및 계열화, 교수 전략 및 매체 선정 등이 이루어진다. 학습목표 명세화는 학습자가 수행해야 할 성취행동 또는 학습 성과를 행동적인 용어로 기술하는 것이다. 평가도구 설계는 진술한 학습목표 달성 수준을 측정할 수 있는 평가도구를 개발 한다. 구조화 및 계열화는 개발된 교수방법과 교수전략을 학습과제에 맞추어 조직하고 배열하는 작업하는 것이다. 교수 전략 및 매체 선정은 학습내용을 학습자에게 제시하거나 학습자의 수업활동을 촉진시키는 역할을 하며, 교수설계의 여러 요소들을 바탕으로 적합한 수업매체를 결정하는 것을 포함한다.

세 번째 단계는 개발이다. 이 단계는 설계단계에서 만들어진 결과를 바탕으로 실제 교수학습과정에서 필요한 수업자료나 프로그램을 제작하는 것이다. 수업자료 개발, 파일럿 테스트, 그리고 그 결과들의 수정 활동이 포함된다. 수업자료 개발은 영상, 이미지, 프레젠테이션, 교재, 활동지, 워크시트 등이 있다. 파일럿 테스트는 수업자료나 프로그램의 초안을 만들고, 전문가와 학습자를 대상으로 테스트를 실시한다.

네 번째 단계는 실행이다. 이 단계는 개발단계에서 완성된 수업자료나 프로그램을 실제 현장에 적용하는 것이다. 사용 및 설치, 유지 및 관리 등이 포함된다. 사용 및 설치는 개발된 수업자료나 프로그램이 교육과정 속에 설치되어 계속적으로 유지될 수 있도록 관리하는 활동이다. 유지 및 관리는 수업을 통해 의도한 목적을 달성하기 위해 실행에 필요한 지원체제를 갖추는 것이다.

다섯 번째 단계는 평가다. 이 단계는 수업 자료 및 프로그램이 의도한 목적을 달성하였는지 확인하는 것이다. 수업 자료나 프로그램의 효과성, 효율성, 매력성, 안정성 등을 평가한다. 평가 결과를 바탕으로 해당 수업자료나 프로그램의 지속적인 사용 여부, 문제점 파악, 수정사항 등을 도출한다.

2) Dick & Carey 모형

Dick & Carry 모형은 수업에 체제적 교수설계를 적용한 대표적인 교수설계모형이다. 1978년에 처음 개발되었으며 이후에 기업, 군, 학교 등 다양한 교육현장에서 사용되었다. Dick & Carry 모형은 총 10단계로 구성되는데, 이를 크게 나누면 분석(1~3단계), 설계 및 개발(4~7단계), 평가 및 수정/보완(8~10단계) 등으로 구분할 수도 있다.

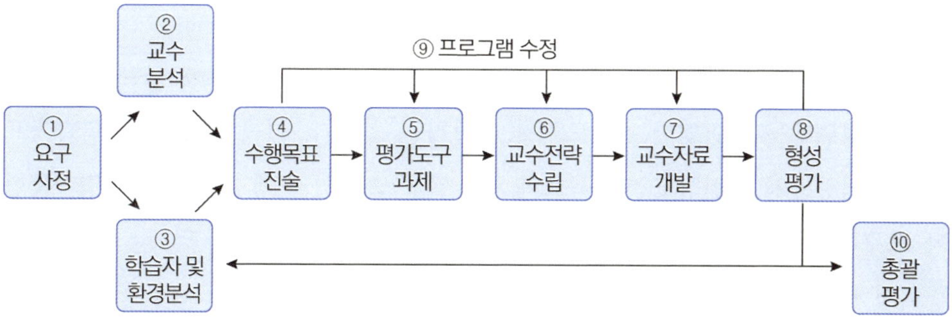

[그림 7-3] Dick & Carey 모형

첫 번째 단계는 요구사정(identifying instructional goal)이다. 이 단계에서는 학습자가 수업을 마친 후에 도달해야 하는 목표가 무엇인지 결정한다. 즉, 이 수업을 통해 어떤 새로운 지식, 기술, 태도를 습득하게 될 것인지를 결정하게 된다. 이는 주로 현재 상태와 바람직한 상태 간의 차이를 분석하고, 교육과정을 분석하며, 학습자의 요구를 확인하는 것들을 통해 이루어진다.

두 번째 단계는 교수분석(conducting a goal analysis)이다. 이 단계는 최종 학습 목적을 성취하기 위해 학습자가 배워야 할 학습 유형을 파악하고, 학습목표에 관한 하위 기능과 필요한 학습절차 등을 분석한다. 목표분석은 학습목표를 학습영역의 분류와 3~5단계의 성취행동 단계를 구분하는 것이다. 하위 기능 분석은 목표 분석에서 분류된 단계별 목표를 달성하기 위해 선수학습 해야 할 기능들을 세분화하는 것이다.

세 번째 단계는 학습자 및 환경 분석(analyzing learners and contexts)이다. 이 단계는 학습자 집단과 교수분석 결과에서 출발점 행동을 설정할 수 있고, 학습자 집단의 일반적인 특성을 파악하게 된다. 학습자의 나이, 학년, 흥미, 직업, 적성, 학습양식, 동기, 태도 등의 학습자 특성과 이전 수업 상황에서의 학업성취 수준 등을 확인한다.

네 번째 단계는 수행목표 진술(writing performance objective)이다. 이 단계는 한 단위의 수업이 이루어져 학습이 끝났을 때 학습자는 무엇을 할 수 있는 것인지 자세하게 기술하는 것이다. 이를 통해 학습자가 보여야 하는 행동, 행동이 수행될 조건 혹은 상황, 행동 성취 기준 등이 작성된다.

다섯 번째 단계는 평가도구 개발(developing assessment instrument)이다. 이 단계는 성취행동을 반영한 평가도구를 개발하는 것이다. 이를 위해 어떤 학습목표가 제시되었는지 확인하고 학습목표에 서술된 학습자의 수행 행동유형과 평가문항이 요구하는 것을 일관성 있게 개발한다.

여섯 번째 단계는 교수전략 수립(developing instructional strategy)이다. 이 단계는 학습목표를 달성하기 위한 교수전략을 개발하는 것이다. 교수전략의 구성요소에는 교수 전 활동, 정보 제시, 학습자 참여, 검사, 추후 활동 들이 있다. 또한 이 단계에서 수업 매체를 선정하거나 교수학습방법과 학습환경을 설정하게 된다.

일곱 번째 단계는 교수자료 개발(developing and selecting instructional materials)이다. 이 단계는 교수전략에 기초하여 실제 수업자료나 프로그램을 선택 및 개발하는 것이다. 학습자 지침서, 수업 프로그램, 검사지, 교수자 지침서 등이 이 단계에서 개발된다.

여덟 번째 단계는 형성평가설계와 실행하기(designing and conducting formative evaluation of instruction)이다. 이 단계는 우수한 교수 프로그램을 만들기 위하여 교육 현장에 투입하기 전에 시범적으로 프로그램을 적용해 보고 자료를 수집하여 프로그램 개선에 활용한다. 형성평가의 방법으로는 일대일평가, 소집단평가, 현장평가 등을 고려해야 한다.

아홉 번째 단계는 형성평가(revising instruction)다. 이 단계는 수업 설계와 개발 과정에서 제작된 교수자료를 전체적인 수업체제 속에 포함시켜 평가하여 수업의 최종효과를 높이는 것이다. 형성평가 결과에 따라 학습목표를 달성하는 과정에서 예견되는 문제점을 확인하여 수업자료의 잘못된 곳을 수정 및 보완한다.

열 번째 단계는 총괄평가(designing and conducting summative evaluation)다. 이 단계는 수업이 개발 및 실행된 이후 그 결과에 대해서 총괄평가를 실행하는 것이다. 총괄평가를 통해 목표 분석, 내용 선정, 내용 조직, 학습자 분석, 문항 개발, 수업 전략, 수업매체의 선택, 수업 환경 등을 확인한다.

Dick & Carey 모형에서 실행 단계에 들어가지는 않지만 전반적인 과정에 영향을 주는 프로그램 수정이라는 것도 매우 중요하다. 수업의 최종 완성본이 나오기 전까지 해당 단계에서 필요한 수정을 하게 된다.

3) Keller의 ARCS 모형

ARCS 모형은 교수학습상황에서 학습동기를 유발하고 유지하기 위한 동기를 어떻게 설계할 것인지 제시한다. ARCS 모형은 개인의 동기를 유발하고 유지시키는데 가장 중요한 요소로 주의집중(A: Attention), 관련성(R: Relevance), 자신감 (C: Confidence), 만족감(S: Satisfaction)을 제시한다. 이러한 요소들은 학습자의 주의를 집중시키고, 학습자의 흥미에 기반하여 학습할 내용의 관련성을 연결하며, 학습자가 자신감을 갖고 학습에 임할 수 있도록 돕고, 학습을 성공적으로 수행한 결과에 따라 만족감을 느낄 수 있도록 한다. ARCS 모형은 전통적인 수업에서 활용되는 것뿐만 아니라 이러닝이나 원격교육에서도 자주 활용되고 있어 주목해볼 필요가 있다. 이러한 ARCS 모형에서 제시하는 네 가지 요소에 대해 구체적으로 제시하면 다음과 같다.

첫째, 주의집중이다. 학습이 일어나기 위해서 학습자가 학습의 자극에 주의를 기울이도록 하는 것이다. 여기서 학습의 자극이라는 것은 단순히 감각적인 것만이 아니라 지적인 호기심을 유발할 수 있는 것이어야 한다. 이를 위해 사용하는 전략으로는 지각적 주의 환기, 탐구적 주의 환기, 다양성 등을 꼽을 수 있다. 지각적 주의 환기란 새롭거나 모순된 정보를 사용하여 학습자의 주의를 끄는 전략이다. 수업에 시청각매체를 활용하는 것이 대표적인 예다. 탐구적 주의 환기는 학습자의 호기심과 탐구심을 자극하여 학습에 기대감을 갖도록 하는 것이다. 학습자 스스로 문제를 내어 풀어보게 하는 등의 활동을 구상해볼 수 있다. 다양성은 수업의 요소를 다변화시켜 흥미를 지속시키는 것이다. 학습자의 주의집중 시간에 따라 다양한 형태의 수업 요소를 제시할 수 있는데, 단 학습목표와 수업내용이 잘 통합되도록 해야 한다.

둘째, 관련성이다. 학습과제나 학습활동이 학습자의 개인적 흥미와 필요에 부합하도록 하는 것이다. 관련성에는 결과의 측면과 과정의 측면을 나누어서 접근할 수 있다. 결과 측면은 교수내용이 학습자 자신의 장래에 어떤 중요한 목적을 달성하는데 도움이 된다고 인식하게 될 때 학습동기가 높아진다는 것이다. 과정 측면은 학습자의 필요를 충족시키면 학습동기가 높을 수 있다는 것이다. 이러한 관련성에 대한 주요 전략은 친밀성, 목적지향성, 필요나 동기 부합성이 있다. 친밀성은 학습자에게 친밀한 예문이나 배경지식, 친숙한 그림 등을 활용하여 동기를 높이는 것이다. 목표지향성은 학습자에게 성취를 위한 목표를 제시하거나 학습자가 스스로 목표를 정의할 수 있도록 하는 것이다. 필요나 동기의 부합성은 학습자의 필요나 동기에 학습을 결합하는 것이다. 학습자가 자신에게 필요한 적절한 학습과제를 수행하도록 하면서 교수자가 필요한 피드백을 제공해준다.

셋째, 자신감이다. 학습자가 학습과제를 성공적으로 마무리할 수 있을 것으로 믿을 때 동기는 높아진다. 동기를 유발하기 위해 학습에 재미와 필요를 느끼게 해야 하며, 성공시킬 수 있는 기회가 있다는 사실을 인지시켜야 한다. 이를 위한 전략으로 학습에 필요조건 제시, 성공 기회 제시, 개인적 조절감 증대를 제공할 수 있다. 학습에 필요한 조건을 제시하는 것은 학습자에게 수행에 필요한 조건이나 기준을 제시하여 성공가능성을 짐작할 수 있도록 하는 것이다. 성공 기회 제시는 학습과정에서 성공을 경험할 수 있도록 적절한 수준의 도전감을 제공하는 과제를 부여하는 것이다. 개인의 조절감 증대는 학습자가 자신의 판단에 근거하여 학습과제를 선택하고 수행할 수 있도록 하여 성공에 대한 자신감을 높이는 것이다.

넷째, 만족감이다. 학습자가 노력에 대한 결과와 기대가 일치하고, 그 결과에 만족하는 것이다. 학습자가 결과에 만족한다면 학습 동기는 계속 유지될 것이며, 학습수행에도 영향을 미칠 것이라고 보기 때문이다. 만족감을 높이기 위한 전략으로 자연적 결과, 외적 보상, 공정성 강조를 제공할 수 있다. 자연적 결과는 학습자의 내적 동기를 유지시켜 새로 획득한 지식과 기능을 실제로 적용해보도록 하는 것이다. 이를 위해 연습문제나 일종의 모의상황 등을 제시할 수 있다. 외적 보상은 학습자의 성공적 학습결과에 대해 긍정적인 피드백이나 보상을 부여하는 것이다. 이를 통해 바람직한 행동을 지속적으로 유지하게 하게 할 수 있다. 공정성 강조는 학습자가 달성한 성취에 학습자의 학업성취에 대한 기준과 결과를 일관성있게 유지시키는 것이다. 학습자의 학업 수행에 대한 판단을 공정하게 하고 성공에 대한 보상이나 강화가 기대한 대로 주어지도록 한다.

3. 교수매체

3.1. 교수매체의 개념

매체(media, 단수형 medium)는 라틴어에서 유래된 용어로 무엇과 무엇의 사이(between)라는 의미다. 매체는 커뮤니케이션 과정에서 송신자와 수신자 사이에 정보를 전달하는 것을 말하는데, 여기서 송신자와 수신자는 때로는 동일한 공간에 없을 수도 있으며, 보이지 않은 형태의 정보를 전달하기도 한다. 매체는 시간이 지나면서 다양한 형태의 기술적이고 방법적인 변화의 과정을 거치게 되었다. 이 과정에서 매체란 정보를 효율적이고 효과적으로 전달하기 위한 모든 형태의 채널을 말하는 것으로 의미가 확장되었다. 그렇다보니 이제 매체와 테크놀로지는 의미상 서로를 구분하기 어려울 만큼 유사한 성격을 가진 용어로 사용되고 있다. 이에 매체란 테크놀로지와 현대적 의미에서 매체란 '내용(content)' 그 자체보다는 그것을 이용한 계획, 설계, 실행, 평가 등 특정한 목표를 달성하기 위한 체계적 접근으로 이해되고 있다.

이러한 매체가 교수학습 상황에 접목된 것이 교수매체(instructional media)다. 송신자를 교수자로, 수신자를 학습자로 상정하고 이들 사이를 연결하는 매개 역할을 하는 것을 말한다. 여기서 교수자와 학습자는 교실과 같은 동일한 공간에 있을 수도 있지만 원격교육의 상황에서처럼 서로 떨어져 있을 수도 있다. 교수매체란 단순히 수업에 사용하기 위한 매체를 제작하는 것을 말하기도 하지만 그것을 넘어 매체를 활용한 수업을 설계하는 활동까지 그 범위가 확장되기도 한다. 즉, 교수매체의 개념을 협의의 개념과 광의의 개념으로 나누어 볼 수 있다(권성호, 엄우용, 권혁일, 이준, 2015). 협의의 개념으로는 내용을 구체화하거나 보충하여 학습자가 명확하게 이해할 수 있도록 도와주기 위해 사용되는 모든 기계나 자료를 의미한다. 또는 시청각적, 언어적 정보를 전달하는데 사용하는 시청각 기자재를 의미하기도 한다. 텍스트나 궤도, OHP, 슬라이드 등과 같은 교재나 자료와 같은 하드웨어적인 것들이 포함된다. 광의의 개념으로는 교수자와 학습자 사이에 학습목표를 달성하기 위해 사용되는 모든 수단이 될 수 있다. 교수학습자원, 인적자원, 학습내용, 학습환경, 시설, 기자재 등을 포함하는 종합적이고 포괄적인 개념으로 본다. 이러한 접근을 반영하여 교수매체를 정의하면 학습목표를 효과적이고 효율적이며 매력적으로 달성하기 위해 교수자-학습자-학습내용이 서로 상호작용하며 학습에 필요한 의사소통이 발생하도록 도와주는 다양한 형태의 매개수단이나 체제라고 할 수 있다(이성흠, 2009).

교수매체의 종류에 관계 없이 모든 매체가 보편적으로 갖고 있는 교육적 기능은 크게 정보전달 기능, 학습경험 구성 기능, 교수 기능, 매개적 보조기능으로 구분할 수 있다(임철일, 임정훈, 이동주, 2016). 첫째, 정보전달의 기능은 교수매체의 본질적인 기능으로 매체를 사용하여 필요한 정보를 신속하고 정확하게 전달하는 기능을 말한다. 둘째, 학습경험 구성 기능이란 교수매체 그 자체가 학습자들이 학습경험을 구성할 수 있도록 도와주는 기능을 말한다. 셋째, 교수기능이란 교수매체가 교수자가 하는 것처럼 학습자의 지적 기능을 개발시키는 것을 의미한다. 넷째, 매개적 보조 기능이란 교수자가 학습내용을 학습자에게 전달할 때 교수매체를 가르치는 일, 즉 교수의 보조적 수단으로 이용하는 것을 말한다. 이러한 교수매체의 교육적 기능은 수업에서 교수매체를 사용할 때 어떠한 방향에서 접근해야 할지 아이디어를 제공할 수 있다.

교수매체가 갖고 있는 기능을 활용하여 교수학습 과정에 적용할 경우 네 가지 측면에서 교육적 효과를 얻을 수 있다(Kemp & Smile, 2008). 첫째, 학습자의 주의집중과 동기유발에 도움을 주고 학습효과를 증진시킨다. 둘째, 수업을 효율적으로 운영할 수 있도록 지원한다. 셋째, 학습자의 이해를 도울 수 있는 다양하고 풍부한 정보 채널을 제공한다. 넷째, 새로운 형태의 교수학습 전략을 구현할 수 있다. 이처럼 교수매체는 수업의 전반적 과정에 개입하여 학습목표 혹은 학습을 통해 기대하는 효과를 얻을 수 있도록 기여할 수 있다.

3.2. 교수매체의 종류

교수매체의 유형은 다양하게 분류해볼 수 있는데, 일반적으로는 상징체계에 따른 분류기준에 따른다. 상징체계에 따른 분류란 매체가 내용을 전달하기 위해 주로 의존하는 상징체계가 무엇이냐에 따른 방식이다. 이에 시각매체유형, 청각매체유형, 시청각매체유형, 상호작용매체유형 등 네 가지로 나누는데(Heinich et al., 1989), 최근에는 전달도구 또는 표현의 대상에 따른 유형, 처리하는 데이터의 성질에 따른 유형, 전자적인 방법의 사용여부에 따른 유형, 원격 전송 가능여부에 따른 유형을 추가해서 제시하고 있다(신재흡, 2019). 특히 최근에는 감염병 확산으로 인한 비대면 수업이 강화되면서 기존의 원격교육과는 구분되는 비대면 수업에서의 매체 및 그것의 활용에 대한 관심도 증가하고 있다. 이에 이러한 경향들을 종합하여 교수매체의 분류를 표로 제시하면 다음과 같다.

〈표 7-1〉 교수매체의 분류

분류		종류	특징
시각매체 유형	비투사 매체	실물, 모형, 차트, 그래프, 포스터, 만화	광학적·전기적 투사방법을 사용하지 않음
	투사 매체	슬라이드, OHP, 실물화상기	광학적·전기적 투사방법을 사용함
청각매체 유형		라디오, 녹음기, 전축	청각적인 정보전달
시청각매체 유형		VTR, 영화, TV	시각과 청각적 정보를 동시에 활용함
상호작용매체 유형		CAI, 상호작용 비디오, 멀티미디어, 쌍방향 TV	컴퓨터가 기본 학습자와 상호작용이 가능

분류	종류	특징
전달도구 유형	전달매체(방송, 소셜미디어(유튜브, TED, 위키미디어, 트위터, 페이스북, 블로그))	하드웨어적 성격이 강함
	표현매체(텍스트, 기호, 그림/인포그래픽, 소리/음성, 정지/동화상)	소프트웨어적인 성격 강함
처리하는 데이터의 성질 유형	아날로그매체(TV, 라디오, OHP, 실물화상기, 슬라이드, 녹음기 등)	특정한 수업목표를 달성하기 위한 내용을 전달
	디지털매체(디지털 TV, 컴퓨터 ,DVD, CD, 디지털카메라 등)	자료를 조작, 저장 및 검색
전자적인 방법 유형	비전자매체(칠판, 전시, 모형, 차트, 그림, 인쇄물, 프로그램학습 등)	컴퓨터에서 가공한 자료의 출력 자료 활용 중시
	전자매체(전자칠판, 비디오 프로젝터, 라디오 녹음기, VTR, TV, 컴퓨터 등)	컴퓨터와 연결성 중시
원격 전송유형	원격교육매체(라디오, TV, 인공위성 TV, 컴퓨터 네트워크(인터넷) 등)	인터넷을 활용한 e-러닝, u-러닝, m-러닝
	실시간원격교육매체(ZOOM, Webex, Meet 등)	교수자와 학습자 간의 비대면 상황에서 실시간 상호작용 중시
	근거리교육매체(원격교육매체를 제외한 제반매체	교수자와 학습자의 대면 수업

출처: 신재흡(2019)에서 수정

첫째, 시각매체는 주로 시각적인 방법으로 제시하는 것으로, 투사매체와 비투사매체로 나눌 수 있다. 투사매체는 투사장치를 사용하여 사물의 고정된 상을 스크린에 비추는 형태다. 비투사매체는 투사 장치를 이용할 필요없는 시각매체로 실물, 모형, 사진, 그림 등이 대표적이다. 둘째, 청각매체는 주로 청각적인 정보를 전달하는 것으로, 언어학습이나 음악감상과 같은 청각을 위주로 정보를 전달에 사용한다. 셋째, 시청각매체는 시각과 청각을 동시에 자극하여 정보를 전달하는 것으로, VTR, 영화, TV 등이 대표적이다. 넷째, 상호작용매체는 매체와 사용자의 상호작용을 강조한 것으로, 컴퓨터를 기본으로 하여 단순한 정보 제시 수준을 넘어 학습자의 반응을 감지하고 그 반응에 대한 피드백이나 결과를 제공한다. 다섯째, 전달도구 또는 표현의 대상에 따른 분류이다. 매체의 전형으로는 전달매체로서의 하드웨어적인 의미가 강하다. 이에 비해 표현매체는 콘텐츠적인 요소로서 소프트웨어적인 성격이 강하다. 다중매체(multimedia)는 텍스트, 그림, 소리, 동영상 등의 표현매체가 동시에 사용되는 혼합매체(mixedmedia)로 정보통신기술(ICT)의 발달과 함께 활용도가 높아지고 있다. 여섯째, 처리하는 데이터의 성질에 따른 분류이다. 특정한 수업목표를 달성하기 위해 내용을 전달하는데 사용된다면 교수매체라고 한다. 디지털매체는 컴퓨터를 중심으로 활용되고 있으며 컴퓨터의 큰 장점인 여러 매체의 기능과 속성을 통합하는 형태로 구성되고 있다. 일곱째, 전자적인 방법의 사용여부에 따른 분류이다. 전자매체는 물론 비전자매체의 경우에도 컴퓨터를 활용하거나, 컴퓨터에 의해 만들어진 자료를 활용하는 경우가 늘고 있다. 여덟째, 원격전송 가능 여부에 따른 분류이다. 근거리교육매체는 교수자와 학습자가 대면하여 수업을 할 때 사용하는 매체라고 한다면, 원격교육 매체는 대면하기 어려운 상황이거나 거리가 떨어져 있는 학습자를 위해 사용하는 매체이다. 특히 최근에는 기존의 원격교육과는 다른 개념의 비대면 수업이 확산되면서 이와 관련된 매체인 ZOOM, Webex와 같은 화상회의도구의 교수학습 적용에 대한 관심이 확산되고 있다.

3.3. 주요 교수매체의 특징

앞서 교수매체의 종류에서 확인했던 바와 같이, 교육현장에는 다양한 교수매체가 활용되고 있다. 그중 특히 학교 현장에서 많이 사용되고 있는 대표적인 교수매체를 선택해본다면 칠판 및 전자칠판, 실물화상기, 컴퓨터와 인터넷 등을 꼽을 수 있으며(노혜란, 박선희, 최미나, 2013), 추가적으로 비대면 수업에서의 매체에 대해서 살펴보고자 한다.

1) 칠판 및 전자칠판

칠판은 전통적인 교육 현장에서 가장 폭넓고 보편적으로 사용된 매체다. 거의 모든 강의실에 기본적으로 설치가 되어 있기 때문에 교수자가 별도로 준비할 필요가 없으며, 활용하기 위해 교수자에게 특별한 능력을 요구하지도 않는다. 보통의 경우 교수자는 칠판에 수업의 핵심 내용을 정리하여 전달하게 되며, 공식을 제시하고 계산을 하거나 그림을 그리는 등 텍스트와 이미지를 동시에 다양한 형태로 사용할 수 있다는 점에서 장점이 있다. 또한 교수자가 칠판에 판서를 하는 시간 동안 학습자가 그것을 보면서 생각할 수 있는 시간적 여유와 기회를 줄 수도 있다.

전자칠판은 이러한 칠판의 기능을 전자적으로 옮긴 것으로 컴퓨터와 연결된 대형 스크린에 특별히 제작된 펜을 사용하여 판서하는 도구이다. 전자칠판의 가장 큰 장점은 컴퓨터를 연결하여 다양한 프로그램이나 인터넷, 동영상 등을 보여줄 수 있다는 것이며, 판서의 내용을 간단하게 저장하여 보관할 수도 있다. 다만 칠판에 비해 상대적으로 구입 및 유지보수에 많은 비용이 소요되며, 교수자가 전자칠판에 익숙해져야 한다는 점에서 제약이 있다.

2) 실물화상기

실물화상기는 특정한 실물을 직접 투사하여 스크린이나 컴퓨터를 통해 제시하는 매체다. 과거에는 OHP(OverHead Projector)를 사용했는데, 최근에는 OHP의 기능을 포함하여 더 많은 것을 투사할 수 있고 투사를 위한 별도의 준비가 필요 없는 실물화상기가 주로 사용되고 있다. 실물화상기는 투사할 물체에 어떤 변형도 하지 않기 때문에 원본 자료의 손실이 없으며, 입체적인 물건도 투사할 수 있다. 또한 확대하거나 다양한 각도로 보여주는 것도 가능하며, 컴퓨터에 연결하면 투사한 것을 저장할 수도 있기 때문에 활용도가 높다. 다만 TV나 스크린과 같은 별도의 출력기기가 필요하며 상을 크게 만들수록 해상도는 감소한다는 단점이 있다.

3) 컴퓨터/인터넷

컴퓨터의 등장은 교수자와 학습자 모두에게 큰 변화를 가져왔다. 컴퓨터가 처음 도입된 때에는 컴퓨터가 학생들에게 학습해야 할 내용을 직접 가르치는 컴퓨터보조수업(CAI: Computer Assisted Instruction)이 등장했다. 이러한 방법은 그동안 교수자가 직접 수업을 할 때와는 달리 학습자 개개인에게 적절한 처방을 제시할 수 있으며, 학습자의 학습 결과에 따라 신속한 피드백을 제공할 수 있다는 장점이 있다.

컴퓨터보조수업과 같이 일련의 교육 프로그램으로의 개발이 이루어지지 않더라도 컴퓨터는 다양한 형태의 매체를 사용할 수 있으며, 그 결과를 저장하거나 공유하여 다양한 교수학습 활동을 할 수 있다. 특히 인터넷이 전세계적으로 보급되면서 컴퓨터는 인터넷에 접속하는 매체로서도 가치를 갖게 되었다. 인터넷은 시공간을 초월하여 학습자가 원하는 정보를 찾을 수 있도록 해줄 수 있으며, 보이지 않는 학습자들 사이를 연결하여 상호작용 할 수 있도록 한다는 특징이 있다.

컴퓨터와 인터넷을 분리하여 생각하기 어려울 정도로 서로 밀접한 관련성을 갖고 교수학습의 전반에 활용되고 있다. 컴퓨터와 인터넷이 함께 활용될 경우 시공간을 초월한 교수학습활동이 가능해지며, 풍부한 학습자료를 활용할 수 있다. 또한 다양한 상호작용 도구를 통해 협력적인 학습활동을 할 수 있으며, 다양한 정보에 대한 접근성이 강화될 수 있다. 이러한 요소는 학습자의 동기를 유발하는데에도 효과적이다.

다만 컴퓨터와 인터넷을 활용한 교수학습활동은 정서적 교감이나 공동체 의식을 갖도록 하는데 어려움이 있으며, 자기조절능력이 낮은 학습자의 경우 집중도가 떨어져 효율적으로 학습하기 힘들다. 이에 교수자는 지속적으로 학습자의 학습활동을 모니터링하고 적절한 피드백을 제공해야 한다.

4) 비대면 실시간 화상수업 도구

감염병 확산에 따라 교수자와 여러 학습자가 한 공간에 모여 학습하는 것이 어려워짐에 따라 비대면 수업이라고 하는 새로운 원격교육의 형태가 만들어졌다. 비대면 수업은 LMS(Learning Management System)을 활용한 비실시간 수업과 ZOOM이나 Webex와 같은 화상회의 도구를 활용한 실시간 화상수업으로 나누어볼 수 있다. 이중 실시간 수업은 시간이 지날수록 비실시간 수업보다 상호작용을 비롯한 다양한 측면에서 장점이 있다는 점을 인정받아 빠르게 확산되고 있다. 실시간 수업에 사용되는 화상회의 도구들은 원래 수업을 목적으로 만든 것이 아니기 때문에 초기에는 수업에서 활용하는데 적절하지 않은 면도 있었으나 지속적인 개선 과정을 통해 현재에는 수업에 적용하기에 무리가 없는 수준까지 발전했다.

이러한 화상회의 도구는 교수자와 학습자, 학습자와 학습자를 연결해준다는 특성뿐만 아니라 탁월한 공유 기능을 바탕으로 문서나 사진, 슬라이드, 여러 형태의 동영상을 보여줄 수 있다. 또한 수업의 과정을 녹화하여 실시간 수업에 참여하지 못한 학습자에게도 제공할 수 있다는 점에서 실시간이 가진 한계도 일부 극복할 수 있도록 하였다. 이러한 화상회의 도구를 통해 면대면 수업에 가까운 상호작용을 할 수 있으며, 학습자들이 모여 토론을 할 수 있는 소회의실을 구성할 수 있고, 음성뿐만 아니라 채팅으로도 소통할 수 있어 교수매체로 보아도 손색이 없다.

이러한 화상회의 도구를 통해 실시간 화상수업을 하기 위해서는 가능하면 교수자와 학습자 모두 카메라와 마이크가 장착된 컴퓨터를 활용해야 한다. 스마트폰으로 진행할 수도 있지만 가급적이면 컴퓨터(데스크톱 혹은 노트북)를 활용하는 것이 효과적이다. 무엇보다도 실시간 화상수업이 기대했던 효과를 거두려면 교수자와 학습자, 학습자와 학습자 사이의 상호작용이 활발하게 이루어져야 한다. 교수자는 화상회의 도구를 통해 전통적인 수업에서와 동일하게 학습내용을 전달하는 것에만 관심을 두어서는 안된다. 학습자와 적극적으로 소통하려는 자세를 갖추어야 한다. 또한 학습자들이 교수자의 말을 잘 알아들 수 있도록 발음을 분명하게 하고, 목소리가 잘 전달될 수 있는 수음환경을 갖추는 것이 필요하다. 주변이 시끄럽거나 목소리가 작고 불분명할 경우 효과적인 수업이 될 수 없다. 궁극적으로 비대면 수업에 대해 실시간이나 비실시간이냐에 주목할 것이 아니라 실시간 화상수업의 경우 어떤 부분을 중요하게 생각하고 접근할 것인지 교수자가 사전이 치밀한 준비와 계획을 한 후 수업에 임하는 것이 중요하다.

3.4. 교수매체의 활용: ASSURE 모형

교수매체의 가치는 결국 교수학습 활동 속에서 교수매체를 어떻게 적용하고 활용하는가에서 출발한다. 즉, 교수매체를 활용하여 어떻게 수업을 효과적으로 진행할 수 있을 것인지 고민하는 것이 중요하다. 이에 교수매체를 활용하여 수업을 어떻게 구성할 것인지 제시한 대표적인 모형 중 하나가 ASSURE 모형이다. ASSURE 모형은 교수매체를 수업에 적용하는 과정을 6단계의 절차적 모형으로 제시하고 있다(Heinich et al, 1996). 여기서 ASSURE란 6단계의 머릿글자를 연결한 것이기도 하며, 이러한 방법으로 교수매체를 활용할 경우 학습이 일어나는 것을 보장(assure)해준다는 의미도 함께 갖고 있다.

[그림 7-4] ASSURE 모형

1) 학습자 분석(Analyze learners)

학습목표가 달성될 수 있도록 학습자의 일반적 특성을 분석하는 단계다. 연령, 성별, 학년을 비롯하여 학습자의 출발점 능력, 선호하는 학습방법 등을 검사지나 인터뷰를 통해 확인한다.

2) 목표 진술(State objectives)

학습목표를 제시하는 단계다. 잘 진술된 목표는 목표가 의도한 학습자, 시연될 행동, 행동 혹은 수행이 관찰될 조건, 새로운 지식 혹은 기술이 숙달되어야 할 준거를 포함해야 한다. 이에 잘 진술된 목표란 대상을 분명하게 정의해야 하며, 학습자가 수업 후 갖게 될 새로운 능력을 행동동사로 진술하고, 학생들의 수행을 평가할 조건 포함해야 하며, 수행의 정확성과 능숙성의 정도가 표현되어야 한다.

3) 교수매체와 자료의 선정(Select media and materials)

학습자를 분석하고 표준과 목표를 진술하고 나면, 수업의 시작점(학생의 현재 지식, 기술, 태도)과 종결점(학습목표)을 확립한 것이라고 할 수 있다. 이제 남은 과제는 목표 성취를 위해 적절한 수업 전략, 공학, 미디어와 자료를 선택하여 이 두 지점 사이를 다리로 연결하는 것이다. 이를 통해 학습자의 성취가 달성될 수 있는가를 주안점으로 두고 접근해야 한다.

4) 수업도구와 자료의 활용(Utilize media and materials)

학습자와 교수자가 수업에 활용할 매체를 점검하고, 계획한 교수학습활동에 부합하는 매체 활용이 가능하도록 환경을 준비한다. 이후 매체를 활용하여 진행하는 수업의 주제와 내용, 주의를 집중해야 할 필요성에 대해 설명하고 학습자가 학습에 임할 수 있도록 준비시킨다. 이후 교수매체를 활용한 수업을 통해 학습자에게 적절한 학습경험을 제공한다.

5) 학습자의 참여 유도(Require learner participation)

학습자는 매체가 전달하는 내용을 그냥 수용하는 것이 아니라 수업의 전반에 적극적으로 참여해야 한다. 이에 토의나 퀴즈, 혹은 연습문제와 같은 학습자 참여 활동을 준비한다. 학습자가 이러한 활동에 참여한 후에 교수자는 반드시 피드백을 제공해야 한다.

6) 평가와 수정(Evaluation and revise)

매체를 활용한 교수학습활동이 끝나면 여러 가지 평가를 진행해야 한다. 학습자가 기대했던 성취를 달성했는지 활용한 매체나 매체 활용 방법이 적절했는지 교수학습과정은 어떠했는지 평가한다. 평가 후에는 향후 수업에서는 어떻게 개선하여 교수학습활동을 구성할 것인지 도출하여 매체 활용 수업이 보다 효과적으로 이루어질 수 있게끔 노력해야 한다.

연습문제

1. 교육공학의 개념 변천 과정을 살펴보고 자신만의 교육공학의 개념을 정의하시오.

2. 본 장에서 배운 교육공학에 대한 이해를 바탕으로 교사로서 교육공학을 알아야 하는 이유는 무엇이며, 어떻게 활용이 가능할지 설명하시오.

3. 교육공학의 주요 연구영역에 대해 살펴보고, 추가적으로 연구영역에 포함되어야 할 내용이 있다면 제안하시오.

4. 학교교육에서 교수설계가 필요한 이유를 제시하고, 구체적인 적용방안에 대해 제시하시오.

5. 주요 교수설계모형을 비교하고 각 모형이 활용될 수 있는 최적의 수업 상황에 대해 설명해보시오.

6. 교수매체를 활용해본 경험을 돌이켜보고, 자신에게 가장 효과적이었던 교수매체는 무엇이었는지 제시하고 그것의 활용 상황에 대해 설명하시오.

7. 테크놀로지의 급격한 변화가 교육 환경에 미치는 영향에 대해 설명하고, 효과적인 수업을 위해 교수매체는 어떤 역할을 해야 할 것인지 교수자의 관점에서 제시하시오.

참고자료 및 관련 사이트

교육공학용어사전 편찬위원회(2005). 교육공학 용어사전. 서울: 교육과학사.

권성호, 엄우용, 권혁일, 이준(2015). 교육공학의 탐구. 파주: 양서원.

김보경(2018). 학교 수업설계를 위한 교육방법 및 교육공학. 서울: 학지사.

노혜란, 박선희, 최미나(2013). 교육방법 및 교육공학. 파주: 교육과학사.

성태제(2017). 제4차 산업혁명시대의 인간상과 교육의 방향 및 제언. 교육학연구, 55, 1-21.

신재흡(2019). 21세기 스마트시대의 교사 양성을 위한 교육방법 및 교육공학. 서울: 동문사.

안병환(2019). 제4차 산업혁명시대의 교육방향 탐색. 학습자중심교과교육연구, 19(4), 1197-1218.

이성흠, 이준(2009). 교육방법 및 교육공학. 파주: 교육과학사.

이종연(2004). 교육공학의 이해와 적용. 서울: 원미사.

임철일, 임정훈, 이동주(2017). 교육공학. 서울: 한국방송통신대학교출판문화원.

정재삼, 금혜진(2003). 교육공학의 이론과 실제에 대한 논쟁. 교육과학연구, 34(2), 167-192.

한용진, 정은정, 권혜정, 박주희(2010). 학회지 분석을 통한 한국의 교육사 연구 동향. 교육사학연구, 20(2), 155-179.

AECT (1977). *The definition of educational technology*. Washington, D.C.: AECT.

Driscoll, M. P. (2005). *Psychology of learning for instruction(3th ed.)*. MA: Allyn & Bacon.

Heinich, R., Molenda, M., & Russel, J. D. (1989). *Instructional Media and the New Technologies of Instruction.* New York: Macmillan.

Heinich, R., Molenda, M., Russel, J. D., & Smaldino, S. E. (1996). *Instructional media and technology for learning. Englewood Cliffs*, N. J.: Prentice-Hall, Inc.

Januszewski, J. & Molenda, M. (2008). *Educational technology: A definition with commentary*. NYL Lawrence Erlbaum.

Kemp, J. E. & Smile, D. C. (1989). *Planning, producing and using instructional media*. New York: Harper & Row, Publisher.

Reigeluth C. M. (1983). (ed.). *Instructional-Design Theories and Models: An Overview of their Current Status*. Hillsdale, NJ: Lawrence Erlbaum Associates.

Seels, B. & Richey, R. (1994). *Instructional technology: The definitions and domains of the field.* Washington DC: AECT.

Saettler, P. (1990). *The evolution of American educational technology*. Englewood, CO: Libraries Unlimited.

제 8 장

평생교육

학습목표

1. 평생교육과 관련된 개념의 역사적 변천과정을 설명하고 최근의 평생교육의 정의의 특징을 설명할 수 있다
2. 국내 평생교육 관련법의 발달변천사를 설명할 수 있다.

주요용어

- 평생교육
- 성인교육
- 평생학습
- 평생교육법

1. 평생교육의 이해

평생교육에 대한 전반적인 이해를 위해 오늘날 평생교육이 등장하게 된 배경과 필요성 및 평생교육 개념이 태동하게 된 역사적 발달에 대해 살펴보고자 한다.

1.1. 평생교육의 등장 및 필요성

현대 사회의 변화에 따른 적응에의 필요성 및 학교교육이 가지고 있는 폐쇄성에

대한 한계를 지적하면서 등장하였다. 권양이(2012, 2020)는 평생교육의 등장 및 필요성을 다음과 같이 설명하고 있다.

첫째, 학교교육의 한계 때문이다. 학교교육은 현대사회의 급격한 변화에 빠르게 대처하지 못하고 다양하고 복잡한 개인의 평생에 걸친 교육요구를 충족시키기 어려운 측면이 있다. 또한 모든 사람들에게 균등한 교육기회를 제공하지 못한다.

둘째, 사회변화에의 적응을 위해서 평생교육이 필요하다. 과학기술은 현대사회를 변화시키고 있는 핵심 요소이며 과학기술은 다른 분야의 연쇄적 변화의 주된 원인이 되고 있다. 기술혁신에 따른 변화로 지식의 생명주기 단축, 지식기술의 급속한 증대, 정보량의 증대 및 수준의 상승, 직종 및 직무의 분화와 고도화로 인해 평생 학습이 불가피해졌다. 즉, 평생교육은 필요한 교육으로서 새로운 직종으로 전환하기 위한 교육, 현재 직종의 고도화에 적응하기 위한 교육, 새로운 지식과 기술에 대처하기 위한 교육이다. 한편 기술혁신에 따른 과학기술의 발달은 평생교육을 요청하기도 하지만 평생교육을 가능하게 하는 조건을 제공하기도 한다.

셋째, 세계화(globalization)이다. 국경을 초월하여 정치·경제·사회·문화예술·체육 등 모든 부분이 지구적 차원에서 하나의 공통된 방향으로 통합·통일되었다. 21세기의 대표적인 특징은 개방화와 국제화로서 개인적, 조직적, 국가적 차원의 세계화가 필요하게 되었다.

넷째, 인생주기의 변화에 따른 고령화 사회이다. 우리나라는 세계에서도 유래를 찾아볼 수 없을 정도로 빨리 고령화된 사회(radpidaly aging society)이다. 따라서 노인인구가 살기에 사회적 기반이 취약할 수밖에 없고 수명연장으로 인한 노년기 문제가 대두됨에도 불구하고 발달단계에 따른 교육 제공이 미비하였다.

고령화 사회에 필요한 교육은 고령자 이해 교육(젊은 세대 대상으로 해서 고령자들에 대한 심리적 이해 및 고령자에 대한 지식 및 기능 습득), 고령기 준비 교육(고령기를 잘 보내도록 하기 위한 기초적 지식, 기술, 테도 습득. 퇴직준비교육), 고령자 교육(고령기를 보람 있게 보내는데 필요한 교육)을 포함하고 있다. 다섯째, 주5일제의 정착에 따른 여가의 증대이다. 사회의 발전으로 노동시간이 단축되고 여가가 증대되었다. 많은 여가시간은 오히려 사회문제를 초래하고 여가를 활용하는 방법을 모르는 사람들은 오히려 여가시간이 부담스러울 수밖에 없다. 여가의 기능으로는 휴식, 기분전환, 자기 개발을 들 수 있다. 원래 여가(leisure)라는 말은 그리스어의 '스콜레(schole)'와 라틴어의 '리께레(licere)', 라틴어의 '오팀(otim)' 등에 그 어원을 두고 있다. '스콜레'는 학술토론이 열리는 장소라는 뜻이고, 오늘날 영어의 school 또는 scholar란 뜻이 되었다. '리께레'는 '허락하다(to be permitted)' 또는 '자유로워지다(to be free)'란 뜻으로 오늘날 여가의 어원이 되었다. '오팀'은 아무것도 하지 않는 소극적인 상태를 말한다(차갑부, 2012, p. 119). 따라서 여가는 단순히 쉬는 개념이 아니고 자기개발의 의미를 담고 있는 개념이다. 과거에는 여가의 기능으로 휴식의 개념이 강했으나 오늘날은 자기개발의 개념이 강해졌다.

1.2. 평생교육 개념과 역사

성인을 위한 교육의 발달의 기원은 18세기에도 찾을 수 있지만 교육의 한 영역으로서 분명한 위상을 정립하기 시작한 것은 19세기와 20세기에 걸쳐 북서유렵과 북아메리카 지역에서부터라고 할 수 있다. 19세기에 걸쳐 어린이와 성장한 사람을 위한 교육이 분리가 증가하였다. 아동교육 성취와 함께 대중교육과 계몽 운동의 강조점이 성인의 교육적 요구에 더 집중이 되기 시작한 것이다. 아동을 위한 교육의 원리가 성인을 위한 교육에서도 항상 적용 가능한 것이 아니라는 개념이 확산되었기 때문이다(Titmus, 1996, p. 9).

이후 광범위하게 사용된 성인교육에 대한 정의는 성인교육발달 권고안(UNESCO, 1976)에서 찾아볼 수 있는데 여기에서 성인교육은 평생교육과 평생학습의 정황 내에서 성인교육의 역할에 주목하고 있다. "성인교육은 형식적이든 아니든 내용, 수준, 방법을 불문하고 학교, 대학 및 도제시스템에서 기본교육의 연장이거나 대체이든 간에 그들이 속한 사회에 의해서 성인으로 간주된 이들이 능력을 개발하고 지식을 풍부하게 하고, 기술 또는 전문적 자격을 향상시키고 독립적인 사회적, 경제적, 문화적 발달에의 참여와 개인적인 성장이라는 두 가지의 견지에서 새로운 방향성을 가지고 태도와 행동의 변화를 이끌어내는 것이라고 할 수 있다. 성인교육은 다른 조직화된 교육적 과정의 전체를 지칭하며 그러나 그것 자체로서 존재한다기보다는 하위 영역으로서 평생교육과 평생학습을 위한 세계적인 기획안에서 필수불가결한 부분으로 자리했다.

'성인교육(adult education)'이라는 용어는 영국에서 처음으로 사용된 것으로 나타나지만 19세기 후반에 이르러서야 보편화되었고 지식과 실천의 특유한 개념을 보여주는 사용은 20세기에 이르러서였다. 미국에서는 20세기에 이르러서야 사용되기 시작하였다. 세계적인 현상이 된 성인교육의 진정한 성장은 1945년 이후에 그 기세를 더하기 시작하였다. 이처럼 북유럽 국가들의 성인교육의 역사는 1800년대 중반부터 시작되었고 성인교육은 평생교육의 개념에 영향을 미쳤다(Jarvis, 1983). '평생교육(lifelong education)'은 1920년대 영어문헌에서 처음 등장하는 한편 이때 독일에서는 교육의 인간적 관점으로의 개혁에 대한 논의가 이루어지기 시작하였다. 1960년 몬트리올에서 열린 유네스코 국제 성인교육 컨퍼런스에서 교육의 세계적인 정황 맥락 하에서 성인교육을 자리매김하고자 하는 노력이 있었고 이는 이후 1965년 개최된 컨퍼런스에 의해 랑그랑에 의해 항구교육 실현을 위한 제안으로서 채택되었다(Sutton, 1996). 이와 같이 UNESCO의 출판과 컨퍼런스 노력의 결실로 "평생교육"은 1970년대 초 국제적으로 널리 사용되기 시작하였다. 특히 유네스코 존재하기 위한 학습(learning to be) 보고서 출판으로 그 관심이 증폭되었다(Faure E et al., 1972). 1970년대의 문헌에 등장한 평생교육의 많은 이념들은 2차 세계 대전 직후 영어문헌에서 찾아볼 수 있다. 원래 영어로 표현되면 영구교육(permanent education)이지만 이 용어는 평생교육(lifelong education) 혹은 순환교육(recurrent education)에 의해 대체되었다. 평생교육에 대한 주요 학자들의 개념 정리를 살펴보면 다음과 같다(권양이, 2012, p. 74)

1) 랭그랑(Lengrand, P.)

랭그랑은 평생교육에서 인간의 종합적 성장 특히 인성발달의 전인성과 계속성을 강조하였다. 유네스코 평생교육의 기본 원리를 제시한 랭그랑은 평생교육의 통합의 원리를 수직적 교육과 수평적 교육의 통합에 두었다. 수직적 교육의 통합은 요람에서 무덤까지 일생 동안 계속되는 교육의 단계가 단절되지 않고 일관성 있게 통합되는 것을 의미하며 수평적 통합은 가정교육, 학교교육, 사회교육과 같은 교육 영역이 긴밀하게 연결·통합되는 것을 의미한다.

2) 젤피(Gelpi, E.)

랭그랑의 후임자로 유네스코 평생교육 국장을 맡은 젤피의 관점은 평생교육은 학교 교육과 학교졸업 후 교육훈련을 통합하고 형식교육과 비형식 교육의 관계를 발전시켜 개인과 지역사회가 최대한 문화적, 교육적 발달을 실현할 수 있도록 교육 정책의 중심적인 요소를 구성하는 것이다. 젤피는 특히 억압적인 세력, 즉 정부와 기업, 그리고 경제적으로 잘 사는 국가들이 평생교육을 이데올로기로서 이용하고 있다는 점을 지적하면서 인간 억압의 현실을 변혁하는 활동으로서의 평생교육 즉, 적극적으로 참가하고 소외된 자들이 받을 수 있는 교육으로의 전환을 위한 평생교육을 강조하였다(차갑부, 2004).

3) 데이브(Dave, R. H.)

데이브는 평생교육의 의미를 포괄적으로 정의하고 있다. 평생교육이란 개인적 및 사회적 삶의 질을 계속적으로 향상시키기 위해 평생 동안에 걸쳐 연장 실시되는 모든 형태의 형식적, 비형식적, 무형식적 학습활동을 포함하는 복합적이고 통합적인 개념이다. 데이브는 평생교육의 역할을 각 개인이 전 생애에 걸쳐 자신의 삶의 질적 향상을 최고도로 성취하도록 도와주는 것이고 사회적 선을 최대한 실현시키는 것이라 정의한다. 즉, 평생교육은 다양한 정의가 있지만 공통적인 요소들의 핵심은 현재 교육적 기회가 부족한 어린이, 성인을 포함한 교육에 보편적으로 접근이 허용되는 것을 의미한다. 즉, 공식적인 교육기관 이외에서 이루어지는 교육의 역할에 대한 인식, 학습자료들의 다양성, 동기, 문화적 가치, 독립적인 자기학습을 위한 능력의 배양을 포함하여 무엇보다 지속적인 평생학습을 위해 요청되는 개인적 성장에 대해 주목한다(Dave, 1973).

랭그랑과 데이브 모두 인간존재를 위한 교육으로서 인간 개개인이 자기의 삶을 주도할 수 있도록 각자의 인성을 중시하는 교육이어야 한다는 것을 평생교육의 기본철학으로 제시하였다.

4) 노울즈(Knowles, M.)

노울즈는 평생교육의 하나의 실천행위로서 자기주도적 학습을 강조하였다. 자기주도적 학습이란 성인의 자율적인 학습 행위에 중점을 두고 해석, 개개인이 타인의 힘을 빌리지 않고 자신의 학습요구를 진단하고 학습의 목표를 설정하며 또한 인적·물적인 자료를 발견하여 학습 성과에 대한 평가까지 스스로 내리는 과정이다. 노울즈는 안드라고지(Andragogy)라는 새로운 용어를 소개했다.

이외에도 Knowles와 Klevins (1982)는 성인, 계속, 그리고 평생교육 간에 구별은 미미하며 교육이 필수불가결하여 지속되어야함을 주장하며 통합을 시도하였다. Knox(1987)는 평생교육을 성인들이 박물관, 성인기초교육, 계속전문교육, 성인종교교육 등 다양한 장면에서 학습하는 것을 돕는 실제적인 안내이다라고 정의하고 있다.

최근 평생교육과 자주 혼용되어 사용되는 평생학습의 개념은 빠르게 구조적으로 적응을 경험하고 있는 산업화된 국가들의 개발 전략과 정책개념으로서 부분적으로는 OECD의 정책개발의 결과로서 1990년대 중반에 큰 성장이 이루어졌다(Sutton, 1996). 청소년, 성인학습자를 불문하고 학습자들의 자기주도성에 대한 강조가 주를 이루는 요즘에 평생교육과 평생학습에 대한 개념정의를 내리면 다음과 같다. 평생학습은 학습은 어디까지나 학습자 중심의 자발적인 의지에 바탕을 둔 것이어야 하므로 전 생애에 걸쳐 자기 경험을 구성해 가는 자기주도적 학습과정을 일컫는다. 이에 반해 평생교육은 교육공급 주체에 중심을 두고 평생학습의 과정이 학습자의 내면적 성장과 통합에 충실하도록 우선적으로 지원하고 돕는 비교적 장기간의 일반 교육과정이라고 할 수 있다.

〈표 8-1〉 평생교육 대 평생학습

평생교육	평생학습
교육자중심	학습자중심
조직적 · 구조적	우발적 · 무형식적
강요	자유
학습에 대한 환경정비와 다양한 지원활동	학습자의 자발적 학습활동

출처: 차갑부(2012). p. 61.

Abner et al.(2014)에 따르면 예측 불가능한 특성이 높아지고 있는 21세기 지식정보화 사회에서는 평생학습 태도(김수동 · 권양이, 2015a, p. 334 재인용)나 역량의 배양 없이 단순히 전공분야의 전문 지식 습득만으로는 제 역할을 다하기 어렵다. 평생교육은 평생학습의 과정이 학습자의 내면적 성장과 통합에 충실하도록 우선적으로 지원하고 돕는 비교적 장기간의 일반 교육과정이다(권양이, 2020, p. 80).

2. 평생교육의 영역과 법적기반[3)]

2.1. 평생교육의 영역

첫째, 가정교육과 평생교육의 관계를 살펴보면 다음과 같다. 사회의 기본단위이면서 평생학습의 원천이 되는 장소로서 가정은 매우 중요한 기능을 하는 곳이다. 사회구성원을 재생산해내고 교육의 일차적 책임을 지고 있는 가정은 부모와 자녀가 함께 배우고 평생학습의 기회를 지속적으로 지원해주는 평생학습 공간이 되어야 한다.

3) 권양이(2012) 평생교육방법론 pp. 85-87에서 발췌, 수정 · 보완하였음.

둘째, 학교교육에서는 학생들이 평생학습을 스스로 꾸려나가도록 준비시키는 기능뿐만 아니라, 가지고 있는 다양한 시설 및 자원을 바탕으로 정규학생 이외의 다양한 계층의 학습자들을 대상으로 교육을 실시함으로써 지역사회봉사를 하는 기회를 마련해주어야 한다. 즉, 청소년 시기는 학교에서의 교육이 전부가 아니라 평생학습을 위한 기본적인 단계로서 자기주도적 학습능력을 배양하는 기간이다. 학습조직으로서의 학교, 교사들도 계속교육에 참여하고 새로운 지식을 창출해 내야 한다. 최근 들어서 십대 청소년이 흉악한 폭력 사건들을 저지르게 되는 데는 여러 가지 이유가 있으나 그 중 무엇보다도 잘못된 것은 가정교육, 학교교육에 그 원인이 있다 하겠다. 학교교육, 가정교육이 그 기능을 제대로 발휘하지 못하고 있는 실정이다(이철승, 2008). 특히, 최근 우리 학교교육은 사교육비 증가, 계층 간 교육격차 등 점점 더 그 골이 깊어지고 있다(권양이・김진경,2019).

셋째, 일터교육과 평생교육의 관계에서는 인적자원개발(Human Resource Development)의 개념 및 중요성을 이해하는 것이 중요하다. 토지, 노동, 자본이 우선이었던 산업사회와 달리 지식정보화 사회에서 개인 및 조직의 성장을 위해서는 조직 구성원, 즉 개인의 역량개발이 무엇보다 중요하기 때문이다. 인적자원개발의 개념은 조직차원에서 조직구성원의 직무를 향상시키는데 관심을 가지고 있으며, 조직구성원의 성장 및 발전, 더 나아가 조직의 생산성 향상 및 번영을 추구하고자 하는 조직차원의 일련의 체계적인 학습활동과 의도적 실천행위라고 할 수 있다. 앞서 말한 대로 급변하는 사회환경, 조직은 자아실현의 장, 기업고유의 핵심역량을 배양하여 기업경쟁력을 제고하기 위해서는 일터에서 평생교육실천으로서 인적자원개발의 중요성을 아무리 강조해도 지나치지 않을 것이다. 인적자원개발은 훈련, 교육, 개발의 개념으로 개인개발(individual development), 조직개발(organization development), 경력개발(career development)의 영역이 통합된 것이다. 개인개발(ID)은 개인의 지식과 기술 향상을 위한 교육・훈련을 의미하고 조직개발은 조직의 변화와 혁신을, 경력개발은 미래의 업무와 관련되어 있다.

넷째, 지역사회교육이란 일정한 단위의 지역에서 학교나 다른 교육 관련 기관에서 그 지역사회 내의 각 개인이나 집단을 대상으로 지역사회에 대한 공동체 의식을 함양하거나 지역사회 개발을 위하여 실시하는 교육활동 일체를 말한다(정지웅, 1998). 아동에서 성인, 노인에 이르기까지 모든 주민을 교육의 대상으로 하여 지역사회가 가지고 있는 다양한 문제와 과제를 교육을 통해서 해결할 수 있다는 가능성에서 시작하였다. 지역사회 내의 모든 교육적 자원과 역량을 활용하여 지역주민의 다양한 요구를 찾아내고 그들의 교육적 요구를 바탕으로 그들 개인의 능력을 최대한 발휘할 수 있도록 적절한 프로그램을 운영함으로써 주민 개개인의 성장은 물론 지역사회 발전을 도모한다. 한국의 지역사회 평생교육을 살펴보면 각급 학교(초・중・고・대학), 문화원, 박물관, 도서관, 백화점 문화센터, 시・군 구민회관, 사회복지관, 사회교육원, 노인교육 기관 및 단체, 청소년 교육 기관 및 단체, 여성교육 기관 및 단체, 학원 등이 있다.

다섯째, 원격교육과 평생교육의 관계를 살펴보면 다음과 같다. 원격교육의 특징은 학습자 중심의 환경이라는 것이다. 학습내용의 종류와 수준, 학습 분량, 속도, 회수, 학습시간과 장소 등 학습과정 전반에 걸쳐 학습자의 여건에 따른 자율적 선택권이 보장된다. 학습자의 학습주도권을 강조하는 학습체제이다. 이와 같이 전통적인 학교교육이나 면대면 교육을 통해서는 필요한 지식이나 기술, 학위 등의 자격증을 얻을 수 없는 사람들(예: 신체적 장애인 등)도 원격에서는 학습이 가능하다.

2.2. 평생교육의 법적기반

평생교육의 원형은 과거 향교 등에서도 그 기원을 찾을 수 있지만 국가적 관심하에 공식적으로 모습을 갖추기 시작한 것은 1950년대 이승만 정부의 문해교육부터라고 할 수 있다. 1950년대 말까지는 학교교육제도의 정착과 더불어 성인교육인 공민교육을 실시하는 데 주력하였으며 주요 프로그램은 문맹퇴치였다. 이후 1960~1970년대에는 경제 부흥과 근대화 촉진을 위한 농촌지역사회개발과 인력 양성을 위한 정책 및 학교 교육 보완을 위한 정책추진이 이루어진 시기이다(최은수, 2012, p. 171).

1980년 10월에 개정된 제 5공화국 헌법에는 처음으로 평생교육에 관련된 조항인 국가는 평생교육을 진흥해야한다는 조항이 삽입되었고 이는 1982년 사회교육법이 제정되는 견인차역할을 하였다. 이렇듯 헌법에 평생교육조항이 삽입되면서 본격적으로 사회교육법 제정 작업이 시작되었고 1982년 12월 31일 사회교육법이 제정되었다. 1950년대부터 논의가 있어왔던 사회교육법의 제정이 거의 30년 만에 결실을 맺었다고 할 수 있는데 이렇듯 오랜 시간이 걸린 것은 전쟁직후의 국내재정여건, 사회교육에 대한 사회전반에 걸친 공감대의 형성부족 및 학교교육 중심의 교육정책 등에 기인한다.

평생교육이 자리매김을 견고히 할 수 있었던 것은 교육기본법 제정이후 부터라고 할 수 있다. 1995년 교육개혁위원회에서 천명한 누구에게나, 언제나, 어디서나 원하는 교육을 받을 수 있도록 평생교육체제의 큰 틀을 마련한다는 교육개혁방안하에 이러한 열린 평생교육체제를 조기에 정착시키고 법적인 체제를 구축하기 위해 1997년 12월 31일 교육기본법이 제정되었다. 교육기본법은 기존의 교육법 가운데 학교교육과 관련된 부분은 초·중등교육법과 고등교육법으로 분리시키고 기존의 평생교육에 관한 규정을 보완하여 학교교육과 평생교육이 유기적인 연계체제를 갖추도록 하였다는 점에 그 의의가 있다(권두승·최운실, 2016).

권대봉 등(2017)에 따르면 사회교육법(1982)의 적용범위와 그 기능이 제한적이었고 사회교육 관련 제도나 기구의 역할 또한 미약한 점, 사회교육의 개념 및 소외계층 영역과 관련하여 고려해야 하는 규정이나 내용 누락이 있었다. 이러한 사회교육법이 가진 한계점을 극복하고자 1999년 평생교육의 진흥을 국가의 의무로 규정하는 헌법 및 교육기본법의 규정에 따라 1999년 8월 31일 종전의 사회교육법을 전면 개정하여 2000년 3월 13일 평생교육법(지위: 학교의 정규교육을 제외한 평생교육에 관련된 기본적인 사항을 규정하여 평생교육관계법령 등을 지원·육성하는 모법. 구성: 총 5장 32조)을 공포하였다. 이를 근간으로 하여 평생학습 전담지원체제, 평생학습진흥 종합계획, 평생교육백서, 평생교육센터 등이 설립되었다. 또한 이러한 평생교육 지평의 확대의 이면에는 한국의 경제정치 상황이 있었다. 즉, 1990년대 이후 평생교육이 급부상하게 되었는데 그 요인 중 하나가 IMF 외환위기이다(신미식, 2010). 최운실 등(2005)에 따르면 외환위기는 한국사회를 송두리째 바꿔놓았다고 할 수 있다. 특히 교육적 측면에서 우리나라가 IMF 구제 금융관리를 받게 된 이유로서 국내외 컨설팅 회사들은 자원기반경제에서 지식기반경제로 적절히 이행하지 못하였고 그 결과 경제 위기를 맞게 되었다고 진단하였다(권양이, 2018, p. 9. 재인용). 이 체제하에서 한국은 경제적 재건을 위한 모든 노력에 총력을 기울여야만 하였다(권양이, 2018). 한국에서는 평생학습이 사회통합의 목적(Green, 2002)과 더불어 경제적 재건을 위한 경제적 유용성과 매우 밀접한 연관성이 있다(권대봉, 2007). 이상과 같이 외환위기 이후 한국의 평생교육은 신자유주의의 영향으로 시장원리를 반영한 실용주의 노선을 띠고 있다고 평가된다.

〈표 8-2〉 IMF 이후 한국의 정권별 평생교육정책

	평생교육정책	정책 세부 내용	정책의 특징
김대중 국민의 정부 (1998~2003)	평생교육제도 정비	사회교육법(1982)을 평생교육법(1999)으로 제정함 학점은행제를 제도화함 평생학습도시 조성 평생학습축제	집권초기부터 경제성장 및 인적자원개발 평생교육 구현(임금총액의 20% 이내에서 의무적으로 직업훈련을 실시하도록 규정한 직업훈련기본법(1976)을 폐지하고 민간의 자율과 창의를 바탕으로 하는 수요자 중심의 직업훈련촉진법(1997)으로 개정함)함에 있어서 국가주도적인 성향 학습자 부담 원칙의 학점은행제, 원격대학 등의 제도화 다양한 평생교육제도와 인프라의 구축
	평생학습 인프라 정비	원격대학 설립에 대한 법적 근거 마련 원격대학 및 사내대학 설치 운영 기술계학원 규정 완화	
	평생직업능력개발을 위한 학교교육 체제 개편	실업계 고등학교 체제 개편(특성화 고교의 확대 및 특수목적 고등학교 지정운영, 실업계 고등학교의 구조조정) 전문대학 특성화 초중등학교 진로교육의 강화	

	평생교육정책	정책 세부 내용	정책의 특징
노무현 참여정부 (2003~ 2008)	교육안전망 구축을 통한 사회통합	학력인정평생교육시설에서의 초등학력 인정 농산어촌 교육여건 개선 도농간 학력격차 해소 교육복지투자우선지역 확대 평생학습도시 조성 확산 평생학습도시컨설팅사업 국가평생교육진흥원 설립 교육격차해소 추진체제 정비 저소득층 유아교육 및 보육비 지원의 확대 정보격차해소(정보인프라 구축 및 IT교육 제공, 10개 정보화 소외지역의 학교에 u-러닝 인프라의 구축)	성인문해교육 지원사업 소외계층 및 교육안전망 구축을 통하여 사회적 통합을 꾀함 소외계층 평생교육을 확대하였으나 전체적으로 볼 때 평생교육예산 확보 면에 있어서 이전정부와 크게 다르지 않음
	일-학습-삶을 연계하는 교육	생애 단계별 진로교육체제 구축 커리어넷 활성화 인적자원개발지수(HRD-Index) 개발 미래사회대비 전 국민의 인적자원개발 및 활용(시간제등록제, 학점은행제, 원격대학, 방송대 활성화)	
	평생직업교육기관으로서의 전문대학 위상정립	전문대학 특성화 지원사업	
이명박 정부 (2008~ 2013)	평생교육 정보공유시스템 구축	평생교육센터, 교육청, 고용지원센터 등 평생교육지원 기관 간 정보공유시스템 구축	노무현 정부와 차별화를 두기 위한 평생교육 정책을 펼침 평생교육을 구현할 거점으로 대학을 선정함(평생학습 중심대학을 강조하면서 대학의 평생교육의 기능을 강조하기 시작함) 교육에 신자유주의를 적극적으로 도입, 정부의 통제기능을 축소하고 교육기관 간 경쟁이 심화된 자율과 분권의 교육 시스템 정비 직업교육 활성화를 위한 고교다양화 프로젝트 실시
	평생학습중심대학	권역별로 선도대학을 선정하여 개방형 계속교육 체제를 구축하고 대학 평생교육원 활성화 정책 시간제 등록제 운영	
	평생학습계좌제	학습비 지원과 학습이력을 통합 관리하는 '평생학습계좌제' 도입	
	평생직업능력개발을 위한 학교교육 체제 개편	고교다양화 300 프로젝트(기숙형 공립고 150교 설치, 마이스터고 50교 육성)	

	평생교육정책	정책 세부 내용	정책의 특징
박근혜 정부 (2013~2017)	창조, 행복	창조경제 행복, 창의교육 행복학습센터	정책기조에 있어서 이명박 정부 정책기조와 거의 동일 고등수준의 평생학습 정책을 확대함 K-MOOC, 선취학 후진학 지원, 대학중심의 평생학습 활성화 지원, 전문대학 교육역량 강화에 대한 예산을 늘리고 평생직업교육대학체제를 정비 교육부 예산 대비 평생교육 예산(0.10~1.06%)
	소외계층 지원	문해교육의 강화 다문화교육 장애인성인교육	
	온라인 평생학습 시스템 구축	K-MOOC 구축	
	평생직업교육대학	특성화 전문대학 (국가직무능력표준)NCS기반의 교육과정 운영	
		성인친화형 대학인 평생직업교육대학의 확대	

교육부(2007)는 2000년 이후를 평생교육 발전기로 구분하고 있다(최은수, 2012, p. 169, 재인용). 1999년 평생교육법이 제정됨에 따라 원격대학 설립에 대한 법적 근거가 마련되었고 2001년 3월부터 사이버 대학들이 개교하기에 이르렀다. 2001년 1월 29일 평생교육법 개정(법률 제6400호)과 아울러 2001년 7월 7일 평생교육법 시행령 개정(대통령령 제172965호)은 학원설립·운영 및 과외교습에 관한 법률 시행령을 담고 있다. 사내대학 설치 및 운영(2001)과 아울러 평생교육시설에 비해 설립 절차, 시설 기준, 강사자격, 벌칙 등에서 엄격한 규정을 받고 있는 기술계 학원 기술계 학원의 규제를 완화함으로써 형평성을 도모하고 경쟁력 강화를 유도하였다.

2002년 평생학습진흥 종합 계획은 학습자 중심 전략, 파트너십 전략, 정보화 전략, 지역화 전략 등을 담고 있다. 새로운 교육문명으로 평생학습시대가 도래함에 따라 기존의 평생교육법 체제를 통해서는 총체적인 교육복지국가(edutopia)를 구축하는데 한계가 있다는 인식하에 2007년 12월에 새롭게 평생교육법이 전부 개정되었다 (권두승·최운실, 2016, p. 94). 2007년 평생교육법 전면개정은 그동안 한국교육개발원내 평생교육부서에서 국가수준의 독립기구인 평생교육진흥원을 건립하는 내용을 담고 있는데 예전과 비교하여 위상정립이 되었다고 평가되는 한편 산발적으로 추진되어 왔던 평생교육 관련기구 등을 통합하는 계기가 되었다. 또한 2007년 평생교육법 전면개정은 국가와 지방자치단체의 평생교육진흥체제를 구축하는 것이 핵심적인 내용으로 포함되어 있다.

이후 평생학습 프로그램에 대한 평가인정의 근거를 규정하고 사내대학 설립조건을 완화하고 입학대상을 확대하기 위해 5차 개정에 해당하는 일부개정이 2009년 5월에 이루어졌다. 평생교육법의 변천역사를 정리하면 다음과 같다.

1) 평생교육법 제정 및 구성

① 1980년 10월에 개정된 제5공화국 헌법에 처음으로 평생교육에 관련된 조항 삽입

② 1982년 12월 31일 사회교육법 제정

③ 1995년 교육개혁위원회에서는 누구에게나, 언제나, 어디서나 원하는 교육을 받을 수 있도록 평생교육체제의 큰 틀을 마련함

④ 1999년 8월 31일 열린 평생교육체제를 조기에 정착시키고 법적인 체제를 구축하기 위해 평생교육의 진흥을 국가의 의무로 규정하는 헌법 및 교육기본법의 규정에 따라 기존의 사회교육법을 전면 개정하여 평생교육법 공포

⑤ 2000년 3월 13일 평생교육법시행령 공포·시행. 2000년 3월 31일 평생교육법시행규칙 공포·시행

⑥ 2001년 1월 29일 평생교육법 개정(법률 제6400호)

⑦ 2002년 평생학습진흥 종합 계획: 학습자 중심 전략, 파트너십 전략, 정보화 전략, 지역화 전략

⑧ 2001년 7월 7일 평생교육법 시행령 개정(대통령령 제172965호): 학원설립·운영 및 과외교습에 관한 법률시행령

⑨ 2002년 5월 13일 평생교육법 시행령 개정(대통령령 제17603호)

⑩ 2003년 12월 3일 평생교육법 시행령 개정(대통령령 제17603호): 뉴스통신진

흥에 관한 법률시행령

⑪ 2007년 12월 평생교육법 전부 개정: 2007년 평생교육법 전면개정은 국가와 지방자치단체의 평생교육진흥체제를 구축하는 것이 핵심적인 내용으로 포함되어 있음

⑫ 2009년 5월 8일 평생교육법 일부 개정(법률 제9641호): 학습계좌제에 관리할 학습과정을 평가인정할 수 있도록 하고, 평가인정을 받은 내용을 위반하여 운영할 경우 시정명령 근거 규정, 사내대학의 입학대상 확대 규정 보완

⑬ 2011년 7월 25일 평생교육법 일부 개정(법률 제10915호): 학원의 설립·운영 및 과외교습에 관한 법률상의 학교교과교습학원은 원격교육방식으로 교육하더라도 평생교육법의 적용을 받지 아니하도록 규정하였고 2011년 7월 25일이 시행일이다. 제6차 개정에 해당

⑭ 2013년 5월 22일 평생교육법 일부 개정(법률 제11770호): 평생교육사 자격증 교부를 교육부 장관명의로 일원화하되, 그 교부 업무를 국가평생교육진흥원에 위탁하도록 규정

⑮ 2013년 12월 30일 평생교육법 일부 개정(법률 제12130호): 사내대학의 입학대상을 해당 사업장과 하도급 관계에 있는 업체의 종업원 등에까지 확대, 학력 미인정 원격대학형태의 평생교육시설의 신고업무를 교육감으로 이양, 국가평생교육진흥원의 명칭 규정

⑯ 2014년 1월 28일 평생교육법 일부 개정(법률 제12339호): 문자해득교육을 '문해교육'으로 약칭하고 개념을 확대하여 개념 재정의, 읍·면·동별로 평생학습센터를 설치하거나 지정 운영하도록 규정, 국가 및 지방자치단체의 문해교육 프로그램에 대한 우선지원 규정 신설

⑰ 2015년 3월 27일 평생교육법 일부 개정(법률 제13238호): 학교형태의 평생교육시설에 초·중등교육법상의 학교에 준하여 지원하도록 함과 동시에 이들 시설의 공공성과 투명성 제고를 위해 지도·감독규정

⑱ 2016년 2월 3일 평생교육법 일부 개정(법률 제13945호): 학습비 반환 등 조치 사유 법률에 명시, 국가문해교육센터 및 시·도 문해교육센터의 설치 규정

신설

⑲ 2016년 5월 29일 평생교육법 일부 개정(법률 제14160호): 국가의 장애인평생교육진흥센터 설치·운영 규정 신설, 평생교육사 자격이 취소된 자는 취소된 날로부터 3년간 평생교육사 자격을 취득할 수 없도록 함, 평생교육사 자격취소 규정 명문화

⑳ 2018년 12월 18일 평생교육법 일부 개정(법률 제15964호): 사내대학형태의 평생교육시설 폐쇄신고, 사업장 부설 평생교육시설 설치신고 등을 받은 경우 20일 또는 10일 이내에 신고 수리 여부를 신고인에게 통지하도록 하고, 그 기간 내에 신고수리 여부 또는 처리 기간의 연장 여부를 통지하지 아니한 경우에는 신고를 수리한 것으로 간주하는 제도 도입, 현행법의 과태료 부과·징수에 관한 절차 규정을 삭제함으로써 질서위반행위규제법에 일원화되어 있는 과태료 부과·징수 절차를 따르도록 함

2) 평생교육법의 위상

1999년 8월 31일 평생교육의 진흥을 국가의 의무로 규정하는 헌법 및 교육기본법의 규정에 따라 기존의 사회교육법을 전면 개정하여 평생교육법을 공포하였다. 현재 평생교육법은 고등교육법, 초·중등교육법과 대등한 위치에 있다.

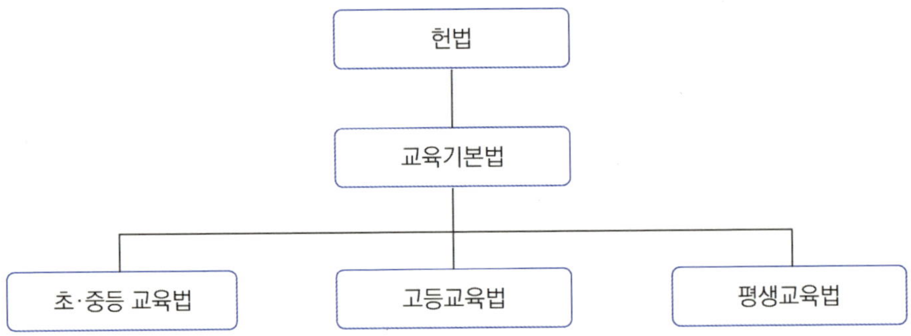

〈그림 8-1〉 평생교육법의 위상

한국에서 협의의, 법적 의미는 "평생교육"이란 학교 정규교육과정을 제외한 학력보완교육, 성인 기초·문자해득교육, 직업능력 향상교육, 인문교양교육, 문화예술교육, 시민참여교육 등을 포함하는 모든 형태의 조직적인 교육활동을 말한다(평생교육법 제2조).

학문적 의미(광의)는 인간의 삶의 과정에서 이루어지는 교육 및 학습 현상의 총칭으로 태교에서부터 노인교육에 이르기까지를 수직적으로 통합한 교육과 가정교육, 사회교육 및 학교교육을 수평적으로 통합한 교육을 말한다. 오인탁(1982)은 넓은 의미에서 학교도 평생교육의 테두리 안에서 청소년들을 교육해야 한다고 주장한다(권양이, 2016, p. 21 재인용). 이렇듯 평생교육법에서 정의하는 평생교육은 학교교육을 제외함을 명시하고 있지만 최근에는 학교교육까지를 포함하거나(이준희, 2011) 그 경계선이 점차 흐려지는 추세이다(한숭희, 2010).

3. 평생교육의 내용[4)]

3.1. 문해교육

문해교육은 대체로 문자해득교육을 의미한다. 문해 능력을 기르기 위해서는 음소와 특정 문자 소리를 이해하는 수준을 넘어 모르는 단어를 읽을 수 있는 해독능력을 갖추도록 하여야 한다. 전통적인 문해는 인쇄된 교재로부터 의미를 구성하기 위해 읽기와 쓰기를 활용하는 능력을 의미하지만, 현대에는 기본 학습 능력(basic learning competencies)으로써 읽기, 쓰기, 수학뿐만 아니라 지식, 문제 해결, 생활 기술 등을 포함한다. 기본 학습 능력은 실제적 문제에 독립적으로 대처하고 해결할 수 있는 능력을 의미하며, 이러한 관점에서의 문해는 형식적 학교 중심의 기능은 물론 기능적 과업과 요구를 처리하는 능력도 반영한다. 이처럼 과거에

4) 권양이(2020) 원격평생교육방법론, pp. 92-98에서 발췌, 수정·보완함

는 정보의 전달이 주로 종이에 의존했으므로 문자해득교육의 개념은 일반적으로 읽기 · 쓰기 · 셈하기의 능력에 집중되었으나 디지털 시대인 요즘에는 모든 자료가 디지털화되어 작성되고 전달되어 지고 있고 다양한 상황에서의 문제해결능력이 요구되기 때문에 과거의 읽기 · 쓰기 · 셈하기의 문해교육 개념이 적합하지 않다.

1) 정보문해교육

정보문해는 정보가 무한정한 지식정보화사회에 지적이고도 적극적으로 참여하도록 하는 능력을 말한다. 정보문해는 컴퓨터를 활용하고 다양한 정보에 접근하는 방법을 아는 것으로부터 정보의 속성, 정보의 기술적 인프라 구조, 사회적 · 문화적 및 철학적 맥락과 영향력에 관해 비판적으로 성찰하는 것에 이르기까지 확장된 새로운 자유교양으로 정의하기도 한다. 정보통신부는 2000년 정보화에 관한 연차 보고서를 통해 소외계층에 대한 정보문해 대책을 밝힌 바 있다(차갑부, 2004). 정보문해교육으로는 정보화교육, 인터넷 쇼핑몰 창업과정, SNS 활용과정, 인터넷 교육 등이 있다.

2) 컴퓨터 문해교육

우리나라의 컴퓨터 교육은 1970년대 초에 전산교육 또는 컴퓨터교육이라는 이름으로 출발하였다. 교육정보화 또는 정보화교육이라는 용어가 많이 사용되기 시작한 것은 1990년대 중반 교육개혁위원회가 구성된 이후, 1995년 5월 교육개혁방안이 발표되고 같은 달 교육부의 교육정보화 종합추진계획이 발표되면서부터이다. 일반적으로 우리나라 교육정보화의 역사는 필요성 대두기(1960년대), 태동기(1970년대), 전개 · 확산기(1980년대)로 구분하는데, 본격적인 교육정보화는 1980년대 후반 교육개혁심의회의 정보화 사회 대응을 위한 컴퓨터교육 강화 건의와 컴퓨터가 교육과정에 본격적으로 도입된 1980년대 말인 제5차 교육과정에서부터이다. 현대사회에는 컴퓨터의 수요가 급격히 증가함에 따라, 특히 컴퓨터 매개통신은 컴퓨터 기능에 통신기능을 더하여 새로운 교육수단으로 자리매김하고 있다.

컴퓨터 문해교육은 초보적인 프로그램 개발로부터 상급수준의 문제를 해결하는 것에 이르기까지 다양한 수준의 기술을 활용하여 컴퓨터 및 이와 관련된 기술을 효과적으로 활용하는 능력을 말한다. 프로그래밍, 컴퓨터 활용능력과정(국가기술자격 취득과정), PPT제작 스킬업 과정, 엑셀 데이터관리 스킬업 과정, 홈페이지 제작과정, 사무자동화 과정 등이 있다.

3.2. 인문교양교육

인문교육(liberal education)은 원래 “자유인의 교육” 또는 “자유를 위한 교육”에서 유래한 것으로 한 개인이 자유롭게 할 수 있는 능력을 키우는 교육을 말한다. 개인 생활이나 사회생활에 있어서 스스로 생각하고 판단하며 스스로 유능하게 참여하며 책임질 수 있는 개인이 되도록 도와주는 교육이다. 인문교양교육의 강화는 궁극적으로 인간회복을 꾀한다. 그러나 그에 앞서 인문교양교육은 “올바른 세계관과 건전한 가치관을 바탕으로 세계화된 새로운 정보사회에서 비판적 창의적 사고와 원활하고 개방적인 의사소통을 통해 공동체적 문화적 삶을 자율적으로 주도할 수 있는 자질을 함양하는” 교육으로서 그 의의가 자못 크다. 급속도로 변화하는 지식정보화시대에 있어 사회적인 환경에 적극 적응하거나 또는 이를 개조할 수 있는 능력을 개발하는 교육이다. 그러므로 인문교육은 어떠한 의미에서는 인간과 우주에 있어서의 본질적인 진리와 아름다움을 추구하는 모든 노력인 것이다. 다시 말하면 문학, 예술, 과학, 철학, 종교 등 광범한 영역에 걸친 지식을 바탕으로 인생을 해석하고, 인생의 방향을 정하고, 그리고 또한 인생과 자연을 감상하는 능력을 키우는 가장 기본적인 교육으로서 평생교육의 중핵이 되는 것이다. 인문교양교육 프로그램으로는 생활수필 쓰기, 수필문학 특강, 성경반, 서양 미술의 이해, 중국문화의 이해, 한국의 역사와 문화, 테마가 있는 음악여행, 가곡 부르기, 생활체조, 생활풍수, 생활인테리어 등이 있다.

3.3. 시민사회교육

1) 민주시민교육

시민사회단체 및 민간단체는 단체 고유의 목적을 실현하기 위하여 보다 많은 시민의 참여와 이해를 기초로 하여 민주시민교육을 전개하고 있다. 사회의 다원화, 단체의 전문화 및 다양한 수요자의 욕구 변화에 따라 개인의 생활 영역에서뿐만 아니라 보다 공동적인 것, 공공적인 영역으로까지 확대 심화하고 있다. 지방자치, 문화, 영상, 정보, 생활협동, 교육, 통일, 청소년, 복지 등의 다양한 영역에서 진행되고 있다. 선거연령도 만 18세로 낮아지고 있어 학교 민주시민 교육의 중요성도 높아지고 있다. 2018년 교육부는 민주시민 교육 활성화를 위한 종합계획을 발표하고 2022년까지 민주시민 교육을 위한 독립 교과목 개설을 검토하겠다고 밝혔다. 이를 위해선 최우선적으로 평생교육 차원에서 지자체의 평생학습관이나 청소년수련관 등 평생교육시설에서 관련 프로그램을 개발하고 타당성을 검증한 후 민주시민 교육을 제도화하는 조례를 법안화하는 작업이 우선적으로 필요할 것이다(박성희, 권양이, 2021).

2) 지구시민교육

(1) 국제이해교육

지구시민교육은 글로벌 시대에 발맞추어 글로벌 인재로 삶을 영위하기 위해 필요한 제반교육을 포함하고 있다. 무엇보다 국제사회에서 생활하려면 다른 문화와 이해를 기반으로 하기에 국제 이해교육이 주를 이룬다. 1948년에 유엔총회에서 채택된 세계인권선언 제26조 2항에는 "교육은 인격의 완전한 발전과 인권 및 기본적 자유의 존중을 강화하는 것을 목적으로 한다. 교육은 모든 나라 또는 인종적·종교적 집단 간 상호이해, 관용 및 우호관계를 증진함과 동시에 유엔의 활동을 촉진하는 것이어야 한다."고 명시함으로써 유엔의 국제이해교육의 원칙을 천명하였다. 지구시민교육으로서의 국제이해교육은 자국중심적인 가치관에서 탈피하여 다양한 세계관과 다문화에 대한 이해 및 의사소통 능력 배양, 국제적으로 협력하는 지구시민으로서의 교육 등을 근간으로 한다.

(2) 다문화이해교육

2020년 우리나라도 외국인 이주민 숫자가 200만 명을 돌파하여 더 이상 단일민족국가라는 용어가 무색하게 된 지 오래다. 다문화이해교육은 자문화중심주의에서 벗어나 문화상대주의의 입장에서 다른 문화를 인정하고 이해하며 배려하는 입장에 서서 실시되어야 한다. 다문화교육센터에서 실시되고 있는 것으로서 다문화사회의 이해, 쓰기를 통한 한국어 교육, 독서이해력 향상을 통한 한국어 교육, 다문화교육 현장에 대한 이해 등의 교육프로그램이 있다(권양이, 2020, p. 95)

3.4. 소비자 · 환경교육

소비자교육은 일반 소비자에게 상품이나 서비스에 대하여 합리적인 가치판단을 하고 개인의 소비생활을 향상시킴과 동시에 경제사회에서 소비의 의의와 소비자의 권리 및 역할에 대한 정보를 제공하기 위한 교육이다. 우리나라에서 소비자교육은 1960년대부터 여성단체 및 소비자단체들이 전국의 소비자를 대상으로 교육을 실시하였다. 교육내용은 상품의 선택 및 구입요령, 경제동향, 소비자의 권리, 합리적인 소비생활, 불공정 거래 행위, 소비자와 관련된 법률 등 경제생활에 필요한 소비지식으로부터 소비자의 건전한 의식에 이르기까지 광범위하다.

환경파괴와 지구온난화현상 등으로 인해 환경교육에 대한 관심이 고조되고 있다. 특히 2011년 3월에 발생했던 일본의 지진과 쓰나미, 그로 인한 원전문제로 자국은 물론이거니와 전 세계가 긴장하고 있다. 환경교육은 자연환경이 어떻게 기능하고 있고 특히 인간이 지속적으로 살아가기 위해 자신의 행동과 생태계를 어떻게 관리할 것인지를 가르치는 교육이다(차갑부, 2012). 핵폐기장 강행 저지, 새만금 살리기, 서남해안 습지 보전, 비무장지대 보호, 팔당상수원 보호, 낙동강

살리기 등 지역 현장을 지키는 전국의 풀뿌리 시민 지역사회조직이 51개에 이르고 있고 시민환경연구소, 환경법률센터, 환경교육센터, 시민환경정보센터 등 전문성과 대중성을 높이기 위한 전문기관들도 활발히 활동하고 있다. 주로 해양환경교육, 자원봉사교육, 환경보존교육 등을 실시하고 있으며 핵물질 이용 반대, 생태계 보호, 기후변화 대응 등 지구환경문제를 해결하기 위한 내용들로 구성되어 있다.

3.5. 인적자원개발형의 교육

사회발전 및 경제발전, 국가경쟁력 제고를 위해 평생학습과 인적자원개발은 필수불가결한 요소이다(김수동・권양이, 2015b). 인적자원개발은 훈련, 교육, 개발의 개념으로 개인개발(individual development), 조직개발(organization development), 경력개발(career development)의 영역이 통합된 것이다. 개인개발(ID)은 개인의 지식과 기술 향상을 위한 교육・훈련을 의미하고 조직개발은 조직의 변화와 혁신을, 경력개발은 미래의 업무와 관련된 수행 및 혁신에 초점을 맞추고 있다. 이상의 인적자원개발에 대한 올바른 이해를 바탕으로 일터에서 부단한 노력과 각오로 자기주도적 평생학습을 실천해야 무한경쟁 글로벌시대에서 살아남을 수 있을 것이다(권양이, 2020, p. 97). 인적자원개발(Human Resource Development)형의 교육프로그램 유형과 내용은 다음과 같다.

1) 직업 및 기술훈련교육

직무기술의 향상을 위해 실시되는 교육훈련으로서 기능교육, 서비스 교육, 세일즈 교육, 생산기술교육, 사무기능교육, 안전교육, 관리교육 등이다.

2) 직무계층별 교육

각 계층에 공통적으로 활용되는 지식과 기능, 문제해결능력을 부여하는 교육.

승진, 인사이동 등에 의해 등급직이 변할 때마다 실시되는 교육이다. 신입 사원교육, 중견사원교육, 후보자 교육, 최고경영진 교육이 있다.

3) 직무능력개발교육

장래를 예견하는 자기개발 능력을 중심으로 한 평생학습적 교육을 일컫는다. 시대의 요청에 따라 장래에 대한 준비교육과 개인의 삶과 관련되는 자기개발 교육, 경력개발 프로그램(Career Development Program), 일반교양 강좌, 공적 자격취득 강습, 체력관리, 교육휴가의 활용, 정신위생 강좌의 수강, 순환교육 강좌 참여, 자원봉사활동 참가, 해외유학, 퇴직준비교육 등이 여기에 해당된다.

3.6. 여가 및 취미생활 교육

여가를 보다 효과적이고 생산적인 방향으로 선용할 수 있도록 지도하는 교육이다. 산업혁명 이후 분업이 발달하고 노동을 기계가 대신 함에 따라 여가시간이 많아지게 되었다. 이런 현상은 산업이 발달된 구미(歐美) 각국에서 현저한 양상을 드러내고 있어 여가의 효율적 활용이 교육적 문제로 등장하게 되었다. 이런 의미에서 성인교육 운동이라든가 레크리에이션 운동 등은 정신적・신체적으로 여가를 선용하려는 사회운동으로 확대되고 있다. 그리고 여가시간의 방치는 사회적・개인적으로 해로운 현상을 흔히 유발시키고 있기 때문에 여가교육은 청소년은 물론 성인들을 위해서도 프로그램을 만들어 그들의 취미생활, 심신의 개발과 정신위생, 소질의 개발, 창의적 생활을 하도록 도와야 한다. 이 프로그램은 개인의 적성과 취미를 고려하여 선택적인 내용으로 구성된다. 여행, 컴퓨터, 그림, 글쓰기, 사진, 풍물 및 전통악기, 민요, 판소리, 레크리에이션, 각종 편물 및 수예, 영상, 만화, 메이크업, 꽃꽂이, 수지침, 수화, 조리, 디자인플라우어 등 그 내용이 풍부해지고 있다.

4. 평생교육의 제도와 정책

4.1. 학점은행제

1997년 학점인정 등에 관한 법률이 제정된 이래로 1998년 3월부터 시행된 학점은행제는 짧은 시행역사에도 불구하고 성인학습자의 평생학습 참여를 크게 촉진시킨 기폭제가 되었다. 시행초기 당시 약 600여 명에 지나지 않았던 학점은행제 누적 학습자들은 현재 약 50만 명에 이른다. 즉, 학점은행제는 누적된 학습경험을 체계적인 방법으로 인정해줌으로써 개인의 삶의 질을 향상시켰을 뿐만 아니라 교육훈련기관에게는 근로자의 면학 욕구, 전문적 직무교육 효과의 동시 축적을 가능케 하며 공식적, 비공식적 영역에 걸친 다양한 교육기관과 유기적 협력 체제를 구축하는데 크게 기여하였다. 학점은행제는 실로 여러 장소에서 진행되고 있다. 전문학사와 학사학위가 정규 전문대학과 대학교 이외에 전문대학과 대학교의 사회교육원 또는 평생교육원, 대학부설 전산원, 학원, 공공직업훈련원, 민간 직업전문학교, 중요무형문화재기관, 기능대학, 평생교육시설, 원격교육기관 등에서 소정의 학점을 이수하고 있다(교육부 · 국가평생교육진흥원, 2014). 학점은행제는 다른 국가에서도 벤치마킹할 만큼 매우 선진화된 제도로서(한준상, 2013) 실로 언제, 어디서나, 누구나 원하는 학습을 가능하게 해주는 평생학습의 새 지평을 열게 했다고 할 수 있다. 학점은행 원격평생교육시설의 확대로 인하여 평생교육의 지평은 사이버공간으로 급속하게 확장되고 있다. 실제로 전체 학점은행제 학습자들의 72.1%가 원격시설 평생교육기관을 이용하고 있다(국가평생교육진흥원, 2019). 2014년 당시 기준인 64.7%를 감안할 때 지속적으로 증가하는 추세이다. 학점은행제는 2019년에는 K-MOOC 학습결과를 학점원으로 인정하기 시작했다. 학점인정강좌의 다양성 증가라는 의미뿐만 아니라 현재 무료인 K-MOOC 강좌를 통해 향후 학점은행제를 활용하는 국민들이 더 늘어날 것으로 예상된다. 인공지능, 사물인터넷, 빅데이터 등 신산업 분야와 관련된 표준교육과정도 개발되었다. 2019년에는 등록 학습자

숫자도 큰 폭으로 증가했다. 최근 2015년부터 2018년까지 11만 명 수준이던 등록 학습자 수도 2020년에 165,328명으로 크게 늘었다(교육부 · 국가평생교육진흥원, 2020).

4.2. 평생학습도시

한준상(2013)에 따르면 평생교육의 큰 성과는 평생학습도시와 학점은행제에 의한 학력인정제의 실현일 것이다. 평생학습도시 건설은 가장 두드러지게 정부주도가 드러난 정책 중의 하나로서 시군구 단위의 평생교육진흥을 위한 국가의 유일한 정책 사업이다(Kwon, Schied, & Kim, 2011). 2001년 광명시를 시작으로 형성된 평생학습도시는 2005년에 33개, 2006년에 57개, 2007년에 76개, 2011년에 6개, 2012년에 8개, 2013년에 28개, 2014년에 11개로서 2019년 현재 167개의 평생학습도시가 건설되어 있다(교육부 · 국가평생교육진흥원, 2019).

첫째, 2001년 김대중 정부 때부터 시작한 평생학습도시 조성 사업은 경기도 광명시, 대전시 유성구, 전북 부안군 세 개 지자체를 필두로 시작되었고 현재 지자체의 절반가량은 평생학습도시로 선정이 되어 있다. 평생학습도시는 해를 거듭할수록 지자체의 큰 호응을 얻고 있는 사업이지만 2006년부터는 평생학습도시의 재정자립도에 따라 예산을 차등 지원하고 있다(권양이, 2018). 그러나 2009년 88억원 예산 배정을 끝으로 평생학습도시에 대한 예산은 거의 책정되어 있지 않다(최영준, 2011). 또한 2010년도에는 중단되었다가 2011년부터 다시 시작되었지만 전국 228개 시군구 자치단체가 대상으로 하는 사업규모에 비추어 2011년 5억 원, 2012년 15억 원의 사업비는 매우 적은 규모이다. 2007년과 비교하여 2007년에 지정된 도시들에 대해서는 3년간 매년 평균 2억 원을 지원했었다. 특히 평생학습도시의 신규 지정에 대한 지원은 지정 연도 한해에 한하여 1억 원을 지원하고 있기 때문에 매우 미미하다고 할 수 있다(김용현 · 김종표, 2015). 양흥권(2008)에 따르면 국가에서 조금이라도 예산을 지원하는 이유는 사업초기에 사업에 소요되는 예산을 지원함으로써 해당 지자체가 평생학습도시 사업에 관심을 갖고 사업을 추진하는 계기를 마련하기 위한 것인데 사업규모를 고려할 때 사업을 실행하기 위한 재정 규모가 매우 미약하다. 현재 평생학습도시 조성사업은 평생학습도시 지정의 경우 9천만 원 내외, 평생학습도시 특성화의 경우 5천만 원 내외로 지원하며, 국고보조금 대비 100% 이상을 지방비로 대응 투자하는 것을 기본 지원 조건으로 한다(교육부 · 국가평생교육진흥원, 2020, p. 464).

〈표 8-3〉 평생학습도시 조성사업 사업 내용 및 지원 추이

(단위: 억 원)

연도	'01	'02	'03	'04	'05	'06	'07	'08	'09	'11	'12
비율	6.0	6.9	13	23.5	36	42.54	65	81	88	5	15

출처: 교육부 · 국가평생교육진흥원(2017), p. 57.

4.3. 성인문해교육

노무현 정부는 이전 정부가 주요 의제로 채택하지 않은 성인문해교육사업을 주요 의제로 채택하였고 학력인정을 초등까지 확대했다는 점에서 평생교육의 의의를 찾을 수 있다. 2007년부터 성인학습자 학력인정제도가 생겨 시도교육청에서 설치 · 지정한 기관에서 문자해득 프로그램을 이수하면 학력충족여부 심사를 거쳐 초 · 중학력 인정시스템을 갖춰나가고 있다. 이와 같이 노무현 정부 2006년부터 추진된 성인문해교육 지원 사업은 2006년 당시 국고지원액은 13억 7천 5백만 원이고 지자체 지원액은 8억 2천 8백만 원이었다. 당시 수혜자는 14,668명이었다. 2017년 현재 국고지원액은 24여 억 원이고 지자체 지원액은 약 58여 억 원으로써 수혜자는 39,732명이다. 2014년 박근혜 정부 이후로 학습자수가 크게 늘고 있다(교육부 · 국가평생교육진흥원, 2018, p. 132),

〈표 8-4〉 성인문해교육 지원 추이

(단위: 억 원)

연도	'06	'07	'08	'09	'10	'11	'12	'13	'14	'15	'16	'17
계	13.75	18	20	20	20	18	15	19.5	22	22.5	24.36	24.36

출처: 교육부 · 국가평생교육진흥원(2018), p. 132.

4.4. 소외계층 평생교육

평생학습 기회가 주어지지 않은 집단의 평생학습을 지원하기 위하여 소외계층을 위한 평생교육 사업을 2001년부터 추진하고 있고 교육인적자원부가 2006년부터 처음으로 국가인적자원개발 및 사회적 통합에 기여하기 위하여 저학력 소외계층을 대상으로 성인문해교육 프로그램에 대하여 지원을 실시하였다(교육인적자원부・한국교육개발원, 2006). 지원사업 현황을 연도별로 보면, 2001년 2억 원으로 20개 프로그램을 지원하는 것을 시작으로 하여, 2005년에는 사업비가 4억 9천만 원으로 증가하여 102개 프로그램, 2006년 7억 2천만 원에 132개 프로그램, 2007년 9억 9천 4백만 원에 197개 프로그램, 2008년 11월 현재에는 9억 9천 4백만 원 규모로 190개의 프로그램을 지원하였다(교육과학기술부・평생교육진흥원, 2008, p. 145). 최돈민(2012)에 따르면 2006년부터 2010년까지 매년 20여 억 원의 예산으로 107,495명의 성인들에게 학습 기회를 제공해왔지만 다른 부처의 정책 지원사업과의 중복성 문제 때문에 2009년을 정점으로 예산이 점차 축소되다가 2011년을 마지막으로 중단된 상태이다. 2018년도부터 저소득층, 장애인 등 소외계층의 실질적인 평생교육 기회를 제공하기 위해 평생교육 바우처를 지원(23.9억 원 예산: 5천여 명 지원, 1인당 연간 최대 35만 원 지원)을 통해 그간 초・중등 및 고등교육 단계 중심인 교육복지를 평생교육까지 확대하여, 소외계층의 평생교육 기회를 국가 차원에서 보장해 나갈 계획이다(교육부・국가평생교육진흥원, 2018).

〈표 8-5〉 소외계층 평생교육 지원 추이 (단위: 억 원)

연도	'01	'02	'03	'04	'05	'06	'07	'08	'09
계	2.0	2.0	2.0	2.0	4.9	7.2	9.94	9.94	11.17

출처: 교육과학기술부・평생교육진흥원(2008), p. 145. 교육부・국가평생교육진흥원(2018), p. 10.

4.5. 평생학습계좌제

평생학습 계좌제는 과거 1999년 평생교육법 제정 시 신설하였으나 구체화된 정책으로 발전하지는 못했던 제도로서 이명박 정부가 출범한 2008년부터 본격화되었다. 종전의 대학진학형 교육중심사회에서 평생직업형 학습사회로 변화했기 때문에 취업자의 계속교육을 촉진하기 위해서는 개별적으로 취득한 학력, 학위, 자격 등 인증된 학습경험과 학교 외 교육 등에서 얻은 학습경험을 종합적으로 누적 기록 관리하고 이를 객관적으로 인증받기 위한 제도이다. 평생학습 계좌제는 개인이 학습이력을 등록·누적할 수 있는 학습이력관리시스템을 중심으로 운영되는데, 이 시스템에는 학교교육과 비형식, 무형식교육을 포함한 다양한 평생교육프로그램(학습과정) 이수결과를 등록할 수 있다. 이중 평생교육기관(시설) 등에서 운영한 학습과정 이수결과는 학습과정 평가인정 절차를 통해 시스템에 최종 기록된다. 확인된 학습결과는 평생학습 이력증명서로 출력할 수 있다(교육과학기술부·평생교육진흥원, 2008). 2019년부터는 평생학습지원 체제 중 '늘배움' 서비스와 통합회원제도를 운영하여 평생학습의 ONE-STOP 서비스 체제로 발전하고 있다(교육부·국가평생교육진흥원, 2019).

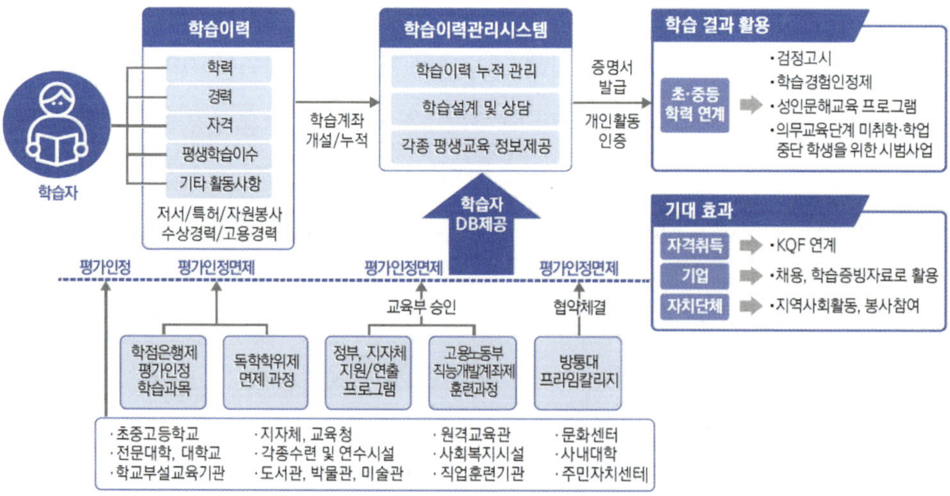

[그림 8-2] 평생학습계좌제 개념도

출처: 국가평생교육진흥원(2019). 내부 자료., 교육부·국가평생교육진흥원, 2019, p. 465

4.6. 원격대학

1999년 평생교육법 제정, 원격대학 설립에 대한 법적 근거를 마련하여 2001년 3월부터 사이버 대학들이 개교하기에 이르렀다. 사이버대학 설립운영 규정에 관한 법은 「고등교육법」제2조 제5호에 따른 사이버대학의 설립기준과 운영에 필요한 교원, 교사 및 설비, 수익용 기본재산 등에 관한 사항을 규정함을 목적으로 한다(대통령령 제20796호, 2008. 6.5 제정). 이와 같이 원격대학은 고등교육법에 의거하여 설립, 운영되기 때문에 등록금, 정원책정 면에서 교육부의 통제를 받고 있다. 미국의 경우 많은 수의 성인학습자들이 원격을 활용한 고등교육에 참여하고 있어 고등교육의 수혜율이 크게 증가하고 있다(권양이・이성엽, 2016). 2020년 현재 방송통신대학 재학생 약 10만 명, 19개의 사이버대학의 약 10만 명과 2개의 원격대학 형태의 평생교육시설의 4천 명 및 76개의 학점은행 원격평생교육시설의 약 27만 명을 모두 합치면 실로 많은 수의 학습자가 원격교육을 이용하고 있다(권양이, 2020).

5. 평생교육의 전망과 발전과제

우리가 알고 있는 지식은 11시간 만에 2배가 된다고 한다. 이렇듯 지식의 생명주기가 점점 단축되고 있는 21세기 지식정보화 시대에 있어서 평생학습의 중요성은 아무리 강조해도 지나치지 않을 것이다. 우리나라도 1980년 헌법 31조 5항에 '국가는 평생교육을 진흥해야 한다.'라는 조항이 삽입된 후에 한국의 평생교육은 양적으로나 질적으로나 실로 많은 팽창과 성장을 거듭해왔다. 실제로 헌법에 평생교육이 이렇듯 명시된 나라는 세계에서도 유래를 찾아볼 수가 없다고 한다. 특히, 1999년 평생교육법이 제정된 이래로 평생학습도시, 평생학습계좌제, 학점은행제, 원격대학, 사내대학, 소외계층 평생교육, 성인문해교육 등 다양한 평생교육정책이 활발히 시행되어 오고 있다. 이러한 양적 성장 못지않게 중요한 것은 향후 평생교육의 미래 방향성에 대한 점검과 발전방향을 모색하는 일이다.

원래 평생교육의 이념은 Paul Lengrand이 주장한 바와 같이 1970 년대 초 평생교육은 민주주의, 형평 및 정의를 위한 급진적인 사회 변혁의 목소리에서 그 기원을 찾아볼 수 있지만(Han, 2008) 한국의 경우는 급속한 경제 및 사회 정치적 변화라는 고유한 패턴을 갖고 있고 이는 평생학습의 발달에 큰 영향을 미쳤다(Byun & Valentine, 2009). 1997년 IMF 외환위기 당시 시급히 요청되는 인적자원의 개발을 위해 평생교육을 통하여 빠르고도 값싸게 경쟁력 있는 노동력을 훈련시킬 수 있기 때문에 경제적 재건을 위한 도구로서 경제위기 상황을 극복하는 데 적극적으로 사용되었다(Jang, 2011). 노동시장의 유연성, 글로벌 경제로 표방되는 IMF 외환위기 이후 끊임없이 사회경제적 혁신이 이루어지는 정황 속에서 계속교육을 통하여 고용가능성을 유지해야 하는 필요성은 더욱 절실해지고 있지만 한국에서의 노동시장에서의 숙련화를 위한 교육비용부담은 여전히 개인에게 전가되고 있다. 이와 같이 급변하는 사회경제적 정황 속에서 지속적인 평생학습, 평생직업능력의 개발로 고용가능성을 증진시키고 계층 간의 간극을 좁혀야함에도 불구하고 소외계층 평생교육을 등한시 한 채 추구하는 시장중심의 평생교육체제 지형으로의 변화는 향후 더욱 심각한 교육 불평등과 노동생산성 저하를 초래할 수 있어 주의가 요망된다(권양이, 2018). 실제로 소득별 평생학습 참여율을 살펴보면 150만 원 미만은 29.7%, 500만 원 이상은 45.4%로 나타나고 있다(교육부 · 국가평생교육진흥원, 2020). 평생교육은 하나의 공공정책이고 개인에게 그 책임을 전가할 수 없는 성질의 것이기 때문에(권양이, 2018) 다음과 같은 측면에서 평생교육의 발전과제를 모색해봐야 할 것이다.

첫째, 학습자가 늘어남에도 불구하고 국고지원액은 그대로인 성인문해교육과 중단된 소외계층 평생교육, 학력인정 평생교육시설에 대한 국가적 지원이 요망된다. 2007년부터 성인학습자 학력인정제도가 생겨 시도교육청에서 설치 · 지정한 기관에서 문자해득 프로그램을 이수하면 학력충족여부 심사를 거쳐 초 · 중학력 인정시스템을 갖춰나가고 있지만 성인문해교육 해당 당사자들과 학력인정 평생교육시설의 학습자들은 소외계층인 경우가 많아 이에 대한 지원이 더욱 필요하다. 직업능력개발훈련예산의 경우도 고용노동부 통계자료에 따르면 1998년 당시 실업자 및 취약계층 훈련을 위한 예산은 사업주나 재직자 및 기타 인력부족분야 훈련부문을 제치고 73.5%에 이르렀다. 이후 지속적으로 하락해서 2016년 현재 16%에 불과해 취약계층은 교육에서 더욱 더 소외되는 현상을 나타내고 있다.

〈표 8-6〉 직업능력개발 훈련비용 중 실업자 및 취약계층 훈련비의 비율

(단위: %)

연도	1998	1999	2000	2001	2002	2003	2005	2007	2008	2009	2010	2011	2012	2013	2014	2015	2016
비율	74	70	55	42	36	35	29	21	21	28	30	25	23	26	21	17	16

출처: 고용노동부, 고용노동통계 http://laborstat.moel.go.kr/

또한 다음 〈표 8-7〉을 보면 우리나라 기업의 월평균 1인당 총 노동비용 중 교육훈련비의 비율은 IMF 이후 지속적으로 감소추세에 있는 것을 파악할 수 있다.

〈표 8-7〉 월평균 1인당 총 노동비용 중 교육훈련비의 비율

(단위: %)

연도	96	97	98	99	01	03	2006	2007	2008	2009	2010	2011	2012	2013	2014	2015	2016
비율	2.1	1.9	1.2	1.4	1.5	1.5	0.8	0.8	0.8	0.6	0.6	0.6	0.6	0.6	0.5	0.5	0.4

출처: 고용노동부, 고용노동통계 http://laborstat.moel.go.kr/

새 정부가 들어서면서부터 2018년도부터 저소득층, 장애인 등 소외계층의 실질적인 평생교육 기회를 제공하기 위해 평생교육 바우처 지원(23.9억 원예산: 5천여 명 지원, 1인당 연간 최대 35만원 지원)을 통해 그간 초·중등 및 고등교육 단계 중심인 교육복지를 평생교육까지 확대하여, 소외계층의 평생교육 기회를 국가 차원에서 보장해 나갈 계획이다(교육부·국가평생교육진흥원, 2018, p. 10). 2018년 평생교육바우처 지원사업은 기초생활수급자와 차상위계층만이 신청 가능했지만, 2019년에는 기준 중위소득 65% 이하인 가구의 구성원이 신청할 수 있도록 하여 저소득층 교육사각지대 해소를 위한 평생교육바우처 수혜 대상을 확대하였다. 2020년 평생교육바우처 신청자는 총 13,575명으로, 전년 대비 67%가 증가하여 사업 참여에 대한 높은 수요를 확인할 수 있다. 그러나 2020년 지원 규모는 전체 기초생활수급자 및 차상위계층의 0.39%에 불과하다.

2020년 1,556개의 평생교육기관이 평생교육바우처의 사용기관으로 등록하여 2018년 610개 대비 약 2.6배 증가하였지만, 평생교육바우처 지원 규모도 해마다 증가하여 늘어난 수요만큼 공급의 확대도 필요하다(교육부 · 국가평생교육진흥원, 2020, p. 429)

둘째, 평생학습 도시운동을 포함하여 다양한 평생교육정책이 성공하기 위해서는 정부의 지속적인 재정지원이 필요하다(한준상, 2013). 그러나 2018년 현재 교육부 예산 중 평생교육이 차지하는 비율은 0.86%에 지나지 않는다. 대략적으로 선진국의 100분의 1 수준인 것이다. 문화체육관광부, 고용노동부 등 다양한 정부부처에 산재된 평생교육 관련 예산을 일원화하여 큰 그림에서 예산집행을 할 필요가 있다. 다양한 부처에 산재되어 있는 평생교육 관련 예산을 일원화하는 한편 예산배정시 지방교육재정특별보조금이 아닌 고정비 성격으로 확보된다면 정권이 바뀔 때마다 바뀌는 평생교육정책이라 할지라도 지속성을 가질 수 있을 것이다.

또한 정부의 행정적, 재정적 지원과 아울러 평생교육에 대한 국민적 공감대의 형성은 향후 한국의 평생교육이 풀어나가야 할 과제이다. 평생교육 관련 재정은 독일에서도 연방, 주정부에 의해 지원되는 교육비가 급격히 감소하고 있어, 기업 및 개인의 부담이 증가 추세에 있다. 독일 시민대학의 경우 운영 초기 지방정부의 재정지원을 받아 운영되었으나 오랫동안 정치적 독립성을 유지할 수 있었던 것은 지방정부의 지원에만 의존하는 것이 아니라 지역사회 학습자들과 평생교육기관들의 폭넓은 지지를 받았기 때문이다(이상호 · 박수정, 2017). 특히, 우리 평생학습도시 사업의 경우 정부나 지방자치단체의 정책변화에 좌우되지 않고 지속성을 갖기 위해서는 중앙정부의 재정지원과 아울러 지역사회 전반에 걸친 공감대가 형성될 필요성이 있다. 이를 바탕으로 지역평생교육기관 네트워크 및 지역공동체를 중심으로 하여 프로그램 수익 창출을 위한 아이디어 등 내부여건을 고려한 자생적 방안이 강구되어야 할 것이다.

연습문제

1. 평생교육이 태동하게 된 배경에 대해 설명해보시오.

2. 평생교육과 평생학습을 비교하여 설명해보시오.

3. 한국의 [평생교육법]의 주요 특징 및 제도에 대해 설명해보시오.

4. 향후 한국의 평생교육의 전망과 발전과제에 대해 설명해보시오.

참고자료 및 관련 사이트

교육과학기술부 · 평생교육진흥원(2008). 2008 평생교육백서.

교육부 보도자료(2017). 2018년도 교육부 예산안 발표.

교육부 · 국가평생교육진흥원(2017). 2017 평생교육백서.

교육부 · 국가평생교육진흥원(2019). 2019 평생교육백서.

교육부 · 국가평생교육진흥원(2020). 2020 평생교육백서.

교육인적자원부 · 한국교육개발원(2006). 2006 평생교육백서.

국가평생교육진흥원(2019). 2019년 학점은행제 교육훈련기관 운영실태조사보고서.

권대봉(2007). 공공정책으로서 평생학습 –한국 평생교육정책의 변화와 특징 분석– 평생교육학연구, 13(4), 149-172.

권대봉 · 박지혜 · 박진영 · 유기웅 · 현영섭(2017). 평생교육의 세가지 지평: 기반실천가치. 박영사.

권두승 · 최운실(2016). 평생교육경영론. 교육과학사.

권양이(2012). 평생교육방법론. 원미사.

권양이(2016). 청소년교육론. 보정판. 박영사.

권양이(2018). 한국의 평생교육정책 변천 연구: 국민의 정부에서 박근혜 정부까지의 시기를 중심으로. 평생학습사회, 14(2), 1-27.

권양이(2020). 스마트 시대의 원격평생교육방법론. 공동체.

권양이 · 김진경(2019). 미국 방과후학교 프로그램의 최근동향과 시사점. 방과후학교연구, 6(1), 45-74.

권양이 · 이성엽(2016). 미국대학의 온라인 역량기반 교육과정 사례와 평생교육적 함의: College for America 사례를 중심으로. 한국교육학연구, 22(4), 141-168.

김용현 · 김종표(2015). 평생교육론. 양서원.

김수동 · 권양이(2015a). 통합적 역량기반 교육과정이 21세기 평생학습 시대에 주는 교육적 의미: 미국 서던 뉴 햄프셔 대학과 호주 시드니 대학 사례를 중심으로. 예술인문사회 융합 멀티미디어 논문지, 5(6), 327-336.

김수동 · 권양이(2015b). 미국과 일본 대학의 역량기반 교육과정의 비교 분석: 대학교육 및 평생학습에의 시사점. 한국일본교육학연구, 20(1), 21-43.

박성희 · 권양이(2020). 독일 기술전문대학의 듀얼 교육체제 발달 연구 및 시사점. 교육문화연구, 26(4), 165-186.

박성희 · 권양이(2021). 독일 Eichehdorf 중등학교 사례를 통해 본 학교공동체 운영의 성공요인 분석. 열린교육연구, 29(2), 191-209.

신미식(2010). 한국의 소외계층을 위한 평생교육 정책에 관한 연구. 한국동북아논총, 57,

371-393.

양흥권(2008). 지역사회개발론에 근거한 평생학습도시 사업 개선 방안 탐색. 한국지역사회생활과학회지, 19(2), 245-265.

이상호・박수정(2017). 지방자치단체 지원 시민대학의 운영 특성 분석: A 시민대학을 중심으로. 교육연구논총, 38(4), 79-108.

이준희(2011). 헌법상 평생교육의 개념 정의, 헌법논총, 22집.

차갑부(2012). 평생교육론. 교육과학사.

최돈민 (2012). 한국 평생교육정책 평가 －제1,2차 평생학습종합진흥계획을 중심으로－ 평생교육학연구, 18(4), 119-141.

최영준(2011). 평생교육법 개정법률안에 대한 고찰. *Andragogy Today: Interdisciplinary Journal of Adult & Continuing Education, 14*(3), 139-163.

최은수(2012). 평생교육정책론. 학지사.

한숭희 (2010). 학습사회를 위한 평생교육론. 학지사.

한준상(2013). 미래 한국 평생교육정책의 비전. *NILE Journal of Korean Lifelong Education, 1*(1), 151-180.

Byun, J. I., & Valentine, T. (2009). The republic of Korea's lifelong learning city project: an empirical re-conceptualization of learner satisfaction and societal outcomes. *KEDI Journal of Educational Policy, 6*(2), 161-181.

Dave, R. H. (1973). Lifelong education and school curriculum, UNESCO Institute for Education, Hamburg.

Faure E et al. (1972). Learning to be: The world of education today and tomorrow. UNESCO, Paris.

Han, S. H. (2008). The lifelong learning ecosystem in Korea: evolution of learning capitalism? *International Journal of Lifelong Education, 27*(5), 517-524.

Jang, Y. S. (2011). The characteristics of Korean lifelong learning, 동양사회사상, 24, 317-339.

Jarvis, P. (1983). *Adult and continuing education*, Croom Helm, New York

Knowles, M. S., Klevins, C. S. (1982). Philosophical and historical perspectives. In: Klevins C. S. (ed.) 1982 Materials and methods in adult and continuing education. Klevens, Los Angeles, California.

Knox, A. B. (1987). *Helping Adults Learn*. Jossey-Bass: San Francisco, California.

Kwon, I. T., Schied, F. M., & Kim, J. H. (2011). Towards a learning society: lifelong learning policies and practices of South Korea since the 1997 IMF. *Widening Participation and Lifelong Learning ,13*(2), 8-32.

Sutton, P. (1996). Lifelong and Continuing Education. In Tuijnman, A. C (ed), International Encyclopedia of Adult Education and Training, 2nd edition. Organization for Economic Co-operation and Development(OECD), Paris, France.

Titmus, C. J. (1996). Adult Education: Concepts and Principles. Tuijnman, A. C (ed), International Encyclopedia of Adult Education and Training, 2nd edition. Organization for Economic Co-operation and Development(OECD), Paris, France.

UNESCO (1976). Recommendation on the Development of Adult Education. UNESCO, Paris.

제 9 장

교육평가

학습목표

1. 교육평가의 주요 목적을 학생에 초점을 두는 평가와 교육 프로그램에 초점을 두는 평가로 구분하여 설명할 수 있다.
2. 학교 장면에서 널리 사용되는 주요 평가 방식에는 어떤 것이 있는지 말할 수 있으며, 각 평가 방식이 지니는 장·단점을 설명할 수 있다.
3. 좋은 검사가 갖추어야 할 조건으로서의 타당도, 신뢰도, 객관도 개념을 구분하여 설명할 수 있다.
4. 학교 장면에서 이루어지는 교육평가에서 교사가 유의해야 할 사항을 5가지 내외로 열거할 수 있다.

주요용어

- 준거참조평가, 규준참조평가
- 진단평가, 형성평가, 총괄평가
- 지필평가, 수행평가
- 타당도, 신뢰도, 객관도
- 표준점수

1. 교육평가의 개념과 목적

1.1. 교육평가의 개념

교육이란 인간 행동의 가치 있는 변화를 위하여 체계적으로 외적 환경을 제공하는 행위를 의미한다. 그렇다면 교육이 제대로 이루어졌는지 어떻게 알 수 있을까. 이를 위해서는 개인 혹은 집단에게 정말 가치 있는 변화가 일어났는지, 또 제공한 외적 환경이 가치 있는 변화에 정말로 효과적이었는지를 반드시 확인해 보아야 한다. 이러한 확인 과정이 바로 교육평가이다.

이렇게 보면 교육평가의 초점은 크게 두 가지이다. 첫째, 교육 대상인 학생의 행동 변화를 확인하고 판단하는 것, 둘째, 학생 행동의 변화를 위해 제공되는 교육 프로그램의 효과성을 분석하고 판단하는 것이다.

유능한 교사는 학생들의 학습 결과에 대한 평가 역량과 자신의 교육 활동의 효과에 대한 평가 역량을 충분히 갖추고 있어야 한다. 이를 위해서는 교육평가에 대한 일반 지식과 통찰력이 필요하다. 먼저 교육평가의 초점이 학생인 경우를 생각해 보자. 학생의 행동 변화란 학업성취를 포함하여 창의성・흥미・태도의 변화, 심리・신체적인 기능 등의 전인적 영역에서 변화나 성취를 말한다. 따라서 학생의 행동 변화에 대한 평가를 위해서는 학생 평가의 목적에 대해 충분히 이해하고 있어야 하며, 행동 변화와 성취에 관한 정보를 수집하는 방법, 정보를 해석하고 의사결정을 할 수 있는 능력과 통찰력을 길러야 한다. 교육평가의 초점이 교육 프로그램인 경우 또한 마찬가지다. 교육 프로그램이란 넓게는 국가 차원의 교육정책이나 교육과정에서부터 좁게는 학급 교사에 의한 구체적인 수업 행동에 이르기까지를 의미한다. 적절한 평가를 위해서는 교육 프로그램 평가의 목적에 대한 충분한 이해뿐만 아니라 교육정책, 교육과정, 단위 수업의 효과성에 관한 정보를 수집하기 위한 방법과 절차 등에 대해 잘 알고 있어야 한다.

일반적으로 평가를 위한 정보수집 도구로 가장 많이 사용되는 것은 검사이다.

이러한 이유로 간혹 검사가 곧 평가로 잘못 이해되거나 혹은 유사 용어인 사정(査定)/총평(總評), 측정(測定)이라는 용어와도 혼동되기도 한다. 이들 용어를 구분하면 다음과 같다.

1) 검사

검사(test)는 어떤 특성이나 속성을 알아볼 목적으로 제시되는 과제나 도구를 말한다. 때로는 '검사를 시행한다'는 동사로 사용되어 그러한 과제나 도구를 시행하는 행동 자체를 검사라 부르기도 한다. 학교 현장에서 검사는 능력, 지식, 기능, 심리적 특성의 유무나 정도를 밝혀내기 위하여 특정 문항에 응답하도록 하거나 행동과정을 수행하도록 하는 도구이다. 학업 성취도를 알아보기 위해 사용하는 국어・수학시험, 학생들의 진로적성 파악을 위한 진로탐색검사, 교육 프로그램의 만족도를 알아보는 체크리스트 등이 모두 검사이다.

2) 사정 혹은 총평

사정(査定) 혹은 총평(總評)은 영단어 assessment를 번역한 것인데, 학자들에 따라 사용하는 의미에서 부분적으로 차이가 있다.

첫째, 어떤 정보를 얻거나 의사결정을 위해 '여러 가지 정보를 총합하는 것'을 의미한다(Overton, 2011). 이러한 의미로 사용할 때에는 사정(査定)이라는 번역이 더 가깝다. 학교에서 학생의 학년 진급, 졸업에 대한 의사결정을 위하여 정보를 수집하는 것을 생각해 보자. 진급이나 졸업 자격을 갖추었는지 판단하기 위해서는 교과 성적, 출결기록, 담임교사의 행동관찰기록 등 다양한 정보가 총합된다. 이러한 다양한 정보의 총합이 사정이다. 즉, 사정에는 다수의 검사와 함께 관찰, 면접, 행동기록 자료 또한 포함된다.

둘째, '여러 정보를 총합할 뿐만 아니라 그 정보를 바탕으로 종합적 평가를 내리는 것'까지를 의미한다(김석우, 2009; 성태제, 2009). 이 경우에는 총평(總評)이라는 번역이 더 가깝다. assessment를 좁은 의미인 사정으로 사용하게 되면 검사나 사정에 기초하여 평가가 이루어지므로 assessment와 평가(evaluation)는 서로 다른 의미가 된다. 그러나 총평의 의미로 사용되면 평가와 거의 동일한 용어임을 알 수 있다.

3) 측정

측정(measurement)이란 검사나 사정(査定)에서 특성이나 속성이 양 혹은 질적인 측면에서 서로 다르다는 것을 나타내기 위하여 숫자를 부여하는 절차를 말한다. 대표적인 방법이 100점 만점으로 어떤 점수를 부여하거나, 등급, 백분위 등으로 숫자를 부여하는 것이다. 예를 들어, 국어시험의 결과를 70점으로 나타내는 것, 수학능력시험 결과를 3등급으로 표현하는 것, 진로탐색검사에 따라 사회형 적성은 백분위 85, 탐구형 적성은 백분위 73 등으로 나타내는 것이다.

요약하자면, 검사는 특성이나 속성을 알아보는 과제나 도구이고, 사정은 검사를 포함하여 대상에 관한 정보를 총합하는 것, 측정은 특성이나 속성을 수량으로 나타내는 것이다. 그리고 평가는 이와 같은 검사와 사정을 바탕으로 의사결정을 하며 가치판단을 하는 것을 말한다.

1.2. 교육평가의 목적

앞에서 교육평가의 초점을 학습자 혹은 학생의 행동 변화를 확인하고 판단하는 것, 교육 프로그램의 효과성을 분석하고 판단하는 것으로 구분하였다. 두 가지 초점에 따라 교육평가의 목적을 구체적으로 살펴보면 다음과 같다.

1) 학생 대상의 평가

학습자 혹은 학생이 설정된 교육목표를 얼마나 성취하였는지를 확인하는 것은 교육평가의 가장 기본적인 목적이다(Tyler, 1949). 학생 대상의 평가를 통해 분류,

선발, 배치, 진단을 하거나 기타 교육적 의사결정을 내리는 기준으로 사용한다. 수능시험 성적으로 학생을 선발하는 것, 장애진단과 학습능력검사 등을 활용하여 아동을 특수학급에 배치하는 것, 학생의 진로적성을 진단하고 진로지도에 활용하는 것 등이 해당된다. 학생을 대상으로 하는 평가의 목적을 보다 세분화하면 다음과 같다.

- 학습자의 행동 변화의 증거를 과학적으로 수집하고 변화의 특징과 변화의 정도를 확인한다.
- 설정한 교육 목표에 비추어 학생의 현재의 상황 혹은 개선된 정도를 확인한다.
- 학생이 직면하고 있는 학습 곤란점이 무엇인지를 진단하고 치료하기 위한 정보를 얻는다.
- 학생 간 혹은 학생 내 개인차를 확인하여 효과적인 교육적 처치 방법을 찾는다.
- 학생에 대한 성격, 정서, 사회성, 진로에 관한 정보를 수집하여 효과적인 상담 및 생활지도에 활용한다.
- 학급 간, 학년 간, 지역 간, 국가 간 학생들의 학업성취도의 차이를 비교한다.

2) 교육 프로그램에 대한 평가

교육평가는 학습자 혹은 학생의 변화를 위해 투입되는 모든 교육 프로그램의 질(質)을 진단하고 개선하기 위한 목적으로 수행된다. 즉 교육정책, 교육과정, 교과 수업은 물론 교수-학습방법, 교수전략, 교수매체에 이르기까지 평가를 통해 효과를 진단하고 개선안을 찾고자 한다.

교육 프로그램의 질 관리와 개선을 위한 평가의 목적은 P(계획)-D(실행)-C(평가)-A(개선)이라는 전체 사이클 속에서 이해하는 것이 보다 바람직하다[5](The W. Edwards Deming Institute, 2018).

5) P-D-C-A 사이클은 미국의 통계학자인 데밍(William E. Deming, 1900~1993)이 제안한 품질 관리 모형이다. 초기에는 주로 산업체에 적용되었으나 지금은 행정 시스템, 각종 프로그램의 성과를 분석하고 질 관리를 위한 모형으로 광범위하게 적용되고 있다.

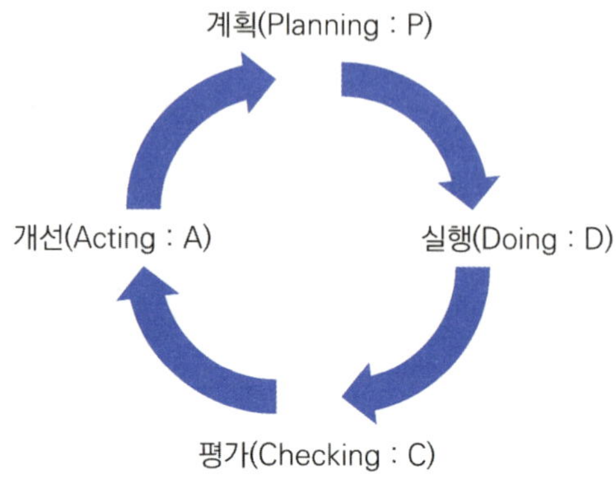

[그림 9-1] 교육 프로그램의 P-D-C-A 사이클

계획(P): 국가, 지역, 학교, 교사 수준에서 교육목표 실현을 위한 교육계획을 수립한다. 국가 및 지역 수준에서 학생들의 학업 · 진로 발달을 위한 교육과정 계획, 교사양성계획 등을 수립하며, 학교와 교사 단위수준에서 학교운영 계획, 교과별 수업운영 계획, 학생 생활지도 계획, 학급경영 계획 등이 수립된다.
실행(D): 국가 · 지역 · 학교 · 교사 수준에서 각기 계획했던 내용들을 실천에 옮긴다.
평가(C): 평가도구를 활용하여 계획과 결과, 목표와 성취한 것 사이의 차이를 분석하고, 성과와 한계, 개선해야 할 사항은 무엇인지 찾아낸다.
개선(A): 평가 결과에서 도출한 개선 사항들을 실행하여 질적 개선을 시도한다. 질적 개선은 새로운 교육정책의 수립이나 교육과정의 수정 · 개발에서부터 수업방법의 변경에 이르기까지 다양하다.

교육 프로그램 평가의 목적을 보다 세분화하면 다음과 같다.

- 학교급별, 학년별, 교과별 교육목표의 적절성, 교육과정과 내용 구성의 적합성 여부를 판단한다.
- 교육 효과 향상을 위한 정책과 제도, 학교시설, 교사 양성과 배치, 교사의 자질 등 교육 인프라에 대해 점검하고 개선점을 발견한다.
- 새로운 수업모형과 교육과정을 개발하기 위하여 시범적으로 현장연구를 실시하여 장단점과 문제점에 관한 정보를 수집한다.
- 효과적인 수업을 위하여 학습집단을 어떻게 편성하며, 어떤 교재와 수업매체를 사용할 것인지를 결정한다.

- 교사가 자신의 수업 활동의 효과를 파악하며 자기반성을 위한 자료를 얻는다.
- 학생과 학부모에게 교육행사나 교육 프로그램의 효과를 홍보하고 참여를 유도한다.

2. 교육평가의 유형

학교에서 시행되는 평가는 주로 검사도구를 사용하여 이루어진다. 구조화된 검사도구로 교사가 구성한 교과시험, 학생들의 생활지도와 상담을 위한 성격검사, 진로검사 등이 있으며, 비구조화된 검사도구로 학생의 행동관찰, 면접, 주관적 평정 등이 있다.

검사를 활용한 평가는 관점에 따라 몇 가지 유형으로 구분된다. 평가를 위하여 어떤 기준의 검사 점수를 사용하느냐에 따라 준거참조평가-규준참조평가로, 교수-학습과정에서 도입-전개-정리의 어느 단계에서 평가를 하느냐에 따라 진단평가-형성평가-총합평가로 구분할 수 있다. 또한 평가도구의 형태에 따라 지필평가-수행평가로 구분할 수 있다.

2.1. 준거참조평가와 규준참조평가

1) 준거참조평가

준거참조평가(criterion-referenced evaluation)는 용어 그대로 개인의 성취 정도를 어떤 준거에 비추어 평가하는 것을 말한다. 여기에서 준거란 교육을 통해서 달성하려고 하는 목표수준이나 기준점수이다. 이와 같이 정해진 기준에 따라 평가를 하기 때문에 목표지향평가 혹은 절대평가라고도 한다. 목표수준이나 기준점수는 국가 차원 혹은 교사에 의해서도 설정될 수 있다.

목표수준을 준거로 하는 준거참조평가의 예는 우리나라에서 2012학년도부터 초・중등학교에 적용하고 있는 성취평가제를 들 수 있다(한국교육과정평가원, 2018). 성취평가제에서는 국가 교육과정을 토대로 단위학교에서 학교의 특성과 학생의 수준에 맞추어 교과목별 성취기준을 정하고 학기 단위로 5개 수준(A-B-C-D-E) 혹은 3개 수준(A-B-C)으로 성취수준을 평가하도록 하고 있다. 〈표 9-1〉은 고등학교 국어 및 수학 교과의 성취기준과 성취수준에 관한 예를 보여준다.

〈표 9-1〉 성취기준 단위 성취수준의 적용 예(고등학교 국어, 수학)

교과	성취기준	성취수준	
국어	여러 가지 독서 방법에 대해 설명할 수 있다.	A(상)	상황에 따른 독서 방법과 전문적인 독서 방법이 있다는 것을 알고 이에 대해 구체적으로 설명할 수 있다.
		B(중)	상황에 따른 독서 방법과 전문적인 독서 방법이 있다는 것을 알고 이에 대해 설명할 수 있다.
		하(C)	상황에 따른 독서 방법과 전문적인 독서 방법에 대해 부분적으로 설명할 수 있다.
수학	미분가능성과 연속성의 관계를 이해한다.	A(상)	주어진 점에서 함수의 연속성과 미분가능성을 판별하고, 이를 설명할 수 있다.
		B(중)	주어진 점에서 간단한 함수의 연속성과 미분가능성을 판별할 수 있다.
		C(하)	함수의 그래프를 보고 연속성과 미분가능성을 판별할 수 있다.

출처: 서민희 등(2015). 고등학교 보통교과용 성취평가제 이해 및 실제. p. 38.

기준점수를 준거로 하는 준거참조평가의 예는 대학수학능력시험 영어 영역과 한국사 영역에서 볼 수 있다. 영어에서는 90점 이상은 1등급, 80점 이상은 2등급 등으로 판정하며, 한국사는 60점 이상을 받을 경우 합격으로 분류하고 있다.

교육평가에서 준거참조평가 방식을 적용하기 위해서는 성취 정도가 도달했다고 여겨지는 목표수준이나 기준점수에 대한 명확한 이해가 있어야 한다. 검사 또한 측정하고자 하는 성취 내용을 충실히 측정한다고 확신할 수 있어야 한다. 이러한 의미에서 준거참조평가에서는 특히 검사의 타당도가 강조된다.

준거참조평가의 장점은 첫째, 성취도를 개인 간 상대적 비교가 아니라 절대기준이나 준거에 비추어 평가하므로 평가의 진정한 목적과 부합한다. 둘째, 교육 프로그램의 효과성을 판단하거나 개선을 목적으로 하는 경우에 특히 적합한 평가방식이다. 셋째, 목표수준을 기준으로 평가하기 때문에 학생들이 무엇을 알거나 할 수 있으며 또 무엇을 모르며 할 수 없는지 직접적인 정보를 제공해 줄 수 있다.

단점은 첫째, 평가의 목적이 개인 간의 비교나 우열 판정, 개인차 변별에 있는 경우에는 적절치 않을 수 있다. 둘째, 준거가 되는 기준점수를 설정하는 것이 쉽지 않다. 즉 교육목표에 도달했다고 판정하기 위한 문제나 수행 요구 사항의 난이도 조절이 어렵다.

2) 규준참조평가

규준참조평가(norm-referenced evaluation)는 개인의 성취 정도를 다른 사람들과의 상대적 서열에 비추어 평가하는 것을 말한다. 규준이란 평가 대상자와 동질적인 대규모 집단에서 얻어진 점수들의 분포를 의미한다. 즉, 평가의 기준이 목표수준이나 기준점수가 아니라 다른 학습자의 성취도가 되는 것이다. 따라서 규준참조평가를 상대평가라고도 한다.

규준참조평가의 전형적인 예는 학생의 학업성취도를 과목별 석차에 따라 등급으로 나타내거나, 상위 10% 혹은 하위 10% 등으로 나타내는 것이다. 대학수학능력시험에서 국어 · 수학 · 탐구 영역에서 학생이 얻은 점수를 서열에 따라 표준점수, 백분위, 등급을 제시하는 것 또한 규준참조평가에 해당된다.

규준참조평가의 장점은 첫째, 개인의 상대적 서열에 따라 우수자와 열등자, 합격자와 불합격자 등을 선발하기 때문에 선발을 위해 절대 기준점수를 어떻게 정할 것인지 고민하지 않아도 된다. 둘째, 규준참조평가 방법을 적절히 활용하면 학습자 간 성취도 경쟁에 따른 학습동기 유발의 효과가 있다.

단점은 첫째, 목표달성 여부가 초점이 아니기 때문에 진정한 의미의 평가가 아니라는 비판이 따른다. 둘째, 학생이 무엇을 얼마나 아는가에 대한 평가가 아니기 때문에 교수-학습의 개선에 필요한 직접적인 정보를 제공해 주지 못한다. 셋째, 개인차 변별에 초점이 있기 때문에 학생들의 교육목표나 성취기준 달성 여부에 소홀하기 쉽다. 넷째, 학생 간 성취도 비교와 서열을 강조하여 자칫 지나친 경쟁심리와 시험불안을 유도할 수 있다.

2.2. 진단평가, 형성평가, 총괄평가

1) 진단평가

진단평가(diagnostic evaluation)는 교수-학습과정을 시작하기에 앞서 학습자들의 특성을 사전에 진단해 보고자 하는 목적으로 시행되는 평가를 말한다. 여기에서 교수-학습 과정의 시작 전이란 학년 초, 새로운 단원의 시작 전, 매 수업전개의 시작 전일 수 있다. 또한 진단해 보고자 하는 학습자들의 특성이란 기본학습능력, 선수학습의 정도, 학습동기와 흥미수준 등을 말한다. 평가에서는 진단하고자 하는 구체적인 특성에 따라 학습흥미검사 등과 같이 표준화된 검사를 사용하기도 하며, 교사 자작의 선수학습검사나 면접 등이 활용될 수 있다. 학습능력을 측정하는 경우라면 학습자들을 서열화하는 것이 목적이 아니기 때문에 대체로 절대평가(준거참조평가) 방식이 사용된다.

진단평가를 실시하는 목적을 보다 세분화하면 다음과 같다. 첫째, 학습자가 무엇을 알고 모르는지 파악하여 수업의 목표, 수업의 내용과 범위 등을 정한다. 둘째, 학습부진이나 학습장애와 관련된 심리적 요인이나 환경적 요인이 무엇인지를 알고자 한다. 셋째, 학습자들의 학업능력, 숙련도에 적합한 교수법이나 전략을 제공하고자 한다.

2) 형성평가

형성평가(formative evaluation)는 교수-학습의 진행되는 중에 교수-학습이 계획한대로 진행되고 있는지, 의도한 것이 학습자에게 제대로 전달되고 있는지를 확인하고자 하는 목적으로 시행하는 평가를 말한다. 교수-학습 중이란 단위수업이 진행되는 중간일 수도 있으며 학기 중간일 수도 있다. 따라서 형성평가는 전체 교과내용을 적절한 단위로 세분화하여 정기적으로 시행되는 경우가 많다. 학생들을 서열화하는 것이 목적이 아니라면 형성평가 역시 절대평가 방식이 바람직하다. 형성평가가 단위수업 중에 시행되었다고 한다면 그 결과를 바탕으로 수업의 속도를 조절하거나 특정한 내용을 반복하거나 보충할 수도 있다. 만일 학기 중에 시행되었다면 평가 결과에 따라 수업방법을 변경하거나, 학습자 집단을 재편성하거나 수업교재나 매체 등을 바꿀 수 있다.

형성평가의 목적을 보다 세분화하면 다음과 같다. 첫째, 학습자의 학습 수행 속도를 확인하며 학습의 어려움이 있다면 무엇인지를 발견한다. 둘째, 학습자의 학습목표 도달과 관련하여 진전 상황을 점검하고 필요하다면 보충의 기회를 갖게 한다. 셋째, 교수-학습 방법의 효율성과 질을 평가하여 개선의 기회를 갖는다.

3) 총괄평가

총괄평가(summative evaluation)는 교수-학습 과정의 종료 후 학습자들의 교수목표의 도달여부 혹은 학업성취도를 판단하기 위한 목적으로 시행되는 평가를 말한다. 교수-학습의 종료 시점이란 단위 수업의 종료 혹은 학기, 학년말 시기일 수도 있다. 학습자의 학업성취 정도를 사전에 설정한 교수목표 성취기준에 따라 합격-불합격 등으로 판정하거나 평균이나 등급, 석차 등으로 나타낸다. 총괄평가의 관심사가 교수목표의 도달여부라면 준거참조평가 방식으로, 학습자 간 성취도 수준의 변별이나 서열화에 관심이 있다면 규준참조평가 방식으로 평가할 수 있다. 평가도구나 문항은 교사 혹은 교수자가 직접 구성하여 사용하는 경우가 많지만, 학교나 지역 간 비교를 위하여 국가 수준에서 표준화된 검사를 사용하거나 공통문항을 활용할 수도 있다.

총괄평가가 진단평가나 형성평가와 구별되는 특징은 수업방법이나 전략 개선

등의 목적보다는 학습자의 성취 정도를 성적으로 나타내는데 보다 관심을 둔다는 점이다. 또한 진단평가나 형성평가에 비해 어려운 문항으로 검사를 구성하며, 진단평가나 형성평가와는 달리 일회성으로 평가가 시행되는 경우가 많다.

총괄평가의 목적을 보다 세분화하면 다음과 같다. 첫째, 교수-학습을 통해 학습자의 성장이 이루어졌는지를 확인하며, 교육목표를 성취했는가를 판정한다(Scriven, 1967). 둘째, 최종 성취 정도에 따라 자격증이나 이수증의 수여, 합격-불합격의 판정, 장학금이나 보상 제공 여부의 판정, 특정한 교육 프로그램의 시행여부를 결정한다. 셋째, 학급·학교·지역·국가 간 성적이나 성취도를 비교한다.

2.3. 객관식 지필평가와 수행평가

1) 객관식 지필평가

객관식 지필평가(paper and pencil test)는 객관식 문항이 작성된 검사지에 필기구를 사용하여 정답을 표시하거나 간략히 적도록 하여 학습자의 지식, 능력 등을 측정하여 평가하는 방식을 말한다. 간단히 객관식평가, 지필평가, 정답평가, 폐쇄형 평가라고도 하며 최근의 수행평가와 대비하여 전통적 평가라고도 한다. 문항의 형태에 따라 선택형 문항과 서답형 문항으로 구분된다.

(1) 선택형

대표적인 형태로 양자택일식의 진위형, 2개 이상의 답지를 주고 정답지를 찾는 선다형, 여러 개의 전제와 답지를 주고 관련된 것끼리 연결하는 연결형 등이 있다. 각각의 장단점은 다음과 같다.

- **진위형**: 제작하기 쉽고 비교적 짧은 시간 내에 많은 영역의 내용을 측정할 수 있다는 장점이 있다. 또한 빠른 채점이 가능하다. 그러나 추측으로 문항을 맞힐 가능성이 높다.
- **연결형**: 진위형과 마찬가지로 많은 내용을 측정하며 채점도 빨리 할 수 있으

나, 다수 개의 연결형 문항을 점점 풀어나갈수록 추측 확률이 높아지며, 이에 따라 개별 문항의 독립성이 유지되지 못한다는 단점이 있다.

- **선다형**: 선택지를 여러 개 사용하게 되면 문항난이도를 쉽게 조절할 수 있으며 다른 문항 형식에 비해 추측 확률을 줄일 수 있다는 장점이 있다. 그러나 추측 가능성을 완전히 배제할 수는 없다.

2) 서답형

간단한 단어나 숫자를 써넣도록 하는 방식의 단답형, 문장의 한 부분을 비워놓고 단어나 부호를 채워 넣도록 요구하는 완성형 등이 있다. 어떤 용어의 뜻이나 단순 사실을 알고 있는지 여부를 알고자 할 때 주로 사용한다. 각각의 장단점은 다음과 같다.

- **단답형**: 문항 제작이 쉽고 제한된 시간 내에 많은 영역의 내용을 측정할 수 있으며 채점 또한 빠르다. 그러나 많은 영역의 내용을 측정하기 위해서는 많은 문항을 개발해야 한다는 단점이 있다.
- **완성형**: 단답형과 마찬가지의 장점이 있으나, 단어를 기입하도록 했을 때 정답 처리 기준이 명확하지 않으면 특히 채점의 객관성이 떨어질 수 있다.

선택형과 서답형을 포함하여 전통적인 객관식 지필평가에 대한 공통적인 비판점은 단순 암기, 재인, 재생 능력을 측정하며 고등정신능력 측정이 어렵다는 것이다. 또한 평가에서 객관성을 지나치게 중시하며 과정보다는 결과에 초점을 두고 있다.

특히 아래에서 살펴볼 수행평가와 대비하여 전통적인 평가는 다음과 같은 비판점이 있다(김경희, 성태제, 2002). 첫째, 선택형 검사를 통한 성취도 평가는 검사라는 특정한 도구를 통하여 학습자들의 성취도를 측정하기 때문에 직접적인 측정치를 얻는 수행평가와 비교할 때 간접평가라 할 수 있다. 둘째, 학생들의 지식이나 기술을 선택형의 문항들을 얼마나 많이 맞혔는가로 측정하기 때문에 실제적인 능력이나 복합적인 기술과 지식, 사고력 등을 추론하기가 어렵다. 셋째, 결과적으로 학습자의 다양한 성취의 일부분만 측정하며, 이러한 편협성으로 인해 궁극적으로 검사내용과 교육과정, 그리고 교수과정 간의 불일치가 발생할 수 있다.

2) 수행평가

수행평가(performance assessment)는 정형화된 객관식 지필검사가 아니라 학생 스스로 어떤 수행 결과물을 보이거나 만들어 내도록 하여 지식, 기술, 기능 등을 평가하는 방식을 말한다. 여기서 수행 결과물이란 지식, 기술, 기능 등을 나타낼 수 있는 산출물, 어떤 숙련된 행동, 자신의 견해나 관점이 드러나는 논술 등 다양한 형태가 될 수 있다. 전통적 평가방식과 대비하여 대안적 평가, 실제 생활을 위한 참평가, 학습과정을 위한 과정평가 그 외 직접 평가, 역동적 평가라고도 한다.

(1) 개념

수행이란 구체적인 상황 하에서 실제로 행동을 하는 과정(process)이나 그 결과(product)를 의미한다. 따라서 수행평가는 과거에 주로 미술, 체육, 음악 등과 같은 예체능 분야에서 적용되었던 실기나 수행 위주의 평가방식이 모든 교과로 확장한 것으로 볼 수 있다. 수행평가에 대한 정의를 살펴보면 '어떤 기술을 어떻게 해야 하는지를 묻는 질문에 답하는 방식이 아니라, 해당 기술을 필요로 하는 실제 작업을 직접 수행함으로써 검사가 의도한 기술을 실제로 입증해 보이는 방식의 평가(ETS, 2018)', '학습자가 지식과 기능을 특정한 상황에서 얼마나 잘 수행하는지(doing, performing), 또는 어떻게 수행할 것인지(how to do, how to perform)를 관찰, 면접, 서술 등의 다양한 방법을 통하여 종합적으로 판단하는 평가(성태제, 1999)' 등으로 정의된다. 초·중등학교 장면과 관련하여 표현하면 '교사가 학생이 학습과제를 수행하는 과정이나 그 결과를 보고, 그 학생의 지식이나 기능이나 태도 등에 대해 전문적으로 판단하는 평가 방식'이라 할 수 있다.

(2) 특징

수행평가의 가장 두드러진 특징은 학생이 현실 속에서 자신의 지식과 기능, 기술을 활용할 수 있는 능력이 어느 정도인지를 평가하기 위한 설계라는 점이다. 따라서 전통적 객관식 지필검사를 통한 평가에서는 문항의 구체적인 내용과 정답 반응 확인을 위한 선택지까지 모두 교사가 주도하여 제시하는데 비하여 수행평가에서는 필요에 따라 평가하고자 하는 큰 영역이나 목표만 교사가 정하는 경우가 많다. 문항에 대한 반응으로써 수행 내용과 절차는 학생이 주도적으로 설정할 수 있다. 예를 들어, 과학교과에서 '가정에서 발생하는 생활 쓰레기의 유형에 따른 재활용 탐구 보고서'를 작성하도록 과제가 부과되었다 하자. 보고서의 세부 항목이나 서술 범위 모두를 학생이 스스로 정하게 된다. 그 속에서 학생은 자원과 에너지 순환, 물질 변화와 화학반응에 관한 지식 그리고 현상을 관찰, 분석, 탐구하는 능력을 드러내게 된다.

수행평가가 지니는 특징을 종합하면 다음과 같다(김경희 · 성태제, 2002; 백순근 등, 1998; 한국교육과정평가원, 2017; McMillan, 1997).

- 수행평가는 창의력, 비판적 사고, 연역적 사고, 종합적 판단능력, 문제해결능력 등과 같은 고등정신 기능을 평가하는 데 초점을 둔다.
- 평가자는 수행결과뿐만 아니라 수행과정 또한 중시하며 수행의 수준과 질을 전문가적 관점에서 주관적으로 평가한다.
- 모든 학습자들이 수행의 기준이나 목표와 학생들의 실제 수행을 비교하는 준거지향평가 방식을 채택한다.
- 개인에 따른 독특성, 차이, 개성, 역량의 다면성을 존중하며, 학습자가 아는 것, 할 수 있는 것을 밝혀내어 학습과 수업의 성장을 보여준다.
- 학습자의 인지적 · 정의적 · 신체적 영역을 망라하여 종합적이고 전인적인 평가를 지향한다.
- 개인뿐만 아니라 협동학습 등과 같이 집단에 대한 평가도 중요시 한다.

(3) 수행평가의 유형

학교 현장에서 수행평가는 초·중등 학교급별, 교과, 과제의 특성에 따라 다양한 유형으로 시행될 수 있다. 논술, 구술, 토의·토론, 프로젝트, 실험·실습, 포트폴리오, 관찰법, 자기평가·동료평가 등이 상호보완적으로 사용된다. 각 유형의 의미와 특징은 다음과 같다(한국교육과정평가원, 2017).

- **논술**: 한 편의 완성된 글로 답을 작성하는 방법이며, 제시한 아이디어뿐만 아니라 조직이나 표현의 적정성 등을 함께 평가한다.
- **구술**: 특정한 내용이나 주제에 대해서 자신의 의견이나 생각을 표현하도록 하여, 준비도, 이해력, 표현력, 판단력, 의사소통능력 등을 직접 평가한다.
- **토의 · 토론**: 특정한 주제에 대해 학생들의 토론을 관찰하여 평가하며, 준비한 자료의 다양성과 충실성, 토론내용의 충실성과 논리성 등을 평가한다.
- **프로젝트**: 특정한 연구 과제나 산출물 개발 과제 등을 수행한 다음 프로젝트의 전 과정과 결과물을 종합적으로 평가한다.
- **실험 · 실습**: 실험·실습에 대한 과정이나 결과에 대한 보고서를 쓰게 하고, 교사가 관찰한 실험·실습과정을 종합적으로 평가한다.
- **포트폴리오**: 학생이 산출한 작품을 체계적으로 누적하여 수집한 작품집 혹은 서류철을 이용하여 평가한다.
- **관찰법**: 일화기록이나 체크리스트, 비디오 녹화 등을 이용하여 특정 장면이나 상황에서 발생하는 행동을 관찰하여 평가한다.
- **자기평가 · 동료평가**: 수행과정이나 학습과정에 대해 학생 스스로 평가하거나, 동료 학생들이 상대방을 서로 평가한다.

(4) 유의사항

위에서 언급한 수행평가의 여러 특징은 한편으로는 전통적 객관식 지필평가와 대비하여 수행평가 방식이 갖는 장점들이라고도 할 수 있다. 그러나 수행평가 역시 단점이 있다. 다음과 같은 사항에 특히 유념해야 한다.

- 전통적 객관식 지필검사에 비하여 문항 개발, 시행, 채점까지 전반적으로 더 많은 전문성과 경험 및 지식이 요구된다.
- 어떤 수행과제의 경우, 학생 본인이 직접 수행하였는지 그 진위를 알 수 없는 경우도 발생한다.
- 채점에 높은 전문성과 자율성이 요구되기 때문에 평가자 훈련이 필요하다.
- 객관식 지필평가와 비교하여 채점 결과의 객관성, 일관성이 떨어질 수 있으며 주관적인 평가로 인해 감정적·정서적 요소가 개입할 수 있다.
- 평가해야 할 학생이 많거나 여러 학급을 담당하고 있는 교과 교사가 수행평가를 실시할 경우, 채점에 많은 어려움을 겪을 수 있다.
- 채점의 주관성으로 인해 학생이나 학부모에게 채점의 공정성과 관련하여 이의제기를 받을 수 있다. 또한 지나치게 객관화된 채점 지표를 사용하게 되면 수행평가의 원래의 취지를 잃어버릴 수 있다.

3. 좋은 평가도구의 조건

정확한 평가를 위해서는 양호한 것으로 인정되는 평가도구를 사용해야 함은 당연하다. 앞에서 평가를 위해 가장 많이 활용되는 도구가 검사라고 언급한 바 있다. 좋은 평가도구가 되기 위해 검사가 지녀야 할 조건을 타당도, 신뢰도, 객관도라는 세 가지 측면에서 살펴본다.

3.1. 타당도

타당도(validity)는 검사가 측정하려고 했던 속성이나 특성을 충실하게 측정하는 정도를 말한다. 즉, 타당도는 검사가 무엇(what)을 측정하는가와 관련된 문제이다. 검사가 의도한 바를 충실히 측정한다면 '검사는 타당도를 갖추고 있다.'고 표현한다. 그러나 사실상 어떤 검사가 측정하려는 바를 제대로 측정하는지 그렇지 않는지는 아무도 모른다. 따라서 검사가 충분한 타당도를 갖추고 있음을 보여주는 절대적이거나 직접적인 방법은 없으며, 타당도를 갖추고 있음을 보여주는 다양한 간접 증거를 확인하는 방법들이 있다. 대표적인 방법으로 내용타당도, 준거관련타당도, 구인타당도 확인 방법이 있다.

1) 내용타당도

내용타당도(content validity)는 검사문항이 측정하고자 하는 내용영역을 얼마나 잘 대표하고 있는지를 검토해 봄으로써 검사가 타당도를 갖추고 있는지 확인하는 방법이다. 예를 들어, 사회과 교사가 중간고사 시험문제를 출제하였다고 하자. 시험범위는 1~4단원이며, 단원의 주요 목표는 내용에 대한 지식과 이해, 추론 능력, 분석 능력을 기르는 것이라고 하자. 그런데 출제 문항들의 내용을 검토해 보니 1~2단원에서만 문제가 출제되었고, 지식과 이해를 묻는 문항으로만 구성되어 있었다고 하자. 그렇다면 중간고사는 내용타당도를 갖추고 있지 못하다고 말할 수 있다. 학교에서 시험문제를 출제하면 교사에게 문제지뿐만 아니라 이원분류표를 함께 제출하도록 요구하는데 이는 교사 스스로 시험의 내용타당도를 점검해 보도록 하려는 목적이다. 내용타당도 확인을 위해서는 문항개발자가 직접 내용을 판단하기 보다는 대체로 전문가들에게 판단을 요청하는 방법이 사용된다.

2) 준거관련타당도

준거관련타당도(criterion-related validity)는 한 검사의 점수가 이론적·경험적으로 관계되어 있다고 알려진 어떤 다른 준거 검사점수와 유의미한 관계가 있는지 검토해 봄으로써 검사가 타당도를 갖추고 있는지 확인하는 방법이다. 타당도를 확인하고자 하는 검사의 시행 시점과 비교하여 준거 검사의 시행 시점이 동일하냐 혹은 미래냐에 따라 공인타당도와 예언타당도로 구분된다.

공인타당도(concurrent validity)는 검사의 점수가 현재의 어떤 행동이나 특성을 측정하는 준거 검사의 점수와 의미 있는 관계가 있다면 타당도를 갖추고 있는 것으로 판단하는 방법이다. 예를 들어, 교사가 구성한 국어시험 점수에서 높은 점수를 받은 학생들이 동일한 시기에 시행한 국가 국어능력시험에서 역시 높은 점수를 받는다면 교사가 구성한 국어시험은 공인타당도를 갖추고 있다고 말할 수 있다.

예언타당도(predictive validity)는 검사의 점수가 미래의 어떤 행동이나 특성을 측정한 준거 검사의 점수와 의미 있는 관계가 있다면 타당도가 있는 것으로 판단하는 방법이다. 예를 들어, 대학수학능력시험에서 높은 점수를 받은 학생이 장차 대학에 진학해서도 실제로 높은 평점을 받는다면 대학수학능력시험은 예언타당도가 높다고 말할 수 있다.

3) 구인타당도

구인타당도(construct validity)는 검사가 측정하고자 하는 구성개념이나 특성을 측정하고 있다는 증거를 검토하여 검사가 타당도를 갖추고 있는지 확인하는 방법이다. 예를 들어, 초·중등학교에서 활용하고 있는 많은 심리검사들은 추상적인 가설적 구성개념들을 측정한다. 지능, 자기존중감, 흥미와 같은 개념들은 사실상 모두 가설적으로 구성된 개념들이다. 따라서 구인타당도를 확인하는 방법은 내용타당도나 준거관련 타당도 방법에 비해 복잡하며 다양한 방법이 있다. 예를 들어, 자기존중감검사라고 명명된 검사가 있다고 하자. 정말로 자기존중감을 측정하는지 알아보는 한 가지 방법은 관련되어 있다고 생각되는 다른 특성들을 측정하는 다수의 검사 점수들과 상관계수를 산출해 보는 것이다. 만약 검사 점수가 자긍심검사, 주관적 행복감검사 점수와 높은 양의 상관관계가 있으며, 열등감검사, 무기력감검사 점수와는 높은 음의 상관관계가 있다면 해당 검사는 정말로 자기존중감을 측정하는 것으로 판단할 수 있다.

3.2. 신뢰도

신뢰도(reliability)는 한 검사가 측정하려는 속성이나 특성을 안정적으로 일관성 있게 측정하는 정도를 말한다. 즉, 타당도가 무엇(what)을 측정하는가의 문제인데 반해 신뢰도는 어떻게(how) 측정하느냐의 문제이다. 예를 들어 한 검사가 시간이나 검사자가 바뀌어도 일관성 있는 점수를 산출한다면 '신뢰도를 갖추고 있다.'고 표현한다. 신뢰도를 확인하는 대표적인 방법으로 재검사 신뢰도, 동형검사 신뢰도, 반분검사 신뢰도, 내적 합치도 신뢰도 확인 방법이 있다.

1) 재검사 신뢰도

재검사 신뢰도(test-retest reliability)는 한 검사를 동일한 집단에게 일정한 시간 간격을 두고 반복해서 실시하여 두 점수 간의 상관계수를 산출하고 이를 신뢰도의 정도로 사용하는 방법이다. 상관계수가 +1.0에 가까울수록 신뢰도가 높다고 말할 수 있다. 재검사 신뢰도가 높다는 것은 검사가 일상적인 환경 조건이나 학습자의 정서적 조건 등에 영향을 적게 받는 안정된 검사라는 것을 의미한다. 재검사의 실시 간격은 대체로 2~4주가 적당하다.

2) 동형검사 신뢰도

동형검사 신뢰도(parallel-form reliability)는 한 검사를 실시한 다음 이어서 혹은 일정한 시간 간격을 두고 문항 형식, 문항 내용, 문항 수, 곤란도 등이 동일한 형태의 검사를 실시하여 두 검사 점수 간의 상관계수를 산출하는 방법이다. 마찬가지로 상관계수가 +1.0에 가까울수록 신뢰도가 높다고 말할 수 있다. 두 검사가 완전히 일치한다면 동형검사 신뢰도 방법은 가장 바람직한 신뢰도 추정방법일 수 있으나, 정확하게 동형인 두 검사를 구성하는 것이 쉽지 않다.

3) 반분검사 신뢰도

반분검사 신뢰도(split-half reliability)는 검사를 한 번만 시행하되, 문항 수를 절반으로 나누어 마치 두 개의 검사인 것처럼 각 점수를 산출하고 두 점수 간의 상관계수를 산출하는 방법이다. 반분검사 방법을 사용하여 신뢰도 계수를 산출하면 원래의 검사보다 계수가 낮아지기 때문에 대체로 교정 공식을 사용하여 신뢰도 계수를 재산출한다. 검사 문항을 두 개로 나누는 방법은 전후반부 문항을 기준으로 절반으로 나누거나 홀수 짝수 문항별로 묶어서 나누는 방법 등이 있다.

4) 내적 합치도 신뢰도

내적 합치도 신뢰도(internal consistency reliability)는 검사가 일관성 있게 어떤 개념을 측정한다면 개별 문항점수 간에도 높은 상관이 있을 것으로 가정하고 전체 문항 간 상관계수를 이용하여 신뢰도를 산출하는 방법이다. 예를 들어, 50개 문항으로 구성된 검사를 마치 1개 문항을 가진 50개의 동형검사로 간주한다. 그리고 50개 검사(문항)의 모든 내적 상관 평균을 구하여 신뢰도로 산출하게 된다. 내적 합치도 신뢰도를 산출하는 방법으로 대표적으로 KR20 공식과 알파(α)계수 산출 방법이 있다. KR20 공식은 문항이 정답-오답 혹은 예-아니오와 같이 양분 응답 문항인 경우에 사용하며, 알파계수는 문항에 0점, 1점, 2점, 3점, 4점 등과 같이 부분점수를 줄 수 있는 문항형식일 때 사용한다.

○ **생각해 보기**

신뢰도와 타당도의 관계

검사의 신뢰도와 타당도는 어떤 관계가 있을까? 신뢰도나 타당도가 높다는 것이 실제에서는 또 어떤 의미가 있을까? 두 가지 의문점을 궁수가 화살을 과녁에 맞히는 것에 비유하여 답변해 보기로 한다.

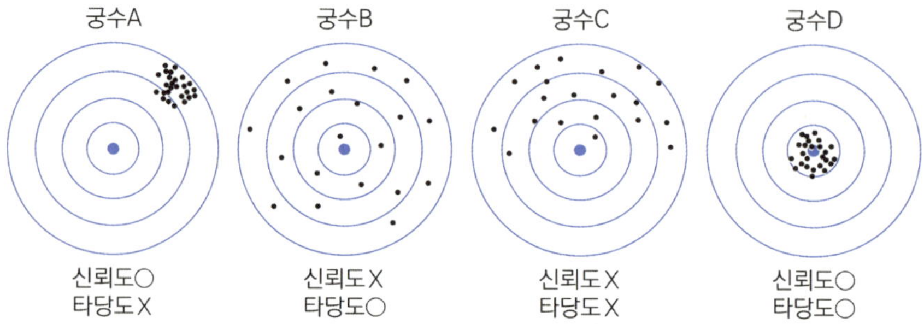

그림에서 활을 쏘는 궁수를 검사라 하고, 화살을 검사를 시행하는 피검자, 과녁 중앙부를 검사가 측정하고자 하는 개념이라 하자. 이상적으로는 궁수는 모든 화살을 과녁의 정중앙에 정확히 맞혀야 한다. 즉 검사는 모든 피검자들을 잴려고 하는 개념에 따라 완벽하고 정확하게 측정해 낼 수 있어야 한다. 그러나 실제에서는 그림과 같이 4가지 상황이 발생한다.

- 궁수A: 화살을 과녁에 일관성 있게 맞히고 있으나 중앙부에서 떨어져 있다. 즉, 검사는 피검자들을 일관되게 측정하지만 원래 측정하고자 하는 중심 개념을 측정하지는 못한다. 신뢰도는 높으나 타당도가 낮은 검사에 해당된다.
- 궁수B: 화살을 과녁의 여기저기에 일관성 없이 맞히고 있다. 간혹 과녁의 중앙에 맞히기도 하지만 평균적으로 중앙부에서 많이 벗어나 있다. 즉, 피검자 전체를 보면 대략 올바르게 측정하는 듯 보이나, 개인 한 명 한 명을 보면 정확도가 떨어진다. 어느 정도 타당도는 있으나 신뢰도가 낮은 검사에 해당된다.
- 궁수C: 화살을 과녁의 위쪽에 일관되게 맞추고 있으나 중심부에서는 떨어져 있다. 신뢰롭지도 타당하지도 않게 측정하고 있는 검사에 해당된다.
- 궁수D: 모든 화살을 일관되게 과녁의 중앙부에 맞추고 있다. 측정하고자 하는 개념을 신뢰로우며 타당하게 재고 있는 검사이다.

3.3. 객관도

객관도(objectivity)는 검사 채점자가 다른 외적 요인이나 편견 없이 공정하게 채점이 가능한 정도를 말한다. 예를 들어, 국어시험이 객관도가 있다면 김교사가 채점하든 박교사가 채점하던 동일한 점수를 산출할 것이다. 객관도는 자칫 신뢰도와 혼동할 수 있으나 분명한 차이가 있다. 신뢰도가 피검자가 검사 문항에 보인 반응과 관계되어 있는 것이라면, 객관도는 채점자가 검사에 보인 반응과 관련되어 있는 개념이라는 점이다.

객관도는 대체로 객관식 지필검사에서는 그다지 문제가 되지 않는다. 그러나 수행평가에서 논술, 구술, 토의·토론, 프로젝트, 실험·실습, 포트폴리오 등을 평가하거나, 관찰, 자기평가·동료평가 방식으로 평가를 하는 경우에는 평가자의 주관이나 감정이 개입될 가능성이 있다. 따라서 객관도에 문제가 있을 수 있다. 수행평가에서 객관도를 높이기 위해서는 수행평가 산출물을 채점할 때 수행과정이나 혹은 결과물에 대해 단일점수와 같이 총체적으로(holistic) 채점하기보다는 평가의 범주를 구분하고 각 범주별로 수행능력을 기술하여 그 기준에 맞추어 평가하는 분석적(analytic) 채점방식이 바람직하다.

4. 평가의 실제와 유의사항

학교 장면에서 교사는 학생들의 학업성취도검사 결과를 활용하여 성취도에서의 학생들의 개인 간 혹은 학급 간 차이를 이해하는 한편 성취 수준에 따라 집단을 선발하는 등의 목적으로 활용할 수 있다. 학생이 획득한 원점수를 활용하는 방법, 백분점수와 백분위를 활용하는 방법, 원점수를 표준점수로 변환하여 활용하는 방법을 사례로 제시한다. 그리고 교육평가에서 유의해야 할 사항을 몇 가지 제안한다.

4.1. 검사점수 해석과 평가에의 활용

1) 원점수 해석과 활용

성취도검사나 심리검사를 채점하여 얻은 점수를 원점수라고 한다. 학업성취도

검사 결과로 산출한 원점수의 평균, 표준편차를 활용하면 학생들의 학업성취에 대한 특성을 이해하고, 학급 간 성취도 특징 등을 비교할 수 있다.

예를 들어, 영어시험에서 A학생의 영어성적 원점수를 학급의 평균과 비교하면 성취 수준이 높은지 낮은지를 알 수 있으며, 표준편차를 함께 고려하면 평균으로부터 얼마나 멀리 떨어져서 높거나 낮은지를 이해할 수 있다. 학급의 영어성적 평균을 살펴본다면 전체 학생들의 평균적인 성취 수준 또한 판단할 수 있다. 나아가 표준편차가 크다면 학생들의 성취 수준에 개인차가 크다는 것을 알 수 있으며, 표준편차가 작다면 성취도에서 개인차가 작다는 것을 알 수 있게 된다.

만약 2개 학급 이상의 영어 평균과 표준편차를 서로 비교해 본다면 학급 간 차이 또한 차례로 비교해 볼 수 있다. 그 결과, 예를 들어 영어교사는 서로 다른 영어수업 방법의 효과의 차이를 알 수 있게 되며, 특정 학급에서는 영어성적 점수분포에서 표준편차가 크게 나타나 개인차가 심하다는 사실을 알게 되어 수준별 수업전략 등을 구상할 수도 있게 된다.

2) 백분위, 백분점수 해석과 활용

학급 내 혹은 전체 학생들과 비교하여 한 학생의 성취 수준과 위치를 확인하는 또 다른 방법은 원점수를 백분위나 백분점수로 변환하여 이해하는 것이다. 어떤 점수에 대한 백분위(percentile rank)란 그 점수미만에 놓여 있는 사례의 전체사례에 대한 백분율을 말하며, 이 때 해당 백분위에 해당하는 점수를 백분점수(percentile score)라 한다. 예를 들어, A라는 학생이 수학 시험에서 80점을 받았는데, 이 점수 아래에 전체사례의 92%가 놓여 있다면 A의 백분위는 92가 되고, 또 백분위 92에 해당하는 백분점수는 80점이 된다.

예를 들어, 수학교사는 백분위와 백분점수를 사용함으로써, 특정 학생의 성취수준이 타 학생들에 비해 어느 정도인지 구체적으로 평가할 수 있다. 또한 백분위 90이상에 해당되는 학생 혹은 백분위 10미만에 해당되는 학생들을 동일한 인원으로 선발하며 멘토-멘티 그룹을 편성할 수도 있다.

3) 표준점수 해석과 활용

원점수를 표준점수(Z score)로 변환하여 평가에 보다 효과적으로 활용할 수 있다. 표준점수란 평균으로부터의 편차점수를 그 분포의 표준편차로 나누어 얻는 점수로 흔히 Z점수라고 한다. 예를 들어 A학생의 수학점수가 원점수 70점이라고 할 때, 이를 집단의 평균으로부터 떨어진 정도 즉, 원점수(X)－평균($\overline{X}$)을 계산하여 편차점수로 나타낼 수 있다. 이 때 편차점수를 집단의 표준편차(s)로 나누면 표준점수가 된다. 만약 특정 과목의 원점수 분포가 정상분포곡선 모양으로 이루어져 있다면, 정상분포곡선의 특성을 이용하여 표준점수에 해당되는 백분위도 정확하게 알 수 있다.

표준점수를 이용하여 교사는 다음과 같이 평가에 활용할 수 있다. 첫째, 학생의 정확한 백분위를 알 수 있다. 둘째, 한 학생의 여러 과목의 성적을 비교할 수 있다. 셋째, 나아가 규준참조평가 방식을 채택하고 있는 성격검사나 진로검사 등의 결과 또한 쉽게 이해할 수 있다. 그 결과, 보다 효과적인 학습지도 및 생활지도에 도움을 받을 수 있을 것이다.

생각해 보기

표준점수의 활용

표준점수는 원점수(X)와 평균($\overline{X}$)의 차이를 표준편차(s)로 나누어 하나의 공통 척도로 변환한 점수를 말한다.

$$\text{표준점수}(Z) = \frac{X - \overline{X}}{s}$$

이러한 특성을 이용하면, 한 학생의 서로 다른 교과에서의 성취도 또한 비교가 가능하다. 예를 들어, A학생의 수학점수가 70점이고, 영어점수가 80점이라고 하면, 원점수만으로는 어느 과목에서 보다 성취도가 높은지 알 수 없다. 하지만 수학점수와 영어점수 모두를 표준점수로 변환하게 되면 비교가 가능하다. 즉,

수학점수와 영어점수 모두 똑같이 평균이 0, 표준편차가 1인 분포로 바꾸어 비교하는 것이다. 아래의 표를 보면 A학생의 수학 표준점수는 +2.0이며, 영어 표준점수는 +1.0이다. 단순히 원점수로 비교할 때에는 영어점수가 보다 높은 것 같지만 집단평균과 표준편차를 이용하여 표준점수로 변환하였을 때는 수학점수가 오히려 높은 Z점수를 보임을 알 수 있다.

A학생	원점수(X)	집단평균(X)	표준편차(s)	표준점수(Z)
수학점수	70	60	5.0	+2.0
영어점수	80	76	4.0	+1.0

수학 과목과 영어 과목의 점수분포가 정상분포곡선 모양으로 이루어져 있다면, 정상분포곡선의 특성을 이용하여 표준점수에 해당되는 백분위도 정확하게 알 수 있다. 그림을 보면 수학점수의 백분위는 97.86이며, 영어점수의 백분위는 68.26에 해당된다.

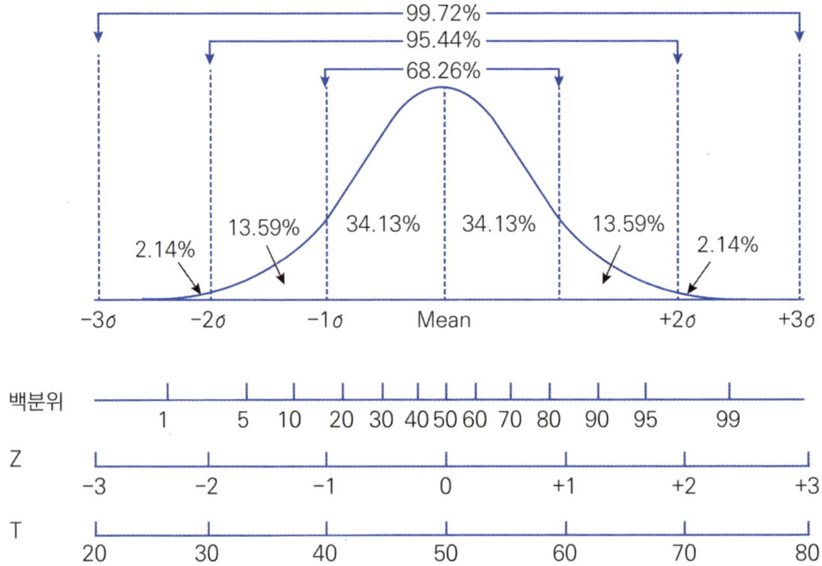

한편, 표준점수(Z)는 평균이 0, 표준편차가 1이며, 대체로 -3.0~+3.0의 점수 범위를 갖는다. 이와 같이 소수점값과 음수값을 지니는 불편함을 덜기 위하여 T점수라는 또 다른 표준점수로 재변환할 수도 있다.

$$T = 10Z + 50$$

T점수는 평균이 50, 표준편차가 10이며, 대체로 20~80의 점수 범위를 지닌다. 많은 심리검사에서 그리고 대학수학능력시험에서도 점수 산출에 변환 T점수를 적용하고 있다.

4.2. 평가의 유의사항

9장의 내용을 바탕으로 학교장면에서 이루어지는 교육평가에서 교사가 유의해야 할 사항을 요약, 제시하면 다음과 같다.

- 교사는 교육평가의 여러 가지 목적에 대하여 충분히 알고 있어야 한다. 그래야만 평가 목적에 적합한 평가방식과 적절한 검사도구를 선택할 수 있다.
- 학교에서 이루어지는 평가의 가장 빈번한 목적은 학생들의 성취수준을 확인하고 순위를 정하여 등위나 등급을 매기는 것이다. 그러나 교사는 이에 더하여 평가 결과를 활용하여 자신의 수업 방법이나 수업 전략 나아가 평가 방법 등을 반성하고 개선하는 데 사용해야 한다. 교육평가의 진정한 목적은 교육의 질 개선에 있기 때문이다.
- 준거참조평가와 규준참조평가의 특징과 장단점을 명확히 이해하고 있어야 한다. 평가의 목적이나 취지에 대한 명확한 이해 없이 무턱대고 준거참조평가(절대평가)나 규준참조평가(상대평가) 방식을 일방적으로 사용해서는 안 된다.
- 객관식 지필평가와 수행평가는 각기 장점과 단점이 있다. 어느 것이 옳다 그르다는 관점이 아니라, 어떤 상황과 맥락에서 지필평가를 하고 수행평가를 할 것인지 생각해야 한다. 특히 수행평가의 방법은 참으로 다양한 만큼, 교사 스스로도 수행평가 유형과 방법을 개발하기 위해 힘써야 한다.
- 양호한 검사 도구를 사용하는 것은 제대로 된 평가를 위한 필수조건이다. 교사는 자신이 출제한 지필시험이나 수행평가 모두가 신뢰도, 타당도, 객관도를 갖춘 검사가 될 수 있도록 노력해야 한다. 또한 학생들의 생활지도, 진로지도

를 위해 출판된 성격검사나 진로검사를 활용할 때에도 반드시 검사의 양호도를 검토하고 사용하여야 한다.

- 신뢰도, 타당도라는 용어를 단순히 개념으로만 이해하지 않도록 해야 한다. 예를 들어, 신뢰도가 낮은 검사, 타당도가 낮은 검사를 사용하는 경우 검사점수에 어떻게 영향을 미치게 되며 결과적으로 어떻게 평가 결과를 왜곡시킬 수 있는지 알고 있어야 한다.
- 평균, 표준편차, 백분점수, 백분위, 표준점수 등과 같은 용어를 단순히 수학공식이나 통계치로만 이해해서는 안 된다. 교사는 이들 개념을 활용하여 학습자와 학습집단의 성취 특성을 이해하고 평가하는데 적극 활용해야 할 것이다.

연습문제

1. '교육평가의 진정한 목적은 교육 프로그램의 질 관리에 있다.'라는 말이 강조하는 바가 무엇인지 서술시오.

2. 다음 각 평가유형을 간단히 정의하시오.
   1) 준거참조평가와 규준참조평가
   2) 진단평가, 형성평가, 총괄평가

3. 객관식 지필평가 방식과 수행평가 방식을 1) 채택하는 평가체제, 2) 평가의 목적, 3) 평가의 주요 초점, 4) 평가 방법이 지닌 특징, 5) 상대적 장단점 측면에서 차례로 비교하시오.

4. 만약 낮은 타당도와 낮은 신뢰도를 지닌 검사를 사용하여 학생들의 학업성취도를 평가한다면 어떤 문제가 발생할 수 있는지 서술하시오.

참고자료 및 관련 사이트

김경희, 성태제(2002). 수행평가의 이론과 실제. 서울: 이화여자대학교 출판부.

김석우(2009). 교육평가의 이해. 서울: 학지사.

김석우, 최태진, 박상욱(2015). 교육연구방법론(2판). 서울: 학지사.

백순근외 11인(1998). 수행평가의 이론과 실제. 서울: 원미사.

서민희, 김경희, 박종임, 성경희, 박지현, 김유향, 전경희 (2015). 고등학교 보통교과용 성취평가제 이해 및 실제(ORM 2015-109). 서울: 한국교육과정평가원.

성태제(2009). 교육평가의 기초. 서울: 학지사.

성태제(1999). 교육평가방법의 변화와 결과타당도. 교육학연구, 37(1), 197-218.

한국교육과정평가원(2017). 과정을 중시하는 수행평가 어떻게 할까요?: 중등(ORM 2017-19-2). 서울: 한국교육과정평가원.

한국교육과정평가원(2018). 학생평가지원포털 https://stassess.kice.re.kr/frt/main/main.do 에서 추출.

ETS (2018). Glossary of Standardized Testing Terms. http://www.ets.org/understanding_testing/glossary/에서 추출.

McMillan, J. H. (1977). *Classroom Assessment: Principles and Practice for Effective Instruction*. Boston: Allyn & Bacon.

Overton, T. (2011). *Assessing learners with special needs: An applied approach* (7th ed.). Boston, MA: Pearson.

Scriven, M. (1967). The methodology of evaluation. In R. Tyler, R. Gagne, & M. Scriven (Eds.). *Perspectives on Curricular Evaluation*. AERA Monograph Series on Curriculum Evaluation, 1.

The W. Edwards Deming Institute (2018). https://deming.org/explore/p-d-s-a에서 추출

Tyler, R. W. (1949). *Basic principles of curriculum and instruction*. Chicago: University of Chicago Press.

한국교육과정평가원 홈페이지 https://www.kice.re.kr

학생평가지원포털 https://stassess.kice.re.kr

제 10 장

생활지도와 상담

학습목표

1. 생활지도 영역의 개념, 원리, 영역, 활동 등의 기초적인 지식을 설명할 수 있다.
2. 생활지도 실태와 문제 유형별 접근 전략을 비교 분석할 수 있다.
3. 학교상담의 개념, 목표, 내용, 과정, 기법, 방향 등의 기초적인 지식을 설명할 수 있다.
4. 학교상담의 이론과 실제를 비교 분석할 수 있다.

주요용어

- 생활지도
- 생활지도의 원리
- 학교상담
- 상담 이론

1. 생활지도

1.1. 생활지도의 기초

학교교육은 교과지도와 생활지도로 구분할 수 있다. 교과지도가 학생의 지적성장과 지식 습득관련 지식을 가르치는 것에 초점을 두는 반면, 생활지도는 학생의 정의적 발달과 인간적 성장을 도모하여 의미 있고 올바른 삶을 살도록 돕는 지도이다(박효정, 2002).

1) 생활지도의 개념과 필요성

생활지도는 학생의 생활을 지도하는 것으로 일상의 삶에서 이루어지는 다양한 활동, 사건 등을 교육적으로 지도하는 것을 의미한다. 국내외 학자들이 정의한 생활지도의 개념을 종합하면 '학생 개개인이 자신과 자신을 둘러싼 환경을 정확하게 이해하는 것을 기본으로 삶의 과정에서 제기되는 여러 가지 문제들을 스스로 해결하고, 자신의 잠재능력을 발휘하여 한 인간으로 성장할 수 있도록 체계적으로 도와주는 과정'이라고 할 수 있다(박성수, 1986; Shertzer & Stone, 1981).

생활지도의 필요성은 개인적 필요와 사회적 필요로 구분해 볼 수 있다(김희대, 2018). 개인적 필요의 경우, 민주주의 사회는 개인의 자유와 권리가 보장되는 개인주의를 바탕으로 한다. 민주사회의 교육은 개인적 요구가 교육의 목표와 내용, 그리고 방법에 최대한 구현되어야 하는데 이러한 개인적 요구는 생활지도의 필요성을 강조하는 근거가 된다. 생활지도의 목표인 개성의 신장은 자아의 실현에서 출발하며, 학교교육은 학생의 개성을 신장하고 자아실현의 기회를 최대한으로 보장하고자 한다.

사회적 필요의 경우, 교육은 개인적 필요와 사회적 필요를 고려하여 이들의 요구를 적절히 충족시켜야 한다. 따라서 교육자와 교육정책 결정자는 변천하는 시대의 방향과 시대의 요구를 바로 보고 이를 교육과정에 반영하여야 한다. 즉 교육 목표, 내용, 방법, 평가에 반영하여야 한다. 생활지도는 사회 문화의 다양한 발전과 글로벌 시대와 사회에 적합한 인간의 육성과 함께 학생들이 변화하는 사회에 적응하도록 폭넓은 정보와 경험을 습득하도록 돕는다.

2) 생활지도의 원리

생활지도의 방향은 학생을 대상으로, 모든 교사가 학생의 문제에 대해 적극적으로 조력하는 활동으로 치료나 교정보다 예방에 초점을 두고 처벌이나 제지보다는 선도를 우선으로 한다. 생활지도의 방향을 실현하기 위해 전인적 원리, 균등성의 원리, 적응성의 원리, 자율성의 원리, 복지의 원리, 계속과정의 원리, 과학적 기초 원리, 협동성의 원리 등을 적용하고 있다.

3) 생활지도의 영역

생활지도는 학생의 문제해결과 적응 능력을 조력하기 위하여 어떤 내용과 정보를 제공함으로써 학생이 현명한 자기 결정과 적응을 가져올 수 있도록 할 것인가 등에 따라 교육 지도(educational guidance), 인성 지도(personal guidance), 직업 지도(vocational guidance), 사회성 지도(sociability guidance), 건강 지도(health guidance), 여가 지도(recreational guidance) 등으로 구분할 수 있다.

4) 생활지도의 활동

학교에서 생활지도 활동은 조사활동(inventory service), 정보활동(information service), 상담활동(counseling service), 정치활동(placement service), 추수활동(follow-up service) 등이 있다. 조사활동은 생활지도를 실천하기 위한 것으로 과학적 · 체계적 조사활동을 통하여 학생을 이해하고 학생의 특성과 잠재력을 발견하도록 돕는 활동이다. 정보활동은 학생이 바라고 필요로 하는 각종 정보와 자료를 제공하여 개인적 성장과 사회적 적응을 돕는 활동이다. 상담활동은 상담자와 내담자 간의 상호작용 관계에서 상담자인 교사가 내담자인 학생의 과제 해결 능력을 기르고, 나아가 인지적 · 정서적 · 행동적 변화를 조력함으로써 학생의 올바른 성장과 발달을 돕는 활동이다. 정치활동은 학생들에게 직업 세계에 대한 올바른 인식과 함께 학생 개개인의 가치관이나 능력, 흥미, 적성에 맞는 진로를 선택하여 적재적소에 배치될 수 있도록 조력하는 활동이다. 추수활동은 생활지도를 받은 학생들의 추후 적응 상태를 확인하여 돌봄으로써 학생의 부적응에 대한 조력과 보다 나은 적응을 돕는 활동이다.

5) 생활지도 담당자

생활지도 담당자의 인성적 역량에는 교직에 대한 소명의식과 사명감, 학생에 대한 인격 존중과 긍정적 인간관이 요구된다. 생활지도 담당자의 역할은 학교장의 경우 생활지도의 전체 과정인 계획(plan) – 실행(action) – 평가(evaluation) 순으로 최종 책임을 진다. 생활지도 부장의 경우, 중추적인 역할을 담당하는 교사로 학교 생활지도의 실무적인 책임을 지고, 학생들의 문제 해결을 직접 도와주고 생활지도 프로그램을 조정하고 교직원들에 대해 조언자적 역할을 한다. 생활지도 교사는 학교의 제반 규율사항, 교내외 생활지도, 학교폭력 등 문제 학생에 대한 징계 처리, 보건 및 환경 정화 계획 등을 수립하고 이를 집행한다. 상담부장은 학생에게 상담과 생활지도에 따른 봉사를 하고 교직원과 협의하며 전문적 지도력을 제공함으로써 생활지도의 프로그램 운영에 큰 역할을 한다. 상담교사는 학교상담을 기획하고, 상담을 필요로 하는 학생과 상담한다. 진로진학상담교사는 학교의 진로교육 총괄 관리자로서 학생 진로개발의 촉진자, 진로문제 중재가, 입시전형준비 지원자, 지역사회자원 연계자 역할을 한다. 담임교사는 자신의 학습 학생들의 특성을 가장 잘 알고 있고, 또 일대일의 인간관계를 통해 학생들의 내재된 문제를 가장 잘 파악할 수 있는 예방적 위치에서 생활지도 담당자 간 상호 협조관계를 형성한다. 그 외 배움터 지킴이, 학생상담자원봉사자, 사회복지사, 특별상담원 등이 있다.

1.2. 생활지도의 실태와 문제 유형별 접근전략

날이 갈수록 청소년 문제가 심각해지고 있다(황여정, 이정민, 2020). 학교폭력, 집단따돌림, 등교거부, 가출, 약물사용 등 청소년의 문제가 다양화, 집단화, 저연령화 등 심각한 양상을 보여 이들 문제에 접근하는 교사의 전문적 능력이 요구된다.

1) 생활지도 문제의 실태

(1) 위기 청소년

위기 청소년이란 '빈곤, 부모의 양육 및 지도감독 부재, 가출 및 노숙, 소년원 등 구금시설에 있는 청소년, 학대 및 방임, HIV/AIDS 등 보건 및 건강상의 문제, 장애를 포함하여 특별한 교육적 요구(special educational needs)가 있는 청소년'

등 사회적, 교육적 지원이 필요한 대상을 의미한다(OECD, 2007). 국내의 경우, '개인적, 가족적, 교육적, 사회적 위기상황에 처해 있거나, 그러한 위기상황에 노출될 가능성이 있는 청소년'으로 지칭하는데 이러한 관점도 위기 청소년을 정의할 때 청소년이 처한 상황 또는 환경의 영향을 강조하고 있다(황순길 외, 2016). 학술적 관점에서 논의한 위기청소년 개념 외에 현실에서 적용되는 위기청소년 개념은 법령에 명시된 정의를 통해 확인할 수 있다. 법령에서 위기청소년 개념은 「청소년복지 지원법(이하: 청소년복지법)」(법률 제15988호, 2018.12.18. 일부개정)에 명시되어 있다. 「청소년복지법」에서 위기청소년은 '가정 문제가 있거나 학업 수행 또는 사회 적응에 어려움을 겪는 등 조화롭고 건강한 성장과 생활에 필요한 여건을 갖추지 못한 청소년'으로 규정되어 있다(동법 제2조).

〈표 10-1〉 한국 청소년의 위기 요인

구분	내용
가족적 위기	빈곤, 이혼자녀, 소년소녀가장, 학대가정, 북한이탈청소년, 외국인 노동자 자녀
교육적 위기	학습부진, 학업중단
사회적 위기	폭력피해, 범죄/성범죄 피해, 실업
개인적 위기	범죄, 가출, 성경험, 폭력가해, 흡연

출처: 윤경철 외(2005). 위기청소년지원시설과 지원정책 현황 및 사회안전망 구축방안을 위한 정책연구. 청소년위원회·한국청소년개발원

〈표 10-2〉 위기상황 영역별 구성

구분	내용
문제행동 영역	가출경험, 무단결석, 폭력(가해/피해), 가정폭력(가해/피해), 집단따돌림, 괴롭힘, 자살시도, 인터넷 중독 및 게임 과다, 성매매, 성폭력, 습관적인 음주·흡연, 약물 등 유해물질 사용 등
환경영역	경제적 수준, 유기 및 방임, 부모와의 갈등, 주변의 유해환경 노출, 교사와의 갈등, 문제행동을 보이는 친구들과의 교류 등
정신건강 영역	부정적 자존감, 불안, 우울, 공격성 등

출처: 지승희 외(2006). 위기청소년 실태조사 연구. 부산: 한국청소년상담원

〈표 10-3〉 전국 청소년 위기 실태조사 내용

조사항목	세부항목
위험요인	우울 및 불안/공격성, 충동성, 부주의/가정폭력/부모와의 갈등관계, 방임/부모간의 갈등/문제가족원/비행친구/학교생활부적응/지역사회/유해환경
위기결과	인터넷, 스마트폰중독/약물/학교폭력/비행/자살/성문제/가출/학업중단/ 직장생활부적응
보호요인	개인, 가정, 또래, 학교, 지역사회
기초자료	위기청소년 지원 프로그램 및 기관 이용여부, 헬프콜 인지 및 이용여부, 청소년상담복지센터 인지 및 이용여부, 학교 밖 청소년지원센터(꿈드림) 인지 및 이용여부, 청소년쉼터 인지 및 이용여부

출처: 황순길 외(2016). 2016년 전국 청소년 위기 실태조사.

(2) 청소년 범죄

청소년 범죄는 사회변화에 따라 더욱 다양화되고 있으며, 매체의 발달에 따라 사이버 범죄가 급증하고 있다. 청소년 범죄에 관한 내용을 정리하면 다음과 같다(이용주, 2019). 청소년 범죄는 강력범죄, 폭력범죄, 재산범죄, 교통범죄 등의 형태로 나타나고 있다. 강력범죄는 주로 성범죄로 신체발달에 따른 욕구와 미성숙한 심리발달 및 성격문제가 유해환경과 맞물려 발생하는 것으로 나타났다. 폭력범죄는 뚜렷한 목적이나 동기 없이 충동성 폭력으로 이어지는 것으로 보이며, 집단따돌림과 같은 형태를 보여주었다. 재산범죄는 비합리적 사고, 지나친 소비성향 및 유흥비 마련을 위한 절도가 많은 부분을 차지하였다. 교통범죄는 청소년기의 모험을 즐기는 경향이 범죄로 이어졌다. 청소년 범죄의 원인을 살펴보면, 첫째, 성격문제와 올바른 양육환경의 부재에서 오는 가정환경 요인이다. 둘째, 지나친 경쟁에서 오는 스트레스가 원인이 되는 학교환경 요인이다. 셋째, 청소년들은 부정적인 성인문화에 쉽게 접할 수 있는 것과 같은 유해환경 요인을 들 수 있다. 넷째, 소년법은 소년범죄를 성인 범죄에 비해 형량이 가볍고 교화 위주로 법제화하여 이를 악용하는 경우가 늘어나고 있는 것으로 나타났다. 청소년 범죄의 사전과 사후 예방대책은 다음과 같다. 첫째, 부모는 자녀를 올바르게 양육할 책임이 있다. 둘째, 학교는 지식 전달과 함께 미래사회가 요구하는 인성을 갖춘 인재양성을 위해 노력해야 한다. 셋째, 청소년들이 즐길 수 있는 건전한 사회 환경 조성이다. 넷째, 청소년 보호법과 소년법은 처벌과 교화를 통해 청소년 범죄의 재범률을 줄이려는 노력을 해야 할 것이다. 무엇보다도 이들을 장기적으로 관리할 일원화된 체제가 필요하다. 마지막으로 우리사회 구성원들은 청소년 범죄자들을 편견보다 사랑으로 그들을 받아들이는 것이다.

2) 생활지도의 문제 접근법

(1) 인권친화적 생활지도 접근법

학생 개개인의 다양성을 인정하고 인권을 존중하는 접근법이다. 현상 문제 중심에서 훈육 중심의 획일적, 규격화된 제재에서 벗어나 학생 내면의 정서적, 심리적 현상을 이해하고 심리적·정서적 불안정에서 벗어나 합리적 자각을 통해 자신의 문제를 바라보고 해결할 수 있도록 도와주는 상담을 통한 접근법이다.

본 접근법은 학생 선도 교정에서 규정한 징계 사안보다는 경미하나 행동 교정 및 학교 문화 개선을 위해 처벌이 필요한 사항에 대하여 체벌 대신 '단계형 지도'를 통하여 자율적으로 행동을 개선할 수 있는 기회를 주고, 선행에 대하여는 선행을 진작시킴으로써 자율적이고 책임지는 태도를 양성하는 교육이다. 인권친화적 생활지도 교육의 목적은 청소년으로서의 바람직한 생활 자세와 올바른 가치관의 확립이라는 측면과 체벌에 대한 대안의 필요성과 규정 준수의 생활화라는 두 가지 측면을 고려하여 마련된 제도로서, 규정 위반으로 야기될 수 있는 학교 공동체 생활에서의 불미스러운 상황을 사전에 예방하고 선도 차원에서의 지속적인 교정 및 반성의 기회를 갖게 함으로써 건강하고 민주적인 새로운 학교 문화의 창출 및 정착을 도모하려는 인성교육의 일환이다(김희대, 2018)

(2) 생태학적 접근법

생태학적 관점에서 인간의 행동은 유기체와 환경의 상호작용에 대한 결과로, 환경과 제도의 맥락에서 학생 행동은 부모와 가족, 친구, 이웃 등 여러 관계와

체제의 영향을 받는데 이 체제가 조화롭게 작용할 때 정상적 발달이 이루어진다.

브론펜브래너(1977)의 주장에 따르면 청소년은 살아가는 주변 환경 내에서 상호작용을 하고 대중매체나 사회문화가 주는 환경에서도 상호작용을 하면서 성장한다. 생태학적 모델은 소구조(microsystem), 중간구조(mesosystem), 외부구조(exosystem), 대구조(macrosystem) 4단계로 구성된다.

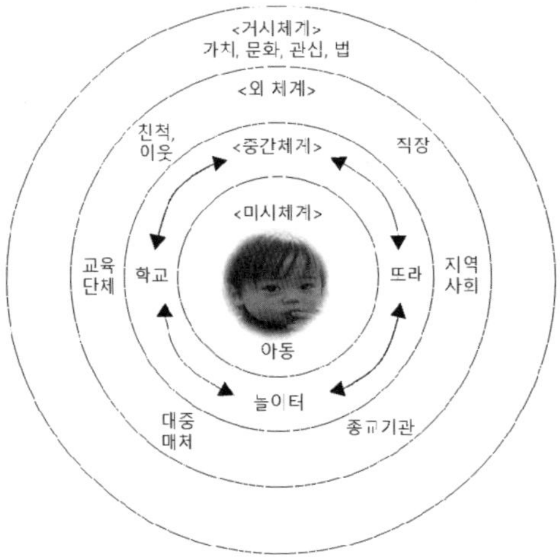

미시체계	아동이 직접 접촉하는 부모, 형제, 또래, 학교
중간체계	아동의 가족, 또래, 학교, 놀이터 등과 같이 미시체계들 간의 상호 연계
외체계	아동이 친척, 이웃, 교육단체, 대중매체, 종교기관, 직장, 지역사회 등 체계들로부터 영향
거시체계	아동이 영향을 미치는 사회문화적 영향력, 가치, 문화, 관습, 법 등

[그림 10-1] 생태학적 접근법 도식화

(3) 회복적 생활교육 접근법

회복적 생활교육(restorative discipline)은 원래 사법(법정, 교정) 분야에서 잘못된 행동을 변화시키는 수단으로써 비난, 강제, 처벌, 배제의 방식(응보적 정의)이 아닌 치유, 조정과 화해의 방식으로 문제를 해결하는 회복적 정의를 학교에서 실천하는 접근방식이다(경기도교육청, 2014). 회복적 정의는 가해자가 아닌 피해자에게 주목하고, 갈등 당사자들이 비폭력적 대화방법을 통해 자발적으로 합의하고 책임을 지도록 한다. 그리고 회복적 정의는 공동체가 회복되도록 노력한다. 회복적 정의에서는 갈등을 법의 위반이 아닌 관계의 훼손으로 본다. 따라서 갈등을 풀어나가는 과정에 관련된 모든 사람들이 참여하여 함께 문제를 풀어나가도록 함으로써 갈등으로 인해 깨진 공동체가 회복되도록 노력한다.

3) 청소년의 문제 유형별 접근전략

생활지도 내용은 매우 다양하고 분류방법에 따라 다르게 제시된다. 청소년의 문제는 다양한 각도에서 유기적인 관계로 이해하도록 노력해야 한다(김희대, 2018).

(1) 집단 따돌림

학교 안에서는 친구관계, 교사관계 등에 갈등이 발생한다. 대부분 이러한 갈등은 학교 안에서 자연스럽게 해결될 수 있으나 따돌림의 경우에는 문제가 더욱 심각할 수 있기 때문에 문제가 발생하기 이전에, 예방이 무엇보다 중요하다. 따돌림에 대한 교사의 지도방법은 다음과 같다. 첫째, 학생이 따돌림 피해에 대한 이야기를 할 때, 진지한 태도로 받아준다. 둘째, 피해학생을 성급히 노출하는 것은 더 심한 따돌림 피해를 당하게 할 수 있으므로 주의한다. 셋째, 가해학생이 행동을 교정하지 않고 계속해서 따돌림을 할 경우, 그에 따른 적절한 벌을 주어 다른 학생들로 하여금 따돌림을 하면 안 된다는 인식을 갖도록 한다. 넷째, 가해학생의 부모에게 피해학생의 피해내용을 확인시키고 사과와 반성을 하도록 한다. 다섯째, 가해학생이 좋아하는 선배나 교사와 결연시켜 지도할 수 있도록 한다. 여섯째, 교사의 힘이 부족할 경우에는 전문가에게 도움을 청해 속히 문제를 해결하도록 한다.

(2) 도벽

도벽은 1, 2회성의 단순한 절도행위가 아니라 수차례에 걸쳐 발생하는 비교적 상습적이고 만성적으로 타인의 소지품을 훔치는 행위이다. 도벽에 대해 무조건 강경한 조치를 취하면 자존심만 상하게 되고 이것이 우울증이나 따돌림을 초래한다. 정확하게 냉정한 관찰을 통해 도벽의 원인이 무엇인지를 찾아내고, 그 심리상태를 파악하는 것이 중요하다. 이를 위해 교사의 지도방법은 다음과 같다. 첫째, 관찰을 한다. 학급 내에서 도난 사건이 있을 때 어떤 학생이 어딘가 조금 이상한 행동으로 눈에 띄는 경우가 있다. 결점이나 불리한 점이 있으면 그것을 남의 눈에 띄지 않게 하기 위하여 반항적 행동 또는 도피적 행동 등 이상한 행동을 하는 경우도 있다. 둘째, 조사를 한다. 관찰을 통해서 잘 알 수 없을 때는 사회측정법 중 인물추정법(guess-who-test)을 사용할 수 있다. 셋째, 교육적 치료방법을 모색한다. 눈에 띄지 않게 문제 학생을 발견하려고 노력한다. 문제 학생이 발견되면 그 원인을 파악해야 할 필요가 있다. 원인이 단지 호기심에 의한 것인지, 아니면 경쟁자에 대한 일종의 보복 감정인지 경제적 열등감에 의한 것인지를 알아서 적절한 대책을 강구하여야 할 것이다.

(3) 등교거부

등교거부는 정신적·육체적으로 과도기적 상황에 있는 사춘기의 문제가 심화된 것으로, 심리적·정서적 이유 때문에 등교를 거부하는 상태를 말한다. 등교거부는 부모의 학교에 대한 무관심, 학교폭력이나 따돌림, 인터넷 게임이나 중독 등으로 원인이 다양하다. 등교거부 학생에 대해서 가정, 학교, 사회, 국가 등의 연계와 협력에 의해 해결하여야 한다. 등교거부의 대책으로는 첫째, 가정에서 부모의 역할이 매우 중요하다. 부모 자녀 간의 대화 부족이 소통을 어렵게 하고 자녀와의 세대 간의 단절이 원인이 되는 경우가 많다. 둘째, 학교차원에서는 학생 중심의 학교로 훈육중심에서 인권친화적 생활지도로 접근해야 한다. 학생의 지적 발달, 사회적 욕구, 심리적 욕구를 이해하고 이를 충족시킬 수 있도록 지원을 해야 한다.

(4) 가출

가출은 단순히 집을 나가는 것에 그치는 것이 아니라, 집을 떠나 위험한 상황에 처하면서 가출 전보다 더 심각한 어려움을 겪게 된다. 가출은 개인적, 가정적, 사회적 요인 등이 복합적으로 관련되어 있다. 가출 청소년을 위한 기도로는 첫째, 부모의 양육 태도가 개선되도록 부모 상담을 통해 가족의 기능적 요인을 회복시켜야 한다. 가출 청소년을 위한 지도로는 첫째, 부모의 양육 태도가 개선되도록 부모 상담을 하여 가족의 기능적 요인을 회복시켜야 한다. 둘째, 가출아 상담을 통해 흥분성, 충동성, 공상 등의 경향이 개선되도록 한다. 셋째, 가출의 외부 환경요인이 되는 사회유해환경을 개선한다. 넷째, 청소년의 모험심이나 탐구심 등의 활동을 통해 여행이나 캠프 등 스트레스 해소나 현실 적응력이 강화될 수 있도록 한다. 다섯째, 가출이 병적 경향으로 판단되는 경우 전문치료기관과 연계하여 적절한 치료를 받게 한다. 여섯째, 가출 청소년을 위한 사회안전망의 확충으로 가출 청소년을 보호하고 상담을 받을 수 있는 기관인 쉼터 등이 확대되고 홍보되어야 한다.

(5) 인터넷 중독

인터넷 중독이란 인터넷에 반복적으로 접속하지 않았을 때 불안, 초조감과 같은 정서적 금단 현상과 내성으로 인해 더욱 인터넷에 몰입하게 되어 학업 소홀과 같은 현실 생활의 어려움을 갖는 것을 말한다(박부환, 김병영, 장은정, 2013). 인터넷 게임에 중독된 청소년들에게 인지적 왜곡의 수정을 통하여 스스로 통제감을 가지고 조절할 수 있도록 도와주면서 우울과 불안을 해소하여 인터넷을 긍정적으로 사용할 수 있도록 돕는다. 인터넷 중독 자녀의 학부모를 교사가 상담할 때 도와줄 수 있는 방법은 다음과 같다. 첫째, 컴퓨터와 인터넷의 용도에 관해 정확하게 알린다. 용도가 있고 목적이 있는 사용만이 부작용을 예방하는 사용법임을 가르쳐 줄 수 있다. 둘째, 자녀가 컴퓨터와 인터넷을 사용할 때, 부모가 옆에 있는다. 셋째, 자녀와 인터넷 사용 규칙을 약속하고 점검할 수 있는 능력을 가진다. 넷째, 자녀의 아이디와 비밀번호를 공유할 필요가 있다. 다섯째, 자녀가 인터넷 상에서 금전거래를 하는지 주의를 기울여야 한다. 여섯째, 자녀의 사이버 공간에서의 대인관계를 잘 알아야 한다. 일곱째, 음란물 차단 시스템을 설치해야 한다. 여덟째, 자녀가 자주 다니는 PC방을 알아야 한다.

(6) 신체 및 외모

청소년기는 자신의 신체적 특성에 대해 관심을 많이 가지는 시기이다. 자신의 신체적 외모, 허약함이나 비만 등은 신체적 열등감을 가져와 자존감을 상실하게 하고 정신적 스트레스로 남아 정상적인 학교생활과 교유관계, 대인관계를 어렵게 하는 요인이 된다. 교사와 부모의 지도는 청소년들이 미(beauty)의 기준은 주관적인 것으로 스스로에 대해 어떤 느낌을 갖는지가 매우 중요하다는 것을 인식하도록 지도해야 한다. 외모보다는 내적인 장점을 찾아 격려해주면 청소년은 외모보다 내적 가치를 중요하게 여기게 되고 노력해서 변화시킬 수 있는 것에 더욱 집중하게 된다. 교사는 아이가 자신의 신체나 외모를 있는 그대로 지각하여, 자신의 장점을 찾아 긍정적 시각을 갖도록 하고, 자존감을 회복하여 정상적인 생활을 할 수 있도록 도와야 한다. 외모와 관련하여 특히 남학생들은 자신의 두발에 대해 매우 민감하여 학교에서 교사와의 갈등을 야기하는 주요사건이 된다. 학교는 학업보다 친구들에게 인정받는 공간으로서 의미가 크고, 머리는 자신을 나타내는 자존심으로 보는 경우가 있다. 머리를 학교에 규정대로 단정히 한 학생은 범생이라 불리는데 청소년들은 이러한 모범생이 놀림이 되는 풍조가 있다. 교사들은 사춘기 특성을 이해하고 관용하며 이들의 감정을 존중하며 합리적으로 설득할 수 있는 교사의 지도성이 발휘되어야 한다.

(7) 약물사용

청소년들의 약물사용은 성적 제일주의에서 오는 스트레스를 해소하려는 의도와 관련이 있다. 약물사용은 건강하지 못한 또래 관계와 또래 문화를 가지고 있는 청소년 비행 행동 중의 하나이다. 이를 위해 교사는 술, 담배, 커피, 수면제, 진정제 등의 남용을 막기 위해 예방 교육과 약물사용을 조기에 발견하여 상담 및 프로그램을 지원해야 한다. 약물사용의 초기에는 상담이나 교육, 가정이나 학교의 환경 개선을 통해 청소년의 건강성을 회복할 수 있다. 학교에서는 약물 문제를 일으킨 청소년들을 치료의 관점에서 돕는다. 청소년들이 약물 해독에 관한 구체적인 지식을 가지고 있도록 학교에서는 교육을 시키고 호기심으로 약물의 위험성을 인식하지 못한 채 접근하게 되는 아이들이 없도록 해야 한다.

(8) 품행장애

품행장애란 다른 사람의 기본적인 권리를 침해하고 나이에 맞는 사회 규범 및 규칙을 위반하는, 지속적이고 반복적인 행동 양상을 보이는 경우를 말한다. 증상으로는 사람과 동물에 대한 공격적 행동, 재산의 파괴, 거짓말 또는 도둑질, 가출이나 무단결석과 같은 심각한 규칙위반 등이 있다.

청소년의 품행장애의 원인은 여러 가지가 있다. 심리적으로는 자신의 불안에 대한 방어, 어린 시절의 부모-자식 관계로 돌아가려는 시도, 모성 결핍의 결과, 자기 통제를 내재화하는데 실패한 것들이 원인이 된다. 사회적으로는 자신에게 적대적 환경을 극복하려는 시도, 물질만능의 사회풍조에서 배운 물질을 얻으려는 목적, 친구들 사이에서 일정한 위치를 획득하려는 동기, 일관성 없는 양육 과정의 결과 등을 들 수 있다. 생물학적으로는 유전, 남성호르몬의 영향, 중추신경계의 이상, 낮은 지능의 결과로 품행에 문제가 생기기도 한다. 품행장애의 예방과 치료를 위해서는 이러한 원인적인 요소를 이해해야 하며, 개인 상담, 집단 상담, 행동치료가 필요하고 동반된 우울증이나 주의력결핍 과잉행동장애에 대한 치료를 시행해야 하며, 충동적 행동이나 공격적인 행동을 감소시킬 목적으로 약물치료가 필요한 경우도 있다.

1.3. 문제 학생의 이해와 지도

학교에서 나타나는 청소년의 문제가 다양하고 복잡해지면서 교과지도보다 문제 학생에 대한 생활지도의 어려움을 호소하는 교사들이 늘어나고 있다. 문제 학생의 행동을 이해하기 위해 개념, 원인, 지도방안 등을 살펴보고자 한다.

1) 문제 행동의 이해

(1) 문제 행동의 개념

학생의 문제 행동에는 자신의 발달단계에 위배되는 행동, 또한 표출한 행동 자체가 사회규범 등을 벗어나거나, 해야 할 행위를 하지 않아서 문제가 되는 행위의 결핍 등이 포함된다. 심리적 시각에서는 문제 행동을 발달과업과 관련된 문제, 정서장애와 행동장애를 중심으로 다루는가 하면, 이외에도 청소년 자신이 호소하는 일상생활상의 문제, 인간관계상 있을 수 있는 문제까지 포함한다. 반사회적 행동으로 주어진 사회 내 청소년이라는 사회적 지위를 갖고 있음으로 인해 문제가 되는 행동이 있다. 청소년기에 기대되는 행동의 미수행, 또는 왜곡된 행동, 타인에 의해 받아들여지기 어렵고 피해를 줄 수 있는 행동 장애와 사회나 소속집단에 대한 부적응 행위까지 포함한다.

(2) 문제 행동의 원인

학생 문제 행동의 원인은 다양하고 이를 유발하는 위험요인도 다양하다. 이들 요인들은 서로 밀접하게 관련이 되어 있다. 첫째로는 개인적 요인이 있다. 문제 행동을 하는 학생은 냉담하며, 동정심이 부족하고, 자아존중감, 자기 통제력과 문제해결능력이 낮다. 반면에 공격성과 충동성이 높다. 낮은 자아존중감이 자신에 대해 부정적 자아상을 갖게 하고, 열등감을 호소하거나 위장하기 위해 문제 행동을 하는 경우가 많다. 공격성은 통제의 정도에 따라 보이는 문제 행동 양상이 다르게 나타난다. 과소통제형은 행동 억제의 힘이 약하고, 충동성이 강한 사람으로 이런 성격이 반사회적 경향성과 결부되면서 반사회적 성격장애자가 될 수 있다. 과잉통제형은 지나치게 자제력이 강한 사람으로 평소에는 폭력적으로 행동하는 것을 지나치게 억제하는 경향이 있으나, 자신의 억제 수준을 넘어서는 극단적 촉발자극이 주어지면 매우 심한 극단적 공격적 행동을 할 수 있다. 둘째, 가족적 요인이 있다. 가정환경 중 가족의 사회경제적 지위, 결손 여부 등 구조적 측면과 부모-자녀간의 심리적 거리, 양육태도, 의사소통 등 기능적 측면은 학생 문제 행동에 영향을 미치는 중요한 요인이다. 특히, 부모의 부적절한 훈육, 감독 소홀 등 청소년들로 하여금 초기의 반사회적 또래와의 접촉 정도에도 영향을 미치며, 부모의 훈육이 지나치게 엄하거나 무관심할 때, 합리적인 도덕적 차원에서 일관성이 없을 때, 부모가 자녀를 편애할 때, 문제 행동을 유발한다. 셋째, 또래관계 요인이 있다. 또래 집단으로부터의 수용과 배척 여부는 문제 행동 유발에 영향을 미친다. 비행 또래 집단과 자주 어울리고, 친한 친구 중 비행을 저지르는 경우가 많으면, 비행 가치에 내면화되거나 동조적 성향을 보여 비행에 가담하기 쉽다고 본다. 특히 관심과 사랑을 충분히 받지 못하는 청소년은 나름대로 자신의 자아를 지지해줄 타인을 찾게 되고,

불량 청소년 집단을 통한 유대감과 소속감이 비행 가치를 쉽게 받아들이게 수용하게 된다. 넷째, 학교 및 사회 환경 요인이 있다. 낮은 학업수행, 학교규범 불이행, 친구관계의 어려움, 교사에 대한 불신과 반항 등은 학교생활에 대한 거부감으로 나타나고, 무분별한 매스 미디어의 노출, 유해 업소의 퇴폐성, 선정성과 유해 매체의 자극성, 폭력성 등은 사회 환경 요인으로 청소년들로 하여금 문제행동을 일으키게 한다.

2) 문제 학생의 지도

문제행동의 지도방안은 가정, 학교, 사회가 모든 협력하여 지도를 해야 한다. 가정의 역할의 경우, 청소년은 아동기와 성인기 중간에 있는 과도기적 시기로 부모의 경제적 지원과 정서적 지지가 필요하다. 문제 행동의 예방을 위한 가정의 우선적 역할은 가정의 빈곤과 기능 상실과 같은 가족 문제를 줄여야 한다. 이러한 문제가 발생할 경우 사회복지사의 도움을 받아 가족 구조의 기능을 점검하고, 가정의 공동체 기능을 회복해야 한다.

학교는 청소년이 하루 중 가장 많은 시간을 보내고 또래 관계를 형성하는 중요한 공간이다. 학교 교사는 학생 각자의 소질에 따라 성장할 수 있는 진로지도를 제시해야 하고, 인권친화적 생활지도, 수준별 교육과정을 통해 학생 각자가 인정과 존중을 받으며 생활할 수 있는 곳이 되어야 한다. 뿐만 아니라 다른 사람들과 공존할 수 있는 시민교육을 적극적으로 지원해야 한다. 민주적이고 합리적인 학생자치회 운영, 다양한 동아리 활동 등을 활성화해야 한다.

마지막으로 청소년의 문제 행동은 사회 환경이 만들어낸 산물이기에 사회 책임이 크다고 볼 수 있다. 물질주의, 학력주의, 상업주의 등의 풍토 하에서 폭력적이고 선정적인 대중매체의 상업성과 유해환경의 정화가 필요하나 이미 존재하고 있는 것을 완전히 없애기는 현실적으로 어려운 실정이다. 매스컴을 통해 공직자들의 비리와 사회지도층 인사들의 탈선은 청소년들의 가치관 형성과 행동에 영향을 줄 수 있다. 따라서 사회정의와 도덕성 회복을 위한 법규와 제도를 마련하는 것이 중요하다. 사회 환경이 청소년들에게 잠재적 교육과정으로 제공되기에 건전한 사회 문화가 꼭 필요하다고 볼 수 있다.

2. 학교상담

청소년 문제가 사회적 이슈가 됨에 따라 학생들의 전인적 발달을 위한 생활지도의 중요성이 강조되고 있다. 생활지도를 위한 다양한 활동 중 학교상담은 중핵적 역할을 담당하고 인권 친화적 생활지도를 실천하는 방법이다. 전통적으로 상담은 대면관계에서 이루어지는 것이 일반적이나 점차 전화, 이메일, 인터넷 게시판, 채팅, 영상 등 여러 온라인 채널을 이용하여 상담의 방식이 다양화되고 있다. 온라인 세계에서 이루어지는 정보교환이나 의사소통은 문자, 음성, 영상, 그래픽 등 다양한 보조도구를 이용하여 이루어지기 때문에 대면 의사소통 방식보다 때로는 훨씬 더 이해하기 쉽고 명확한 정보 교환이 이루어진다(지승희, 오혜영, 김경민, 2010).

2.1. 학교상담의 기초

학생들의 전인적 발달을 위한 생활지도의 중요성이 강조되면서 학교상담은 중핵적 역할을 담당하고 있다.

1) 학교상담의 개념

학교상담은 학교라는 장면에서 이루어지는 상담으로 주로 초·중등학교에서 이루어지는 상담으로, 학생의 바람직한 행동 변화를 가져오는 것을 목표로 하고 있다. 학교상담과 일반상담을 비교하면 다음 〈표 10-4〉로 정리할 수 있다.

〈표 10-4〉 학교상담과 일반상담 차이

구분	학교상담	일반상담
장소	학교	상담소
수행자	상담과 교육에 대해 전문적 훈련을 받은 전문상담교사	전문 상담사
대상	모든 학생, 학부모, 교사, 행정가	내담자
목적	학생의 학교에서의 성공과 적응	내담자의 변화
체제	학교의 전 교육과정의 일부(종합적, 체계적, 조직적)	개별적 과정
중점 내용	문제 예방적	문제 반응적
중심 이론	발달과 예방 이론 중심	치료 이론 중심
방법	생활지도와 상담(개인, 소집단, 대집단)	상담(개인, 소집단)
외부와의 관계	지역사회 및 학부모와 연계	기관 내 치료
기간	단기	장기 또는 단기
모형	교육적 모형	치료적 모형

출처: 손현동(2007). 학교상담 슈퍼비전 모형 개발. 한국교원대학교 박사학위 논문.

2) 학교상담의 목표

학교상담의 목표는 학생 개개인의 성장과 발달 과정에서 나타나는 문제를 해결하기 위해 상담자는 예방 측면에서 도와주거나, 문제해결 측면에서 도와주는 등 조력자 역할을 한다.

3) 학교상담의 내용

학교상담 내용에는 진로상담이 있다. 진로상담이 단기로 진행되는 여건을 고려할 때, 학과 및 계열 선택, 진학 및 취업 등을 앞두고 진로의사결정과 관련한 다양한 고민을 호소하는 중・고등학생 내담자의 문제를 효과적으로 다루기 위하여 그들이 현재 경험하고 있는 진로의사결정 관련 문제의 속성이 무엇인지를 보다 명확하게 파악하고 해당 문제에 집중해야 한다(방혜진, 2016).

두 번째로 온라인게임 과몰입이 있다. 청소년들이 지위향상욕구, 한탕주의욕구, 관계욕구, 게임아이템 판매로 소비욕구를 충족시키기 위해 온라인게임에 과몰입하거나 중독된다고 한다. 온라인게임 중독의 원인을 우울, ADHD, 자기통제력 부족 등 개인적인 특성도 있지만, 게임 시나리오에 내재된 게임 메커니즘이 중요한 요인이며, 게임을 하는 친구들끼리 동기를 더 촉진시켜 과몰입이 되고 사회활동을 중단하는 생활이 되면서 가상공간에 살기도 한다(성윤숙, 2008).

세 번째로 학업 상담이 있다. 효율적인 학습성과를 위하여 청소년의 인지적, 정의적, 행동적인 모든 방법들을 어떻게 하는 것이 바람직한지 교사와 학습 전략을 구상하고 이를 실천하는 것이다. 교사와 상담을 통하여 학습 태도와 능력에 향상을 가져올 수 있다(김진성, 송정범, 이태욱, 2009).

네 번째로 사이버불링(Cyber bullying) 피해 상담이다. 사이버불링이란 타인을 해할 명백한 고의를 가지고 반복적으로 특정 정보나 통신 기술 매체 등을 악의적으로 사용하는 것을 말한다(Belsey, 2007; 교육부, 2016). 대체적으로 카카오톡 따돌림 또는 카톡감옥 등과 같은 사이버불링 경험으로 인한 피해자의 심리적 고통 등에 관한 상담으로, 피해자가 우울증, 대인관계 갈등, 비행 행동으로 이어지는 상황들을 예방하거나 치료하는 상담을 말한다(조윤오, 2017).

4) 학교상담의 과정

상담은 내담자가 제시하는 문제에 대해 상담자와 내담자가 순환적인 과정을 거치면서 수행한다. 상담의 진행과정을 정리하면 다음과 같다(유정이, 홍지영, 김진희, 2015). 처음에는 내담자의 고민, 문제, 내방 이유 등을 이야기하도록 한다. 내담자가 가지고 있는 문제의 배경 및 요인 등을 이야기하도록 한 후, 내담자의 이야기를 주목하면서 비언어적인 행동까지 관찰하고 문제가 무엇인지 파악하도록 한다. 두 번째는 내담자와 솔직하고 신뢰로운 관계 형성이다. 내담자가 상담자에게 느끼는 전문적 숙련성, 매력, 신뢰성 등은 상담효과에 긍정적 기대를 갖게 한다. 이 과정에서 상담자의 공감적 이해, 성실한 자세, 내담자에 대한 수용적 존중 및 적극적 경청이 필요하다. 세 번째로 목표설정의 구조화과정이다. 상담과정의 방향과 골격을 분명히 하는 구조화작업으로 상담의 효과를 최대한도로 높이기 위해 상담의 기본 성격, 상담자 및 내담자의 역할 한계, 바람직한 태도 등을 설명한다. 네 번째로 문제해결 방법 구안이다. 문제에 관한 내담자의 감정표현을 촉진하고, 제시된 문제를 다시 구체적으로 정의한다. 문제의 성격을 명확히 파악하고, 어떤 방법과 절차를 통해 상담을 진행할 것인지를 계획한다. 다섯 번째 자각과 합리적 사고의 촉진이다. 내담자가 자신과 생활과정에서의 주요 경험 및 사건들을 이전보다 통합된 시야에서 재인식하도록 한다. 상담 목표 도달에 필요한 자기 이해와 합리적 사고를 가질 수 있도록 상담에 적극적으로 참여하도록 독려한다. 여섯 번째 실천행동의 계획이다. 내담자의 새로운 견해나 인식이 실제 생활에서 실현되도록 내담자의 의사결정이나 행동계획을 돕는다. 내담자와 구체적인 행동 절차를 협의하고 세부적인 행동계획을 작성한다. 일곱 번째 실천결과의 평가 및 종결이다. 종결은 내담자와 상담자의 합의하에 이루어진다. 종결에 앞서 그동안 성취한 것들을 상담목표에 비추어 평가 또는 목표에 도달하지 못한 이유를 이야기한다. 상담의 전체 과정을 요약하고, 추후에도 문제가 발생하면 후속 상담이 가능함을 이야기한다.

5) 학교상담의 윤리

학교상담은 학교라는 학교교육의 장에서 미성년의 청소년을 대상으로 그들의 지적, 정서적, 심리적 측면에서 인간적 성장과 발달을 도와주는 상담이다(허난설, 이지향, 2019). 이러한 특성을 고려하여 학교상담자인 교사와 전문상담교사는 다음의 윤리적 책임을 가져야 한다. 첫째, 학생에 대한 책임이다. 학교상담자는 학생에게 자신의 가치를 강요하지 않고, 학생 자신의 가치와 신념을 탐색하도록 격려해야 한다. 상담자가 상담관계에서 얻게 된 학생의 기록과 정보에 대해 비밀유지를 해야 하며, 비밀유지의 한계에 대하여 상담초기에 학생에게 알려주어야 한다. '개인정보보호법'이 시행된 이후 개인의 권리가 더 중요해지면서 비밀을 유지하는 책임이 더욱 강조되었다. 둘째, 부모에 대한 책임이다. 학생이 이용하는 상담서비스에 대해 부모에게 알려주고 필요한 경우 부모가 관여할 수 있도록 해야 한다. 부모와 열린 대화를 통해 상담 프로그램을 알려주고 부모에게 신뢰를 얻을 필요가 있다. 상담하는 부모에게 학교와 지역사회에서 제공되는 서비스에 대하여 편견 없이 정확하고 공정하게 정보를 알려 줄 의무가 있다. 셋째, 동료 및 전문가 협회에 대한 책임이다. 교사와 교장뿐만 아니라 교육전문가, 사회복지사, 심리학자, 특수교사들이 제공하는 서비스의 효과를 정확히 판단하고, 학교상담사가 제공할 수 있는 도움 이상을 필요로 하는 학생, 학부모, 교사에게 적절하게 소개하여 줄 책임이 있다. 넷째, 학교와 지역사회에 대한 책임이다. 학교상담사는 학교의 분위기를 파악하고 학교행정가와 교사에게 학생의 복지, 교육프로그램, 혹은 학교환경에서의 잠재적 위험요소를 알려주어야 한다. 다섯째, 자신에 대한 책임이다. 대부분의 학생들은 깊은 상담이나 치료가 필요하지 않고 다만 이야기를 들어주고, 올바른 결정을 내리도록 안내해주는 신뢰할 만한 사람과의 관계가 필요하다. 학교상담사는 이러한 학생과의 관계에 대하여 자신이 해야 할 일을 점검하고 시간 활용을 조율해야 한다. 그리고 자신의 전문적 능력의 경계 안에서 행동하고 서비스의 결과에 대한 책임을 져야 한다.

2.2. 학교상담의 이론

학교상담이론은 일반 상담이론과 유사하다. 중요한 몇 가지 상담이론을 살펴보면 다음과 같다(권만석, 2012).

1) 정신분석 치료 이론

정신분석은 프로이드에 의해 창시된 치료법이다. 인간에 대한 정신결정론과 무의식적 동기라는 두 가지 개념을 기본적으로 가정하고, 인간의 행동은 무의식적 동기와 생물학적 욕구 및 충동에 의해 결정된다고 본다. 정신분석에서 인간의 행동은 어렸을 때의 경험에 따라 크게 좌우되며, 빙산의 대부분이 물 속에 잠겨 보이지 않듯이 마음의 대부분은 의식할 수 없는 무의식 속에 잠겨 있다는 것이다. 어렸을 때 형성된 무의식적 갈등을 자유연상이나 꿈의 해석 등의 방법을 통해 의식화시킴으로써, 내담자로 하여금 자신에 대한 통찰을 얻도록 하여 자아의 기능을 강화한다. 정신분석은 무의식적 내면세계의 의식화 작업이며 문제해결력을 가진 자아기능 강화라고 볼 수 있다. 상담 기법에는 '자유 연상, 해석, 꿈의 분석, 저항의 해석, 전이 분석' 등이 있다.

인간관 측면에서 살펴보면, 인간을 결정적이고 부정적 존재로 본다. 인간의 성격은 어린 시절의 동물적이고 본능적 충동과 무의식적 동기에 의해 형성된다고 본다. 인간은 '삶의 본능'과 '죽음의 본능'을 동시에 가지고 있기 때문에 자신을 포함한 모든 사람과 대상에 대하여 긍정적 감정과 부정적 감정이 복합된 양가감정을 갖게 된다. 성격 문제는 아동기의 갈등이 억압에서 비롯된 것으로 초기 발달이 매우 중요하다고 본다.

주요 개념으로는 '무의식, 전이와 역전이' 등이 핵심 개념이다. 정상적인 성격발달은 심리 성적발달단계를 성공적으로 해결하고 통합하는 과정을 통해 형성되는데, 구체적인 단계를 해결하지 못한다면 잘못된 성격이 형성된다. 본능적 자아(id), 자아(ego), 초자아(super ego)는 성격구조의 기본이다. 무의식적 과정은 현재 행동과 가장 깊은 관련이 있고, 불안은 기본적인 갈등을 억압한 결과로 발생하는 것이다.

본 이론이 공헌한 점은 다른 어떤 이론보다 많은 발견과 논쟁을 낳았고, 심리상담을 자극시켰다. 성격 구조와 성격 기능에 관한 상세하고 포괄적인 기술을 제공했다. 중요한 행동의 결정요인으로 무의식과 초기 6년 이내 외상의 중요성을 인식시켰다. 무의식을 진단하고 해석하는 기법을 발전시켰다.

제한점으로는 상담을 받는데 오랜 시간이 걸리고 내담자들에게 많은 시간과 경비가 요구된다. 생물학적 요인과 본능적 요인을 강조함으로써 사회, 문화 및 대인관계 요소의 중요성을 소홀히 여겼다. 사회경제적 지위, 다양한 인종과 민족들에게 적용하는데 적합하지 않다.

2) 인간중심 치료 이론

인간중심 치료는 로저스에 의해 창시된 치료법으로 인간에게는 스스로 자신의 길을 발견하고 성장해 나갈 수 있는 잠재능력이 있다고 본다. 인간중심 상담에서 상담자는 내담자가 자신의 문제해결능력을 스스로 찾고 인간적인 성숙을 만들어 낼 수 있도록 도와주는 것이다. 상담자는 내담자를 인간적으로 존중하며, 내담자에 대해 상담자가 느끼는 감정과 생각을 솔직히 나타내고 내담자의 감정을 공감하고 반영해준다. 상담관계의 핵심이 되는 것은 '상담자의 솔직성'과 '긍정적 존중' 그리고 '공감적 이해'로 상담자의 이러한 태도가 만들어 내는 분위기 속에서 내담자는 성장을 경험한다. 상담기법으로 'If~, then ~.' 공식을 사용한다.

인간관 측면에서 살펴보면, 긍정적 인간관으로 인간은 완전히 기능하려는 경향이 있다. 인간은 자신의 성장과 발달의 저해요인을 스스로 인식하고 해결할 수 있는 능력을 가진 합리적, 사회적 존재이기에 궁극적으로 자아를 실현할 수 있는 존재이다.

주요 개념으로는 내담자 자신의 문제를 해결하는 방법을 아는 잠재력이 있고, 자기 지시능력에 대해 신뢰한다. 내담자 중심의 상담으로 정신건강의 부적응은 그 사람이 원하는 모습과 현재의 모습이 일치하지 않을 때 발생한다. 지금 이 순간, 경험, 감정의 표현을 중시한다.

본 이론이 공헌한 점은 심리학 발전에 기여한 것이다. 상담에서 내담자의 능동적 참여와 책임을 부여함으로써 내담자 중심의 비지시적 상담으로 전환하였다. 내담자를 대하는 상담자의 태도가 전문성, 기법보다 중요하다고 하여 전문성을 갖지 않은 상담자도 활용할 수 있는 유용한 측면이 있다. 신뢰관계를 형성할 수 있는 바탕을 제공하여 모든 상담에서도 적용할 수 있다.

제한점으로는 상담자의 보다 많은 개입을 원하는 내담자에게 이 상담은 적절하지 않다. 수동적이고 소극적 반응을 하는 내담자에게는 지시적이고 구조적인 상담이 효과적일 수 있다. 위기에 처한 내담자에게는 지시적 상담 방법이 보다 효과적일 수 있다.

3) 아들러 심리치료 이론

아들러 심리치료 이론은 아들러에 의해 창시된 치료법으로 개인의 성격은 가정이라는 1차집단의 사회적 요인에 의해 형성되며, 인간의 기본적 동기는 열등감에서 벗어나 우월해지고자 하는 욕구로 본다. 인간은 어린 시절 부모들의 과잉보호나 무관심, 혹은 신체적 왜소함으로 인해서 누구나 열등감을 갖게 되는데 이것을 극복하고 우월해지고자 노력하는 것이 인간행동의 기본 동기이다. 따라서 인간은 열등감을 보상할 수 있는 생활양식을 개발하기 위해 저마다 노력한다. 인간은 사회적 맥락 속에서 자기 나름대로 목표지향적인 행동을 하고, 스스로 의사결정을 하여 선택할 수 있는 능력이 있다. 상담자는 내담자가 의식적, 무의식적으로 성취하려는 자신의 행동목적을 깨닫게 하고, 문제해결을 위한 건설적 대안을 고려해 볼 수 있도록 도움을 제공하는 역할을 수행한다. 상담기법에는 '역할 놀이, 빈 의자 기법, 모범 보이기, 마치 그 무엇인 것처럼 행동하기, 상상하기' 등이 있다.

인간관 측면에서는 인간은 타고난 본래의 열등감을 극복하기 위하여 동기화되며, 우월감을 쟁취하려고 애쓰는 존재이다. 인간은 사회구성원이 되기 위해 선천적으로 타고난 사회적 요구와 관심에 의해 동기가 유발되는 사회적 존재로 사회에서 협력적으로 살아 갈 수 있는 개인의 긍정적 능력을 중요시한다.

주요 개념은 '열등감의 극복과 우월성 추구, 자신만의 생활방식 개발, 가족구성의 이해' 등이다. 개인의 주관적 관점에서 상대방을 생각하고 행동을 이끌어주는 삶의 목표에 대한 중요성을 강조한다. 사람은 사회적 관심과 삶을 의미 있게 만드는 목표로부터 동기를 부여받는다. 상담은 내담자의 인지적 관점을 격려하고 돕는 과정이다.

본 이론이 공헌한 점은 인본주의적, 총체적, 목표 지향적 상담으로 사회적 요인과 심리적 요인을 최초로 강조한 것이다. 아들러 학파는 현대 상담이론에 통합되었다. 제한점으로는 복합적인 인간문제를 지나치게 단순화한 경향이 있고, 일반적인 상식에 지나치게 의존한다. 과학적 방법을 이용해서 기본 개념을 타당화하려는 노력이 부족하다.

4) 행동치료 이론

행동치료 이론은 파블로프의 고전적 조건화 실험에서 시작된 치료법으로 환경의 자극 및 반응 대해 잘못 학습된 행동을 문제의 근원으로 본다. 인간의 행동은 자연현상과 마찬가지로 일정한 법칙성을 지니고 있음을 가정한다. 인간행동은 여러 가지 변인들에 의해 결정되고, 이 변인들과 행동을 지배하는 법칙을 밝혀 낼 수 있다면 인간의 행동도 예언하고 수정할 수 있다고 본다. 학습된 구체적인 부적응 행동을 소거시키고, 보다 효과적이고 바람직한 행동을 새롭게 학습시키는 것이 상담의 주요 목표이다. 상담자는 자신이 내담자의 행동을 수정하고 통제하고 있으며, 자신의 행동이 내담자의 행동에 커다란 영향을 미치고 있음을 명심하고 적극적이고 지시적인 역할을 요구한다. 상담 기법은 '자기주장훈련, 체계적 둔감법, 이완기법, 강화기법, 모델링, 인지 재구조화, 정서적 상상법, 행동시연' 등이 있다.

인간관 측면에서 살펴보면, 인간은 선하지도 악하지도 않은 상태에서 태어나고 환경에 자극을 받아 반응하는 생명 유기체이다. 인간의 행동은 환경과의 상호작용에 의해 학습된 산물이다. 인간은 환경에 의해 만들어지기도 하고 환경을 만들기도 한다.

주요 개념으로는 A-B-C분석으로 A는 특정 행동의 선행자극 또는 사건(antecedent), B는 문제 행동(behavior), C는 행동으로 나타난 결과(consequence)이다. 이러한 행동을 통해 표적행동의 원인과 결과를 분석하여 설계 모델과 행동수정 방법을 선택한다. 현재 행동, 외현적 행동, 구체적인 상담 목표의 정확성, 상담 계획 개발, 상담에 대한 객관적 평가 등을 중요시한다. 정상적 행동은 강화와 모방을 통해 학습되며, 비정상적 행동은 잘못된 학습의 결과이다.

본 이론이 공헌한 점은 환경과의 상호작용을 중시하는 행동치료 이론은 교육이나 학습 측면에서 설득력이 크다. 상담자와 내담자의 역할이 명확하게 설정되어 있다. 상담 목표와 내용, 과정, 절차, 결과 등이 명료하다. 상담의 평가와 결과가 실증적으로 제시된다.

제한점으로는 인간 행동은 변화시킬 수 있으나, 내면의 심리 감정을 변화시키는 것은 쉽지 않다. 상담에서 관계 요인을 무시하고, 통찰을 제공하지 않았다. 현재 행동에 대한 과거의 내재된 원인을 무시하고, 상담자가 통제하고 조작을 한다.

5) 합리적 정서행동 치료 이론

합리적 정서행동 치료는 엘리스가 창시한 치료법으로 인간의 인지나 사고를 문제의 근원으로 본다. 정서와 행동은 생각의 결과로 간주하여 정서장애는 비적응적인 사고과정의 결과이며, 치료의 주요 과제는 잘못된 사고과정 또는 인지과정을 재구성하는 것이다. 상담은 비합리적 신념을 먼저 규명한 후 이를 보다 합리적인 생각으로 바꾸는 것이 주된 과정이다. 상담의 기본절차는 'ABCDE 모형'으로 설명한다. A는 내담자가 노출되었던 문제 장면, 또는 선행사건(antecedent), B는 문제 장면에 대한 내담자의 관점 또는 신념(belief), C는 선행사건 A 때문에 생겨났다고 내담자가 보고하는 정서적, 행동적 결과(consequnces), D는 비합리적 신념에 대한 치료자의 논박(dispute), E는 내담자의 비합리적 신념을 직면 또는 논박한 효과(effects)이다. 이 모형에서 핵심은 내담자를 정서적으로 곤란하게 하는 것(C)은 선행 사건(A)이 아니고 말로 표현되는 내담자의 신념(B)이라고 한다. 따라서 이 치료법에서는 내담자 개인을 논박하는 것이 아니고, 내담자의 비합리적 신념이 직접적인 공격 대상이 된다. 비합리적 신념을 합리적 신념으로 바꾸는 과정에 다양한 인지적, 정서적, 행동적 기법을 사용한다.

인간관 측면에서 살펴보면, 인간은 극단의 잘못된 방식으로 세뇌당할 수 있는 존재이다. 인간은 왜곡된 사고를 통합시키는 경향이 있고, 이러한 경향으로 인해 정서적, 행동적 장애가 발생한다. 인지는 감정과 행동을 결정하는 주요 결정 요인이다. 상담은 인지와 행동을 중요시하고, 사고·판단·분석·행동·재결정 등을 강조한다. 심리·교육적 모형으로 새로운 기술의 습득과 숙련, 새로운 사고방식의 학습, 보다 효과적인 문제대처법 습득과 같은 학습과정을 중요시한다.

주요 개념에는 현재의 행동을 중요시한다. 외현적 행동, 구체적인 상담 목표의 정확성, 상담 계획 개발, 상담에 대한 객관적 평가 등을 중요시한다. 정상적 행동이란 강화와 모방을 통해 학습되며, 비정상적 행동은 잘못된 학습 결과로 간주한다.

본 이론이 공헌한 점은 포괄적이고 절충적인 상담의 실제를 강조했다. 다양한 인지적·정서적·행동 기법, 다른 접근 기법 통합, 잘못된 생각을 반박하고 변화시키기 위한 방법론들에서 공헌한 바가 크다.

제한점으로는 인간 경험의 여러 측면을 지나치게 단순화하였고 상담자와 내담자의 신뢰 관계형성에 소홀하였다. 인지측면을 강조하여 감정을 무시하는 경향이 있고, 무의식이나 내재하는 갈등 탐색에 소홀하였다. 내담자의 과거사를 중요하게 다루지 않았다.

6) 현실치료 이론

현실치료 이론은 글래서가 창시한 것으로 인간은 기본적인 욕구 충족을 위해 행동을 선택하고, 자기 삶의 주인이 되어 자신의 삶을 통제할 수 있을 때 행복을 느낀다고 본다. 인간은 생존(survival), 재미(fun), 소속(belonging), 힘(power), 자유(freedom) 욕구를 가진다. 이러한 욕구를 통하여 자신의 원함(want)에 의해 전체 행동인 활동하기(doing), 생각하기(thinking), 느끼기(feeling), 생리기능(physiology)을 적절하게 표현하면서 정체감을 확립한다. 현재를 중시하고, 내담자의 의식세계에서 현실 지각을 중요시하며, 욕구충족을 선택한 행동의 효과성을 냉철하게 평가하면서 새롭고 합당한 방법을 찾도록 도움을 준다. 현실치료 진행절차는 바람(want), 행함(doing), 평가(evaluation), 계획(plan) 순이다. 상담자는 적극적으로 내담자가 계획을 할 수 있도록 돕는다. 상담기법에는 숙련된 유효적절한 질문, 적절한 유머, 토의와 논쟁, 직면, 언어 충격 등이 있다.

인간관 측면에서 살펴보면, 인간의 모든 행동은 기본적 욕구를 충족시키기 위해 동기화된다. 인간은 모두가 성장할 수 있는 힘을 본래적으로 가지고 있으며 삶의 목적을 성취하기 위해 그 힘을 활용하여 환경을 적절하게 통제한다. 인간의 사회적 본성은 타고난 것이며 행복해지기 위해 건강한 관계가 필요하다.

주요 개념으로는 심리적 문제가 있다. 심리적 문제는 사람이 통제에 저항하거나 다른 사람을 통제하려고 해서 발생되는 것이다. 선택 이론은 인간본성과 좋은 관계를 만드는 방법을 제시한다. 내담자의 행동이 효과적인지를 평가하는 방법에 관심이 있다. 사람들은 그들의 선택과 행동에 따라 자신의 감정을 만들어낸다.

본 이론이 공헌한 점은 현실치료 이론이 단순하고 명확한 개념으로 구성되어 있어 교사나 상담사들이 쉽게 활용할 수 있다는 것이다. 활동을 지향하며 직접적인 기법을 사용하므로 상담에 저항하는 내담자들에게 호소력이 있다.

제한점으로는 문제해결 상담으로 심층의 정서적 문제 탐색에는 개입하지 못하고, 보다 덜 복잡한 문제만 적용할 수 있다.

7) 게슈탈트 치료 이론

게슈탈트 치료 이론은 펄스가 창시한 것으로 개체가 대상을 지각할 때 부분들의 결합이 아니라 하나의 의미 있는 전체, 즉 게슈탈트(gestalt)로 조직하여 지각한다고 본다. 인간이 어떤 대상을 지각할 때 관심 있는 부분은 지각의 중심 부분으로 떠오르고, 나머지 부분은 배경으로 물러난다. 전경과 배경이 자연스럽게 교체되지 못하는 상태를 '미해결 사태'라고 하는데 이것이 유기체의 심리적·신체적 장애의 원인이 된다. '지금 여기에서(here & now)'의 지각에 초점을 둔다. 과거는 이미 지나갔고, 미래는 아직 오지 않았으므로 오로지 현재가 중요하다고 여기기 때문이다. 사람들은 삶의 문제에 대처하고 적절한 행동을 취할 수 있는 능력을 지니고 있지만 중요한 타인(significant others)들로부터 이기적이고 연약하며, 무능하다는 등의 부정적인 피드백을 내면에 주입하게 됨으로써 잠재능력을 개발하지 못해 개인의 욕구와 환경적 요구 사이에 갈등이 초래될 수 있다고 본다. 상담기법에는 '지금 여기 경험하기, 자기 각성하기, 투사연기, 신체표현 활용하기, 과정하기, 빈의자 기법' 등이 있다.

인간관 측면에서 살펴보면, 인간은 본질적으로 선하지도 악하지도 않다. 인간은 사고, 감정, 느낌과 지각의 모든 측면들이 분리될 수 없는 전체로써 하나의 형태를 이루는 존재이다. 인간은 현재 경험하는 문제에 초기의 영향들이 관련되어 있는 방법을 인식할 수 있다. 비결정론으로 '지금－여기'에 기본을 두고 개인의 선택과 책임 능력을 강조한다. 주요 개념으로는 총체주의, 형태, 미해결과제, 전경과 배경, 부적응, 환경과 접촉 장애 등이 있다.

본 이론이 공헌한 점은 직접 경험하고 실행하는 것을 강조한다. 치료보다 성장과 증진에 대해 관심을 가진다. 내담자의 행동을 근거로 내적 창조력을 인식하게 만들고, 실존적 만남으로 상담이 이루어진다. 내담자를 이해하기 위한 핵심 방편으로 비언어적 행동을 강조한다.

제한점으로는 상상력을 발휘하기 어려운 내담자에게는 적합하지 않다.

연습문제

1. 생활지도 실태와 문제 유형별 접근 전략을 서술시오.

2. 현 청소년들의 범죄 유형과 범죄 발생 원인을 찾아 분석하시오.

3. 가정, 학교, 사회가 청소년의 상담을 지원하기 위해 해야 할 것이 무엇인지 설명하시오,

4. 학교상담 이론의 종류를 기술하고 각각의 특징, 인간관, 주요개념, 공헌한 점과 제한 점을 비교 분석하시오.

참고자료 및 관련 사이트

교육부(2016). 2016년 2차 학교폭력 실태조사 분석 결과 발표. 교육부.

경기도교육청(2014). 평화로운 학교를 위한 회복적 생활교육매뉴얼. 2014.05.

김진성, 송정범, 이태욱(2009). Blog기반 사이버 상호학습상담이 학습능력향상에 미치는 영향. 한국컴퓨터교육학회 학술발표대회논문집. 13(1), 81-86.

김현철(2020). 코로나 시대의 청소년 성장지원. 연구보고 20-R26. 한국청소년정책연구원.

김희대(2018). 생활지도와 상담. 박영스토리.

박부환, 김병영, 장은정(2013). 청소년의 인터넷 중독 과정 경험에 관한 현상학적 연구. 청소년학 연구, 20(8), 71-95.

박효정(2002). 학교교육 내실화 방안 연구(Ⅱ): 중・고등학교 생활지도 중심으로, 한국교육개발원 연구보고서 RR 2003-03.

박성수(1996). 생활지도. 서울: 정민사.

방혜진(2016). 중고등학생의 진로의사결정 단계별 주 호소문제 및 상담전략. 진로교육연구, 29(2), 257-277.

성윤숙(2008). 청소년의 온라인게임 중독 상담・치료 방안에 관한 연구. 한국청소년시설환경학회 논문집, 6(3), 39-55.

손현동(2007). 학교상담 슈퍼비전 모형 개발. 한국교원대학교 박사학위 논문.

유정이, 홍지영, 김진희(2015). 학교상담자가 지각한 학교상담의 효과요인. 아시아교육연구, 16(3), 57-85.

윤철경, 이혜연, 서정아, 윤경원, 김영한, 백혜정, 이봉주, 양미진(2005). 위기청소년지원시설과 지원정책 현황 및 사회안전망 구축방안을 위한 정책연구. 청소년위원회・한국청소년개발원.

조윤오(2017). 청소년 사이버불링 유형화 연구: 상담가 의견을 중심으로. 한국경찰학회보, 19(5), 279-305.

지승희, 양미진, 이자영, 김태성(2006). 위기청소년 실태조사 연구. 부산: 한국청소년상담원.

지승희, 오혜영, 김경민(2010). 단회 채팅상담의 상담자 언어반응분석-자살위기청소년사례를 중심으로. 청소년상담연구, 18(2), 167-186.

황순길, 김동민, 강태훈, 손재환, 김화연, 김지혜(2016). 2016년 전국 청소년 위기 실태조사. 부산: 한국청소년상담복지개발원.

황여정, 김지경, 이윤주, 정윤미, 신정민, 전현정(2016). 2016년 청소년 매체이용 및 유해환경실태조사. 서울: 여성가족부.

황여정, 이정민(2020). 위기청소년 현황 및 실태조사 기초연구. 연구보고 20-R24. 한국청소년정책연구원.

허난설, 이지향(2019). 학교상담자가 교사와의 협력 관계에서 경험한 윤리적 갈등상황과 대처에 대한 합의적 질적 연구. 아시아교육연구, 20(4), 1149-1179.

Belsey, B. (2007). Cyberbullying: a real and growing threat. *ATA Magazine, 88*(1), 14-21.

OECD(2007). Educational policies for students at risk and those with disabilities in South Eastern Europe. EDU/EDPC(2007)21. http://www.oecd.org/education/school/38613229.pdf에서 2021.08.01. 인출.

Shertzer, B., & Stone, S. C.(1981). *Fundamentals of Guidance*(4th ed.) Boston: Houghton Mifflin.

제 11 장

교육행정

학습목표

1. 학교의 사회체제적 특성을 이해한다.
2. 학교를 바라보는 다양한 관점을 교육현상 실제에 적용하여 논의한다.
3. 효과적인 학교를 만들기 위한 교사의 역할과 교장의 역할을 탐색한다.

주요용어

- 사회체제, 합리체제, 자연체제, 개방체제
- 관료제, 이완결합체제, 이중조직, 학습조직
- 실천 공동체
- 제도적 순응
- 학교 효과성과 효과적인 학교

1 사회체제로서의 학교

학교는 종종 학교조직 또는 교육조직으로 불린다. 그렇다면 조직은 실재하는 것일까? 아니면 사람들 마음속 개념으로만 존재하는 사회적 구성물일까? 분명한 것은 존재하는 다른 모든 유기체처럼 조직 역시 환경 속에 조직화된 하나의 총체로서 존재한다는 사실이다. 유기체가 여러 세포로 구성되어 있고, 각 세포는 여러 분자들로 구성되어 있는 것처럼, 조직은 여러 하위 집단으로 구성되어 있고 각 집단은 여러 명의 개인들로 이루어져 있다. 연못 속 상호의존적인 생물들이 하나의 생물 체제를 이루고 있는 것처럼 조직은 상호의존적인 구조와 기능이 통합된 사회 체제이다. 본 절에서는 조직을 바라보는 체제관점을 구체적으로 살펴보기로 한다.

1.1. 합리체제

조직을 합리체제로 바라보는 관점에 따르면, 조직은 공동의 목적을 달성하기 위한 공식 집단이다. 조직 목표를 효율적으로 달성하는 것이 조직의 최대 관심사이며, 이때 합리성은 조직 목표를 달성하기 위한 계획적이고 의도적인 행동의 근간을 이룬다.

합리체제 접근은 조직이론의 고전이라고 할 수 있는 과학적 관리론에 기반을 두고 있다. 대표적으로 Taylor는 어떻게 하면 조직 구성원들을 효율적인 기계처럼 활용할 수 있을지에 대해 관심을 기울였다. 구체적으로, 그는 조직의 생산성을 높이기 위한 방법으로서 작업자들의 작업 동작 및 동선과 생산 시간 간의 관계를 파악하는 연구를 수행함으로써 조직의 효과성을 높일 수 있는 방법을 찾고자 하였다. 반면에 Fayol은 간부급 임원들의 행정 행동에 초점을 둔 과학적 관리론자였다. 그는 조직의 생산성을 높이기 위한 행정 요인으로서 계획, 조직, 명령, 조정, 통제 행동이 필요하다고 주장하였다. Fayol의 논의를 확대하여, Gulick은 최고 경영자의 업무로서 계획, 조직, 인사, 지시, 조정, 보고, 예산 편성 등 7가지를 제안하였다. 이들 과학적 관리론자들이 관심을 둔 대상은 작업자, 간부급 임원, 최고 경영자 등으로 서로 달랐지만 합리성을 통해 조직의 효과성을 꾀하는 데 초점이 있었다는 것이 공통적이다. 하지만 합리체제적 접근은 구조를 지나치게 강조한 나머지 구조 안에 있는 구성원들의 인간적 측면을 간과했다는 평가를 받는다.

1.2. 자연체제

조직을 자연체제로 바라보는 관점은 조직이 합리성과 공식화로 잘 설명되지 않는 지점에 주목한다. 예를 들면, 성과급만으로는 조직 구성원들의 행동을 조직 목표 달성을 위한 방향으로 유인하기에는 충분치 않을 수 있다는 것이다. 또한 조직 내에서 완벽하게 조정되지 못했던 사건들이 언제나 존재하며 그것이 조직에 다시 영향을 미치기 마련이라는 것이다. 실제로, 자연체제 접근은 과학적 관리론에 대한 반작용에서 출발하였다. 과학적 관리론의 가정을 검증하는 연구를 수행하는 과정에서 뜻하지 않게 발견한 인간관계 요인의 중요성을 발견하게 된 것이다.

자연체제적 접근은 인간관계론에 뿌리를 두고 있다. 조직의 인간적 측면에 관심을 둔 최초의 연구자는 Follett이었지만, 대중들에게는 Hawthorn의 연구가 더 많이 알려져 있다. 사실 애초에 Hawthorn 연구의 초점은 생산현장에서 조명의 양과 질이 효율성에 어떠한 영향을 미치는 지를 파악하는 데 있었다. 하지만 예상과 달리 조명의 양과 질이 높아진다고 해서 생산성이 올라간다는 증거를 발견할 수 없었으며, 반대로 조명의 양과 질이 낮아진다고 해서 생산성이 떨어진다는 증거 역시 찾을 수 없었다. 오히려, 작업자들의 생산성을 높이는 것은 비공식적인 조직의 규범이나 비공식적 지도자의 영향력 같은 요인들이었다. Hawthorn 연구를 비롯한 인간관계론적 접근은 조직의 보이지 않은 문화나 규범이 왜 중요한지, 조직에 관한 의사결정 사안에 대하여 구성원들의 참여를 독려하는 것이 어떤 실효성을 갖는지 등에 관한 시사점을 준다. 합리체제적 접근이 사람 없는 구조에만 몰두했다는 비판을 받았다면, 자연체제적 접근은 구성원들의 동기, 만족, 사기 등 사회적 측면을 지나치게 강조한 나머지 구성원들을 둘러싸고 있는 작업의 실재를 간과했다는 평가를 받는다(Etzioni, 1964).

1.3. 개방체제

모든 체제는 환경에 영향을 주기도 하고, 환경으로부터 영향을 받기도 한다.

각 체제는 스스로를 통제하면서 동시에 독자성을 띤다. 학교를 비롯한 조직을 체제로 바라보는 관점이 처음부터 개방체제적 관점을 취한 것은 아니었다. 초기의 체제 접근은 조직을 조직 외부세계와의 관계 속에서 바라보지 않았다. 이는 외부세계의 영향력 자체를 부정했다기보다는 외부환경의 영향과 이로 인한 다양한 제약조건에 관심을 두지 않았다고 해석하는 것이 적절할 것이다. 이제는 더 이상 조직을 외부세계와 격리된 폐쇄체제로 바라보지 않는다. 조직이 개방체제인지 폐쇄체제인지는 더 이상 논쟁거리가 아니다.

개방체제 관점은 환경과의 상호의존성을 강조한다. 조직은 환경에 영향을 미치기도 하고 환경에 의존하기도 한다. 환경이 변화함에 따라 조직을 제약하는 조건은 변화하고, 생존을 위해 환경에 적응해야 하며, 환경에 적응하기 위해 조직은 변화해야 한다. 개방체제적 관점은 조직이 생존하고 나아가 발전하기 위해 환경에 있는 자원이나 정보를 어떻게 확보하고 활용할 것인지, 제도로서의 환경에 어떻게 적응하고 나아가 지원과 정당성을 획득할 것인지 등에 관한 과제를 안겨준다.

1.4. 사회체제

그렇다면 조직을 어떤 관점에서 바라보는 것이 가장 적절할까? 작업 구조에 초점을 두는 합리체제 관점일까? 구성원들의 인간적 측면에 초점을 두는 자연체제적 관점일까? 변화하는 외부환경과 그로 인한 제약조건에 초점을 두는 개방체제 관점일까? 적절한 균형점은 조직마다 다르고 조직이 처한 상황마다 다르다. 조직은 구성원이 조직에 제공하는 근로와 근로에 대하여 조직이 제공하는 유인가가 상호교환되는 체제이다. 따라서 조직의 생존을 위해서는 구조와 사람, 공식성과 비공식성 둘 다 중요할 수밖에 없다. 다만 같은 학교조직이라도 초등학교인지, 중등학교인지, 대학교인지에 따라 적절한 균형점은 달라질 수 있다. 외부환경이 안정적인 시기인지 변화의 시기인지에 따라서도 조직의 합리적 측면을 강조할 것인지 인간적 측면을 강조할 것인지는 달라질 수 있다.

결국, 학교는 학교를 구성하는 하위 요인들이 상호 의존하는 가운데, 그 안에서 구성원들 역시 사회적 상호작용을 하는 사회체제이다. 사회체제로서의 학교는 주변 환경에 의존하기도 하고 상호영향력을 주고받는 관계에 있으면서도 하나의 독특한 총체로서 환경과 구별되는 경계를 가지고 있다. 다만, 이 경계가 반드시 물리적 경계일 필요는 없다.

2. 학교를 바라보는 다양한 관점

학교는 바라보는 관점에 따라 학교의 성격과 의미가 다르게 파악된다. 학교를 조직으로 바라보는 관점이 있는가 하면, 공동체로 바라보는 관점이 있다. 학교를 하나의 제도로서 바라보기도 한다.

2.1. 조직으로서의 학교

1) 관료제

학교를 조직으로 바라보는 관점에서는 공동의 목표를 효율적으로 달성하는 것이 매우 중요한다. 베버(Weber, 1947)는 조직이 효과적으로 기능하기 위한 이상적 형태로서 관료제를 제시하고, 그것의 구체적인 특징을 다음 다섯 가지로 설명하였다.

(1) 분업

분업은 조직의 목표 달성을 위해 요구되는 활동들이 공식적인 임무로서 배분되는 것을 의미한다. 대부분의 조직에서 목표달성을 위해 업무를 개인 혼자 처리하기에는 무리가 있다. 따라서 분업은 조직의 효율성을 향상시킨다. 가령, 학교에서의 분업은 기본적으로 수업을 위한 것이다. 학년과 교과목에 따라 수업활동이 분업화되어 있는 것은 자연스럽게 수업활동의 전문화를 가져온다. 전문화를 통해 조직 구성원들은 상당한 지식을 가지고 자신이 맡은 임무를 수행하는 전문가가 될 수 있기 때문에 효율성이 증가된다.

(2) 비정성

비정성은 사람 사이의 정(情)에 치우치지 않는 상태를 가리킨다. 관료제 하에서 조직 구성원은 감정이 아닌 사실에 근거하여 결정을 내리도록 기대된다. 비정성은 구성원들에 대한 공평한 대우와 합리성을 강화시켜준다.

(3) 권위의 위계

직책의 수직적 배열에 따라 하위직은 상위직의 통제 및 감독 하에 있으며, 이를 통해 권위의 위계가 나타난다. 조직의 다양한 업무 및 기능들을 원활히 수행하기 위해서 구성원들은 상급자들의 지시에 따라야 하며, 대규모 조직은 거의 예외 없이 이러한 명령-수행 체계를 확실히 하기 위해 위계를 명확히 하고 있다.

(4) 규칙과 규정

거의 모든 관료제 조직은 의도적으로 만들어진 일관된 형태의 추상적인 규칙 체계를 가진다. 규칙은 각 직위에 부여된 권한과 의무에 관한 사항들을 포함하고 있으며, 이는 각 활동을 조정하는 데 도움이 된다. 그 이유는 규칙을 특정 상황에 적용할 때는 일관성이 유지되어야 한다는 관점을 규칙과 규정이 내포하기 때문이다. 따라서 규칙과 규정은 구성원들의 업무수행에 안정성과 동질성을 확보해 준다.

(5) 경력 지향성

관료제 조직에서는 전문적인 자격 및 기준을 토대로 직원을 채용한다. 따라서 피고용인들은 자신들의 업무를 경력으로 생각한다. 경력 지향적(career orientation)인 조직에서는 연공서열, 성취 등에 의해 승진이 이루어지며, 승진은 상급자의 판단에 따르나 상급자는 감정이 아닌 규칙과 규정에 따른 결정을 내린다는 측면에서 구성원들은 보호된다. 이는 결과적으로 좋은 인력들을 유인하는 유인가가 된다.

베버에 따르면 관료제는 합리적인 의사결정과 행정의 효율성을 극대화시킨다. 분업과 전문화를 통해 전문가가 배출되며 비정성을 가진 전문가는 사실에 근거하여 기술적이고 합리적인 결정을 내린다. 합리적 의사결정이 이루어지면 권위의 위계를 통해 지시에 대한 복종하고, 규칙 및 규정과 함께 조직 운영상의 안정성, 일관성 및 조정 체계가 확보된다. 경력지향성은 피고용인들을 조직에 충성하도록 만드는 유인책이 되며, 조직 구성원들의 보다 많은 노력과 헌신을 이끌어낸다. 그렇다고 관료제가 항상 순기능만 발휘하는 것은 아니다. 분업이 전문적 기술을 향상시킬 수는 있지만 동시에 지루함을 가져올 수 있다. 정에 치우치지 않는 의사결정이 때로는 구성원들의 사기를 떨어뜨릴 수 있다. 권위의 위계를 통해 구성원의 복종을 이끌어낼 수 있으나, 의사소통의 왜곡과 단절을 초래하기도 한다. 규칙과 규정은 조직의 경직성과 목표전도를 낳는다. 마지막으로 경력지향성은 업적과 연공서열 간 갈등을 유발할 수 있다.

2) 이완결합체제

Weick(1976)은 학교가 알려진 것처럼 질서정연하게 구조화되어 있지 않다는 사실에 주목하였다. 그는 학교조직을 구성하고 있는 하위체제들이 서로 연결되어 있기는 하지만 상호의존도가 최소화되어 있는 형태를 띠고 있다는 사실을 강조하면서 학교를 이완된 형태로 결합되어 있는 조직(loosely coupled system)이라고 묘사했다. 실제로 학교 안에서 벌어지는 연관된 사건들은 서로 영향을 주고 있으나, 각 사건들은 고유의 정체성을 가지고 있다. Meyer와 Rawan(1978) 또한 학교의 중심적 활동인 수업이 조직구조의 통제에서 벗어나 있음을 지적하면서, 제도적 측면에서 볼 때 교육조직을 이완결합체제로 이해해야 한다고 주장했다.

대부분의 조직은 누가 어떻게 그 업무를 수행할 것인가에 큰 관심을 둔다. 반면에 학교는 일반 조직과는 달리 업무를 어떻게 잘 수행할 것인가에 관한 사항들이 이완된 형태로 통제되고 있다. 교사의 수업활동에 대한 검열은 매우 드물게 나타나며, 교수활동에 대한 평가는 대게 형식적으로 이루어진다. 이러한 상황에서 누가 업무를 수행하는가에 대한 타이트한 조직 차원의 통제가 이루어진다. 즉, 학교는 일반적으로 수업 활동과 수업의 결과를 분리시키고 있으며, 대신 교사가 전문가로서의 자격을 갖추고 있다는 신뢰의 논리(logic of confidence and good faith)에 의지한다. 이처럼 학교조직의 업무는 교사의 전문적 자유재량을 토대로 하며, 이는 다른 동료교사나 학교 행정가들로부터의 느슨한 결합을 의미한다.

3) 이중조직: 전문적 관료제

아이러니하게도 이 같은 구조적 이완성이 허용될 수 있는 이유는 학교가 관료제적 특성을 토대로 하기 때문이다. 학교는 애매모호한 교육목표, 불확실한 교수-학습 방법, 유동적인 학습자 및 교실상황의 다양성 등의 특징을 가진 느슨한 구조로 묘사된다. 동시에, 표준화된 교육과정, 장기간에 걸친 교육활동, 학년제에 따른 상급학교 진학 등 상당히 정형화된 활동들이 요구된다. 즉, 학교는 관료제와 구조적 이완성이 특수하게 결합된 형태인 이중조직으로 묘사된다. 따라서 학교조직 내에 존재하는 전문적 논리와 관료적 논리로 학교 내 교육 전문가인 교사와 공식적 권위를 가진 학교장 사이의 갈등은 불가피하다. 전문적 행위의 궁극적 바탕이 되는 것은 전문적 지식이며 관료적 행위를 궁극적으로 정당화 하는 것은 조직의 규칙과 규정 및 권위의 위계인 바, 조직과 전문가 간의 갈등(즉, 전문적 자유재량과 관료적 통제 사이의 긴장)의 주된 원인은 이러한 현상에서 기인한다. 다시 말해서, 관료제의 특성이 전문가 집단에 전적으로 부합되지 않는 바, 학교조직 내에서 일어나는 교사들과 학교장 간의 갈등은 놀랍지 않다. 대부분의 교장 또는 행정가들은 전문가로서 교사가 행정가와 조직에 충성을 다하는 관료적 성향을 가진 사람으로 기대하는 경향이 있다. 그러나 전문가로서 교사는 자신의 핵심 업무인 수업활동에 관한 사항에 있어 통제받기를 꺼린다. 즉, 조직의 다른 구성원(학교장 포함)이 교사의 업무(특히 수업활동)에 대하여 개입하고 통제하는 것은 교사의 전문성을 의심하는 것으로 여겨지기 십상이며, 이에 대한 교사의 저항은 불가피하다.

4) 학습조직

세계화 및 지식정보화시대에서 학교조직이 효과적으로 생존하기 위해서, 조직 내·외부의 요소들은 보다 상호적 연계성을 가질 필요가 있다. 즉, 조직은 빠르게 변화하는 환경의 요구에 적응하려는 시도를 통해 스스로의 존재적 지위를 확립하고, 학교조직의 핵심 업무인 교수-학습이 다양한 배경과 요구를 지닌 학습자를 효과적으로 유인할 수 있어야 한다.

같은 학교 내 교사들 간의 조직학습(organizational learning)은 전통적 학교조직에 내재되어 있는 근본적인 문제, 즉, 고립문화를 완화하고, 빠르게 변화하는 환경에 적응하며, 다양해진 학습자의 요구에 적절히 대처하는 해결책이 될 수 있다. 모든 조직은 의식하지 않는 사이에도 계속 학습한다. 학습은 조직이 지속적으로 생존하는 데 필요한 요구조건이다. 즉, 조직학습은 조직이 적극적으로 변화를 관리하는 구체적인 방식이자 조직행동이 변화하는 과정이다. 구성원들 간 상호의존성을 기반으로 한 조직학습을 통해 조직은 지속적으로 적응하고 변화하는 역량을 가진 학습조직(learning organization)이 된다(Senge, 2000). 학습조직은 구성원들이 공동의 목표를 평가하고, 필요에 따라 목표를 수정하기도 하며, 목표를 달성해 나가는 과정에서 목표를 효율적이고 효과적으로 달성하기 위한 방법을 끊임없이 모색하는 조직이다.

특히나 학교조직의 존재적 정당성은 학습자의 학습에 있다. 따라서 학교는 학습조직이 되기 위해 노력해야 한다. 학습조직으로서의 학교는 구성원들의 새로운 사고방식이 촉진되며, 집단적 기대를 설정하고, 구성원들이 서로 함께 학습하며, 집단의 문제해결 능력이 확대되는 장소이다. 같은 학교 내 교사들 간의 조직학습은 분화된 교사의 업무와 지식을 체제적으로 사고(system thinking)할 수 있게 해준다. 교사들은 다양해진 학습자의 요구에 부합하려는 시도나 이와 관련된 성공경험 혹은 실패경험을 함께 공유하면서 여기에 대해 반성적 성찰을 하고 피드백을 나누는 경험을 통해 학습하고 전문성을 신장시킬 수 있게 된다. 아울러 조직학습은 빠르게 변화하는 학교 외부 환경의 변화나 제약, 또는 압력에 대하여 각 단위학교가 처한 맥락에 걸맞게 적절히 대처하고 적응하며 개혁함으로써 자신의 존재적 정당성을 획득할 수 있게 해준다.

2.2. 공동체로서의 학교

1) 공동체의 정의

공동체라는 개념은 정치학, 사회학, 심리학, 신학 등 다양한 분야에서 서로 다른 의미로 정의되어 왔다. 공동체는 사회집단이나 사회제도, 마을이나 도시 같은 지역을 의미하기도 하고, 여러 가지 상황에서 사람들 간에 발생될 수 있는 공동의 유대나 집합적인 정신을 의미하기도 한다(Poplin, 1985). Sergiovanni(1994)는 공동체를 자연 의지(natural will)와 공유된 생각(shared ideas)에 의해 결합된 개인들의 집합이라고 정의한 바 있다.

독일의 사회학자 Tőnnis(1975)는 공동체를 설명함에 있어 게마인샤프트(community)를 게젤샤프트(society)와 비교 및 구분하여 제시하였다. 그에 따르면, 농경사회에서 산업사회로 전환됨에 따라 근대사회는 전통적 공동체(게마인샤프트)에서 이익사회(게젤샤프트)로 바뀌게 되었다. Parsons(1971)는 Tőnnis의 게마인샤프트와 게젤샤프트의 이론에 기초하여, 사회적 관계를 대표하는 다섯 가지 핵심을 제시하였다. 전자는 게마인샤프트를, 후자는 게젤샤프트를 의미한다.

- 구성원들을 서로 관심을 가질 수도 있지만 아닐 수도 있다.
- 구성원들을 공동의 이익을 위해 동기부여 되기도 하지만 개인의 이익을 위해 동기부여 되기도 한다.
- 구성원들은 특수한 상황에 맞춰 의사결정하기도 하지만 일반적 규칙에 따라서만 의사결정하기도 한다.
- 구성원들은 업적과 관계없이 상대를 대하기도 하지만 업적에 따라 상대를 대하기도 한다.
- 구성원들은 자신에게 주어진 공식적 역할과 관계없이 확산적 인간관계를 맺

기도 하지만 자신에게 주어진 직무나 역할기대에 따라서 한정된 인간관계만을 맺기도 한다.

여기에 Sergiovanni(1994)가 다음 두 가지 변수를 추가로 제시하였다.

- 구성원들은 본질에 목적에 두기도 하지만 수단을 목적으로 두기도 한다.
- 구성원들은 이타적 관계를 맺기도 하지만 자기중심적 관계를 맺기도 한다.

아래 표는 공동체(게마인샤프트)와 이익사회(게젤샤프트)의 특징을 요약한 것이다.

〈표 11-1〉 공동체(게마인샤프트)와 이익사회(게젤샤프트)

공동체	이익사회
관심	무관심
집단지향	개인지향
특수성	보편성
귀속	성취
확산성	한정성
본질	수단
이타적	자기중심적

2) 학교와 공동체의 관계

학습은 학교라는 물리적 공간 안에서만 이루어지는 제한적인 개념이 아니라, 가정이나 지역사회(학교 밖이나 집밖 모든 장소) 등 언제, 어디서든 일어날 수 있는 포괄적인 개념이다. 세상 모든 일들이 인간의 학습과 성장에 영향을 미칠 수 있다는 관점은 학교뿐만 아니라 가정, 지역사회 내의 모든 것들(박물관 등 체험학습, 기업 견학, 신문 구독)이 학습 자원이자 교육과정 그 자체가 될 수 있다는 사실을 강조한다.

특히 변화가 빠르게 일어나는 21세기에는 학교 자체 역량만으로는 학생이 마주하는 다양하고 복잡한 문제를 대처하기는 부족하다. 특히 가정의 기능이 약화된 현대의 사회적 구조에서는 교육에 있어 학교와 가정, 지역사회 간의 공동체적 결합이 학생들의 점점 다양해지는 요구(needs)에 부합하기 위한 핵심으로 작용할 수 있다. 다시 말해서, 학생들의 다양한 요구에 대응하기 위해 학교가 지역 공동체 내 인간적, 사회적, 문화적, 그리고 재정적 자본과 긴밀한 상호의존적 관계를 형성할 때 제한된 자원을 효과적으로 사용할 수 있다. 뿐만 아니라 공동체의 일부로서 학교는 공유하는 가치체계나 신념을 기반으로 한 결속, 상호보살핌, 헌신적인 과업 수행, 공동 활동, 연대 와 같은 특징을 지닌다(Bryk et al., 1993; Sergiovanni, 1994)

학교와 가정, 지역사회 간의 공동체적 관계를 구축하는 것은 학교에 충분한 사회문화적 자본을 제공하고, 유의미한 학습 상황을 제공하며, 습득한 지식을 실제와 유사한 상황에서 활용해볼 수 있게 한다(Driscoll & Goldring, 2003). 봉사학습(service learning)이 지역사회와 학생 간의 가장 효과적인 결합의 형태로, 봉사활동 과정이 학생에게 유의미한 교육과정이자, 학생들의 봉사활동 그 자체가 지역사회의 필요에 부합되는 것이기도 하다(Dodd & Konzal, 2002).

공동체로서의 학교(Merz & Furman, 1997)는 첫째, 지역사회의 유관기관과의 연계를 통해서 교육서비스의 질을 향상시킬 수 있다. 이를 통해 관료적인 학교 체제가 보다 유기적인 공동체적 체제로 전환될 수 있다. 둘째, 자녀의 교육활동에 대한 학부모의 참여를 통해 단위학교와 학부모들 간의 파트너적인 관계모델을 구축함으로써 양자 간에 장기적인 헌신, 상호존중을 촉진 및 유지할 수 있다. 셋째, 단위학교의 교육적 자원을 지역사회의 주민들에게 제공해줌으로써 학교는 평생학습 기능과 지역교육의 센터로서의 역할을 수행할 수 있다.

3) 실천 공동체로서의 학교

Wenger와Snyder(2000)는 기존의 전통적인 조직의 구조를 보완하고, 지식의 공유와 조직의 변화를 촉진하는 새로운 조직의 형태로 실천 공동체(communities of practice)를 제시하였다. 실천공동체의 형태는 조직 내 및 조직 간, 팀 내 및 팀 간 등 매우 다양하나, 사람들이 비공식적으로 모여 특정 목표를 달성하거나 문제를 해결하기 위해 전문성과 열정을 공유한다는 점은 공통적이다. 비공식적이라는 점에서는 비공식 네트워크(Informal Network)와 유사하나, 비공식 네트워크에서는 일반적으로 조직에 대한 정보가 공유되는 반면 실천 공동체는 구성원들의 역량, 전문성, 헌신이 공유된다는 점에서 차이가 있다. 또한 실천 공동체는 프로젝트 팀과도 유사한 점이 있으나 프로젝트 팀의 경우 특정 업무가 끝날 때까지만 유효하고, 관리직에 의해 구성원들이 배정된다는 점에서 보다 자발적이고 지속적인 실천 공동체와 차이가 있다. 결국 실천공동체는 조직이 직면한 문제에 새롭게 접근할 수 있게 하고, 장기적으로 조직이 효과적으로 운영될 수 있게 하며, 조직의 성공에 필수적인 역량을 보유 및 발전시킬 수 있게 한다. Wenger와 Snyder는 조직이 실천 공동체가 되도록 한기 위한 관리자의 역할을 다음 세 가지로 제시한다. 이 세 가지는 학교조직이 실천공동체가 되도록 하기 위한 학교장의 역할에도 적용이 가능해 보인다.

- 첫째, 조직 내 비공식적 네트워크를 발견한다.
- 둘째, 이들이 실천 공동체가 될 수 있도록 촉진 및 지원한다.
- 셋째, 실질적으로 포착이 어려운 실천 공동체의 가치를 파악하기 위해 체계적으로 구성원들의 이야기나 노력에 귀 기울인다.

2.3. 제도로서의 학교

1) 제도의 의미

문화는 무엇이 존재하는지(여성, 어린이, 노약자, 장애, 유색인종 등)에 대한 사회적 규정으로 한 사회를 지탱하는 틀이다(Scott, 1995). 따라서 문화는 실제적 필요나 타당성 여부에 관계없이 경험된 세계 안에서 모든 사람들에게 당연한 것으로 받아들여지는 방식으로 구성되며 이는 다시 각 개인이 세계를 바라보는 자연적인 방식(taken for granted world)이 된다. 하지만 문화가 아무리 거대해 보이고 객관적 실재로 보일지라도 이는 결국 인간에 의해 내면화되어 다시 외재화된 산물일 뿐이다. 따라서 일반적으로 다음 세대에게 지속적이고 반복적으로 확신을 주는 문화는 모든 사람들에게 일리가 있고, 각 개인에게 주관적으로 의미 있는 것들이다. 예를 들면, 교육을 받은 사람이나 교육을 받지 않은 사람이나.

이처럼 문화를 사회적 구성체로 보는 관점은 2차 세계대전 이후 해방된 근대국민국가들이 각기 다른 사회문화적 맥락에도 불구하고 세계사회의 구성원으로써 자신들의 존재적 지위를 입증하기 위해 노력하는 존재였다는 사실을 잘 설명해준다. 즉, 당시 국민국가들은 국민 개개인의 권리를 보호하고, 개인의 잠재력을 개발하고, 사회를 발전시키며, 사회 정의를 실현하는 것 등을 공적으로 추구하는 모습을 보였다. 국가 주도의 노력 가운데 대표적인 것이 바로 공교육이다. 개별국가가 추구한 이러한 문화적 원칙들은 그것이 근대국민국가 건설에 가장 효율적인 방안이었기 때문이기도 하지만, 단지 그렇게 하는 것이 세계정치문화체제(world polity)하에서 적절하다고 평가받음으로써 외적 정당성을 높일 수 있기 때문이었다(Meyer & Jepperson, 2000). 그리고 이와 같은 개인주의, 보편주의, 진보주의, 합리주의를 표방하는 문화 원리나 제도적 규칙들은 세계사회에 근거를 둔 UN, INGO, 국제학술단체와 같은 합리화된 타자들(rationalized others)에 의해 단위국가에 전파될 수 있었다(Scott, 1995).

2) 학교의 제도적 순응

세계 각국에서 일어나는 공교육 개혁운동 역시 비슷한 맥락에서 이해할 수 있다. 즉, 세계사회의 구성인자인 근대국민국가들은 세계사회 문화의 핵심 원리를 국가운영에 반영하지 않고는 더 이상 세계사회라는 제도적 덮개 아래에 존재하기 어려웠다. 그리하여 근대 사회를 규정하고 정당화하는 핵심문화 원리, 즉, 인권, 개인성, 평등성, 형평성 등을 강조하는 방향으로 교육개혁이 일어나고 확산 및 제도화되었다. 특히 교통과 통신의 발달로 인적·물적 교류가 폭발적으로 증가함에 따라 세계가 더욱 다원화되어가고 있는 상황 속에서, 개별국가는 다양한 인종적, 민족적, 종교적, 언어적, 문화적 배경을 가진 학생들이 차별이나 소외받지 않고 개인성을 존중받는 가운데 각자의 잠재력을 최대한 발현할 수 있도록 교육내용과 교육방법, 그리고 교육제도를 마련할 것으로 기대를 받는다. 그리고 이러한 기대의 저변에는 개인의 다양성을 관통하는 공통의 인간성을 존중하고 지원하는 것이 사회통합이나 사회 발전에 부합한다는 인류 공통의 믿음(myth)이 깔려 있는 것이다.

DiMaggio와 Powell(1983)에 따르면, 조직들이 처음에는 다양한 형태나 특성을 보이지만, 시간이 지나 어느 정도 안정화 단계에 들어서면 서로 비슷해진다. 이처럼 서로 비슷한 형태를 띠는 현상을 동형화라고 한다. 동형화의 첫 번째 유형은 강제적 동형화(coercive confirmity)로, 국가의 정책이나 법이 조직의 동형화에 영향을 미친다. 둘째는 모방적 동형화(imitative confirmity)로, 조직은 특히 목표와 기술이 불분명하고, 조직을 둘러싸고 있는 환경이 불확실할 때, 다른 조직을 모방 또는 모델링함으로써 정당성을 획득한다. 모방적 동형화를 통해 혁신적 변화를 기대하기 어렵다는 단점이 있지만, 실패에 대한 위험부담이 적다는 장점이 있다. 셋째는 규범적 동형화(normative confirmity)로 전문가 집단이 공유하는 지식과 규범이 조직들 간 동형화에 영향을 미친다. 전문가 집단의 구성원들은 해당 집단에 들어오기 전에 교육훈련 기관에서 상당한 기간 동안의 경력개발기간을 거쳐 서로 유사한 지식과 규범을 공유하게 된다. 전문가로서 훈련받은 개인이 전문가 집단의 지식과 규범을 퍼뜨려 결과적으로 학교조직이 닮아가게 만든다.

DiMaggio와 Powell이 제시한 조직의 3가지 동형화 유형은 Weick(1976)이 제시한 이완결합체제와 연결되는 특성들이 있다. 이완 결합된 체제는 조직의 하위 요인들이 각자의 정체성 또는 고유성을 가진 채 느슨하게 결합되어있는 특성이 있다. 조직을 구성하는 요인들은 상호 영향을 미치나, 그 영향력은 상당히 제한적이고, 상호작용은 빈번하지 않으며 각 요인들에게 중요하지 않다. 이들은 때로는 더 타이트하게 연결되기도 하고 더 느슨하게 연결되기도 한다. 교육조직은 핵심기술인 수업활동과 행정관리적 권한의 관계, 계획과 실행의 관계, 그리고 목적과 수단(또는 평가)의 관계에 있어 느슨하게 결합되어 있다는 측면에서 모방적 동형화가 다른 어떤 조직보다 빈번하게 일어난다고 볼 수 있다. 또한 교육조직은 전문가들(교수자)의 전문성에 대한 자격 혹은 학위와 같은 자격증을 요구함으로써 신뢰의 논리에 따라 이들의 전문적 자율성을 인정한다는 측면에서 느슨하게 결합된 채 규범적 동형화가 일어난다고 볼 수 있다. 마지막으로, 교육조직은, 특히 공교육의 경우, 국가차원의 정책이나 교육과정의 영향을 받는데 정해진 교육과정이나 교과서, 수학능력시험 등이 있는 대신에 실제 수업활동에 대한 통제나 검열이 이루어지지 않는다는 측면에서 이완 결합된 채 강제적 동형화가 나타난다고 볼 수 있다.

3. 학교 효과성과 효과적인 학교

효과성에 대한 정의나 그것에 대한 평가 기준은 다양해서 같은 행위라도 어떤 측면에서는 효과적일 수 있는가 하면, 경우에 따라서는 비효과적일 수도 있다. 오늘 효과적인 것으로 판단되는 성과도 내일에는 비효과적인 것으로 간주되기도 한다. 따라서 효과성을 나타내는 최상의 지표에 관한 합의를 이끌어내는 것은 거의 불가능하다. 그럼에도 불구하고, 효과적인 학교가 무엇인지 정의하고 이러한 학교의 특성 요인을 밝히는 것은, 이후 비효과적인 학교를 효과적인 학교로 재건하기 위한 구체적인 방향을 설정하는 데 도움이 될 수 있다.

선행연구들에서 효과적인 학교는 학교 효과성 또는 학교 효과라는 용어와 혼용되어 왔는데, 사실 이들 용어 간에는 미묘한 차이가 있다(Lezotte & Snyder, 2010). Coleman 보고서를 시작으로 한 초기의 '학교 효과성 연구(school effectiveness)'의 대부분은 학교의 시설 등 투입자원이 교육적 성취를 비롯한 다양한 교육적 성과에 미치는 영향력에 대해서 우선적인 관심을 가지고 있었다(Coleman et al., 1966). 학교의 투입자원을 변화시킨다면 학교의 질적 수준을 평등화시킴으로써 학교 간 격차를 완화시킬 수 있을 것이라는 정책적인 가정에서부터 출발했기 때문이다. 그렇기 때문에 초기 연구들에서는 실제 교육활동이 발생하는 학교 내부의 변환과정(transformation process)에 대해서는 별다른 관심을 보이지 않았다. 이에 대해 몇몇의 학자들은 이러한 연구모형을 '검은 상자 모형(black-box model)'이라고 비판하기도 했다. 즉, 초기의 학교 효과성 연구는 학급 크기나 학교 지출 경비와 같은 투입(input) 변인과 학업성취나 학교 구성원의 직무만족과 같은 결과(outcome) 변인 간 관계 혹은 관계의 크기 정도에 초점을 두었다.

반면 '효과적인 학교 연구(effective school study)'는 성공적이라고 생각되는 특정 학교를 대상으로 참여관찰과 면접방법으로 연구를 수행한 뒤, 연구 대상 학교가 보이는 특징들을 파악함으로써 효과적인 학교의 특징은 무엇인지 밝히는 연구들(Edmonds, 1979)을 가리킨다. 효과적인 학교 연구는 학교 효과성의 부분집합이나, Coleman 보고서를 위시한 수많은 투입-산출 연구들이 학교의 체제 내부 변환과정을 무시하고 투입 지표들만을 고려한 것에서 벗어나 교수·학습 과정이나 학생 및 교사의 동기 수준, 학교의 문화와 같은 변환과정이 교육 결과에 미치는 영향을 살펴본다는 측면에서 차이가 있다. 이 연구들에서는 비슷한 유형의 학생들이 다니는 학교들 사이에서도 학업성취 결과에 차이가 난다는 사실에 주목하여 효과적인 학교와 비효과적인 학교로 구분한 후에 이상치(아웃라이어) 학교, 즉 투입이 비슷한 학교들에 비해 더 효과가 높은 학교들이 보이는 특성을 비교하는데 관심을 보이고 있다. 즉, 효과적인 학교 연구는 학교가 환경적 요인들에 의해 형성되고 제약을 받는 가운데 학교조직 내부의 특별한 변환과정을 통해 여건이 비슷한 학교에 비해 보다 높은 교육적 결과를 만들어내는 학교의 사회적 특성 또는 사회적 자본(social capital)을 발견하는 데 초점이 있다.

이처럼 초기 학교 효과성 연구들은 학교자원의 투입으로 학교 간 격차를 완화시킬 수 있을 것이라는 정책적인 가정에서부터 시작하였다. 학교의 투입변인에 초점을 둔 학교 효과성 연구들은 효과적인 학교 연구로 발전해 오면서 학교 내부의 변환과정에 관심을 돌리게 되었다. 비슷한 배경을 가진 학생들로 구성되어 있다고 하더라도 학교에 따라 결과가 상이할 수 있다는 사실은 교육자들을 비롯한 학교 행정가들에게 도전적인 문제로 다가올 수밖에 없었다. 하지만 1980년대까지만 하더라도 효과적인 학교 연구들은 높은 학업성취나 효율성과 같은 지표들을 주로 강조하는 데 머물렀다(Tyack & Cuban, 1995). 2001년 미국 의회에서 낙오학생방지법(No Child Left Behind Act)이 통과하여 법률로 제정되면서 학교가 학생의 성적에 대한 책무를 지도록 하는 정책이 시행되기 시작했다(Boven, 2007). 국내에서도 1995년 5.31 교육개혁 이후 책무성 논의가 등장함에 따라 시·도 교육청 평가나 학교평가와 같은 기관평가제도가 도입되고 시행되어 왔으며, 2001년부터 표집평가로 시행되어 온 국가수준 학업성취도평가가 2009년부터는 전수평가로 시행하기도 했다. 2000년 이후에는 OECD나 IEA 같은 국제기구가 주도해온 PISA나 TIMSS 등의 대규모 국제학업성취도 평가가 학생의 학업성취에 대한 국가의 책무를 요청하고 있다(Meyer & Benevot, 2013).

2000년 이후로 시행되어 온 책무성 정책들은 사회·경제적으로 혜택 받지 못한 아동들이 학교에서 낙오되는 것을 방지하는 것을 학교의 주요 목표로 한 것이었다. 학교에서 제공하는 지식을 배울 준비가 충분히 되어 있는 학습자들, 즉 가르치기 쉬운 아이들을 가르치는 것은 학교교육의 성공을 보장해 주는 것이었다. 하지만 여러 가지 이유로 학교에서 가르치는 것들을 학습할 준비가 안 되어 있는 아이들까지도 잘 가르치는 것을 학교의 마땅한 책무라고 인식하기 시작함에 따라 효과적인 학교를 규정하는 기준 역시 보다 폭넓은 대상을 포용하는 방향으로 초점을 돌리게 되었다. 이처럼 사회·경제적으로 혜택 받지 못한 아동과 같이 주변부 아동들까지도 교육시키는 일이 학교의 책무라는 인식의 확산은 모든 학생들에게 질 높은 교육기회를 형평성 있게 제공하는 학교가 효과적이라는 논의로 이어지는 데 발판이 되었다.

연습문제

1. 학교를 이완결합조직으로 볼 때 학교에서 교장과 교사 간에 발생할 수 있는 문제점들에는 어떤 것들이 있을지 논의하시오.

2. 학교를 조직으로 보는 관점, 공동체로 바라보는 관점, 제도로서 바라보는 관점 각각에 따라 학교장의 역할과 교사의 역할은 어떻게 달라져야 하는지 논의하시오.

참고자료 및 관련 사이트

Bryk, Anthony S., Valerie E. Lee, and Peter B. Holland. (1993). *Catholic Schools and the Common Good*. Cambridge: Harvard University Press.

Coleman, J. S., Campbell, E. Q., Hobson, C. J., & McPartland, J. M. (1966). Equality of educational opportunity. Washington, DC: US Department of Health, Education and Welfare (Office of Education).

DiMaggio, P. J., & Powell, W. W. (1983). The iron cage revisited: Institutional isomorphism and collective rationality in organizational fields. *American sociological review*, 147-160.

Dodd, A. W., & Konzal, J. L. (2002). How Communities Build Stronger Schools: Stories, strategies and promising practices for educating every child. New York: Palgrave Macmillan.

Driscoll, M. E., & Goldring, E. B. (2003). Schools and communities as contexts for student learning: New directions for research in educational leadership. Prepared for Division A of AERA Task Force for the Development of an Agenda for Future Research in Educational Leadership.

Edmonds, R.R (l979) Effective schools for the urban poor. *Educational Leadership, 37*, 15-27.

Etzioni, A. (1964). *Modern organizations*. Englewood Cliffs, NJ: Prentice Hal!.

Hoy, Wayne K., and Cecil Miskel. (2013). 교유행정: 이론, 연구, 실재 (오영재 외 역). 서울: 아카데미프레스.

Lezotte, L. W., & Snyder, K. M. (2010). *What effective schools do: Re-envisioning the correlates*. Solution Tree Press.

Merz, C. & Furman, G. (1997). *Community and schools: Promise and paradox*. Teachers College Press New York.

Meyer, H. D., & Benavot, A. (Eds.). (2013, May). *PISA, power, and policy: The emergence of global educational governance*. Symposium Books Ltd.

Meyer, J. W., & Jepperson, R. L. (2000). The 'actors' of modern society: The cultural construction of social agency. *Sociological theory, 18*(1), 100-120.

Meyer, J. W., Rowan, B. (1978). The structure of educational organizations. 1n M. W. Meyer (Ed.), *Eenvironmental and organizations* (pp. 78-109). San Francisco:]ossey-Bass.

Owens, R. G., & Valesky, T. C. (2014). 교육 조직 행동론(김혜숙 외 옮김). 서울: 학지사.

Parsons, T. (1971). 현대사회들의 체계 (윤원근 역). 서울: 새물결

Poplin, Dennis E. (1979). 공동체이론(신용하 편). 서울: 문학과 지성사.

Senge, P. M., Cambron-McCabe, N., Lucas, T., Smith, B., Dutton, J., & Kleiner, A. (2000). Schools that learn: A fifth discipline fieldbook for educators, parents, and everyone who cares about education. New York: Doubleday-Currency.

Sergiovanni, T. J. (1994). Organizations or communities? Changing the metaphor changes the theory. *Educational Administration Quarterly, 30*(2), 214-226.

Scott, W. R. (1995). *Institutions and Organizanons*. Thousand Oaks, CA: Sage.

Tyack, D. B., & Cuban, L. (1995). *Tinkering toward utopia: A century of public school reform*. Harvard University Press.

Tőnnis, F. (1975). *Community and society [Gemeinschaft und gesellschaft]* (C. P. Loomis, ED. and Trans.). New York: Harper & Row. (Original work published 1987)

Weber, M. (1947). *The theory of social and econometric organizations*. 1n T. Parsons (Ed.), A. M. Henderson and T. Parsons (Trans.). New York: Free Press.

Weick, K. E. (1976). Educational organizations as loosely coupled systems. *Administrative science quarterly*, 1-19.

Wenger, E. C., & Snyder, W. M. (2000). Communities of practice: The organizational frontier. *Harvard business review, 78*(1), 139-146.

제 12 장

교사론

학습목표

1. 교직의 정체성을 이해한다.
2. 교사의 전문적 자본 향상을 위한 전문성 개발 방법을 논의한다.
3. 교사의 권위와 영향력 확대를 위한 교사 리더십의 요건을 탐색한다.

주요용어

- 교직의 정체성
- 교사의 전문적 자본
- 인적자본, 사회적 자본, 의사결정자본
- 전문적 학습공동체
- 교사의 권위
- 교사 리더십

1. 교직의 정체성

1.1. 교사에게 요구되는 자질

교사는 어떤 일을 하는 사람인가? 가르치는 사람이라고 단정하기에 교사의 역할은 모호한 점이 많다. 교사의 임무에 대하여 Hannah Arendt(2009)는 "가정이라는 사적 영역으로부터 사회라는 공적 영역으로 이동을 가능하게 하기 위해 두 세계를 매개하는 역할이라고 규정한 바 있다. 아동을 사적 영역에서 공적 영역으로 입문시키기 위한 역할은 구체적으로 어떤 것들이 있으며, 그 역할들을 수행하기 위해 요구되는 자질에는 어떤 것들이 있을까?

교사에게 요구되는 자질은 다양할 뿐만 아니라 그 자질에 대한 기대치 또한 상당히 높다. 교사는 담당교과에 대한 지식이 많을 뿐만 아니라 다양한 학생들을 가르치는 기술이 좋고 교육에 대한 자기만의 윤리적 기준을 바탕으로 전문적 판단을 내릴 수 있기를 요구받는다(Colnerud, 2006). 또한 교사는 동료교사뿐만 아니라 학생들과도 좋은 관계를 형성할 것으로 기대를 받는다. 실제로 교사와 학생 간의 복잡하고 복합적인 관계는 교사의 핵심 업무인 수업활동에도 직접적인 영향을 미친다. 교사는 교과내용 전달을 통해 학생들을 공적 세계로 안내할 뿐만 아니라 학생들과 정서적이고 감정적 연대를 형성해야 한다. 교사는 학생을 대할 때 개별적인 인격체를 넘어 미래사회 구성원으로의 성장을 도모하기를 요구받는다. 실제로 David Carr(2003)는 좋은 교사는 교실에서의 의무를 넘어 학생에게 '개인적 책임감'을 느낀다고 지적한 바 있다.

결국 가르치는 일은 관계를 수반하지 않으면 안 된다. Palmer (2005)는 「가르칠 수 있는 용기」라는 저서에서 학교현장에서 교사와 학생 간 관계가 소원해지는 이유가 공포 또는 두려움이라고 지적하고 있다. 학생의 입장에서는 자신의 존재가 보잘 것 없고, 가치가 없는 존재로 드러날지 모른다는 공포, 실패자로 낙인찍힐 것에 대한 두려움이 있다. 반면에 교사의 입장에서는 교사로서 인정받지 못하거나 존중 받지 못할 것에 대한 공포, 아이들과 연결되지 않을지도 모른다는 두려움이 있다. 여기에 대하여 Palmer는 교사가 어느 정도 개방적일 필요가 있다고 주장한다. 자신과 타자의 공포를 이해함과 동시에 대화와 상호작용을 통해 상호 연결성을 추구할 때, 인간적 신뢰가 쌓이고 비로소 교육이 시작될 수 있다는 것이다. 결국, 교육은 일방적으로 이루어지는 것이 아니라 교사와 학생이 함께 가르치고 배우는 과정이기 때문이다.

1.2. 교직의 어려움

많은 사람들이 교직을 선망하지만, 정작 교사들은 교직의 어려움을 호소한다. David Labaree(2000)는 교직이 왜 어려운지에 관하여 통찰력 있는 해석을 제시하였다. 첫째, 가르치고 배우는 관계는 교사와 학생의 상호작용이라서 교육의 성공여부가 교사 자신에게만 있지 않다. 둘째, 교사가 만나는 불특정 다수의 학생들 가운데 대부분이 자발적으로 온 학습자가 아니라는 것이다. 셋째, 교육이 일어나기 위해 교사는 학생과 정서적 유대를 쌓아야 하는데, 관계는 교과서적 지식만으로는 해결할 수 없으며, 관계를 형성하는 과정에서 상당한 시행착오를 겪을 수밖에 없다. 넷째, 수업은 주로 교실 안에서 이루어지기 때문에 교사는 고립되어 있다. 교사는 다른 일반조직 구성원들에 비해 동교와의 관계가 타이트하지 않으며, 그렇다고 대부분의 시간을 함께 보내는 학생들과 거리감이 없는 것도 아니다. 다섯째, 인간의 변화와 성장은 관찰하기 어렵고, 그 변화가 교사로 인한 것인지도 모호하기 때문에 수업활동은 효과가 불확실하다. 여섯째, 교사의 행동에는 교육목표를 달성하기 위한 의도가 숨어있지만 사람들은 그 의도를 파악하지 못한 채 교사의 드러나는 행동만 보고 교사를 판단하는 경향이 있다. 일곱째, 교사의 업무는 누구나 학창시절에 가까이에서 봐오던 것이다. 누구에게나 익숙하기에 교사의 일은 쉬어 보일 수 있다. 여덟째, 대중교육을 담당하는 교사는 대부분의 성인들이 알고 있는 것을 가르친다. 따라서 교사의 지식과 기술은 평범해 보일 수 있다. 아홉째, 과학교육은 과학이라는 학문만큼 신뢰받지 못하는 경향이 있다. 열째, 변호사나 의사와 같은 다른 전문가들과 달리 교사의 핵심기술인 교수 방법은 학습자에게 노출될 수밖에 없다.

1. 교육활동의 성공여부가 교사 자신에게만 있지 않다.
2. 학생은 자발적으로 온 학습자가 아니다.
3. 교사는 지식의 전달뿐만 아니라 학생과 정서적 유대를 쌓아야 한다.
4. 교사는 구조적으로 고립되어 있다.
5. 교사의 핵심 업무인 수업 활동은 효과가 불확실하다.

6. 교사의 의도는 파악하지 못한 채 교사의 행동을 판단하는 경향이 있다.
7. 다른 전문직과 달리 교사의 일은 학교를 다녀본 모든 사람들에게 익숙하다.
8. 대중교육을 담당하는 교사의 지식과 기술은 평범해 보인다.
9. 교사의 전공 지식은 또 다른 학문의 하위 분과로 인식되는 경향이 있다.
10. 교사의 핵심기술인 교수 방법은 다른 사람들에게 노출될 수밖에 없다.

2. 교사 전문성

2.1. 교사의 전문적 자본

조직은 자원이 풍족할 때 다양한 시도를 해볼 수 있으며, 그 결과 폭넓은 목표 추구가 가능해진다. 이러한 맥락에서 학교조직의 핵심 업무를 담당하는 교사의 질은 상당히 중요하다. 교사가 중요한 교육 자원인 만큼이나 교사의 전문성이 무엇인지, 이들이 갖추어야 할 지식이나 기술, 태도는 무엇인지는 시대적 배경이나 사회적 규범에 따라 계속해서 변화해 왔다.

구체적으로, 공교육 확산되기 시작한 시기에 교사는 정해진 교육과정을 전달하는 사람에 불과했다. 이때 교사에게 요구되는 것은 최소한의 교수법 습득과 지적 권위에 대한 복종정신이었다(Hyams, 1979). 이후 중등교육이 확산됨에 따라, 교사에게 이전보다 높은 지적 능력이 요구되었다. 이에 따라 교사교육이 대학으로 옮겨가기 시작했고, 예비교사들은 양성과정에서 인문학적 소양을 익히게 되었다. 이때만 해도, 교사에게 요구되는 능력은 공통 교육과정을 가르칠 수 있는 역량인 바, 교과지식에 대한 전문가보다는 교육학적 소양이 예비교사 양성과정에서 강조되었다(Connell, 2009). 하지만 더 많은 사람들이 학교교육을 받게 될수록 중등교육 체제는 더욱 분화되었으며, 종합학교로서의 기능은 점차 약화되었다(Campbell & Sherington, 2006). 그 결과, 점차 교사를 역량을 갖춘 전문가로 보는 관점이 힘을 얻게 되었다(Moore, 2004).

학생의 교육적 성과를 결정하는 핵심 요인으로서 교사의 질(teacher quality) 또는 교사 전문성이 빠지지 않고 언급된다. 교사의 전문성은 교육활동을 계획하고 조직하며 실행하는 데 필요한 지식, 기술 및 태도를 의미한다. Hargreaves와 Fullan (2012)은 교사에게 필요한 전문적 자본을 세 가지로 제시하였다. 그것은 바로 인적 자본, 사회적 자본, 그리고 의사결정 자본이다. Hargreaves와 Fullan은 교사의 전문적 자본이 이들 세 가지의 (합이 아닌) 곱의 함수로 설명될 수 있다고 주장하였다.

첫째, 인적자본은 교사가 교직을 수행하기 위한 지식과 기술을 어느 정도 소유하고 있는가에 관한 것이다. 여기에는 Shulman(1987)이 지적 한 것처럼 교과에 대한 지식, 교수법에 대한 지식, 그리고 교육과정에 대한 지식이 포함된다. 뿐만 아니라 학생들의 다양한 사회문화적 배경을 이해하고 학생들과 정서적 유대를 쌓는 능력까지도 교사의 인적자본에 포함된다. 특히 교수법에 대한 지식(pedagogical content knowledge: PCK)은 교과 내용을 학생에게 효과적으로 전달하는 방법이나 전략에 대한 지식이나 기술을 의미하는 것으로, 가르칠 내용을 교사가 재해석하여 학생들의 이해도를 높일 수 있는 적절한 형태로 변환하는 데 필요한 지식이다. 따라서 가르칠 학습자가 어떤 방식으로 학습하는지, 이들이 자주 빠지는 오개념은 무엇인지, 이들의 선행지식은 무엇이고 얼마나 깊이 알고 있는지 등과 같이 학습자에 대한 지식, 학습이 이루어지는 맥락이나 상황에 대한 지식 등을 포괄한다.

둘째, 사회적 자본은 1980년대 말 James Coleman에 의해 교육학계에서 주목을 받기 시작했다. 사회적 자본은 사람들 사이의 관계 속에 존재하는 것으로, 사회적 관계의 양과 질에 따라 달라진다. 교사의 전문성에서 사회적 자본이 중요하게 다루어지는 것은 그것이 교사들 간의 상호작용이나 협력, 신뢰적 관계를 통해 동료교사의 지식과 정보, 즉, 인적자본에 접근할 수 있도록 하기 때문이다. 다시 말해서, 사회적 자본은 개별교사의 인적자본을 동료교사의 인적자본과 연결해주는 네트워크 기능을 한다. 사회적 자본은 교사 개인의 능력을 학교의 능력으로 전환시켜주는 촉매제 기능을 한다.

셋째, 의사결정 자본은 교사들의 구조적·비구조적 경험과 이에 대한 성찰(reflection)을 통해 습득하고 축적해나가는 자본이다. 교직은 많고 다양한 학습자를 동시에 만나는 직업이다. 학습자의 특성과 배경은 제각각이기에 다양한 학습자를 만나는 일에는 언제나 불확실성이 뒤따른다. 실제로, 학습자는 각자 살아온 서로 다른 배경이라는 책가방을 등에 메고 교실로 들어온다는 말이 있다. 서로 다른 배경에서 다른 삶을 살아온 이들에 대한 최선의 교육방법이 무엇인지, 선택한 교육방법의 결과는 무엇일지에 대하여 확신에 가득 찬 교사는 거의 없다. 이렇듯 교사를 안내하는 명확한 법칙이 없는 상황에서, 다른 교사들이 축적한 경험이나 통찰력을 공유하고 함께 성찰하는 과정은 교사가 전문적 판단을 내리는 데 중요한 자본이 된다. 결국, 의사결정 자본 역시 개별교사의 인적자본만으로는 개발에 한계가 있고, 동료교사들과의 사회적 자본을 통해서 쌓을 수 있다. '우리학교' 학생들을 위한 '우리학교' 교사들의 축적된 경험이 결과적으로 '우리학교' 학생들에게 도움이 되는 의사결정으로 이어질 수 있는 것이다.

2.2. 교사 전문성 개발의 역사

Hargreaves(2000)는 교사 전문성 개발의 역사를 크게 네 단계로 나누어 제시한다. 첫 번째는 전문직 이전의 시대(pre-professional age)로, 교사의 역할이 단순히 지식 전달자에 국한되어 있었다. 두 번째는 교사 자율성의 시대(the age of the autonomous)로, 교사의 사회적 지위가 높아지면서 그들에게 전문적 자율성이 높아지는 시기이다. 교사들의 자유재량은 그들의 핵심 업무인 수업활동의 고립으로 이어져 많은 문제와 비판을 야기했다. 이러한 현상은 세 번째인 전문적 협력의 시대(the age of the collegial professional)를 촉진하는 배경이 됐다. 이 시기는 교육에 대한 사회적 요구가 다양해지고, 세계가 빠르게 변화함에 따라 비슷한 맥락에 처한 교사들 간의 협력, 즉, 교사들에게 실제적인 도움이 될 수 있는 학교 기반 전문성 개발에 대한 요구가 높아졌다. 마지막으로 포스트모던 시대(the age of postmodern)는 교사의 전문적 학습 혹은 이들의 업무 영역이 학교 내에 국한되는 것을 넘어 사회적 운동으로 나타나는 시기이다. 이러한 시대적 상황을 고려할 때, Hargreaves는 교사가 전문성을 유지 또는 발전시키기 위해 교사자격증을 가지지 않은 사람들(학교 밖 자원)의 도움을 받고, 부모와 지역사회와 협력관계를 유지해야 할 필요성을 제안한다. 교사 개인 차원을 넘어, 학교 조직 차원을 넘어 교사의 전문성이 개방체제(open system)로서 기능을 해야 한다는 것이다.

2.3. 교사 전문성 개발 활동의 유형

교사 전문성 개발은 교사가 교수·학습과 관련된 지식을 축적하고 자신의 경험을 성찰함으로써 전문성이 신장되는 것을 의미한다(Glatthorn, 1995). 교사 전문성 개발 활동의 형태는 다양하나, 가장 일반적으로 현직교사들이 참여하는 전문성 개발 활동은 현직교사 연수와 같은 공식적 활동과 교사 간 조언이나 피드백 등 비공식적 활동으로 구분된다. 비슷한 맥락에서, 정책 설명회나 워크숍, 컨퍼런스와 같이 외부기관에 의해 주도되는 전문성 개발 활동과 학습공동체나 조직학습 등 학교 내부의 필요에 의해 자생적으로 운영되는 활동으로 구분할 수도 있다. 마지막으로, 교사 간 협력 같이 집단이나 공동체를 중심으로 한 전문성 개발과 자격증 취득 또는 학위 과정 같이 개인을 중심으로 한 전문성 개발로 구분하기도 한다.

2.4. 전문적 학습공동체

교사 전문성 개발 활동의 다양한 형태 가운데 외부 기관이 주도하여 처방하는 교사 전문성 개발 프로그램이 교사에게 실효성이 낮다는 사실이 오랫동안 지적되어 왔다(Opfer & Pedder, 2011; Sandholtz & Scribner, 2006). 교사가 속해 있는 학교의 맥락을 비롯해서 일상의 업무와 분리되어 있는 공식적 지식은 실제 교사가 직면한 복잡하고 불확실한 수업상황을 개선하는 데에 한계가 있다는 것이다(Meirink, Imants, Meijer, & Verloop, 2010). 이에 반해 학교를 중심으로 한 교사들 간의 협력적 상호작용은 교사가 직면한 문제를 해결하고 나아가 그들에게 필요한 전문성을 증진시킬 수 있는 실효성 있는 방안이라는 주장이 이어지고 있다(서경혜,

2019).

Hord는 전문적 학습 공동체(Professional Learning Community: PLC)라는 용어를 처음 제안하였다. 그는 전통적 방식의 교사 전문성 개발 활동에 대한 대안으로서 같은 학교 내 교사들이 전문적 학습을 위해 활동하는 것의 중요성을 강조하였다. 이는 Wenger와 Snyder(2000)가 조직의 성공과 역량의 유지를 위해 제시하는 실천 공동체(Communities of Practice)와도 맞닿아 있다. 이들의 공통된 주장은 비슷한 문제의식을 공유하는 교사들 간 상호작용을 통해 얻게 되는 경험 공유와 성찰이 그들이 처한 맥락이나 요구에 부합하는 교육활동을 실행할 수 있게 함으로써 전반적인 교육활동 개선에 유의미한 영향을 미친다는 것이다(Hargreaves, 1994; Kwakman, 2003). 비슷한 맥락에서, Schőn(1983) 역시 성찰적 실행의 필요성을 강조했다. 성찰적 실행은 행동하면서 성찰할 수도 있고 행동한 결과에 대하여 성찰할 수도 있다. 행동하면서 성찰하는 것은 수업을 하면서 중간에 질문을 받을지 아니면 수업이 끝나고 받을지, 한 번 더 반복할지 아니면 빠르게 짚고 넘어갈지 등에 대한 성찰이다. 행동에 대한 성찰은 수업을 마친 후 학생들이 주로 어떤 메커니즘에서 오개념에 빠지는지, 오늘 수업이 지루하게 느껴진 이유는 무엇인지, 다음 수업에서는 어떤 부분에 어떤 활동을 추가하면 좋을지 등에 대한 성찰이다. 결국 교사 전문성 개발은 교사에게 필요한 지식, 경험, 전문적 판단 능력을 쌓아나가는 과정이고, 이를 위해서 우리학교 학생들을 가르치는 교사들끼리의 탐구가 요청되는 것이다.

2.5. 그 밖의 시도: 양성과정 및 직무구조 개편

교직의 전문성을 강화하기 위하여 현직교사뿐만 아니라 예비 교사들로 하여금 어떤 요건들을 구비하도록 촉진할 것인지를 고민해야 한다. 예를 들어, 담당교과에 대한 전공수업을 늘리는 것보다는 담당교과에 대한 교수법이나 일반 교육학 수업을 늘리는 것이 학생의 교육적 성취와 유의미한 관계가 있다는 선행연구(Ferguson & Womack, 1993)는 예비교사 양성과정에서 어떤 커리큘럼을 보다 강화하는 것이 교사의 질을 높이는 데 직접적으로 도움이 되는지에 대한 통찰을 제공한다. 현직 교사의 경우에도 핵심 업무에 해당하는 수업활동의 범위(예를 들면, 같은 학년만을 담당하도록 한다든지, 여러 유사 교과를 담당하게 하기 보다는 같은 교과를 한 사람이 담당하게 한다든지)를 좁히는 것이 수업에 대한 전문성을 높이고 나아가 교사 전문성을 제고하는 데 도움이 될 것이라는 주장(LeTendre, Baker, Akiba, Goesling, & Wiseman, 2001)이 있다. 이에 대한 추가적인 연구와 검토가 필요하다.

3. 교사의 권위와 영향력

교사의 업무는 상당히 다양하고 경계가 모호하며, 교사로서의 자질에 대한 기대 또한 다른 직업에 비해 훨씬 높다는 사실을 앞서 논의한 바 있다. 그럼에도 불구하고 교사는 여전히 학교의 업무에서 자신들이 배제되어 있다고 느끼는 경향이 강하게 나타난다(Ingersoll, 2009). 또한 많은 교사들은 교실의 업무인 수업활동이나 학생들과의 관계에서도 교사의 권위가 예전 같지 않다고 말한다. 그렇게 많고 다양한 업무를 담당하면서도 교사는 왜 자신들이 학교에서 소외되고 있다고 느끼는 걸까? 그렇게 높은 전문적·도덕적 자질을 교직에 입문하는 과정에서 검증 받고, 교직에 입문한 이후에도 지속적으로 요구받으면서도 교사들은 왜 여전히 교권이 추락했다고 느끼는 것일까? 권위는 어디에서 오는 것이며, 교사의 영향력은 언제 어디에서 발휘될 수 있는 것일까?

3.1. 권력과 권위의 관계

일상생활에서 권위와 권력이라는 단어의 사용은 혼용되지만, 이 둘 사이에는 미묘한 의미의 차이가 있다. 권력이 타인의 저항에도 불구하고 나의 의지를 관철시키는 힘이라면, 권위는 타인이 자신의 비판적 관점을 유예하고 자발적으로 나의 명령에 따르고자 하는 의지이다. 따라서 권위가 있는 사람에게는 권력이 있기 마련이지만, 권력이 있는 사람에게 항상 권위가 있는 것은 아니다.

교사가 교직에 입문할 때에 자동적으로 부여받게 되는 것은 제도적 권력 또는 합법적 권력이다. 이것은 교사로서의 공식적 직위에 근거하는 것으로 공식적 직위를 유지하는 한 개인의 특별한 노력 없이도 합법적 권력은 안정적으로 유지된다. 하지만 전문적 권위나 준거적 권위는 다르다. 전문적 권위는 개인의 전문적 지식이나 기술에서 나오는 것이고, 준거적 권력은 개인의 도덕성, 인품, 가치관, 카리스마와 같은 것에서 나오는 것이다. 즉, 전문적 권위나 준거적 권위는 조직이나 제도가 아닌 개인의 특성에 의존하는 경향이 강하다. 실제로 전문적 권위나 준거적 권위는 조직이나 타인이 나에게 공식적으로 부여할 수 있는 것이 아니다. 전문성과 도덕성을 갖추고 유지하기 위해 개인은 지속적인 노력을 기울여야 한다.

합법적 권력이나 제도적 권력은 말 그대로 권위보다는 권력에 가깝기 때문에 지나치게 강조될 경우 타인의 저항감으로 불러올 수 있다. 따라서 합법적·제도적 권력은 언제나 최소한으로 발휘되어야 하고, 불가피하게 사용할 시에도 조심스러워야 한다. 반면에 전문적 권위와 준거적 권위는 말 그대로 권력보다는 권위에 가깝기 때문에 타인의 자발적 참여와 헌신을 이끈다. 따라서 교사는 학생들과의 관계에서 권력보다는 권위가 있는 사람으로서 보이기 위해 노력할 필요가 있으며, 특히 이 두 가지의 권위를 적절하게 잘 활용하는 것이 학생과 교사 모두에게 유의미한 교육활동을 가능하게 할 것이다.

3.2. 교사의 학교 의사결정 참여

전통적으로 학교의 업무는 크게 학생을 가르치는 업무와 그밖에 학교에 관한 행정업무로 구분되어 왔다. 이렇게 학교의 업무가 명확히 분리되는 것이 당연시 되었을 때에는 교실 안에서 수업하는 활동은 교사의 업무로, 교실 밖에서 학교를 관리 및 경영 활동은 학교장의 업무로 인식되었다(Ingersoll, 2009). 하지만 학교단위의 책임경영이 확산되면서 단위학교 차원의 의사결정을 내릴 일들이 많아졌다.

그 결과 교사의 의사결정 참여도 증가하게 되었다. 하지만 의사결정 참여가 반드시 실질적 영향력의 증가를 보장하는 것은 아니다. 의사결정 참여가 피상적인 절차적 참여에 머문다면, 교사의 학교 의사결정 참여는 교사의 영향력 증가로 이어지지 않을 수 있다. 실제로 교사들은 교실 안에서의 영향력이 더 중요하다고 인식하면서도 교실 밖에서의 영향력에 대해 갈증을 느끼는 경향이 있다.

3.3. 교사 리더십

교사의 단순한 참여가 아니라 교사의 실질적인 영향력을 증가시키기 위해서는 교사 리더십을 강화하는 것이 필요하다. 교사 리더십이란, 교사가 개인차원이나 집단차원에서 그들의 동료나 학교장, 그밖에 학교를 둘러싸고 있는 이해관계자들에게 영향력을 미치는 일련의 과정이다(York-Barr & Duke 2004). 교사 리더십과 유사한 개념으로서 공유된 리더십(shared leadership), 분산적 리더십(distributed leadership), 집단적 리더십(collective leadership), 비공식적 리더십(informal leadership) 등이 소개되어 왔다.

불리는 이름은 다르지만 이들은 모두 교사의 영향력이 교실 안에 머물지 않고 교실 밖 학교 관리 및 경영으로 확대될 필요성을 강조하고 있다. 왜냐하면 학교정책은 결국 교사가 실행하는 것이며, 교사가 학교정책에 대해 얼마나 잘 이해하고 공감하고 있는지에 따라 해당 정책이 성공할지 실패할지 여부가 달라질 수 있기 때문이다(Spillane, Parise, & Sherer, 2011). 무엇보다 교사는 학생들을 가장 가까이에서 지켜보고 학생들에 대해 가장 잘 알고 있는 사람들이다. 따라서 교사가 학교의 일에 영향력을 행사하고 리더십을 발휘하는 과정은 단순히 교사의 직무만족을 넘어 학생의 교육적 성과를 위해서도 필수적이라는 것이다. 이처럼 교사 리더십 강화의 필요성을 제기하는 입장에서는 교사의 업무가 단순히 교실 안에서 가르치는 업무를 넘어 학교 리더십 발휘가 가능하도록 교사의 역할과 리더십의 범위가 확대될 필요성을 제기한다.

연습문제

1. 미래사회가 요구하는 교사의 전문성을 고려할 때, 앞으로 교사양성과정은 현재의 교사양성과정과 어떻게 달라야 할지 논의하시오.

2. 학교에서 교사 리더십이 강화되기 위한 교사의 역할과 학교장의 역할을 각각 논의하시오.

참고자료 및 관련 사이트

서경혜(2019). 학교중심 교사 전문성 개발의 가능성과 한계. 한국교원교육연구, 36(2), 105-130.

Arendt, H, (1986). *Between Past and Future*, New York : Viking Penguin:

Campbell, C., & Sherington, G. (2006). *The comprehensive public high school: Historical perspectives*. New York, NY: Palgrave Macmillan.

Carr, D, (2003). *Making sense of Education*, London & New York: Routledge.

Colnerud, G. (2006). Teacher ethics as a research problem: Syntheses achieved and new issues. *Teachers and Teaching: theory and practice, 12*(3), 365-385.

Connell, R. (2009). Good teachers on dangerous ground: Towards a new view of teacher quality and professionalism. *Critical Studies in Education, 50*(3), 213-229.

Ferguson, P., & Womack, S. T. (1993). The impact of subject matter and on teaching performance. *Journal of Teacher Education, 44*(1), 55-63.

Glatthorn, A. (1995). Teacher development. In L. W. Anderson (Ed.), *International encyclopedia of teaching and teacher education* (2nd ed., pp. 41-45). London, UK: Pergamon.

Hargreaves, A. (1994). *Changing teachers, changing times: Teachers' work and culture in the post-modern age*. New York: Teachers College Press.

Hargreaves, A. (2000). Four ages of professionalism and professional learning. *Teachers and teaching, 6*(2), 151-182.

Hargreaves, A., & Fullan, M. (2012). *Professional capital: Transforming teaching in every school*. New York, NY: Teachers College Press.

Hyams, B. K. (1979). Teacher preparation in Australia: A history of its development from 1850 to 1950. Melbourne, Austrailia: ACER.

Ingersoll, R. M. (2009). Who controls teachers' work?: Power and accountability in America's schools. Harvard University Press.

Kwakman, K. (2003). Factors affecting teachers' participation in professional learning teacher education. *Teaching and Teacher Education, 19*(2), 149-170.

Labaree, D. F. (2000). On the nature of teaching and teacher education: Difficult practices that look easy. *Journal of teacher education, 51*(3), 228-233.

LeTendre, G. K., Baker, D. P., Akiba, M., Goesling, B., & Wiseman, A. (2001). Teachers' work: Institutional isomorphism and cultural variation in the US, Germany, and Japan. *Educational Researcher, 30*(6), 3-15.

Meirink, J. A., Imants, J., Meijer, P. C., & Verloop, N. (2010). Teacher learning and collaboration in innovative teams. *Cambridge Journal of Education, 40*(2), 161-181.

Moore, A. (2004). *The good teacher: Dominant discourses in teaching and teacher education*. Abingdon, UK: Routledge.

Opfer, V. D., & Pedder, D. (2011). Conceptualizing teacher professional learning. *Review of Educational Research, 81*(3), 376-407.

Palmer, P, J. (2007). 가르칠 수 있는 용기 (이종인, 이은정 공역). 서울: 한문화.

Sandholtz, J. H., & Scribner, S. P. (2006). The paradox of administrative control in fostering teacher professional development. *Teaching and Teacher Education, 22*(8), 1104-1117.

SchÖn, D. A. (1983). *The reflective practitioner: How professionals think in action*. New York: Basic Books.

Shulman, L. (1987). Knowledge and teaching: Foundations of the new reform. *Harvard Educational Review, 57*(1), 1-23.

Spillane, J. P., Parise, L. M., & Sherer, J. Z. (2011). Organizational routines as coupling mechanisms: Policy, school administration, and the technical core. *American educational research journal, 48*(3), 586-619.

Wenger, E. C., & Snyder, W. M. (2000). Communities of practice: The organizational frontier. *Harvard business review, 78*(1), 139-146.

York-Barr, Jennifer, and Karen Duke. 2004. "What do we know about teacher leadership? Findings from two decades of scholarship." *Review of Educational Research 74* (3), 255-316.

찾아보기

【기타】

저자약력

임상훈
한양대학교 재료공학 학사
한양대학교 교육공학 석・박사(교육공학 전공)
현, 한남대학교 취업창업처 조교수

박선희
연세대학교 교육학과 학사
한양대학교 교육공학 석・박사(교육공학 전공)
현, 한남대학교 사범대학 교직부 부교수

윤소희
한국교원대학교 교육학 석・박사(교육행정 전공)
현, 한남대학교 사범대학 교직부 조교수

이상무
서울대학교 교육학 학사, 석・박사(교육사 전공)
현, 한국학중앙연구원 한국학대학원 사회과학부 교육학전공 조교수

이전이
한양대학교 교육학 박사(교육행정 전공)
현, 경기도교육연구원 부연구위원

이혜정
서울대학교 교육학 학사, 석・박사(교육사회학 전공)
현, 한남대학교 사범대학 교직부 부교수

권양이
고려대학교 교육학박사(교육사회학 및 성인계속교육학 전공)
현, 홍익대학교 사범대학 교육학과 강사

최태진
부산대학교 교육학 학사, 석・박사(교육심리 및 상담심리 전공)
현, 중부대학교 교직과 교수

기초를 세우는 교육학개론

2022년 1월 10일 1판 1쇄 발행
2023년 2월 10일 1판 2쇄 발행

저 자 : 임상훈 박선희 윤소희
이상무 이전이 이혜정
권양이 최태진

발행인 : 한 정 주

발행처 : 교 육 과 학 사

저자와의
협의하에
인지생략

경기도 파주시 광인사길 71
전화 (031)955-6956~8 / 팩스 (031)955-6037
Home-page : www.kyoyookbook.co.kr
E-mail : kyoyookbook@daum.net
kyoyook@chol.com
등록 : 1970년 5월 18일 제2-73호

낙장·파본은 교환해 드립니다.
Printed in Korea.

정가 18,000원
ISBN 978-89-254-1642-7